Zu diesem Buch

«Dies ist ein Buch über Wunder: über die
Fähigkeit eines jeden von uns, wirkliche Wunder im eigenen Leben zu bewirken.
Ich *glaube* nicht an diese Wunder, ich *weiß*,
daß sie möglich sind.»

Dr. Wayne W. Dyer, Psychologe und Best-
sellerautor, spricht von unseren unentdeckten
Fähigkeiten. Tief in uns liegt ein Bereich
unbegrenzter Möglichkeiten. Durch Selbst-
analyse und Meditation können wir dieses
geistige Zentrum in uns finden. Dort existiert
eine Kraft, die uns in die Lage versetzt,
scheinbar Unmögliches zu vollbringen. Dyer
erklärt, wie man diese Kraft weckt und sie
praktisch einsetzt, um Beziehungen zu
verbessern, einen befriedigenden Beruf zu
finden, materiellen Wohlstand zu erreichen, eine
strahlende Gesundheit zu schaffen – kurz, ein
völlig neues Leben zu führen. Viele Dinge, die
Dyer beschreibt, scheinen unglaublich –
bis Sie sie selbst erfahren haben.

Dr. Wayne W. Dyer ist Psychologe und Autor
von acht Büchern, darunter dem Bestseller
«Der wunde Punkt».

Wayne W. Dyer

Wirkliche Wunder

Wie man
scheinbar Unmögliches
vollbringt

Deutsch von
Roswitha Enright

Rowohlt

rororo transformation

Herausgegeben von Bernd Jost

8. – 10. Tausend September 1997

Veröffentlicht im Rowohlt Taschenbuch Verlag GmbH,
Reinbek bei Hamburg, September 1995
Copyright © 1994 by Rowohlt Verlag GmbH,
Reinbek bei Hamburg
Alle deutschen Rechte vorbehalten
Die Originalausgabe erschien 1992 unter dem Titel
«Real Magic. Creating Miracles in Everyday Life»
bei Harper Collins Publishers, New York
«Real Magic» Copyright © 1992 by Wayne W. Dyer
Umschlag- und Einbandgestaltung Walter Hellmann
(Foto: Tom Bean / ZEFA–Allstock)
Gesamtherstellung Clausen & Bosse, Leck
Printed in Germany
1690–ISBN 3 499 19937 8

Für unser eigenes spirituelles Wunder, das
uns trotz wenig Aussicht auf Erfolg in Person
unserer Tochter Saje Eykis Irene Dyer
widerfuhr und uns täglich aufs neue begeistert.

Und für meine zwei ganz besonderen Freunde:

Dr. Deepak Chopra, meinen geistigen Bruder,
der mir in Zuneigung verbunden ist
und gemeinsam mit mir der Welt unsere
unbegrenzten Visionen nahebringt.

Michael Jackson, der uns mit Worten, Musik
und Liebe daran erinnert, daß wir nur durch
Geben unser eigenes Leben retten können.

Ich liebe euch.

Was wäre, wenn du schliefest,
Und wenn du
In deinem Schlaf
Träumtest?
Und wenn du
In deinem Traum
Zum Himmel gelangtest
Und dort eine seltsame und
Wunderschöne Blume
Pflücktest?
Und wenn du dann
Beim Aufwachen feststelltest
Daß du die Blume
In deiner Hand hieltest?

Samuel Taylor Coleridge

Inhalt

ZWEITER TEIL

Das Wissen, daß Wunder möglich sind, im täglichen Leben anwenden

Einleitung

Dies ist ein Buch über Wunder. Es geht hier jedoch nicht um andere Menschen, sondern um Sie, den Leser, und Ihre Fähigkeit, in Ihrem eigenen Leben Wunder tun zu können, die Ihnen selbst zugute kommen. Dabei handelt es sich weder um reines Glück noch darum, daß Sie vielleicht zu den wenigen Glücklichen gehören, denen in ihrem Leben Wunder widerfahren sind. Dieses Buch dient ausdrücklich dem Zweck, Ihnen einen Weg aufzuzeigen, wie Sie das in Ihrem Leben erreichen können, was Sie bisher für unmöglich gehalten haben.

Dies ist ein sehr persönliches Buch. Ich habe gelernt, wie ich in meinem eigenen Leben wirkliche Wunder tun kann, und ich habe mich bemüht, ausführlich zu beschreiben, welche Voraussetzungen notwendig sind, um Wunder in das eigene Leben einzubringen. Ich «glaube» nicht mehr an diese Wunder, ich «weiß», daß sie möglich sind.

Diese Art von «Wissen» ist uns allen vertraut. Wenn ich zum Beispiel mehrere Monate lang mein Fahrrad nicht anrühre, «weiß» ich dennoch, wie man Fahrrad fährt, wenn ich mich das nächste Mal auf den Sattel setzen will. Ich pumpe die Reifen auf, steige auf und fahre los, balanciere mühelos auf den schmalen Rädern, habe keine Hemmungen, selbst freihändig die Straße hinunter zu fahren, lege mich rechtzeitig in die Kurve und steuere durch das Straßengewirr, vollkommen sicher und ohne darüber nachzudenken. Weder muß ich beweisen, daß ich mich nach all den Monaten wieder problemlos auf dem Fahrrad halten kann, noch «glaube» ich einfach daran, sondern ich «weiß» es, ich bin innerlich vollkommen davon überzeugt, und ich handele danach.

Genau das fühle ich, wenn es um die Fähigkeit geht, Wunder im eigenen Leben zu tun. Sie können lernen, darüber hinauszugehen, nur an etwas zu *glauben* und Ihre Ziele danach auszurichten. Sie können eine ganz neue Bewußtseinsebene in sich selbst kennenlernen, die Ebene des *Wissens*. Hier, in diesem geistigen Bereich, geschehen die Wunder.

Tief in Ihnen liegen unbegrenzte Möglichkeiten. Wenn Sie es fertigbringen, sie zu erkunden, dann werden Sie einen neuen Bereich menschlicher Erfahrung entdecken, in dem nichts unmöglich ist. Und hier finden die täglichen Wunder statt, hier können Sie beginnen, all das möglich zu machen, wonach Sie sich in der physischen Welt sehnen. Hier gibt es keine Grenzen, und Sie scheinen immer genau zur richtigen Zeit am richtigen Ort zu sein. Sie erleben synchronistisch «unglaubliche» Verbindungen mit anderen und können beinahe die Gedanken der Menschen um Sie herum lesen. Nur hier sind Sie in der Lage, genau der Person, die Ihnen als einzige in diesem Moment auf Ihrem persönlichen Weg helfen kann, zur richtigen Zeit zu begegnen. Hier treffen Sie auf den oder das, was Ihnen Wohlstand und Fülle bescheren kann. Hier erfahren Sie von der entscheidenden Heilmethode für Ihre Krankheit, und das richtige Buch oder Videoband, was Ihnen weiterhilft, ist plötzlich da, als sei es Ihnen von einer unsichtbaren, mysteriösen Macht gesandt worden.

An diesem Ort des höheren Bewußtseins wird das Mysteriöse entschleiert, und der Sinn des Lebens wird Ihnen ganz deutlich. Wie durch ein Wunder erreichen Sie in Ihren Beziehungen jetzt neue Tiefen einer spirituellen Partnerschaft. Ihre geschäftlichen Unternehmungen fangen an zu prosperieren, und Entscheidungen fallen Ihnen zunehmend leichter. Sie gehen verantwortungsvoller mit Ihrem Körper um und tun etwas für Ihre physische Gesundheit.

Mit diesem Buch möchte ich Ihnen zeigen, wie Sie diese höhere Bewußtseinsebene erreichen können. Es soll eine Anleitung sein, um dieses Bewußtsein entwickeln und in allen Bereichen Ihres Lebens nutzen zu können. Das gilt für Ihre ganz persönlichen Beziehungen ebenso wie für Ihr allgemeines Verhältnis zu der Welt, die Sie umgibt.

Der Plan der Natur scheint nichts weiter vorzusehen als ein langsames, gleichmäßiges Entfalten des Bewußtseins. Der Stein besteht aus Atomen, genau wie Sie, aber er besitzt kein wahrnehmendes Bewußtsein. Er kann nicht fühlen, wenn er getreten oder sogar zermahlen wird. Er merkt nichts davon. Eine Pflanze reagiert auf den Zustand des Bodens, auf die Jahreszeiten und die Feuchtigkeit und wird im Sonnenlicht des Frühlings blühen. Sie hat durchaus so etwas wie ein Bewußtsein, ein sehr begrenztes allerdings.

Verglichen mit Steinen und Pflanzen haben Tiere weitaus mehr Möglichkeiten. Viele Tiere zeigen durch ihr Zug- und Wanderverhalten, daß sie sich der verschiedenen Jahreszeiten bewußt sind. Sie erkennen gefährliche Situationen und können deshalb ihren Feinden entkommen. Viele Tiere verhalten sich voll Aufopferung und Zuneigung, wenn es um ihre Jungen und ihren Partner geht.

Der Mensch nun hat ein sehr hoch entwickeltes Bewußtsein, das ihn befähigt, Entscheidungen zu fällen. So haben wir zum Beispiel auch die Wahl, unser Leben auf einer niedrigen Bewußtseinsebene zu führen. In diesem Fall existieren wir einfach nur, das heißt, wir hängen an unserem Besitz, kommen unseren körperlichen Grundbedürfnissen nach und lassen uns im übrigen manipulieren und wie Schachfiguren hin- und herschieben. Wir können aber auch danach streben, andere, höhere Bewußtseinsebenen zu erreichen, können unseren üblichen Erfahrungsbereich transzendierend verlassen und uns buchstäblich unsere eigene Welt schaffen, eine Welt voller täglicher Wunder. In jedem einzelnen von uns ist dieses höchste Bewußtsein vorhanden, das uns einen sicheren Sieg über die materielle Welt garantiert, indem es uns die Fähigkeit verleiht, in jeder Situation das innere Gleichgewicht zu finden. Die Aussage dieses Buches ist sehr einfach: *Sie haben die Fähigkeit, ein vollkommenes inneres Gleichgewicht zu erreichen.* Der Weg dahin verlangt von Ihnen, daß Sie sich ganz Ihrer inneren Transformation überantworten.

Diese innere Transformation kann nicht aus einer intellektuellen oder wissenschaftlichen Position heraus vollzogen werden. Instrumente der Einschränkung können das Unbegrenzte nicht freisetzen. Sie brauchen dafür Ihren Geist und Ihre Seele, das Unsichtbare tief in Ihnen, das immer vorhanden ist, häufig aber zugunsten dessen ignoriert wird, was mit den fünf Sinnen zu erfassen ist.

Der erste, Teil des Buches stellt Ihnen die Grundlagen zur Verfügung, um sich in der unsichtbaren Welt wieder auszurichten. Hier nämlich werden Sie Ihren Geist beherrschen lernen und so die Voraussetzungen schaffen, um Wunder auf der höchsten Bewußtseinsstufe möglich zu machen, auf der Stufe des inneren «Wissens». Wenn Sie gelernt haben, sich entsprechend auszurichten, können Sie mit dieser neuen, für Wunder offenen Einstellung experimentieren, und Sie werden voller Staunen feststellen, daß Ihre Welt eine perfekte Ordnung annimmt.

Der zweite Teil des Buches zeigt Ihnen, wie Sie das in die Praxis umsetzen können, was Sie mit dem Geist erkannt haben. Dieser Teil des Buches gibt Ihnen Möglichkeiten an die Hand, die eigentlichen Wunder in Ihrem Leben Wirklichkeit werden zu lassen und in einem vollkommenen inneren Gleichgewicht zu leben. In diesem Teil beschließe ich jedes Kapitel mit speziellen Vorschlägen, wie Sie sich den Zugang zu Wundern in Ihrem Leben schaffen können.

In den ersten Jahren, nachdem das US-Raumfahrtprogramm verabschiedet worden war, bestärkte Wernher von Braun die Mitarbeiter des Raumfahrtzentrums immer wieder in dem «Wissen» um eine perfekte Ordnung des Universums, die nur der Mensch erfassen könne, was für die Menschheit von Nutzen sei. Diese Vorstellung wirkte immer wieder als gewaltiger Ansporn, wenn die Hindernisse unüberwindlich schienen. Und Sie, als Teil der Menschheit, können diese perfekte Ordnung verstehen und haben tatsächlich die Möglichkeit, sich nach dieser Ordnung auszurichten. Darum geht es hier. Ich selbst kenne diese perfekte Ordnung, und ich möchte, daß auch Sie sie erfahren.

Der Weg dahin führt über Ihre Bereitschaft, Ihre eigene höchste Bewußtseinsstufe zu erreichen. In diesem Stadium können Sie dann Ihr Leben auf seinen Sinn hin ausrichten und außerdem auf andere Menschen eine entsprechende Wirkung ausüben. Es handelt sich hier in erster Linie um eine geistige Erfahrung, die so außerordentlich ist, daß sie die materielle Welt durch ihre wundersamen, magischen Kräfte beeinflussen kann. Aber Sie müssen bereit sein, in sich selbst einzutauchen und Ihre eigenen Entdeckungen zu machen. Worte allein können keine Realität schaffen. Nur wenn Sie das selbst erfahren, was ich hier beschreibe, kann es für Sie Wirklichkeit werden.

Auf der Suche nach dem inneren Selbst werden Sie mit etlichen falschen Vorstellungen aufräumen und neue Wahrheiten erkennen. Mit Ihrem neuen Bewußtsein werden Sie:

- statt zu *glauben*, daß Ihnen Grenzen gesetzt sind, *wissen*, daß die letzte Wirklichkeit und Ihr eigenes Potential keine Grenzen kennen;
- statt zu *glauben*, daß Ihr Handeln durch Ihre Gene, Ihre Umwelt und übernatürliche Mächte bestimmt wird, *wissen*, daß Sie für Ihre Realität selbst verantwortlich sind und daß angeborene und göttliche Kräfte mit Ihnen zusammenarbeiten, nicht unabhängig von Ihnen;
- statt zu *glauben*, daß Erkenntnisse und Erfahrung nur über die fünf Sinne zu erlangen sind, *wissen*, daß Ihnen eine intuitive, unsichtbare Führung zur Verfügung steht, wenn Sie erst ein höheres Bewußtseinsstadium erreicht haben;
- statt zu *glauben*, daß das menschliche Leben voller Gefahren und vom Bösen bedroht ist, *wissen*, daß jegliche menschliche Erfahrung sinnvoll ist und auf Besseres hinzielt;
- statt zu *glauben*, daß manche Menschen mehr Glück haben als andere, *wissen*, daß Sie für Ihr eigenes Glück verantwortlich sind und aus jeder Erfahrung etwas Wichtiges lernen können;
- statt zu *glauben*, daß das Leben ein einziges Chaos ist, *wissen*, daß Ordnung in diesem Chaos vorhanden ist und daß in dem Universum nicht der Zufall, sondern eine perfekte Ordnung herrscht.

Ich weiß, daß dieses Buch manchen schockieren und auch von vielen abgelehnt werden wird. Sei's drum. Es geht hier um Wahrheiten, die ich täglich lebe, und sie kommen mir von Herzen. Ich weiß, daß das Universum eine göttliche Ordnung aufweist, von der winzigsten Zelle bis zu unserer gewaltigen Galaxie und darüber hinaus. Dieses wunderbare Bewußtsein wird uns mit der Geburt verliehen und ist Teil eines jeden einzelnen.

Bitte nehmen Sie diese Ideen auf. Lassen Sie sie wirken und arbeiten, zuerst in Ihrem eigenen Leben, dann innerhalb Ihrer Familie, unter Ihren Freunden und Bekannten und schließlich bei der Bewältigung der großen Menschheitsaufgaben. Wenn Sie erst Ihre Fähigkeit, echte Wunder zu tun, entdeckt haben, werden Sie andere an diesem Wissen teilhaben lassen und dann die ganze Welt durch dieses höhere Bewußtsein positiv verändern wollen. Dieses Buch kann Ihnen sicherlich in diesem Bestreben helfen. Ich habe es mit Freuden geschrieben, und es ist mir ein noch größeres Glück, in dem Bewußtsein seiner Aussage zu leben. Ich wünsche Ihnen, daß Sie die gleichen Wunder in Ihrem Leben erfahren werden. Gott segne Sie.

ERSTER TEIL

Den inneren Weg bereiten, um sich den Wundern in unserer Wirklichkeit zu öffnen

1

Eine transzendente Sicht
von Zauberei und Wunder

> Ich habe ein gottloses Leben geführt.
> Wenn Gott durch mich wirken kann,
> dann kann er durch jeden wirken.
>
> *Franz von Assisi*

Der berühmte Zauberer Harry Houdini hat einmal gesagt, daß Zauberei durch Illusion hervorgerufen werde, zum Beispiel die Kunststücke, bei denen mit Spiegel und Rauch gearbeitet wird. Diese Illusion wird Zauberei genannt, weil sie *scheinbar* nicht zu erklären ist. Zum Ende seiner Karriere hin spielte Houdini jedoch darauf an, daß er etwas erlebt habe, was er «echte Zauberei» nannte. Anscheinend hatte er die Fähigkeit erlangt, Wirkungen zu erzielen, die tatsächlich nicht zu erklären waren. Diese «Zauberei» konnte nicht als Resultat einer cleveren Illusion gelten.

Ich wählte den Titel *Wirkliche Wunder* für dieses Buch, weil mich der Gegensatz faszinierte, der in dieser Wortkombination liegt. Wie die meisten Menschen sind auch Sie wahrscheinlich davon überzeugt, daß etwas, was wirklich ist, nicht magisch sein kann, und etwas, das man als magisch bezeichnet, nicht wirklich ist. Ich glaube jedoch, daß wir unsere magischen Dimensionen nicht erfahren können, wenn wir uns von diesem Paradox paralysieren lassen. Nur wenn wir diesen Widerspruch zulassen, können wir reale Magie erfahren. Erst dann werden wir reale Magie als wirklich und gleichzeitig als magisch empfinden.

Mein Leben hat in den letzten Jahren eine wunderbare Verwandlung durchgemacht. Ich befinde mich auf dem Weg zu Bewußtseinsebenen und phantastischen Erfahrungen und Erkenntnissen, die man nur als magisch bezeichnen kann. Ich bin davon überzeugt, daß sich uns ganz andere Erfahrungsbereiche öffnen, wenn wir bereit sind, über dieses Leben hinauszugehen, an das wir uns gewöhnt haben und das wir für normal halten. In diesem anderen Bereich gelten unsere Gesetze von Wissenschaft und Logik nicht. Jeder von uns trägt einen inneren Raum in sich, in dem er nicht an die üblichen Grenzen, Regeln und Beschränkungen gebunden ist. Es handelt sich dabei nicht um irgendein Wunderland, das es nur in unserer Vorstellung gibt. Dieser innere Raum ist auf eine magische Weise für jeden real und verfügbar, wenn er oder sie dafür aufgeschlossen ist.

Ich kann nicht erklären, wie und warum ich in diesem Stadium meines Lebens angelangt bin, und ich wundere mich selbst, daß ich darüber spreche. Aber ich fühle, daß es meine Aufgabe und meine Mission ist, über die Erfahrung mit der Wirklichkeit der magischen Kraft zu schreiben. Unabhängig von möglichen Erklärungen, empfinde ich immer wieder Ehrfurcht und Achtung vor diesem unerwarteten Teil meines Lebensweges.

Ich bin von Leo Tolstoi beeindruckt, wohl zum Teil, weil ich zwischen seinem Leben und meinem gewisse Parallelen sehe. Er war zu seinen Lebzeiten ein berühmter Autor. Er war auch ein Mann, der während eines Großteils seines Lebens den hedonistischen Zerstreuungen zugetan war. Aus seinen frühen Werken spricht wenig Interesse an spirituellen Fragen, aber dann machte er in seinem eigenen Leben eine Veränderung durch, die ihm ohne sein bewußtes Zutun zu geschehen schien. Aus seinen Werken sprach plötzlich Spiritualität, und er schrieb über Seelenwanderung und die Wirklichkeit der magischen Kraft. Dennoch war er unsicher, warum und wie diese Transformation stattgefunden hatte.

Vor nicht langer Zeit übergab mir eine Expertin für russische Literatur einen handgeschriebenen Teil von Tolstois Testament, das er zwanzig Jahre vor seinem Tod aufgesetzt hatte. In diesem Testament beschreibt Tolstoi sinngemäß mit den folgenden Worten, was er von seinem Lebenswerk hält, und ich habe festgestellt, daß ich ganz genau so empfinde, wenn ich an mein eigenes Werk denke:

Ganz besonders möchte ich alle Leute nah und fern bitten, mich nicht zu loben. (Ich weiß, daß sie es tun werden, denn sie tun es ja jetzt schon auf eine völlig übertriebene Weise.) Wenn sie sich aber mit meinen Werken etwas genauer befassen wollen, dann sollten sie besonders auf die Stellen achten, bei denen nach meiner eigenen Überzeugung die Kraft Gottes durch mich spricht. Und sie sollen das Gesagte auf ihr eigenes Leben anwenden. Es gab Zeiten, da hatte ich das Gefühl, durch mich solle der Wille Gottes verkündet werden. Ich bin häufig so unrein gewesen, habe vielen persönlichen Leidenschaften nachgegeben, daß das Licht der Wahrheit meine eigene Finsternis nicht durchdringen konnte. Dennoch ist die Wahrheit manchmal durch mich deutlich gemacht worden, und diese Momente waren die glücklichsten meines Lebens. Gott gebe es, daß diese Wahrheiten nicht dadurch besudelt wurden, daß sie über mich vermittelt wurden, und daß Menschen sie sich zu Nutzen machen können, trotz der oberflächlichen und unreinen Form, in der ich sie wiedergegeben habe.

Auch mein eigenes Leben hat diese unerwartete Wendung beinahe ohne meine Einwilligung genommen. Ich hatte keinen großartigen Plan. Ich hatte meinem Leben solche Ziele nicht gesetzt. Ich besaß allerdings eine gewisse Offenheit und die Bereitschaft, Dinge auf andere Weise zu sehen. Und jetzt, da ich Zeuge von Wundern in meinem eigenen Leben geworden bin, möchte ich andere an diesem neuen magischen Bewußtsein teilhaben lassen. Vielleicht hat Sie die gleiche Motivation zu diesem Buch greifen lassen, die mich aufforderte, über die Welt der täglichen Wunder zu schreiben.

Drei Wege zur Erleuchtung

Wenn ich auf mein vergangenes Leben in seiner Vielfalt zurückblicke, kann ich aus meiner heutigen Perspektive sehen, daß jeder Aspekt notwendig und richtig war. Jeder Schritt führte mich letzten Endes weiter, auch wenn diese Schritte häufig mühsam und beschwerlich waren oder aus schmerzhaften Erfahrungen bestanden. Jeder erfolgreiche, wirklich glückliche Mensch, den ich kenne, hat mir bestätigt, daß es keine Zufälle gibt. Solche Menschen betrachten das Universum als sinnvoll eingerichtet, einschließlich der sogenannten Zufälle. Sie sind sich darüber einig, daß jedes Geschehen in unserem Leben uns weiterbringt. Schon Henry Miller war der Meinung, daß die Welt *nicht* in Ordnung gebracht werden müsse, da sie an sich in Ordnung *sei*, wobei es die Aufgabe des Menschen sei, im Einklang mit dieser Ordnung zu leben.

Fangen Sie gleich an, die Gesamtheit Ihres Lebens als Bildteppich, als wunderschönen Gobelin, zu betrachten, den es zu entdecken gilt. Stellen Sie sich dazu Ihr Leben als Reise in drei Etappen vor.

1. Erleuchtung durch Leiden

In diesem ersten Lebensabschnitt, der übrigens nichts mit Ihrem wirklichen Alter zu tun hat, reagieren Sie auf ein schwieriges oder schmerzhaftes Geschehen mit der Frage: «Warum passiert das gerade mir?» Nehmen wir an, eine Ihnen wichtige Beziehung zerbricht. Sie werden darunter leiden und sich immer wieder fragen, wie und warum Ihnen ein solches Unglück widerfahren ist. Aber mit der Zeit und mit zunehmendem Abstand werden Sie auf diesen Abschnitt Ihres Lebens zurückblicken können und sagen: «Jetzt weiß ich, warum ich diese Trennung durchmachen mußte.» Sie erkennen, daß Sie über das Leiden eine neue, außerordentlich wichtige Erfahrung gemacht haben. Der Blick zurück zeigt Ihnen, daß Sie den Schmerz erleben mußten, um ihn zu überwinden.

Viele Menschen durchlaufen folgende Stadien der inneren Entwicklung: Ein Ereignis tritt ein, sie leiden, und dann folgt die Erleuchtung. Diese Ereignisse können in allen Bereichen des menschlichen Lebens stattfinden; sie können mit Drogenabhängigkeit zu tun haben, einem finanziellen Bankrott, mit Krankheiten, spiritueller Leere, Entlassung, Steuerproblemen und vielem anderen mehr. Das Muster ist immer dasselbe: Ein Mensch erfährt etwas Unangenehmes, leidet und lernt daraus. Doch auch bei dem nächsten negativen Ereignis wiederholt sich dieser Ablauf, denn eine Erkenntnis wird selten von einer Erfahrung auf die nächste übertragen. Einige Menschen kommen nie über den ersten Wegabschnitt hinaus und werden nie die nächste Ebene auf dem Weg zur Erleuchtung erreichen. Sie leiden buchstäblich ihr Leben lang, und dann vielleicht, eine lange Zeit später, können sie erkennen, daß dieses Geschehen in ihrem Leben wichtig war, daß es zu der damaligen Zeit eine Prüfung darstellte. Vielleicht können sie dann verstehen, daß das Leben diese Prüfungen auferlegt und man Fehler so lange wiederholen muß, bis man daraus gelernt hat. Mancher aber fragt sein Leben lang: «Warum ich, Gott? Warum muß ausgerechnet mir das passieren?» Menschen, die in diesem Stadium verharren, werden nie die Wirklichkeit der magischen Kraft erfahren.

2. Erleuchtung durch Resultate

Wenn Ihnen der erste Wegabschnitt eine Beschreibung Ihres eigenen Lebens zu sein scheint, dann sind Sie wahrscheinlich bereit für den nächsten Schritt. Jetzt fragen Sie nicht mehr: Warum ich, Gott?, sondern Sie entwickeln ein Wissen, eine Sicherheit, daß es keine Zufälle gibt, daß alles, was Sie im Leben durchmachen, auf irgendeine Weise für Sie wichtig ist, um die nächste Stufe Ihrer Weiterentwicklung zu erreichen. Statt zu fragen: Warum ich?, wollen Sie wissen: Wie kann ich diese Erfahrung in meinem Leben nutzen, selbst wenn ich nicht verstehe, warum ich sie gerade jetzt machen muß?

In Ihrer Einstellung hat eine wichtige Verschiebung stattgefunden. Wenn Sie sich darauf konzentrieren, was Sie aus einem Geschehen lernen können, dann werden Ihre Gedanken nicht bei sinnlosen Klagen verweilen, wie Warum ich?, Ist das nicht schrecklich? oder Ich habe wirklich furchtbares Pech!, wodurch Ihr subjektives Leiden nur verstärkt würde. Mit Ihrer veränderten Einstellung können Sie sich jetzt auf das Ergebnis eines Geschehens oder einer Erfahrung konzentrieren und auf das, was Sie daraus lernen können. Statt sich selbst leid zu tun, ziehen Sie eine Erkenntnis aus Ihrer Situation und fragen sich zum Beispiel: Wie kann ich diese Krankheit, die ich zur Zeit durchmache, für meine eigene Entwicklung nutzen? oder: Was kann ich daraus über mich selbst lernen, und wieviel Kraft muß ich aufbringen, um effektiv mit diesem Problem umzugehen?

Viele Menschen verbleiben zeit ihres Lebens in diesem Entwicklungsabschnitt. Leiden allein hat keinen Platz mehr in ihrem Leben. Statt dessen fragen sie: Was wird für mich dabei herauskommen? Solche Menschen führen ein zielgerichtetes Leben, sie konzentrieren sich auf Erfolgsquoten, verfolgen ehrgeizige Ziele und arbeiten beharrlich auf ein Ergebnis hin. Hindernisse sind für sie nur ein Ansporn, sich stärker zu bemühen. Ein so ausgerichtetes Leben ist weitaus befriedigender als ein Leben hilflosen Leidens, hat einen gewissen Zweck und motiviert den einzelnen, sich immer höhere Ziele zu setzen. Leiden am Selbstmitleid findet in einem solchen Leben nicht mehr statt. Für viele Menschen, denen es nur um greifbare Ergebnisse geht, kann es keine höhere Lebensebene geben. Sie konzentrieren sich allein auf das Resultat, und wenn sie es erreicht haben, setzen sie sich das nächste Ziel. Ihrem Leben fehlt allerdings die Möglichkeit, tägliche Wunder zu erfahren, und sie selbst werden auch nie Wunder tun können. Um dazu fähig zu sein, muß man den dritten Abschnitt dieser metaphorischen Reise antreten.

3. Erleuchtung durch Lebenssinn

Victor Frankl, der im Zweiten Weltkrieg den Irrsinn und die Brutalität des Nazi-Konzentrationslagers in Auschwitz ertragen mußte, hielt das Bewußtsein, eine Aufgabe im Leben zu haben, für unabdingbar, um schwierige Lebenssituationen aushalten und überwinden zu können. Sich bewußt zu machen, daß man eine wichtige Mission in seinem Leben zu erfüllen hat, und sein Leben dann nach dieser Mission auszurichten, darin besteht nach meiner Auffassung der dritte Abschnitt des Weges. Ich möchte Ihnen Mut machen, diesen Weg zu gehen, um so Wunder in Ihr tägliches Leben einzulassen.

Alles in unserem Universum hat einen Sinn. Die unsichtbare Kraft, die alles auf eine sinnvolle Weise durchdringt, fließt auch durch Sie. Um tägliche Wunder erfahren zu können, ist eine dramatische Veränderung notwendig: die von dem reinen Ergebnis des eigenen Tuns hin zur Sinnfrage. Das bedeutet, daß Sie anfangen müssen, die eigene Existenz hier auf Erden aus einer neuen Perspektive zu betrachten. Testen Sie diese neue Denkweise, um herauszufinden, ob Sie sich dabei gut fühlen und sie Ihnen sinnvoll erscheint. Wenn diese Denkweise Ihnen unsinnig vorkommt und Sie nicht das Gefühl haben, daß sie Sie weiterbringt, dann kehren Sie zu den vorigen Abschnitten, Erleuchtung durch Resultate oder Erleuchtung durch Leiden zurück.

Den Sinn des Lebens finden

Um zu einer auf den Sinn des Lebens ausgerichteten Denkweise zu gelangen, sollten Sie folgendermaßen vorgehen: Denken Sie darüber nach, was Ewigkeit eigentlich bedeutet, auch wenn es Ihnen schwerfällt. Es gibt keinen Anfang und kein Ende, genau wie das Konzept von Gott, der Natur oder dem Universum. Ewigkeit (oder Gott / Natur / Universum) ist immer vorhanden. Während Sie über den Begriff Ewigkeit nachdenken, sollten Sie sich bewußt sein, daß Sie das als Mensch in einer körperlichen Existenz tun, die einen Anfang hatte und auch ein Ende haben wird. Ihr körperliches Selbst kann zwar ein Konzept, etwa Ewigkeit, zu definieren versuchen, das weder Anfang noch Ende hat, aber es kann Ewigkeit nicht direkt an sich selbst *erfahren*. Das kann nur der menschliche Geist. Dennoch, das Konzept von Ewigkeit ist etwas, das Sie wahrscheinlich akzeptieren können. Sie wissen, daß das Universum nicht an einem bestimmten Punkt zu Ende ist. Sie wissen, daß es Leben gab, bevor Sie entstanden. Wenn Sie Ewigkeit von Ihrem vergänglichen Körper her betrachten können, dann muß das etwas mit Ihrem nichtkörperlichen Selbst zu tun haben.

Versuchen Sie, sich Ihr Leben als eine in Parenthese gesetzte Episode in der Ewigkeit vorzustellen. Die Parenthese öffnet sich mit dem Moment Ihrer Empfängnis und schließt sich zum Zeitpunkt Ihres Todes. Innerhalb der Parenthese befindet sich Ihr Leben, das von etwas umgeben ist, das sich Ewigkeit nennt. Das, was wir als Ewigkeit bezeichnen, kann nicht körperlich erfahren werden, sondern ist auf eine mysteriöse Weise in unserem Denken vorhanden. Ein sehr wichtiger Teil von uns ist unsichtbar, nennen wir ihn Geist oder Denken, Bewußtsein oder Seele, vielleicht auch Hans oder Fritz. Mit diesem unsichtbaren Teil unseres Selbst, das nichts mit dem physischen Selbst der Sinne zu tun hat, können wir den Begriff Ewigkeit zu verstehen versuchen. Auch wenn Sie nur zögernd die Vorstellung von Ewigkeit akzeptieren können, gibt es Ewigkeit für Sie. Wenn Sie mit dieser Vorstellung leben können, dann können Sie sich auch näher damit befassen. Und wenn Sie soweit sind, daß Ewigkeit oder Unendlichkeit Sie zumindest interessiert, dann können Sie dieses Interesse darauf verwenden, Ihr Leben auf seinen Sinn hin auszurichten.

Erinnern Sie sich als erstes daran, daß alles aus einem bestimmten Grund existiert als Teil der vollkommenen Kraft des Universums. Dann versetzen Sie sich hier und jetzt in Gedanken um zehn Jahre zurück, und betrachten Sie sich als der Mensch, der Sie vor zehn Jahren waren. Um was haben Sie sich damals Gedanken gemacht? Wie haben Sie sich gekleidet, was haben Sie gefühlt, wen haben Sie bewundert? Welche Ihrer damaligen Erfahrungen haben Sie zu dem Menschen gemacht, der Sie heute sind? Dann gehen Sie um weitere zehn Jahre zurück und verdeutlichen sich, wie jede Erfahrung und jede Erkenntnis Sie beeinflußt hat, wie eins zum anderen führte, bis Sie wieder bei dem Heute anlangen.

Wenn Sie ganz ehrlich sind, werden Sie feststellen, daß jede Ihrer Lebenserfahrungen absolut notwendig war, damit Sie schließlich zu dem Menschen wurden, der Sie heute sind. Diese mentale Übung kann Ihnen helfen, die Fähigkeiten zu entwickeln, etwas gründlich zu überdenken und darüber zu meditieren. Letzten Endes können Sie sich auf diese Weise wieder in Ihre Kindheit zurückversetzen. Sie werden erkennen, daß die Erfahrungen aus Kindheit und Jugend Sie geprägt haben. Sie sollen hier nicht urteilen, ob diese Erfahrungen gut oder schlecht, nützlich oder schädlich waren. Machen Sie sich nur klar, daß eine Erfahrung zu der nächsten führte und jede Ihnen etwas bot, was Sie bei Ihrer Entwicklung verwenden konnten. Sie mußten diese Erfahrungen machen, das beweist schon allein die Tatsache, daß Sie sie gemacht haben. So einfach ist das. Sie haben eine Erfahrung gemacht. Diese Erfahrung führte zur nächsten und die wiederum zur nächsten, und alle waren auf eine unsichtbare Weise miteinander verknüpft und führten zu Ihrem heutigen Sein. Sie machten sie vielleicht in dem Stadium der «Erleuchtung durch Leiden» oder «Erleuchtung durch Resultate». Es sind Ihre Erfahrungen, und nichts kann jemals etwas daran ändern.

Wenn Sie in Gedanken Ihr Leben von der Kindheit bis heute mit all Ihren Erfahrungen, den guten und den schlechten, den schrecklichen und den wunderbaren, Revue passieren lassen, dann werden Sie plötzlich «wissen», daß eine Art unsichtbarer Kraft Ihr psychisches Leben durchläuft und alles verbindet. Irgendwo gibt es da einen Sinn, und jedes einzelne Ereignis in Ihrem Leben ist mit dem nächsten Geschehen verknüpft. Vielleicht war es ein Mensch, der anscheinend nur zufällig zu einem bestimmten Zeitpunkt in Ihr Leben trat, durch den Sie dann wieder jemand anderen kennenlernten, der wieder für etwas verantwortlich war, was Ihr ganzes Leben veränderte. Ihnen wird klar, daß Sie ohne diesen Fremden, der Ihnen zufällig begegnete, Ihren Lebenspartner nicht kennengelernt und damit nicht gerade die Kinder gehabt hätten, die jetzt die Ihren sind. Vielleicht hätten Sie auch nicht die Ausbildung gemacht, zu der Sie sich schließlich entschlossen haben, oder Sie hätten nicht den Beruf ergriffen, der Ihnen jetzt so viel bedeutet, oder..., die Liste nimmt kein Ende. Wenn Sie Ihr Leben von der heutigen Warte aus betrachten, dann waren es all die kleinen, scheinbar nebensächlichen, unzusammenhängenden Bausteine, die Sie dahin gebracht haben, wo Sie heute stehen.

Sie können im Geiste bis in Ihre früheste Kindheit, ja bis zu dem Zeitpunkt Ihres Entstehens zurückgehen. Ihr rationales Denken sagt Ihnen, daß es einen Moment, einen kurzen Augenblick gab, an dem Sie empfangen wurden. Wenn Sie sich an die beiden wesentlichen Komponenten dieser mentalen Übung halten, nämlich, daß die Ewigkeit ein Konzept ist, das wir mit unserem vergänglichen Körper erfassen können, und daß das Universum vollkommen und sinnvoll ist, können Sie sich geistig mit dem Zeitpunkt beschäftigen, der gerade vor Ihrer Empfängnis lag, als Sie nämlich noch Teil des Ewigen waren. Anders ausgedrückt, Sie gehen zurück zu dem Moment, bevor die Parenthese Ihres Lebens sich öffnete. Es muß einen solchen Zeitpunkt gegeben haben, als Sie, aus was für Gründen auch immer, aus dem, was wir Nichts nennen, in das Etwas kamen. Warum? Warum bewegt man sich aus dem Gestaltlosen in die Form des menschlichen Körpers, um eine bestimmte Zeit darin zu leben und dann wieder in die Ewigkeit, in das Gestaltlose zurückzukehren?

Man könnte lange Vermutungen darüber anstellen, warum eine solche Reise stattfindet. Manche Menschen glauben, daß sie sich bewußt für die physische Welt der Grenzen und Beschränkungen entschieden hätten. Für andere drückt sich darin der Wille Gottes aus. Und noch andere nennen es einen monströsen, sinnlosen Zufall oder auch ein kosmisches Zusammentreffen. Welcher dieser Überzeugungen Sie auch anhängen, Sie wissen, daß es geschehen ist. Ich behaupte, daß Ihr Dasein in der physischen Welt eine wichtige Aufgabe hat, daß Sie entdecken können, worin Ihre Mission in Ihrem Leben besteht, und entsprechend denken, fühlen und handeln werden.

Ich selbst, Wayne W. Dyer, bin in langen Meditationen zu dem Beginn meines körperlichen Entstehens zurückgekehrt und habe entdeckt, warum ich in die Welt der Form eingetreten bin, als ich 1939 empfangen wurde. Es ist für mich ganz eindeutig: Ich habe Gott gefragt (oder wie Sie diesen unsichtbaren Teil unseres Selbst auch nennen mögen), und ich habe Antworten erhalten. Ich kenne meine große Mission im Leben. Ich akzeptiere, daß ich 1940 geboren wurde, um bestimmte Dinge zu vollbringen, und daß jedes Geschehen und sämtliche Erfahrungen in meinem Leben seit meiner Empfängnis auf das Erledigen dieser Aufgabe hinzielten. Ich glaube, daß ich die Macht hatte und habe zu entscheiden, mein Dasein nach diesem vollkommenen Plan auszurichten. Und ich glaube auch, daß die Abschnitte meines Lebens, in denen ich mich nicht daran hielt, ebenfalls sinnvoll waren.

Der Sinn meines Lebens ist mir über Gebete und Meditation deutlich geworden, und es ist mir vollkommen gleichgültig, was andere über die Art und Weise denken, wie ich den Sinn meines Lebens gefunden habe. Ich weiß, daß ich auf der Erde bin, um zu geben, zu dienen, um Frieden und Wohlstand aller Menschen zu fördern und um jeden ohne Einschränkungen zu lieben und zu akzeptieren. Willa Cather drückt es so aus, daß dort, wo Liebe ist, es auch immer Wunder gibt, die weniger von äußeren Einflüssen wie bestimmten Menschen, Stimmen oder heilenden Kräften abhängen, sondern eher von den empfindsamer werdenden Sinnen, und der Mensch für einen kurzen Moment das Ewige sehen und hören kann.

Die eigene Sicht von der Welt ändert sich gewaltig, wenn wir den Sinn unseres Lebens entdecken, wenn wir in uns gehen und erkennen, daß es darum geht, den anderen ohne Einschränkungen zu lieben, für ihn dazusein, und mit dem Verbindung aufnehmen, was ewig um uns ist. Der Weg zum Wundertun ist dann nur noch ein kleiner Schritt. Das Leiden nimmt ab, weil Sie sich nicht mehr darauf konzentrieren zu fragen: Warum muß mir das passieren? Sie wissen einfach, daß das, was Sie im Augenblick durchmachen, notwendig und wichtig ist, auch wenn Sie vielleicht nicht verstehen, warum. Sie sträuben sich nicht mehr dagegen. Ich könnte Erleuchtung vielleicht kurz definieren als das ruhige Akzeptieren dessen, was ist. Weder Kritik noch Ärger oder Bitterkeit, weder Feindseligkeit noch Bedauern haben Raum, sondern nur die ruhige Bereitschaft, zu akzeptieren statt sich zu wehren.

Wenn für Sie die Resultate Ihres Tuns nicht mehr Sinn und Zweck des Lebens sind, dann interessiert es Sie auch nicht mehr, was für Sie dabei herausspringt. Gedanken, Gefühle und Verhalten richten sich statt dessen immer mehr nach der Erfüllung Ihres Lebenssinns aus. Ihre Mission im Leben erschöpft sich nicht mehr in Erfolgen und Leistungen. Wichtig ist allein, daß jeder Augenblick ganz und mit einem liebenden Herzen gelebt wird. Materieller Besitz ist nicht mehr so entscheidend, was nicht bedeutet, daß er nicht mehr existiert, sondern nur, daß er weniger im Mittelpunkt Ihres Lebens steht. Der Sinn Ihres Lebens wird Ihnen immer deutlicher, und ein Gefühl von Freude und innerer Harmonie breitet sich in Ihnen aus, weil Sie wissen, daß Sie sich ganz der eigentlichen Aufgabe Ihres Lebens widmen. Michel de Montaigne machte die prägnante Aussage, daß das Besondere des Menschen seine Fähigkeit sei, sein Leben sinngemäß zu leben.

Vieles verändert sich, wenn Sie den Zweck Ihres Lebens erkannt haben. Vieles, was Sie früher für so überaus wichtig gehalten haben, verliert an Bedeutung. Sie machen sich keine Gedanken mehr darum, was Ihnen zusteht, und Sie werden doch feststellen, daß das, worum Sie sich früher aktiv bemüht haben, sich wie von ungefähr, in größerem Maße und wie selbstverständlich bei Ihnen einstellt. Echte Freude empfinden Sie allerdings nicht durch diese «Belohnungen», sondern dadurch, daß Sie Ihrem Lebenssinn gemäß denken und handeln. Geben wird wichtiger als Erhalten, weil Geben Ihrem Lebenssinn entspricht. Sie wollen sich nicht mehr damit belasten, Besitz anzusammeln, zu sichern und sich um seinen Erhalt zu sorgen. Sie wissen jetzt, was Satya Sai Baba meinte, als er die menschlichen Bedürfnisse und Wünsche mit Münzen in der Tasche verglich. Je mehr Sie davon haben, desto stärker zieht Sie ihr Gewicht nach unten. Sie wissen es mit absoluter Sicherheit, wenn Sie den Sinn Ihres Lebens gefunden haben. Niemand muß es Ihnen sagen. Sie wissen es, weil Sie keine Fragen mehr nach dem Sinn des Lebens stellen müssen. Sie wissen, daß alles, was Sie im Leben tun, mit Gottes Werk im Einklang steht, weil Sie in Harmonie leben und jede einzelne Aktivität in Ihrem Leben auf die Erfüllung Ihres Lebenssinns hinzielt.

Sind Sie bereit, nach dem Sinn Ihres Lebens zu suchen? Sind Sie bereit, im Geiste bis zu dem Zeitpunkt kurz vor Ihrer Gestaltwerdung zurückzugehen und Ihr höheres Selbst zu fragen: Warum kam ich auf die Welt? Wenn Sie die Antwort empfangen und nun wissen, daß Sie Ihr Leben anderen widmen wollen, statt nur auf den eigenen Vorteil zu achten, dann werden Sie, unabhängig davon, welchen Beruf Sie ausüben, automatisch Ihre Energie auf die Erfüllung Ihres Lebenssinns verwenden. Und wenn Sie erst die Reise in ein sinngerichtetes Leben begonnen haben, dann betreten Sie das Reich der täglichen Wunder.

Die Wirklichkeit der magischen Kraft.
Wunder und Lebenssinn

Wenn Sie dem Sinn Ihres Lebens gemäß leben, dann erscheint Ihr Dasein Ihnen mühelos, dann erfahren Sie die Art von Harmonie, die sich einstellt, wenn Sie sich nicht ernsthaft um etwas bemühen müssen. Sie fühlen sich leichter, und Sie nehmen das Leben leichter. In dem neuen Wissen um Ihren Lebenssinn können Sie Ihrer Arbeit unbeschwert nachgehen. Sie fühlen, daß eine Hand schützend über Sie gehalten wird, und Ihre Handlungen entstehen aus einem inneren Wissen heraus, vollkommen ausgerichtet zu sein. Wenn Sie aus der inneren Überzeugung heraus handeln, daß alles in Ihrem Leben sinnvoll ist, und alles, was Sie tun, diesem Sinn dient, dann können Sie nur alles richtig machen.

Das heiligste Buch im Hindu-Glauben ist die Bhagavadgita (Das Lied der Gottheit, neu bearbeitet und herausgegeben von Helmuth von Glasenapp, Stuttgart 1992). Es ist die Geschichte von Ardschuna, dem berühmtesten Krieger seiner Zeit, und Krischna (Gott), der Ardschuna auf dem Schlachtfeld in der Gestalt seines Wagenlenkers erscheint, gerade als er sich auf den Kampf vorbereitet. In achtzehn Gesängen spricht Krischna mit Ardschuna darüber, was es bedeutet, ein von Gott erleuchteter und auf den Sinn seines Lebens ausgerichteter Mensch zu sein. Nach diesem Buch führte Mahatma Gandhi sein Leben. Kurz gefaßt ist die Botschaft der Gita folgende:

Handle aus Liebe und im Einklang mit Deinem inneren Selbst, und miß den Früchten Deiner Arbeit keinerlei Bedeutung bei. Wenn Du dieses Stadium der Gnade erreichen kannst, wird auf eine wunderbare Weise Frieden in Dein Leben einkehren. Lebe Dein Leben seinem Sinn entsprechend, und weise jegliche Vorteile zurück, die Dir aus Deinen Taten erwachsen könnten. Sei Dir immer bewußt, daß Du Gott und anderen durch jede Deiner Handlungen dienen sollst. So wirst Du Wunder tun.

Vielleicht denken Sie jetzt: Das ist ja eine ganz nette Philosophie, aber vielleicht doch ein bißchen zu naiv in unserer heutigen Welt, in der jeder nur auf seinen eigenen Vorteil bedacht ist. Ich kann Ihre Einwände respektieren. Ich habe selbst den größten Teil meines Lebens ähnlich gedacht. Immer wieder mußte ich leiden, um meine Lektionen zu lernen; ich konzentrierte mich ganz auf die Resultate und glaubte nicht an Metaphysisches. Ich wollte auch nichts davon hören, daß ich von den Früchten meiner Arbeit nicht profitieren sollte. Für mich war nur das wichtig, was für mich dabei heraussprang. Ich dachte nur an das Ziel und vernachlässigte den Weg dahin. Mein Leben drehte sich um Anerkennung, um Geld, Prestige und Leistung. Und obgleich ich sicherlich auf konventionelle Weise erfolgreich war, hatte ich keine Ahnung, was es jenseits dieser Welt des Erfolgs noch gab, und hatte nie von der Wirklichkeit der magischen Kraft gehört.

Ich kann heute nur sagen, daß Wunder sich in meinem Leben erst zeigten, als ich für mich den Sinn meines Lebens entdeckt hatte. Erst als es mir nicht mehr nur um meinen eigenen Vorteil ging, konnte ich im Stand der Gnade sein.

In dem folgenden Brief einer Leserin geht es um die Erfahrung, bereit zu sein, den Sinn des Lebens zu entdecken.

Lieber Wayne,
ich sitze vor dem Kamin in unserem kleinen Wohnzimmer, meinem Lieblingsraum, und fühle mich vollkommen im Einklang mit mir selbst. Dabei ist nichts Besonderes los. Es ist neun Uhr abends. Unsere drei Kinder sind im Bett, und mein Mann packt gerade seinen Koffer, weil er morgen auf Geschäftsreise nach Phoenix geht.

Ich sitze im Zimmer, so wie viele Male vorher. Ich trage dieselben Kleider, sehe aus wie immer und bin doch eine andere geworden. Ich gehe jeden Tag im Park gegenüber spazieren und höre Ihre Tonbänder auf meinem Walkman. Das ist «meine» Zeit, in der mich weder Telefon noch Kinder ablenken, in der ich nichts höre außer Ihrer Stimme und nur den wunderschönen Park um mich herum sehe, der mir jetzt so viel bedeutet. Manchmal frage ich mich, warum ich Sie nicht schon vor zehn Jahren oder vor fünf Jahren gehört habe, als ich so unglücklich war. Es ist mir heute klar, daß ich Ihnen damals nicht richtig zugehört hätte, nicht so, wie ich Sie heute höre. Für mich ist jetzt die richtige Zeit, Ihre Botschaft in mich aufzunehmen. Jetzt kann ich richtig zuhören, und das, was ich höre, bedeutet mir so viel. Morgen werde ich wieder im Park spazierengehen und wahrscheinlich «The Awakened Life» zu Ende hören. Ich könnte ewig so weitergehen und Ihnen zuhören. Alles um mich herum ist so friedlich. Ich danke Ihnen von ganzem Herzen. Ich lebe im Einklang mit dem Sinn meines Lebens.

Das Leben ist für diese Frau ein tägliches Wunder geworden, und doch hat sich äußerlich nichts verändert. Die Kinder, ihre Aufgaben und Pflichten sind immer noch vorhanden, aber sie fühlt jetzt, daß ihr Leben einen Sinn hat, und macht sich keine Gedanken mehr darum, was sie erreicht hat oder noch erreichen müßte. Und zu dieser Ausgeglichenheit möchte ich Ihnen auch verhelfen.

Ja, Sie können wunderbare Veränderungen in Ihrem Leben bewirken. Ja, Sie tragen in sich die Kraft, das zu verwirklichen, was Ihnen vor kurzer Zeit noch unmöglich erschienen ist. Ja, Sie können die Bedeutung von täglichen Wundern in Ihrem Leben kennenlernen. Die Voraussetzungen dafür liegen bereits in Ihnen. Richten Sie sich auf den Sinn Ihres Lebens aus. Entdecken Sie die Freude und den Frieden in sich selbst, wenn Sie geben und nicht bekommen, wenn Sie verschenken, statt zu horten, wenn das Tun an sich Ihnen wichtig ist und Sie nicht konkurrieren oder gewinnen müssen. Warum? Weil Sie eigentlich nichts wirklich besitzen können. Die Botschaft Ihres Lebens liegt in dem, was Sie geben. Sie betreten diese Welt ohne etwas und verlassen sie auch so. Der Sinn des Lebens besteht immer im Geben. Wenn Sie geben, dienen, lieben und Harmonie fördern, werden Sie den Unterschied tief in sich fühlen. In seinem Tagebuch bezeichnet André Gide als echten Besitz das, was man weggeben kann, während das, was man nicht geben kann, einen besäße.

Wenn Sie sich darauf vorbereiten, die Wirklichkeit der magischen Kraft zu erfahren, fragen Sie sich vielleicht: Wie kann ich es tun? oder: Was ist, wenn ich Hilfe brauche? Diese Fragen sind durchaus vernünftig, und ich möchte Ihnen helfen, die Antworten darauf zu finden.

Wenn der Schüler bereit ist

Als ich die Bhagavadgita zum erstenmal las, war mir, als hätte ein Blitz ganz plötzlich mein Leben erhellt. Ähnlich erging es mir, als ich die Briefe des Paulus im Neuen Testament las. Diese alten, weisen Schriften hatten sich seit dreißig Jahren unter meinen Büchern befunden. Ich muß Tausende von Malen an ihnen vorbeigegangen sein, hatte sie wahrscheinlich als Junge und später als Student durchgeblättert. Aber sie hatten mir absolut nichts bedeutet, bis ich dafür bereit war. Dann aber führten sie mich zu wunderbaren Erkenntnissen und halfen mir, den Sinn meines Lebens zu finden.

Ein altes Zenwort sagt: WENN DER SCHÜLER BEREIT IST, ERSCHEINT AUCH DER LEHRER. Wenn Sie wirklich fest in Ihrem Inneren entschlossen sind kennenzulernen, was die Wirklichkeit der magischen Kraft bedeutet, und jeden Tag gemäß dem Sinn Ihres Lebens verbringen wollen, dann werden Sie es auch erfahren. Wir wollen uns einmal die vier Schlüsselworte in dem Zenwort näher ansehen.

SCHÜLER: Seien Sie wieder Schüler. Öffnen Sie sich allem, was Sie von Menschen lernen können. Als Schüler haben Sie in sich Raum für neue Erfahrungen. Was grün ist, wächst, was reif ist, stirbt ab. Wenn Sie grün, also ein Schüler bleiben, vermeiden Sie den Fluch, als Experte zu gelten und damit auf einem bestimmten Wissensstand stehenzubleiben. Wenn Sie ganz tief in Ihrem Herzen wissen, daß Sie von jedem Menschen, der Ihnen in Ihrem Leben begegnet, etwas lernen können, dann werden Sie dessen Angebot gründlich nützen können. Die Fähigkeit, tägliche Wunder zu schaffen, hat zuallererst damit zu tun, daß Sie bereit sind, Ihr Leben lang Schüler des Lebens zu bleiben.

BEREIT: Seien Sie ein williger Schüler. Der Grad Ihrer

Bereitschaft, sich spirituell zu entwickeln und an sich selbst Wunder tun zu können, ist schlicht eine Geisteshaltung. Als Schüler wissen Sie, daß alles und jeder Sie etwas lehren kann. Und als Schüler, der bereit ist, möchten Sie erfahren, was man Ihnen beibringen kann. Sogar die «falsche Richtung», die Sie an einen neuen, unerwarteten Ort führte, stellt sich als Möglichkeit der Weiterentwicklung heraus. Wenn Sie als Schüler bereit sind, dann wird der Fremde, der Ihnen erzählt, wie er vor Jahren seine Drogenabhängigkeit überwand, zu einem Begleiter, der Ihnen gesandt wurde, damit er Ihnen bei Ihrem Drogenproblem helfen kann.

Als ich soweit war, auf Alkohol zu verzichten, als ich tatsächlich dazu bereit war, kamen mir während einer Meditation die Worte: Du mußt nicht länger suchen. Jetzt ist der Zeitpunkt gekommen. Dir wird alle Hilfe zur Verfügung stehen, für die du bereit bist. Ich hatte Ähnliches viele Male gehört, aber mein Mangel an Bereitschaft hatte mich immer blockiert. Dieses Mal jedoch war ich bereit, ich konnte auf Alkohol verzichten und bin nie wieder rückfällig geworden. In den nächsten Tagen fand ich ungewöhnlich viele Artikel in Zeitschriften über Menschen, die Alkohol und Drogen überwunden hatten. Solche Artikel waren wahrscheinlich regelmäßig in der Presse erschienen, ich bemerkte sie allerdings erst, als ich wirklich dazu bereit war, und sie konnten mir bei meinem Entschluß helfen.

Bereit sein heißt wollen, von ganzem Herzen und ernsthaft. Wenn Sie mit solcher Intensität bereit sind, werden Sie Ihren persönlichen Lehrmeister finden.

LEHRER: Der Lehrer, Ihr Lehrmeister, ist überall. Sobald Sie wahrhaft bereit sind, wird das Universum Ihnen den Beistand schicken, den Sie brauchen. In dem Stadium der intensiven Bereitschaft werden Sie jederzeit und an jedem Ort die notwendige Hilfe finden.

Der Lehrer kann ein Mensch mit einer bestimmten Erfahrung sein, der Ihnen helfen und Sie zu den Wundern geleiten kann, die Sie suchen. Daß dieser Mensch genau zu diesem Zeitpunkt in Ihrem Leben auftaucht, können Sie als Zufall oder als göttliche Fügung betrachten. Auf die eine oder die andere Weise hat Ihnen die Weisheit dieses Menschen schon immer zur Verfügung gestanden. Aber erst durch Ihre Bereitschaft können Sie sie wirklich annehmen.

Lehrer können die unterschiedlichste Gestalt annehmen. Mal erscheinen sie in Form einer Kassette, die jemand «aus Versehen» in Ihrem Auto liegengelassen hat und die Sie «zufällig» gerade zur richtigen Zeit abspielen. Noch letzte Woche hätten Sie sie höchstens angespielt. Doch jetzt sind Sie bereit, die Botschaft zu hören. Ihr Beistand kann auch nach der Empfehlung eines Freundes ein Buch oder ein Artikel sein. Vielleicht hören Sie sich einen Vortrag an, nur weil Ihnen ein Freund seine Karte gegeben hat, und der Redner scheint genau über das zu sprechen, was Sie angeht. Vielleicht fungiert auch ein Kind als Ihr Lehrer, indem es Sie an die Hand nimmt und Sie etwas fragt. Über diese Frage haben Sie vorher noch nie nachgedacht, merken aber jetzt, daß die Antwort nicht nur für das Kind, sondern auch für Sie selbst wichtig ist. Vielleicht ist Ihr Lehrer auch unsichtbar, kommt als ein neuer Gedanke in einem Augenblick ruhigen Nachdenkens zu Ihnen und hilft Ihnen, eine neue Richtung einzuschlagen.

Es ist mir sehr häufig passiert, daß nach einem Vortrag Menschen auf mich zukamen, um mir zu sagen, daß sie nur «rein zufällig» zu dieser Veranstaltung gekommen seien und doch genau das gehört hätten, was sie in diesem Augenblick brauchten. Eine Frau zum Beispiel war auf ihrem Weg nach Hause und hörte dabei eins meiner Bänder, auf dem ich darüber sprach, daß «der Lehrer erscheinen wird, wenn der

Schüler bereit ist». Sie fuhr an einem Gemeindehaus vorbei, und plötzlich fiel ihr mein Name auf einem Plakat ins Auge. An dem Abend um 19 Uhr sollte ich dort einen Vortrag halten. Sie hatte noch eine Viertelstunde Zeit, stellte das Auto ab, kaufte sich eine Eintrittskarte und hörte sich den Vortrag an. Sichtlich erschüttert kam sie hinterher auf mich zu und berichtete mir:

Ich bin sonst nie diesen Weg nach Hause gefahren. Ich fuhr mit dem Auto meiner Freundin, sie hatte Ihre Kassette eingelegt, die zu spielen begann, als ich das Auto startete. Ich habe in letzter Zeit so häufig darüber nachgedacht, wie ich in meinem Privatleben etwas verändern könnte. Ihr Vortrag heute abend hat mir enorm geholfen, und ich bin ganz sicher, daß Sie ausgerechnet heute hier gesprochen haben, weil ich da war. Ich war bereit, und ich bin direkt geschickt worden, um Sie sprechen zu hören.

Ähnliches ist mir sehr oft berichtet worden. Und doch habe ich öffentliche Seminare seit zwanzig Jahren im ganzen Land veranstaltet und immer wieder auch größere Städte besucht. Diese Menschen hatten die Ankündigungen für die Vorträge auch früher gesehen, aber sie waren noch nicht bereit, und sie nahmen den Lehrer nicht wahr, obgleich er so nah war.

Wenn Sie, der Schüler, bereit und willig sind, dann wird der Lehrer auch erscheinen. Sie müssen sich nur öffnen, müssen sich umsehen und ruhig sich selbst fragen: Wo finde ich meinen Lehrer?

ERSCHEINEN: Der Lehrer kann sich in allem und jedem manifestieren, was Ihnen begegnet. Wie schon gesagt, es gibt keine Zufälle. Das Universum ist sinnvoll eingerichtet. Selbst wenn der Lehrer erschienen war und Sie ihn übersahen, dann war das in dem Moment Teil des sinnvollen Plans.

Denn auch, wenn der Lehrer nah war, war er noch nicht *für* Sie da. Aber das war damals, und heute ist heute. Heute richten Sie Ihr Leben auf seinen Sinn hin aus, heute erwerben Sie die Fähigkeiten, Wunder in Ihrem eigenen Leben wirksam werden zu lassen, heute werden Sie den Lehrer erkennen.

Wenn das tödlich verletzte Insekt Sie daran erinnert, Mitleid zu haben, dann hat sich der Lehrer gezeigt. Wenn der Obdachlose bettelnd die Hand ausstreckt und Sie mahnt, barmherzig zu sein, dann hat sich der Lehrer gezeigt. Wenn Sie einen vollbewaffneten Soldaten sehen, der die Aufgabe hat zu töten, und Sie dadurch daran erinnert werden, gerade jetzt für Liebe und Frieden zu arbeiten, dann hat sich auch jetzt wieder der Lehrer gezeigt.

Fragen Sie sich: In welcher Form wird mir der Lehrer erscheinen?, und meditieren Sie dabei. Denken Sie an James Broughtons kleinen Vers, und Sie werden die Antwort finden:

> Dies ist Es
> und ich bin Es
> und du bist Es
> Und so ist Das
> und er ist Es
> und sie ist Es
> und es ist Es
> und das ist Das.

Und das ist das! Der Lehrer kann überall erscheinen, und ohne Lehrer werden Sie hilflos herumirren.

Der Mensch ist nicht allein, kein Mensch ist eine Insel, wie der englische Dichter Donne sagte. Wir haben alle Verbindung miteinander, und gemeinsam lernen und wachsen wir auf unserer Lebensreise. Wenn Sie sich auf Wunder in Ihrem täglichen Leben vorbereiten wollen, werden Sie überall die Hilfe finden, die Sie brauchen.

Sie haben sich jetzt damit vertraut gemacht, wie man sein Leben nach seinem Sinn ausrichtet, und haben sich geöffnet, um die Hilfe empfangen zu können, die Sie für dieses Vorhaben brauchen. Die wichtigste Prämisse dieses Buches ist, daß es einen Bereich der menschlichen Existenz gibt, der über das hinausgeht, was wir gemeinhin als normal oder möglich bezeichnen. Ich nenne ihn die Dimension der *täglichen Wunder*. Wenn Sie sich erst offen genug fühlen, um den Sinn Ihres eigenen Daseins zu erfahren, wenn Sie als williger Schüler bereit sind, die göttliche Hilfe zu empfangen, die Sie brauchen, dann werden Sie auch bereit sein, an Ihre Fähigkeit zu glauben, selbst für Ihre eigenen Wunder verantwortlich zu sein.

Glauben an Wunder
und die Wirklichkeit der magischen Kraft

Wenn ich über die Fähigkeit schreibe, Wunder zu tun, dann meine ich damit nicht eine besondere Gabe, um aus Steinen Brot zu machen, die Toten aufzuerwecken oder in der Lage zu sein, die Fluten zu teilen. Mit Wunder vollbringen meine ich die Fähigkeit, etwas zu leisten, was man bisher wegen eigener Begrenzungen für unmöglich gehalten hatte. In späteren Kapiteln werde ich die wesentlichen Bereiche des Lebens beschreiben, in denen Wunder möglich sind. Aber jetzt möchte ich Sie dazu anregen, die Basis zu schaffen, um die Wirklichkeit der magischen Kraft zu erfahren, und zwar in jedem Bereich, in dem Sie Hilfe brauchen. Wenn Sie Ihr Leben lang geglaubt haben, daß bestimmte Leistungen oder Fähigkeiten Ihnen verschlossen seien, müssen Sie sich erst Ihre Einstellungen und Überzeugungen genau ansehen, bevor Sie sich an die Anwendung jeglicher Strategien wagen, mit denen Sie Wunder tun können.

Um Wunder für sich selbst möglich zu machen, müssen Sie den Sinn Ihres Lebens erkennen, sich danach ausrichten und offen für Beistand sein. Außer der Fähigkeit, das Leben seinem Sinn gemäß zu leben und Hilfe von außen zu akzeptieren, gibt es noch andere Richtlinien, mit deren Hilfe Sie sich die richtige geistige Einstellung aneignen können. Diese Überzeugungen, dieses «Wissen» hilft Ihnen, zu Ihrem inneren Selbst vorzudringen und buchstäblich das zu manifestieren, was Sie bis dahin für unmöglich gehalten haben. In dem ganzen Buch wird immer wieder von diesem «Wissen» die Rede sein.

Das erinnert mich an die Worte Jesu Christi: «Wer an mich glaubt, der wird die Werke auch tun, die ich tue, und wird noch größere als diese tun» (Johannes 14,12). Irgendwo tief in sich tragen Sie das Wissen, daß Sie diese Art von Macht besitzen. Sie wissen vielleicht überhaupt nicht, wie Sie diese Macht verfügbar machen oder gar anwenden können, aber eins wissen Sie ganz sicher: In jedem von uns ist etwas Unsichtbares, etwas Göttliches vorhanden, das uns das Stadium erreichen läßt, das paradoxerweise nur als magische Kraft beschrieben werden kann.

Christus sagt weiter: «Ihr aber kennet ihn, denn er bleibt bei euch und wird in euch sein» (Johannes 14,17). Ja, dieses magische Unsichtbare ist auch *in Ihnen*, Ihnen zugänglich und nicht etwas, das Sie Ihr Leben lang suchen müßten. Es ist ein unsichtbarer Teil von Ihnen, liegt bereits in Ihnen, dort, wo die Regeln der normalen physischen Welt nicht mehr gelten. Der Zugang zu der Welt der Wunder liegt in Ihrer Seele,

Ihrem Geist, Ihrem höheren Selbst, Ihren Gedanken oder wie Sie es auch nennen wollen.

Wenn Sie den inneren Pfad zum Bewußtsein meistern, der im ersten Teil des Buches beschrieben wird, dann werden Sie die Anwendung dieses Bewußtseins ohne Skepsis akzeptieren können, und Sie werden auch keine Zweifel haben, daß ich Sie über dieses göttlich Unsichtbare in Ihnen direkt anspreche.

Sieben Voraussetzungen für die Manifestation der magischen Kraft

Ich habe sieben Grundüberzeugungen zusammengestellt, die Ihnen helfen können, sich die Kraft der täglichen Wunder verfügbar zu machen. Wenn Sie sich diese Überzeugungen aneignen, wenn Sie dieses Wissen verinnerlichen, sind Sie auf dem besten Weg, Wunder tun zu können.

1. Sie tragen eine unsichtbare Lebenskraft in sich,
die Sie sich bewußtmachen können
Versuchen Sie, sich die unsichtbare Lebenskraft bewußtzumachen, die das gesamte Universum durchströmt, also auch Sie. Hier handelt es sich um dieselbe universelle Kraft, die dafür verantwortlich ist, daß eine Rose eine Rose ist, ein Käfer ein Käfer, die Planeten geordnet ihre Bahnen ziehen und daß Sie Sie sind und kein anderer. Diese Kraft kennt keine Grenzen oder Dimensionen, genausowenig wie Ihre Gedanken, Vorstellungen, Träume, Phantasien und Gefühle. Diese universelle Lebenskraft ist der Teil von Ihnen, der nicht stirbt. Tod bedeutet Ende, und Ende bedeutet Begrenzung.

Für diesen ersten Schritt sollen Sie nur wissen, daß diese mächtige, göttliche, unsichtbare Kraft in Ihnen liegt. Sie können sich vollkommen darauf verlassen. Diese Kraft läßt Sie Ihren physischen Körper und die physische Welt, in der Sie sich vorübergehend befinden, überhaupt erst empfinden und erfahren.

2. Ihre Gedanken haben ihren Ursprung in Ihnen, und Sie haben Gewalt über Ihre Gedanken

In «Erfolg wird wahr» (Leben in Fülle, München 1990) widme ich ein Kapitel der Macht der Gedanken. Ich möchte Sie hier nur anregen, sich deutlich zu machen, daß Denken unser Weg ist, unsere menschlichen Erfahrungen zu registrieren und zu verarbeiten. Gedanken entstehen aus einem Nichts in Ihnen und machen Sie doch eigentlich erst zum Menschen. Ihre Vergangenheit wie auch Ihre Zukunft befindet sich vollständig in dem Bereich Ihres Denkens. Ihre Gedanken sind dafür verantwortlich, wie Sie jede Facette Ihrer Welt empfinden, Ihr körperliches Befinden ebenso wie Ihre ökonomische Situation.

Ralph Waldo Emerson sagte, daß jede Handlung den Gedanken als Vorgänger habe. Sie leben ein Leben gemäß Ihrer Vorstellung. Wenn Sie aufhören, sich etwas vorzustellen, etwas zu verkörpern oder etwas Bestimmtes zu denken, dann hören Sie auf, aktiv an Ihrer physischen Welt teilzunehmen. Um sich dem Bereich der magischen Kraft zu nähern, müssen Sie sich Rechenschaft darüber ablegen, was Ihre Gedanken mit Ihrer begrenzenden Lebenseinstellung, in der Wunder keinen Platz haben, zu tun haben könnten. Dann wird Ihnen auch das Gegenteil gelingen. Wenn nämlich Wunder für jeden möglich sind, dann können doch auch Sie zu denen gehören, die Wunder erleben. Aber beginnen müssen Sie mit den Vorläufern all Ihrer Handlungen, mit Ihren Gedanken.

3. Es gibt keine Begrenzungen

Alle Begrenzungen, von deren Vorhandensein Sie überzeugt sind, sind Produkte Ihrer erlernten Denkweise. Man hat Ihnen wahrscheinlich beigebracht, daß Logik und wissenschaftliche Beweise festlegen, was möglich ist und was nicht. Vor der Erfindung des Mikroskops haben die meisten Menschen nicht geglaubt, daß es mikroskopisch kleine Lebewesen gibt. Der Mensch, der nur glaubt, was er mit eigenen Augen sehen oder wissenschaftlich nachweisen kann, ist durch den heutigen Stand der Meßtechnik limitiert.

Sie wissen, daß man in der Zukunft nicht in Stunden, sondern in sehr viel kürzeren Zeitabschnitten von einem Ort unserer Erde zum anderen fliegen kann und daß man von einem Planeten zum anderen reisen wird. Die Möglichkeiten dafür sind schon vorhanden. Das heißt, die universelle Kraft, die keinen zeitlichen Rahmen kennt, ist da, es fehlt nur noch die entsprechende Technologie. Glauben Sie jetzt schon an diese Möglichkeiten, oder muß sich die Technologie erst entsprechend weit entwickelt haben? Vor nur ungefähr zwanzig Jahren schien die drahtlose Fernbedienung eines Fernsehapparates ein Ding der Unmöglichkeit zu sein, ebenso so etwas wie Videokassetten. An Mikrowellenherde wurde noch nicht einmal gedacht. Und doch war die Möglichkeit, diese Wunder wahrzumachen, schon immer vorhanden, auch zu Zeiten Hannibals. Sie brauchtes nur ihre Zeit, sich zu manifestieren. Seien Sie jemand, der keine Begrenzungen seines Denkens hinnimmt, absolut keine!

4. Ihr Leben hat einen Sinn

Das gesamte Universum ist ein intelligentes System. Auch das Universum Ihres physischen Körpers besteht aus einer Vielzahl von Systemen, die alle mit erstaunlicher Präzision funktionieren. Der unsichtbare Teil in Ihnen, Ihre Gedanken und Gefühle, sind Teil des gesamten Systems. Diese intelligente Kraft ist unsichtbar, Tausende von Namen sind schon dafür erfunden worden. Aber diese intelligente Kraft ist nicht identisch mit der Bezeichnung, ebenso wie die Statue nicht der eigentliche Heilige ist und die Speisekarte nicht die Mahlzeit. Sie als Mensch sind untrennbarer Teil dieser intelligenten Kraft, und Sie haben eine Aufgabe.

Ich habe schon von der Notwendigkeit geschrieben, den Sinn des Lebens zu erfassen und entsprechend zu handeln. Ich möchte Sie jetzt bitten, einfach nur zu «wissen», daß es diesen Sinn des Lebens für Sie gibt. Wenn Sie «wissen», daß Sie eine Aufgabe haben, werden Sie auf dem besten Weg sein, in jedem Bereich Ihres Lebens Wunder zu wirken.

5. Sie überwinden Schwächen, indem Sie sie einfach hinter sich lassen

Ihre Schwächen und Begrenzungen können Sie nicht durch Nachdenken überwinden. Wenn Sie ständig darum bemüht sind, alte, völlig sinnlose Verhaltensweisen abzulegen, werden Sie nie die innere Harmonie erreichen, die nötig ist, um die Wirklichkeit der magischen Kraft zu erfahren. Sie sollten statt dessen dieses Stadium Ihres Lebens einfach hinter sich lassen und wie durch ein weites Tor in ein neues Leben schreiten.

Dieser Prozeß beginnt in Ihrem Kopf. Sie sehen vor Ihrem geistigen Auge, wie Sie endlich diese alten Hindernisse hinter sich lassen, Sie betrachten sich als jemanden, der diese alten, schädlichen Verhaltensmuster nicht mehr braucht. Damit ist dieser Teil abgeschlossen, und Sie bewegen sich auf Ihr neues Ich zu. Lassen Sie die Einstellung hinter sich, daß Sie sich nicht ändern können oder daß Sie das gewünschte Wunder nicht ermöglichen können. Lassen Sie auch die alten physischen Verhaltensweisen zurück, die Sie in dieser Einstellung immer wieder bestärkten. Visualisieren Sie, daß das alles hinter Ihnen liegt. Sie blicken zurück und wissen, daß Sie nicht länger so leben werden.

Wenn ich zurückblicke, sehe ich mich, wie ich mich früher nach dem alten Muster verhalten habe. Und innerlich muß ich lächeln, weil ich weiß, daß ich diesen Teil von mir hinter mir gelassen habe. Es begann mit einer neuen Denkweise, die eine neue Handlungsweise nach sich zog. Für mich ist das bereits ein Wunder, das ich jeden Tag aufs neue lebe. Ich habe mich nicht dadurch ändern können, daß ich dauernd über das Problem nachgrübelte oder versuchte, es langsam abzubauen, sondern indem ich es einfach hinter mir ließ. Und so geschehen eigentlich alle wundersamen Veränderungen. Man muß sich lediglich ernsthaft fragen: Wie kann ich mich ändern? oder: Wie mache ich mein Leben zu dem Wunder, das ich mir wünsche?

Nach all dem Reden, Beraten, den Hilfsgruppen, Medikamenten, Heilmittelchen, aufmunternden Worten und dem Ansporn durch andere wird man letzten Endes feststellen, daß man alles Selbstzerstörerische und in der Weiterentwicklung Hemmende hinter sich lassen muß. Jedem Menschen wird die Überwindung von Schwierigkeiten oder das Erreichen einer positiven Veränderung in seinem Leben nur durch eigene Willenskraft möglich sein. Wenn Sie dieses als Wahrheit akzeptieren, werden Sie bald Wunder in Ihr tägliches Leben einbringen können.

6. Wenn Sie sich bewußt machen, was Sie für unmöglich halten, können Sie Ihre Einstellung dazu ändern
Was, glauben Sie, könnte in Ihrem Leben niemals geschehen? Hat das mit Ihren körperlichen Leistungen zu tun, mit Ihren Beziehungen, Ihrer Gesundheit oder Ihren Finanzen? Nehmen Sie sich fest vor, diese Annahmen nicht einfach als wahr

zu akzeptieren. Ich erwarte nicht von Ihnen, daß Sie sich etwas vormachen. Sie sollten sich lediglich den Möglichkeiten öffnen, statt an Unmöglichkeiten festzuhalten. Sie sollten die Augen nicht vor neuen Ideen verschließen. Sie müssen an Ihrem Leben jetzt nichts ändern, sondern nur ein paar mentale Vorstellungen ablegen. Neue Gedanken werden letzten Endes neue Verhaltensweisen zur Folge haben, die Wunder wirken können.

Es gibt Menschen, die trotz der Diagnose «unheilbar» überlebt haben. Eine solche Fähigkeit gibt es in jedem von uns. Die universale Kraft oder Energie, die einmal ein Wunder bewirkte, ist immer noch vorhanden. Die Kraft selbst ist nicht verschwunden, selbst wenn man von Wundern seltener etwas hört. Stuart Wilde meint in «Wunder» (Eine Anleitung in sieben Schritten, 1993) dazu, daß man aufgrund des Unzerstörbaren und Unendlichen des Gesetzes des Universums davon ausgehen könne, daß die Kräfte, mit denen Menschen früher Wunder gewirkt hätten, noch vorhanden seien. Und wenn diese Kräfte noch vorhanden sind, dann glauben Sie bitte daran, daß Sie sich dieser Kräfte bedienen können. Das Gesetz des Universums, das Wunder gewirkt hat, ist nicht abgeschafft worden, und das wird auch nie geschehen.

Folgen Sie dem Grundthema dieses Buches, und richten Sie sich in Ihrem Leben so aus, daß Sie die universale Kraft oder Energie genau kennenlernen und für Ihr Leben verfügbar machen können. Andere Menschen um Sie herum werden wahrscheinlich keine Ahnung haben, was Sie tun, oder werden Ihnen nicht glauben, wenn Sie von Wundern sprechen. Wenn Sie erst einmal diese Kraft kennen und nutzen, dann wird Ihr Leben voller Wunder sein. Das garantiere ich Ihnen.

Ich verlange noch nicht von Ihnen, daß Sie sich schon jetzt diese Kraft verfügbar machen und Wunder tun. Ich bitte Sie nur, sich der Vorstellung zu öffnen, daß so etwas vielleicht auch in Ihren Möglichkeiten liegt. Jeder, der aus armen Verhältnissen stammt und in seinem Leben zu Wohlstand gekommen ist (und dazu gehöre ich auch), muß diese universale Energie in seinem Geist genutzt haben, damit er diesen Weg in der physischen Welt zurücklegen konnte. Wenn diese wundertätige Kraft jedem armen Schlucker zur Verfügung steht, dann steht sie auch Ihnen zur Verfügung, sofern Sie sich zu dieser Wahrheit bekennen können.

Die Fähigkeit, sich zu verändern, ist eine der wesentlichen menschlichen Eigenschaften. Menschen waren krank und wurden gesund, waren dick und wurden schlank, waren süchtig und wurden clean, waren arm und wurden reich, waren schwerfällig und wurden behende, waren unglücklich und wurden glücklich, waren unzufrieden und fanden zu einem erfüllten Leben. Selbst wenn nur ein einziger Mensch das bisher fertiggebracht hat, so ist das der Beweis, daß es für jeden möglich ist. Allein die Tatsache, daß ein einzelner Mensch sich etwas vorstellen kann, was es bislang noch nicht gibt, wie zum Beispiel ein Heilmittel für Kinderlähmung vor 1954 oder eine Flugreise vor 1745, ist ausreichend, daß die Menschheit sich getrost allen Möglichkeiten öffnen sollte. Zweifeln Sie nicht länger daran, daß etwas, was Sie sich vorstellen können, auch möglich ist. Halten Sie das Unmögliche für möglich. Beschäftigen Sie sich jetzt gleich damit, in diesem Moment, der einzigen physischen Realität, die Sie haben.

7. Sie können über die reine Logik hinausgehen

Selbst wenn es Ihnen unheimlich ist, sich auf etwas anderes als Logik und rationales Denken zu verlassen, versuchen Sie einmal, sich mit der Vorstellung zu befassen, daß es eine andere Dimension gibt, die ein wichtiger Teil von Ihnen ist und die nichts mit Logik oder wissenschaftlicher Beweisführung zu tun hat. Obgleich Sie einen Gedanken, einen Traum oder ein Gefühl noch niemals gesehen, berührt, gerochen oder real angefaßt haben, wissen Sie, daß es so etwas gibt. Sie haben keine rationalen Beweise für das Vorhandensein von Intuition, und doch wissen Sie, daß Sie sie in sich tragen. Bis vor zirka zweihundert Jahren gab es noch keinen physikalischen Beweis für mikroskopisch kleine Lebewesen, und doch existierten sie. Und genauso ist es mit dem Teil Ihres Menschseins, das ich Ihre Seele nennen möchte. Wir haben zwar noch keinen «Seelenmesser» erfunden, mit dem wir das Vorhandensein der Seele nachweisen können, aber wir haben doch eine dunkle Ahnung, daß so etwas wie eine Seele Teil unseres Menschseins ist. Es gibt immer einige Menschen, die nur das glauben, was sie sehen. Andere können sehen, weil sie glauben.

Mit diesen sieben Grundüberzeugungen können Sie Ihren «inneren Kompaß» sozusagen stufenweise auf tägliche Wunder einstellen. Es gibt Menschen, die leben ganz zufrieden innerhalb der Begrenzungen, die ihnen ihre fünf Sinne setzen. Wunder tun ist nichts für sie. Andere, wie Sie und ich, wissen zwar, daß unser physisches Selbst an sich schon ein erstaunliches Wunder ist, aber wir wissen auch, daß zusätzlich zu unserem materiellen Universum noch eine spirituelle Dimension existiert. Die Unterschiede zwischen den beiden grundsätzlichen Lebenseinstellungen, rein physisch versus spirituell und psychisch, zeigen sich auf vielfältige Weise. Im nächsten Kapitel werde ich näher darauf eingehen und darlegen, wie Sie die Wohltaten der magischen Kraft und der Wunder in Ihrem täglichen Leben erfahren können, wenn Sie sich bewußt auf Ihre spirituellen Möglichkeiten einlassen.

2

Ein spirituelles Wesen werden

> Doch sieht mich nicht dein sterblich' Aug',
> Ihm ist der Blick dazu verhüllt;
> Ein göttlich' Auge leih' ich dir,
> Es läßt dich schaun mein göttlich Bild.

Bhagavadgita, Elfter Gesang, 8

Nur wenige haben gelernt, sich die spirituellen Kräfte verfügbar zu machen. Wir sind mit einer steten Kost von Logik und Vernunft groß geworden, und uns wurde immer wieder eingeschärft, nur das zu glauben, was wir auch «sehen» können. Kurzum, wir sollten nur das als Wahrheit akzeptieren, was man verstehen und beweisen kann. Wunder können aber von der Ratio nicht erfaßt werden. Sie widersetzen sich der Logik. Man kann Wunder nicht mit der Denkweise «verstehen», die man uns beigebracht hat. Um also zur Welt der täglichen Wunder Zugang zu haben, müssen Sie erst lernen, Ihr rationales Denken weit hinter sich zu lassen, und in die Dimension der Spiritualität eintreten.

Skeptizismus überwinden

Vielleicht haben Sie schon über eine Religion Ihre ersten Erfahrungen mit dem Spirituellen gemacht. Das wunderbare Geschenk der Religionen ist die ihnen zugrundeliegende Lehre, daß wir alle von Natur aus spirituelle Wesen sind und daß die Seele ein Teil unseres Menschseins ist. Ihr größter Nachteil sind ihre nicht selten dogmatischen Einschränkungen, deren striktes Einhalten von den Repräsentanten der jeweiligen Religion gefordert wird. Der Seele werden beharrlich für sie erdachte Grenzen oder Gesetze auferlegt, an die sie aber nicht gebunden sein kann. Denn die Seele kennt keine Dimensionen, keine Form und ist unsichtbar. Selbst das Schreiben über die Seele fällt schwer, weil ein Satz begrenzt, die Seele aber unendlich ist.

Dank Ihrer Erziehung haben Sie wahrscheinlich eine skeptische Einstellung zur Spiritualität. Um aber selbst Wunder vollbringen zu können, müssen Sie daran glauben, daß Sie ein spirituelles Selbst haben, völlig unabhängig von Ihrer religiösen Überzeugung. Ihre Fähigkeit, Wunder zu tun, hat nichts damit zu tun, wie Sie dieses spirituelle Selbst nennen oder wer Ihr spirituelles Vorbild ist. Ich möchte Sie nur ermutigen, diese höhere Intelligenz als Teil Ihres Menschseins anzuerkennen. Maurice Nicoll schreibt in «Living Times» sehr passend dazu, daß der Mensch seine eigene Unsichtbarkeit nicht begreifen könne. Er würde nicht verstehen, daß das Leben in erster Linie in der Auseinandersetzung von Sichtbarem und Unsichtbarem bestünde, da für ihn nur die sichtbare Welt Realität und Struktur besäße. Daher könne er die Möglichkeit von realen Strukturen der inneren Welt der Gedanken, Gefühle und Vorstellungskraft und einer Existenz in ihr nicht zulassen, zumal er zu dieser Dimension nicht durch seine Sinnesorgane Zugang habe.

Um zu der festen Überzeugung zu gelangen, daß Nicoll die Wahrheit sagt, müssen Sie noch vieles in sich selbst überwinden. Sie müssen glauben lernen, was nicht zu beweisen ist, etwas, wovor Sie als Kind und Jugendlicher immer gewarnt worden sind. Das logisch nicht zu Greifende ist aber immer da und wartet ruhig seine Zeit ab, obwohl wir, wie H. L. Mencken es so treffend ausdrückt, die Fähigkeit verlieren, an das nicht Beweisbare zu glauben.

Ja, es sitzt dicht neben uns, aber wir können es nicht mit dem Verstand begreifen. Um ein spirituelles Wesen zu werden, muß man seine fünf Sinne einmal vernachlässigen und ein stilles Vertrauen in die Kraft entwickeln, die uns durchdringt, die wir aber niemals mit Logik oder den heutigen Meßinstrumenten erfassen können.

Wenn Sie jedoch diese unsichtbare Dimension erst einmal erfahren haben, wenn Sie wissen, daß es diesen Bereich in Ihrem spirituellen Selbst gibt, wo Sie Rat und Hilfe finden können, durch den sich Ihr Leben auf wunderbare Weise verändern läßt, dann sind Sie von einem rein materiell ausgerichteten Menschen, der ein spirituelles Erlebnis hat, zu einem spirituellen Wesen geworden, das eine menschliche Erfahrung macht. Sie werden sicher Ihr körperliches Selbst nicht leugnen wollen. Doch das Erkennen und Zulassen Ihres spirituellen Selbst wird Ihr physisches Leben verschönern und vertiefen. Durch Ihr spirituelles Erwachen können Sie Wunder in Ihrem täglichen Leben, in Ihrer physischen Welt möglich machen.

Sie möchten die Fähigkeit, Wunder zu bewirken, in Ihrem täglichen Leben einsetzen. Mit dem Wissen, daß Sie diese Fähigkeit besitzen und sich auf sie verlassen können, sind Sie einem Reichen vergleichbar, der, egal was er tut, immer genug Geld zur Verfügung hat. Das Bewußtsein, daß Sie die Verbindung zu Ihrem spirituellen Selbst nie wieder verlieren können, gibt Ihnen Ruhe und Kraft.

Ich bitte Sie, diese unsichtbare Welt, von der Sie wissen, daß es sie gibt, auch wenn Sie sie nicht mit Ihren fünf Sinnen erfassen können, einfach zu akzeptieren. Viele angesehene Wissenschaftler beschäftigen sich schon lange damit, die Existenz der Seele zu beweisen. Es ist nicht meine Aufgabe, hier Partei zu ergreifen, aber vielleicht möchten Sie mehr von diesen Untersuchungen erfahren, vielleicht könnte es

Ihnen helfen, Ihr spirituelles Selbst zu entdecken und sich dann aus dieser Haltung heraus als Mensch dieser Erde zu begreifen.

Der Mediziner Dr. Larry Dossey hat in seinem faszinierenden Buch «Wahre Gesundheit finden» (Krankheit und Schmerz aus ganzheitlicher Sicht, München 1991) ausführlich dargelegt, daß der menschliche Geist räumlich nicht festzulegen ist. Er ist weder auf Gehirn noch Körper beschränkt, sondern er existiert irgendwie in Zeit und Raum in Verbindung mit dem physischen Körper. Aus dieser Theorie ergeben sich erstaunliche Möglichkeiten: Angenommen, wir könnten zeigen, daß der menschliche Geist weder an Zeit noch Raum gebunden ist, unabhängig von Gehirn und Körper existiert. Das würde Zuversicht in die menschliche Natur bedeuten, die im Zeitalter der Wissenschaft zusehends unterdrückt wird, eine neue Vision des Menschen, der über sein körperliches Sein triumphiert. Der menschliche Geist würde sich wieder Gott zuwenden können, nicht mehr nur an Zufall, Willkür und Verfall glauben. Der menschliche Wille würde Eigennutz vergessen und Großartiges leisten. All das könnte dem Menschen etwas in letzter Zeit so offensichtlich Verlorenes wiederbringen: die menschliche Seele.

Die Vorstellung von der nicht an Raum und Zeit gebundenen Seele ist in der Tat faszinierend. Diese Theorie wird von Wissenschaftlern der verschiedensten Disziplinen untersucht, und ich bin sicher, daß wir bald unanfechtbare Beweise finden werden. Stellen Sie sich vor, was das für uns Menschen bedeuten würde! Das Wissen, daß die Seele den Tod des Körpers überdauert, würde uns dabei helfen, unseren Umgang miteinander hier auf der Erde zu verändern. Es könnte einen großen Einfluß darauf haben, wie Medizin praktiziert wird. Dr. Dossey geht davon aus, daß, wenn die Menschheit wirklich an einen Geist außerhalb von Zeit und

Raum glauben würde, ethisches und moralisches Verhalten eine ganz neue Basis erhalten würde. Der moderne Arzt hätte nicht mehr das oberste Ziel, Verfall und Tod zu verhindern, und die existentielle Prämisse des menschlichen Lebens würde sich verschieben.

In diesem Sinne möchte ich Sie bitten, sich mit der Idee zu befreunden, ein spirituelles Wesen zu werden, denn nur dann haben Sie auch zu der Welt der täglichen Wunder Zugang. Wenn Sie wissen, daß Sie ein spirituelles Selbst in sich tragen, das nicht an Zeit und Raum gebunden ist, dann werden wissenschaftliche Daten und Beweise für Sie bedeutungslos. Um Sie auf dem Weg dahin zu unterstützen, möchte ich noch ein paar Meinungen moderner wissenschaftlicher Denker anführen.

Robert Herrman, einer der Direktoren der «American Scientific Affiliation» und Autor des Buches «The God Who Would Be Known», glaubt, daß jeder, der sich intensiv wissenschaftlich beschäftigt, sich das Universum ohne Gott nicht vorzustellen vermag.

Wenn man Theologen und Wissenschaftler bittet, den Begriff Gott zu definieren, zeigen sie erstaunlich viel Übereinstimmung. Sie wissen, daß die physische Welt, die von Ursache und Wirkung bestimmt wird, irgendwie angefangen haben muß. Sie wissen auch, daß alles, einschließlich jeglicher Materie, durch irgendeine unsichtbare Kraft zusammengehalten wird. Für sie ist der Allmächtige nicht eine Gottheit irgendwo im Himmel, sondern als unsichtbare Macht im ganzen Universum vorhanden. Daher auch die Vorstellung der Bibel, daß wir in Gott leben, daß wir uns in ihm bewegen, daß wir in ihm existieren.

Unter Wissenschaftlern, bei denen eindeutige Beweise eine solche Rolle spielen, gibt es viele abweichende Meinungen über die Präsenz der Seele und Gottes in jedem Leben. Und doch wissen auch diese Wissenschaftler, daß es etwas im Leben gibt, was gegen jegliche Logik steht. Sechs oder sieben Wochen nach der Empfängnis beginnt das Herz eines menschlichen Embryos zu schlagen, und dieser Prozeß ist selbst für die größten wissenschaftlichen Gelehrten unerklärlich. Vor 40 Jahren antwortete ein Wissenschaftler auf die Frage: Glauben Sie an Gott? im allgemeinen mit: Natürlich nicht, ich bin doch Wissenschaftler. Heute nimmt die Zahl derer zu, die antworten: Natürlich, ich bin doch Wissenschaftler.

Physiker, die sich mit der Quantenmechanik beschäftigen, sind jetzt dabei nachzuweisen, was in der Metaphysik schon seit Jahrhunderten bekannt ist. Wir sind alle miteinander verbunden, und es gibt eine unsichtbare Kraft im Universum, die jegliches Leben durchdringt. Noch erstaunlicher ist die Aussage von John Gliedman vor einem Jahrzehnt im «Scientific Digest» (Juli 1982) über den einhelligen verblüffenden Schluß mehrerer führender Theoretiker, daß nämlich in jedem Menschen eine spirituelle Welt verborgen sei. Gliedman nennt dieses Konzept boshaft «den Geist in der Maschine». Dieser Bestandteil unseres Selbst, diese Dimension unseres Menschseins, die man nicht messen kann und für die das Gesetz von Ursache und Wirkung nicht gilt, gibt den Wissenschaftlern weiterhin Rätsel auf. Aber viele von ihnen geben jetzt zu, daß die «Seele», der «Geist in der Maschine», existiert. Gliedman zitiert in seinem Artikel «Wissenschaftler auf der Suche nach der Seele» viele angesehene Gelehrte aus der ganzen Welt. Einige von ihnen sind zu dem Schluß gekommen, daß der nichtmaterielle, unsichtbare Teil unseres Selbst für die menschlichen Eigenschaften verantwortlich ist, die mit bewußter Selbsterkenntnis, mit dem freien Willen, mit persönlicher Identität, Kreativität und Gefühlen zu tun haben. Sie behaupten, daß diese unsichtbare Präsenz einen physischen Einfluß auf uns ausübt und, was noch erstaunlicher ist, daß dieses nichtmaterielle Selbst den Tod des Gehirns überlebt.

Ein anderer faszinierender Gedanke stammt von John von Neumann, einem Mathematiker, den der Nobelpreisträger Hans Bethe einmal als den wohl intelligentesten Menschen überhaupt bezeichnete. Bethe fragte sich außerdem, ob ein Gehirn wie das von John von Neumann nicht ein Beweis für eine dem Menschen überlegene Spezies sei. Und was hat von Neumann gesagt? Für ihn war die physische Realität nur ein Produkt der menschlichen Phantasie und der Gedanke die einzig wahre Wirklichkeit.

Eugene Wigner, Nobelpreisträger für Physik von 1963, der von Neumanns Formulierungen untersuchte, vermutete im Menschen ein nichtmaterielles Bewußtsein mit der Möglichkeit, Materie zu beeinflussen.

Schlicht gesagt: Sie haben die Fähigkeit, Wunder zu wirken und die Wirklichkeit der magischen Kraft in Ihrem Leben zu erfahren, wenn Sie mit dem unsichtbaren Teil Ihres Selbst auf Ihre physische Wirklichkeit Einfluß nehmen. Wenn Sie sich in erster Linie als ein spirituelles und erst dann als ein physisches Wesen verstehen und sich in dieser neuen Konfiguration wohl fühlen, dann werden Sie in Ihrem Leben Wunder tun können.

Um fair zu sein, muß man sagen, daß Gliedman in seinem Artikel auch ausführlich auf die angesehenen Wissenschaftler eingeht, die sagen, wir hätten keinen Beweis für die Existenz der Seele. Diese Gelehrten gehören zu der Gruppe von Menschen, die es immer schon gegeben hat und die früher behauptete, daß mikroskopisch kleine Lebewesen nicht existierten, daß fliegende Fahrzeuge ein Ding der Unmöglichkeit seien und daß die Erde nicht rund sei, weil Beweise dazu fehlten. Für mich bedarf es keiner wissenschaftlichen Beweisführung, daß es die Seele gibt. Ich weiß es aus eigener Erfahrung, und mein Leben ist Beweis genug für mich. Ich habe von Metaphysikern und Dichtern Wahrheiten erfahren, was die Existenz der Seele angeht. William Blake sagt in seinen «Auguries of Innocence»:

> Um eine Welt in einem Sandkorn zu sehen
> Und einen Himmel in einer Feldblume,
> Halt Unendlichkeit in deiner flachen Hand
> Und Ewigkeit in einer Stunde...
> Man verführt uns, einer Lüge zu glauben
> Wenn wir mit dem Auge sehen, nicht durch es
>   hindurch,
> In einer Nacht wurde es geboren,
> Um in einer Nacht zu verlöschen,
> Als die Seele in Lichtstrahlen schlief.

Was für eine wunderbare Vorstellung, Unendlichkeit in der Hand zu halten! Doch man versucht uns statt dessen die große Lüge als Wahrheit zu verkaufen, wir bestünden nur aus einem ständig alternden Körper. Blake erinnert uns daran, daß unsere Seele, unser spirituelles Sein, weder geboren wird noch stirbt, sondern ewig und immateriell ist «wie ein Lichtstrahl».

Denken Sie immer daran, daß Sie, um ein spirituelles Wesen zu werden, Ihr unsichtbares Selbst begreifen müssen. Darin liegt das Geheimnis Ihrer elementaren Fähigkeit, in Ihrem eigenen Leben Wunder zu wirken. Dieses innere, nichtmaterielle Selbst ist Ihre Vorstellungskraft. Albert Einstein, Wissenschaftler wie auch Sprachkünstler, faßt das so zusammen: «Vorstellungskraft ist wichtiger als Wissen.» Wenn man sich das Leben aller einflußreichen Menschen ansieht, entdeckt man, daß sie eines gemein haben: Wichtiger als ihr körperliches Sein war ihnen immer ihr spirituelles Selbst.

Unsere bedeutendsten Lehrmeister

Alle großen Lehrmeister, alle Menschen, die großen Einfluß auf die Menschheit ausgeübt haben, waren ohne Ausnahme spirituelle Wesen. Sie beschränkten sich in ihren Erfahrungen nicht auf ihre fünf Sinne und das, was sie uns lehren. Wie das Christentum, der Buddhismus, Judaismus, Islam, Sufismus und Konfuzianismus haben sie uns die gleiche Botschaft hinterlassen: «Gehe in Dich, entdecke Dein inneres höheres Selbst, erkenne Gott als die Liebe, die in Dir liegt.»

Unsere spirituellen Vorbilder waren alle fähig, Wunder zu tun. Ihre Aufgabe war es, uns das Wissen um die unglaubliche Macht zu vermitteln, die jeder einzelne in sich trägt. Doch fatalerweise haben wir Menschen uns in erster Linie immer mit dem uns Trennenden beschäftigt, mit Krieg und Haß, mit immer effizienteren Tötungsmethoden, obwohl doch hinter allen einflußreichen Doktrinen, die die Menschen verehren, die Botschaft der Liebe steht:

Christentum: Gott ist Liebe, und wer in der Liebe ist, ist in Gott, und Gott ist in ihm.

Buddhismus: Wer nicht liebt, kennt Gott nicht. Denn Gott ist Liebe.

Judaismus: Liebe ist Anfang und Ende der Thora.

Konfuzianismus: Liebe gehört zu der hohen Würde des Himmels, Liebe ist das ruhige Haus, in dem der Mensch sich aufhalten soll.

Sufismus: Gesund und krank,
Alle suchen mit verzweifelter Sehnsucht nach Ihm,
In Moschee, Tempel und Kirche.
Nur Gott ist der eine Gott der Liebe
Und Liebe geht von allen aus, die alle Sein Haus sind.

Wenn Sie sich zu einem spirituellen Wesen entwickeln, werden Sie gleichzeitig zum Wundertäter und lernen das Glück kennen, in einer Welt täglicher Wunder zu leben. Die Unterschiede zwischen nichtspirituellen Menschen, die nur in der Welt der Sinne leben, und spirituellen Menschen sind groß. Sehen Sie sich im folgenden einmal genauer an, wie beide in bezug auf den unsichtbaren Teil ihres Selbst, ihren Geist, leben. Wenn Sie wirklich dieses schwer zu Erfassende, was ich die Wirklichkeit der magischen Kraft nenne, erfahren wollen, müssen Sie lernen, spirituell zu denken.

Spirituelle und nichtspirituelle Menschen: die spirituellen Zwölf

Ein spiritueller Mensch weiß, daß er eine materielle, körperliche und eine immaterielle, unsichtbare Dimension in sich vereint; der nichtspirituelle Mensch dagegen fühlt sich nur in der materiellen Welt zu Hause. Diese Kategorien haben nichts mit der Einteilung in Gläubige und Ungläubige zu tun. Der nichtspirituelle Mensch ist auch nicht im Unrecht oder gar böse, weil er die Welt nur über seine physischen Sinne erfährt.

Unter den «spirituellen Zwölf» verstehe ich zwölf Gegensatzpaare, mit denen Sie sich befassen sollten, wenn Sie Ihre Fähigkeit entwickeln wollen, in Ihrem Leben Wunder zu tun.

1. Der nichtspirituelle Mensch lebt ausschließlich über seine Sinne. Wenn er etwas nicht sehen, fühlen, riechen, hören oder schmecken kann, dann existiert es nicht. – Der spirituelle Mensch weiß, daß es noch andere Möglichkeiten gibt, die Welt zu erfahren.

Wenn Sie sich bemühen, neben Ihrer physischen Dimension Ihre spirituelle zu entwickeln, werden Sie zunehmend bewußter in dem unsichtbaren Bereich leben, von dem ich in diesem Kapitel gesprochen habe. Sie stellen fest, daß es Wahrnehmungsmöglichkeiten außerhalb der physischen Welt gibt. Obgleich Ihre fünf Sinne es Ihnen nicht vermitteln können, wissen Sie, daß Sie Körper *und* Seele sind, daß Ihre Seele keine Begrenzungen kennt, auch nicht Geburt und Tod. Sie ist den Regeln und Gesetzen, die das physische Universum bestimmen, nicht unterworfen. Als spiritueller Mensch stehen Ihnen viele Wahrnehmungsmöglichkeiten zur Verfügung, und eine ganz neue Welt öffnet sich Ihnen. Gary Zukav vertritt in «The Seat of the Soul» die Meinung, daß die Erfahrungsmöglichkeiten des multisinnlichen Menschen weniger eingeschränkt sind als die des Menschen mit nur fünf Sinnen, was die Förderung von Weiterentwicklung und Vermeidung unnötiger Schwierigkeiten bedeutet.

2. Der nichtspirituelle Mensch glaubt, daß die Menschen im Universum allein sind. – Der spirituelle Mensch weiß, daß er niemals allein ist.
Ein spiritueller Mensch ist davon überzeugt, daß ihm jederzeit Lehrmeister, Begleiter und göttliche Führung zur Verfügung stehen. Wer der Seele ein größeres Gewicht beimißt als dem Körper, kann immer mit der Hilfe des unsichtbaren, ewigen inneren Selbst rechnen. Wenn wir erst einmal fest und unerschütterlich daran glauben, dann können uns auch die rationalen Argumente derjenigen, die ausschließlich in der physischen Welt leben, nicht daran zweifeln lassen. Manche werden sich dieser Wahrheit im tiefen Gebet bewußt, andere nennen sie Gott, diese universelle, omnipräsente Kraft, und wieder andere die spirituelle Führung. Wie Sie dieses höhere Selbst nennen, ist gleichgültig, denn es ist vorhanden,

unabhängig von Definitionen, Etikettierungen und Bezeichnungen gleich welcher Sprache.

Der nichtspirituelle Mensch hält das alles für Unsinn. Wir werden geboren, wir leben unser Leben auf Erden, und niemand hat irgendwelche Geister um oder in sich, die ihm helfen können. Das Universum hat für ihn nur eine physische Dimension, und er sieht es als seine Aufgabe an, die Welt soweit wie möglich zu beherrschen und zu manipulieren. Für den spirituellen Menschen dagegen stellt die physische Welt einen Ort des Wachstums dar, an dem er dem besonderen Lernziel folgen kann, zu dienen und höhere Stufen der Liebe zu erreichen.

Nichtspirituelle Menschen können die Existenz eines höchsten Wesens oder Gottes durchaus akzeptieren, aber nicht als universale Kraft, die sich in uns befindet, sondern als eine separate Macht, der wir eines Tages Rechenschaft ablegen müssen. Dieser Gott macht angst, und er liebt uns nicht. Nichtspirituelle Menschen kennen auch ihr höheres Selbst nicht, seine Kraft und seinen Beistand, es sei denn, Gott erscheint ihnen direkt, wie es Paulus und Franz von Assisi geschah.

Weil sie persönlich die Erfahrung gemacht haben, mit ihrer eigenen göttlichen Führung in Verbindung zu stehen, wissen spirituelle Menschen dagegen einfach, daß sie nicht allein sind, daß sie dank dieser Führung in ihrem Leben Wunder tun können.

3. Der nichtspirituelle Mensch konzentriert sich darauf, Macht außerhalb seines Selbst zu erlangen. – Der spirituelle Mensch konzentriert sich auf die Entwicklung einer inneren Macht.
Äußere Macht bedeutet Herrschaft und Kontrolle über die physische Welt, die sich in Krieg und militärischer Überlegenheit, in Gesetzen und Organisationen, in Geschäften und

Börsenspekuliererei ausdrückt und alles außerhalb des Selbst umfaßt. Für den nichtspirituellen Menschen gibt es nur diese äußere Macht.

Im Gegensatz dazu geht es dem spirituellen Menschen nur um die Entwicklung seiner inneren Kräfte, um das Erreichen immer höherer Bewußtseinsebenen. Ein solcher Mensch kennt keine Macht über einen anderen Menschen. Er ist nicht daran interessiert, seine Macht zu vergrößern, sondern konzentriert sich darauf, anderen dabei zu helfen, in Harmonie zu leben und die Wirklichkeit der magischen Kraft zu erfahren. Seine Macht ist die Liebe, die nicht über andere urteilt, in der Feindseligkeit und Zorn keinen Raum haben. Das Bewußtsein, in einer Welt zusammen mit anderen leben zu können, die andere Ansichten haben als man selbst, ohne daß man ein Bedürfnis verspürt, sie zu überzeugen, zu manipulieren oder gar zu unterdrücken, macht stark und sicher. Ein spiritueller Mensch weiß um die gewaltige Kraft desjenigen, der fähig ist, die physische Welt nur mit Geisteskraft zu manipulieren. Ein spiritueller Mensch, der in Frieden mit sich selbst lebt, der harmonisch und ausgeglichen ist und unfähig, anderen weh zu tun, ist stärker als jegliche physische Macht des Universums. Die gesamte Philosophie des Aikido und anderer asiatischer Selbstverteidigungstechniken basiert nicht auf äußerer Macht über einen Gegner, sondern darauf, eins zu werden mit dieser äußeren Energie und so die Drohung zu entschärfen. Innere Kraft entsteht durch das Bewußtsein, daß äußere Macht für die Harmonie mit dem Selbst nicht notwendig ist.

Dem nichtspirituellen Menschen bedeutet die äußere Macht alles. Er muß ständig zum Kampf bereit sein. Er tut all dies nicht selten im Namen seines Gottes, auch wenn sich dieser Gott gegen den Gebrauch von Gewalt ausgesprochen hat. Der nichtspirituelle Mensch ist unfähig, eine Alternative zu sehen.

Eine authentische innere Kraft zu besitzen bedeutet, sich all dem in uns zu unterwerfen, was liebevoll, harmonisch und gut ist, und die Vorstellung von Feinden nicht zuzulassen. Dieses Ausrichten auf unsere Seele ist der eigentliche Sinn unseres Menschseins.

Wenn das Bedürfnis nicht mehr vorhanden ist, andere zu manipulieren, immer mehr Reichtümer anzuhäufen oder die Welt um sich herum zu beherrschen, dann ist der Schritt von äußerer Macht zu innerem Wachstum getan. Sie werden feststellen, daß das Vernachlässigen der äußeren Macht Sie weder zum Schwächling macht noch anderen Macht über Sie einräumt. Ganz im Gegenteil. Es wird Ihnen gar nicht mehr in den Sinn kommen, daß andere Sie womöglich schikanieren wollen. Sofern Sie überhaupt mit solchen bedrohlichen Verhaltensweisen konfrontiert werden, können Sie die Situation entschärfen. Da Sie keine Energie aufwenden müssen, anderen zu beweisen, wie mächtig Sie sind, können Sie anderen Kraft geben. Haben Sie dieses Stadium erreicht, werden Sie sich auf den Sinn Ihres Lebens ausgerichtet haben und in der Lage sein, Wunder zu tun. Sie werden von anderen nichts verlangen, nicht weil Sie allmächtig oder zu stolz sind, sondern weil Sie aus sich selbst Kraft und Erkenntnis schöpfen. Ein spiritueller Mensch braucht keine äußere Macht. Er kennt die Aufgabe seines inneren Selbst und ist damit in der Lage, in das Reich der täglichen Wunder einzutreten.

4. Der nichtspirituelle Mensch hält sich für ein Einzelwesen, das getrennt von anderen Menschen existiert. – Der spirituelle Mensch weiß, daß er mit allen anderen verbunden ist, und lebt sein Leben in dem Bewußtsein, daß er sein Menschsein mit ihnen teilt.

Wenn ein Mensch sich von anderen abgrenzt, konzentriert er sich mehr auf sich selbst und kümmert sich weniger um die Probleme anderer. Er empfindet vielleicht ein gewisses Mitleid mit den Hungernden der Welt, aber im täglichen Leben sagt er sich immer wieder: Das ist nicht mein Problem. Der nichtspirituelle Mensch konzentriert sich in erster Linie auf seine eigenen Probleme und meint, daß der andere Mensch ihm entweder im Weg steht oder ihm das, was er haben will, streitig macht. Also muß er den anderen wegstoßen, bevor er selbst weggestoßen wird.

Der spirituelle Mensch weiß, daß wir alle miteinander in Verbindung stehen, und er kann den Reichtum Gottes in jedem Menschen erkennen, mit dem er in Berührung kommt. Dieses Gefühl der Zusammengehörigkeit bewahrt ihn vor den inneren Konflikten, denen der nichtspirituelle Mensch ausgesetzt ist, der dauernd andere nach Aussehen und Verhaltensweise einzuschätzen versucht, um sie dann entweder zu ignorieren, wenn sie ihm nicht nützen können, oder sie auszunutzen. Das Gefühl der Gemeinsamkeit bedeutet, daß Konflikte und Konfrontationen gar nicht erst entstehen müssen. Der spirituelle Mensch weiß, daß dieselbe unsichtbare Kraft ihn und seine Mitmenschen durchströmt. Ihm fällt es deshalb leicht, andere so zu behandeln, wie er selbst behandelt werden möchte. Er kennt die Bedeutung des Gebotes «Liebe deinen Nächsten wie dich selbst», eine Aufforderung, die der nichtspirituelle Mensch als Unsinn abtut. Wer sich mit anderen verbunden fühlt, kann nicht negativ und verletzend urteilen. Der spirituelle Mensch weiß, daß er einem anderen durch seine Kritisiererei nicht gerecht werden kann, sondern sich nur selbst als ewigen Nörgler entlarvt.

Die Quantenphysik lehrt uns, daß zwischen allem eine unsichtbare Verbindung herrscht, und das gilt auch für die Mitglieder einer biologischen Spezies. Dieses Einssein wird durch erstaunliche wissenschaftliche Entdeckungen untermauert. Ein physischer Abstand, etwas, was wir als leeren Raum bezeichnen, schließt zum Beispiel eine Verbindung durch unsichtbare Kräfte nicht aus. Offensichtlich gibt es unsichtbare Zusammenhänge zwischen unseren Gedanken und unseren Handlungen. Wir bestreiten das nicht, obgleich sie mit unseren fünf Sinnen nicht zu erfassen sind. Der nichtspirituelle Mensch kann deshalb diesen Schritt nicht nachvollziehen, aber der spirituelle Mensch weiß, daß diese unsichtbaren Kräfte ihn mit allen anderen verbinden, die er deshalb so behandelt, als seien sie ein Teil von ihm. Es läuft alles auf dieses Wissen hinaus. Der nichtspirituelle Mensch denkt, daß er allein dasteht, und handelt entsprechend, nämlich konzentriert auf sich selbst und losgelöst von allen anderen. Der spirituelle Mensch dagegen weiß, daß John Donne mit seinen berühmten Worten «Kein Mensch ist eine Insel» recht hatte.

Es gibt keine zutreffendere Beschreibung des spirituellen Menschen. Er begreift sich als Teil der gesamten Menschheit und lebt jeden Tag entsprechend. Einfach ausgedrückt: Wunder im täglichen Leben sind demjenigen nicht zugänglich, der sich selbst als einsame Insel im Meer der Menschheit betrachtet.

5. *Der nichtspirituelle Mensch interpretiert das Leben ausschließlich nach Ursache und Wirkung. – Der spirituelle Mensch weiß, daß in unserem Universum eine höhere Macht am Werk ist, die das Konzept von Ursache und Wirkung transzendiert.*
Der nichtspirituelle Mensch lebt in der physischen Welt, die durch das Gesetz von Ursache und Wirkung bestimmt ist. Wenn man einen Samen pflanzt (Ursache), dann bekommt man auch eine Pflanze (Wirkung). Wenn man hungrig ist, dann sucht man nach Nahrung. Wenn man zornig ist, dann wird man seinem Ärger Luft machen. Diese Denk- und Verhaltensweise ist rational und logisch, weil sie sich nach dem dritten Gesetz der Bewegung (für jede Aktion gibt es eine

entsprechende Reaktion) richtet, nach dem das physische Universum funktioniert.

Für den spirituellen Menschen gibt es nicht nur physikalische Gesetze nach Newton, sondern für ihn sind ganz andere Dimensionen in seinem täglichen Leben wichtig. Er weiß, daß Gedanken aus dem Nichts entstehen und daß im Zustand des Träumens (der ein Drittel unseres Lebens beansprucht), ein Vorgang, der sich ganz im Bereich der Gedanken abspielt, Ursache und Wirkung keinerlei Bedeutung haben. Im Traum können Sie in einem Augenblick 40 Jahre alt sein und im nächsten 12, oder Sie können in ein Auto steigen und über Ihr Elternhaus fliegen. Schon Thoreau stellte die provokative Frage, ob der Mensch nicht immer seinen Vorstellungen gemäß lebe und, wenn ja, wie man da zwischen wachem Leben und dem Träumen unterscheiden solle.

Der spirituelle Mensch weiß also, daß Gedanken sich nicht nach den Gesetzen der klassischen Physik richten und daß wir uns mit unseren Gedanken unsere Realität schaffen. Wer allein nach den Gesetzen von Ursache und Wirkung lebt, kann keine Wunder tun, denn die liegen jenseits der physikalischen Logik. Wunder entstehen durch die Macht unseres Geistes, und das Gesetz von Ursache und Wirkung wird ersetzt durch die Überzeugung, daß etwas aus dem entsteht, was wir Nichts oder Leere nennen.

Unsere Gedanken und Überzeugungen sind schon Wunder an sich, und nur durch sie allein können wir unsere physische Welt begreifen. Sie widersetzen sich der Ursache/Wirkung-Logik, da unsere Gedanken scheinbar aus dem Nichts kommen. Deshalb entsteht auch unsere Fähigkeit, Wunder zu tun, aus diesem göttlichen Bereich des Nicht-Faßbaren. Wenn Sie eine Ursache/Wirkung-Erklärung brauchen, dann werden Sie die Wirklichkeit der magischen Kraft nie erfahren. Jeder Laut, den wir hervorbringen, entsteht in einer stillen Leere, und das gilt auch für unsere Gedanken. Und unsere Fähigkeit, Wunder zu tun, hat ihren Ursprung ebenfalls in dem stillen leeren Raum unseres eigentlichen Selbst.

6. Der nichtspirituelle Mensch wird durch Leistung, Status und Besitz motiviert. – Für den spirituellen Menschen dagegen sind Ethik, Gelassenheit und Lebensqualität wichtig.

Der nichtspirituelle Mensch lernt, gute Noten zu erzielen, damit er im Leben vorankommen und Besitz erwerben kann. Erfolg wird an der beruflichen Stellung gemessen, an dem, was man auf dem Bankkonto hat und welche öffentlichen Auszeichnungen man erhält. All das ist als ein wichtiger Bestandteil unserer Kultur nicht unbedingt zu vernachlässigen, aber für den spirituellen Menschen sind diese sichtbaren Erfolge nicht das Wichtigste im Leben.

Für ihn ist entscheidend, daß er den Sinn seines Daseins erkennt und sein Leben danach ausrichten kann, was nicht an Leistung oder Besitztümern abzulesen ist. Der spirituelle Mensch weiß, daß diese äußeren Dinge ausreichend in seinem Leben vorhanden sein werden, als Folge eines sinnvollen Lebens. Zu einem solchen Leben gehört, in Liebe für den anderen dazusein. Mutter Teresa sorgte viele Jahre lang für die Ärmsten der Armen in den Slums von Kalkutta. Sie beschreibt in «Menschen, die den Glauben leben» (Wuppertal 1992), daß für sie der Sinn des Lebens im Lieben und Geliebtwerden liegt, dessen Frucht der Dienst am Nächsten, handelndes Mitgefühl also, ist. Entscheidend für Mitgefühl ist in ihren Augen nicht die Religion, sondern allein die Liebe zu Gott.

So erfährt der spirituelle Mensch seine innere und äußere Realität. Man muß kein Heiliger sein, der sich für die Armen aufopfert, um ein spiritueller Mensch zu werden. Man muß nur wissen, daß zu unserem Leben mehr gehört als Arbeit,

Leistung und Besitz und daß das Leben nicht danach gemessen wird, was man erworben, sondern danach, was man anderen gegeben hat. Der spirituelle Mensch weiß, daß er ohne materielle Besitztümer in diese Welt gekommen ist und sie auch ebenso wieder verlassen wird. Er kann also nur in diesem metaphysischen Augenblick, den wir Leben nennen, in dieser Parenthese der Ewigkeit, von dem geben, was er hat. Er wird ebenso schaffen und leisten, sogar Besitztümer erwerben, aber sein Leben wird davon nicht bestimmt. Im Innersten seines Selbst geht es ihm nur darum, ethisch, moralisch und mit heiterer Gelassenheit sein Leben zu führen und dabei auf den höheren Sinn seines Daseins ausgerichtet zu sein. Die Wirklichkeit der magischen Kraft wird der nicht erfahren, der nur für sich selbst rafft, vor allen Dingen, wenn er das auf Kosten anderer tut. Wenn Sie zufrieden und gelassen in Ihrem Leben sind und wissen, daß diese Haltung ein Produkt Ihrer geistigen Einstellung ist, dann sind Sie auch zu Wundern fähig.

7. Der nichtspirituelle Mensch kann mit Meditation nichts anfangen. – Der spirituelle Mensch kann sich ein Leben ohne Meditation nicht vorstellen.
Die Vorstellung, daß er ruhig dasitzen und in sich hineinschauen soll, daß er dabei ein Mantra vor sich hin spricht, sein Gehirn frei macht und Antworten sucht, indem er sich mit seinem höheren Selbst in Verbindung setzt, grenzt für den nichtspirituellen Menschen an Wahnsinn. Er nämlich sucht Antworten, indem er hart arbeitet, sich bemüht, durchhält, sich Ziele setzt und erreicht, sich neue setzt und in einer Welt vorankommt, in der es nur derjenige zu etwas bringt, der rücksichtslos vorgeht.

Der spirituelle Mensch weiß, was Meditation bewirken kann. Er wird durch das Meditieren wacher, kann klarer denken, es entspannt und beruhigt ihn. Aus eigener Erfahrung weiß er, daß er durch friedliches, ruhiges Bereitsein beim Meditieren göttliche Eingebungen erfahren kann. Er empfindet sich als multidimensional und weiß, daß er durch Meditation stufenweise immer höhere geistige Ebenen erreichen kann.

Meditation bedeutet, daß man sich allein hinsetzt und sich von all den hektischen Gedanken frei macht, die einen normalerweise im täglichen Leben besetzen. Spirituelle Menschen wissen, daß man im Zustand tiefer Meditation den Körper verlassen und einen magischen Bereich betreten kann, der einen intensiver «high» macht als alle nur kurzzeitig wirkenden Drogen.

Der bedeutende französische Wissenschaftler Blaise Pascal erkannte, daß alles Elend des Menschen von der Tatsache herrührt, daß er unfähig ist, ruhig allein in einem Raum zu sitzen. Einer der schönsten Aspekte der spirituellen Entwicklung ist das Kennenlernen dieser neuen wunderbaren Welt der Meditation. Sie werden sich leichter fühlen, glücklicher und paradoxerweise auch produktiver sein als je zuvor. Der nichtspirituelle Mensch hält Meditation für eine Flucht vor der Wirklichkeit, aber der spirituelle Mensch lernt dadurch eine ganz neue Realität kennen, neue Dimensionen des eigenen Lebens, die zu Wundern führen. (Mehr über Meditation im 3. Kapitel.)

8. Für den nichtspirituellen Menschen ist Intuition nichts weiter als eine unbestimmte Ahnung, ein vager Gedanke, der einem zufällig in den Sinn kommt. – Für den spirituellen Menschen ist Intuition dagegen eine Eingebung, durch die Gott zu ihm spricht und die für ihn von großer Bedeutung ist.

Aus eigener Erfahrung wissen wir, daß man es häufig bereut, seiner Intuition nicht gefolgt und erst aus Schaden klug geworden zu sein. Der nichtspirituelle Mensch hält Intuition für absolut willkürlich, für blinden Zufall. Er ignoriert seine Intuition meistens und tut lieber das, was er schon immer getan hat. Der spirituelle Mensch dagegen ist immer bemüht, sich seine Intuitionen bewußtzumachen. Er achtet auf unsichtbare Botschaften und weiß im Innersten, daß hier etwas am Werk ist, das mit Zufall nicht viel zu tun hat.

Spirituelle Menschen sind sich der nichtphysischen Welt bewußt und sind nicht in einem Universum gefangen, das sie nur über ihre fünf Sinne erfahren können. Sie achten deshalb auf alle Eingebungen und Ideen, auch wenn sie mit den Sinnen nicht faßbar sind. Aber Intuition ist viel mehr als nur ein Gedanke, ist fast so etwas wie ein sanfter Anstoß in eine bestimmte Richtung, ein Hinweis darauf, wie man handeln, was man vermeiden soll. Unsere Intuition ist ein wahrhaft wichtiger Faktor in unserem Leben, auch wenn sie nicht rational zu erfassen ist.

Der nichtspirituelle Mensch hat selten das Gefühl, daß er sich mit einem intuitiven Gedanken näher beschäftigen sollte, sondern hält ihn für ein Zufallsprodukt seines unlogischen Gehirns. Für den spirituellen Menschen dagegen sind diese intuitiven Gedanken nicht selten so etwas wie ein stilles Zwiegespräch mit Gott.

Ich selbst glaube auch, daß Gott durch meine Intuition zu mir spricht. Wenn ich wegen einer bestimmten Sache ein «starkes Gefühl» habe, dann richte ich mich immer danach. Es gab eine Zeit in meinem Leben, da habe ich solche Eingebungen ignoriert, aber ich habe gelernt und weiß jetzt, daß mich meine Intuition immer weiter dem Sinn meines Lebens nahebringt. Manchmal sagt mir meine Intuition, wo ich hingehen soll, um zu schreiben. Ich folge ihr, und das Schreiben geht mir flüssig und mühelos von der Hand. Ich habe diese Intuition auch ignoriert, mußte fürchterlich um jedes Wort ringen und machte dann immer eine Schreibhemmung dafür verantwortlich. Heute lasse ich mich durch Intuition nicht nur bei meiner schriftstellerischen Tätigkeit leiten, sondern ich verlasse mich in nahezu allen Bereichen meines Lebens darauf. Ich habe eine ganz persönliche Umgehensweise mit meiner Intuition entwickelt. Ich lasse mich von ihr leiten bei dem, was ich esse, worüber ich schreibe, wie ich mit meiner Frau und anderen Familienmitgliedern umgehe. Ich meditiere darüber, vertraue darauf und bemühe mich immer wieder, sie mir bewußtzumachen. Wenn ich meine intuitive Eingebung ignoriere, muß ich dafür zahlen und nehme mir fest vor, dieser inneren Stimme das nächste Mal zu folgen.

Wenn ich Gott im Gebet ansprechen kann, also an eine universale, göttliche Macht glaube, dann ist es auch keine so verrückte Vorstellung, daß Gott zu mir spricht. Ich habe viel von anderen spirituellen Menschen gelesen, die eine ähnliche Einstellung haben. Der liebevollen Führung durch die Intuition sollte man sich getrost anvertrauen.

9. *Der nichtspirituelle Mensch haßt das Böse und versucht all das auszumerzen, was er als das Böse empfindet. – Der spirituelle Mensch weiß, daß er durch Haß und Kampf nur geschwächt wird und daß er durch all das, was er liebt und unterstützt, an Macht gewinnt.*
Der nichtspirituelle Mensch kämpft ständig; mit den Werkzeugen der Macht führt er einen Kampf gegen das, was er als das Böse empfindet. Ein solcher Mensch weiß, was er haßt, er regt sich auf und leidet, wenn er meint, daß Unrecht geschehen ist. Dabei verbraucht er viel Energie, geistige und körperliche.

Spirituelle Menschen lassen ihr Leben nicht von dem bestimmen, was sie ablehnen oder hassen. Sie sind nicht *gegen* den Hunger auf der Welt, sondern sie sind *dafür*, daß alle

Menschen ausreichend ernährt werden. Sie setzen sich *für* das ein, was sie erreichen wollen, statt *gegen* das anzugehen, was sie ablehnen. Sie sind nicht *gegen* Krieg, sondern sie engagieren sich *für* den Frieden. Sie nehmen nicht an dem Krieg *gegen* Drogen oder dem Kampf *gegen* die Armut teil, denn zu Kriegen gehören Krieger und Kämpfer, und die können Probleme nicht aus der Welt schaffen. Spirituelle Menschen setzen sich *für* eine Jugend ein, die gut ausgebildet ist und weiß, wie sie auch ohne Drogen Glück und Begeisterung erleben kann. Sie konzentrieren sich in ihrer Arbeit darauf, jungen Leuten zu helfen, ihre körperlichen und geistigen Kräfte zu entwickeln. Aber sie bekämpfen nichts.

Wenn man mit den Methoden des Hasses und der Gewalt das Böse bekämpft, dann ist man automatisch Teil des Hasses und der Gewalt, auch wenn man sicher ist, daß man auf der Seite des Guten kämpft. Wenn alle Menschen, die Terrorismus und Krieg ablehnen, für den Frieden arbeiten würden, gäbe es weder Terrorismus noch Krieg. Für jeden Dollar, den wir für den Frieden ausgeben, geben wir 2000 für den Krieg aus. Auf unserem Planeten werden in jeder Minute ungefähr 25 Millionen Dollar für Rüstung und die Entwicklung von immer wirkungsvolleren Tötungsmechanismen ausgegeben, während in derselben Minute (und in jeder Minute jeden Tages) etwa 40 Kinder verhungern, so als würde alle zehn Minuten eine Boeing 747 voller Kinder abstürzen und alle Passagiere dabei umkommen. Wieviel kostet es, 40 Kinder zu ernähren?

Wer wird diesen Trend umkehren? Die spirituellen oder die nichtspirituellen Bewohner unserer Erde? Auch wenn Sie glauben, nichts daran ändern zu können, solange Sie gegen etwas ankämpfen, bleiben Sie selbst Teil des Problems. Sie müssen verstehen lernen, warum Sie für diese kurze Zeit Ihres Lebens hier auf der Erde sind, und das, was Sie für richtig und wichtig halten, unterstützen, auch wenn es das Gegenteil von dem ist, was andere tun.

Unsere Prioritäten scheinen manchmal umgekehrt. Spirituelle Menschen lassen sich nicht durch Haßgefühle lähmen, sondern sie konzentrieren sich auf das, was sie unterstützen wollen, und handeln entsprechend. Mit Liebe und Harmonie arbeiten sie an ihnen wichtigen Veränderungen. Alles, was man bekämpft, schwächt. Alles, was man unterstützt, stärkt. Um Wunder möglich zu machen, muß man sich vollkommen auf das konzentrieren, was man unterstützt. Wunder werden geschehen, wenn Sie sämtliche Haßgefühle aus Ihrem Leben verbannt haben, selbst den Haß auf den Haß.

10. Der nichtspirituelle Mensch fühlt dem Universum gegenüber keinerlei Verantwortung und kennt deshalb auch keine Ehrfurcht vor dem Leben. – Den spirituellen Menschen erfüllt Ehrfurcht vor dem Leben sämtlicher Lebewesen.

Der nichtspirituelle Mensch glaubt, wie Zukav es ausdrückt, daß der Mensch im Gegensatz zum Universum ein Bewußtsein hat. Er glaubt, daß mit seinem Leben auch seine Existenz endet und daß er dem Universum deshalb keinerlei Rechenschaft schuldet. Er ist überheblich geworden.

Der spirituelle Mensch zeigt durch sein Verhalten, daß er Gott in allem Lebenden verehrt, und empfindet Verantwortung dem Universum gegenüber. Er hat Ehrfurcht vor diesem Leben und auch vor seinem Geist, mit dem er das physische Universum erfassen kann. Er respektiert und bewundert alles Leben und interessiert sich für seine Umwelt in einem Maße, das weit über die rein materiellen Aspekte hinausgeht. Für den spirituellen Menschen sind Lebenszyklen Ausdruck der Ewigkeit, und er zeigt durch sein Verhalten Verehrung für alles Leben. Er geht behutsam und fürsorglich mit allem um, was unsere Welt ausmacht, und weiß, daß das Universum außerhalb von uns selbst ein Bewußtsein hat und daß unser Leben auf eine unsichtbare Weise mit allem Leben heute und in der Vergangenheit verbunden ist. Die unsichtbare Macht, die alle Form durchdringt, ist Teil unseres Selbst, und die Ehrfurcht vor dem Leben kommt aus dem Wissen, daß alles eine Seele hat. Diese Seele ist es wert, verehrt zu werden.

Der spirituelle Mensch nimmt bewußt nicht mehr von dieser Erde als nötig und gibt an das Universum zurück für diejenigen, die nach ihm auf der Erde leben werden. Die Fähigkeit, Wunder zu tun, entsteht aus einer tiefen Ehrfurcht vor dem Leben, einschließlich dem eigenen. Um also die Wirklichkeit der magischen Kraft zu erfahren, muß man lernen, als ehrfürchtiger, spiritueller Mensch zu denken und zu handeln.

11. Der nichtspirituelle Mensch steckt voller Mißgunst, Feindseligkeit und Rache. – Der spirituelle Mensch dagegen hat in seinem Herzen keinen Platz für solche Gefühle, die Wunder im täglichen Leben unmöglich machen.

Der spirituelle Mensch weiß, daß alle großen geistigen Lehrmeister davon gesprochen haben, wie wichtig Vergebung ist. Im folgenden ein paar Beispiele:

Judaismus: Das Schönste, was ein Mensch tun kann, ist, ein Unrecht zu vergeben.

Christentum: Da trat Petrus zu ihm, und sprach: Herr, wie oft muß ich denn meinem Bruder, der an mir sündigt, vergeben? Ist's genug siebenmal? Jesus sprach zu ihm: Ich sage dir, nicht siebenmal, sondern siebenzigmal siebenmal.

Islam: Vergebe deinem Diener siebzigmal am Tag.

Sikhismus: In der Vergebung ist Gott selbst.

Taoismus: Belohne Unrecht mit Freundlichkeit.

Buddhismus: Haß wird niemals durch Haß verringert,
  Sondern nur durch Liebe.
  Das ist ein ewiges Gesetz.

Für den spirituellen Menschen ist es außerordentlich wichtig, daß seine Handlungen seinen inneren Überzeugungen entsprechen. Man kann nicht Mitglied einer Glaubensgemeinschaft sein und sich dann auf eine Art und Weise verhalten, die den Lehren dieser Glaubensgemeinschaft widerspricht. Verzeihen geschieht mit dem Herzen. (Siehe auch Kapitel 7 in «Erfolg wird wahr».)

Wenn Ihr unsichtbares, inneres Selbst voller Bitterkeit und Haß ist, dann ist kein Raum mehr für die Harmonie und Liebe, ohne die Sie die Wirklichkeit der magischen Kraft nie werden erfahren können. Aus dem Haß auf andere erwächst Haß und Zwietracht für Sie selbst. Sie können keine Wunder in irgendeinem Bereich Ihres Lebens möglich machen, wenn Sie durch negative Gefühle wie Haß und Rache belastet sind. Anderen vergeben ist der wichtigste Bestandteil des bekanntesten christlichen Gebetes, des Vaterunsers: «Vergib uns unsere Schuld, wie wir vergeben unseren Schuldigern.» Der spirituelle Mensch weiß, daß das keine leeren Worte sind, die man rituell vor dem Schlafengehen herbetet, sondern für die Einstellung stehen, die notwendig ist, um ein spiritueller Mensch zu werden.

12. Der nichtspirituelle Mensch glaubt, daß uns in unserer Welt Grenzen gesetzt sind, und betrachtet Wunder als ein rein zufälliges Geschehen, das ein paar Glückliche betrifft. – Der spirituelle Mensch glaubt an Wunder und an seine einzigartige Fähigkeit, durch liebevolle Eingebungen geleitet zu werden und sich so die Welt der täglichen Wunder zugänglich machen zu können.
Der spirituelle Mensch weiß, daß Wunder sehr wohl gesche-

hen. Er glaubt, daß die Mächte, die Wunder ermöglicht haben, im Universum vorhanden und auch für ihn da sind. Der nichtspirituelle Mensch dagegen ist sicher, daß Wunder nur Zufälle sind, auf die er dementsprechend keinerlei Einfluß nehmen kann.

Die spirituellen Zwölf, die die Unterschiede zwischen spirituellem und nichtspirituellem Menschen definieren, sind leicht zu verstehen. Sie fordern wenig. Die Entscheidung liegt also ganz bei Ihnen. Schon beim Lesen können Sie damit beginnen, Ihr spirituelles Selbst wahrzunehmen, unabhängig davon, wie Sie bisher gelebt haben. Dafür müssen Sie nicht an irgendwelche Dogmen glauben oder eine religiöse Transformation durchmachen, sondern Sie müssen sich nur dafür entscheiden, diesen Weg für den Rest Ihres Lebens gehen zu wollen. Wenn Sie diese Entscheidung getroffen haben, dann liegt das Wichtigste hinter Ihnen.

Sie müssen sich aber klar darüber sein, daß tägliche Wunder demjenigen nicht zugänglich sind, der sich für das nichtspirituelle Leben entscheidet. Ob man die Wirklichkeit der magischen Kraft erfahren wird, ist grundsätzlich davon abhängig, wie man sein Leben ausrichtet, wie man seinen Geist einsetzt und wie sehr man darauf vertraut, daß die uns umgebende physische Welt mit dieser spirituellen Macht zu beeinflussen ist.

Zusammenfassung:
Bitte sehen Sie sich die folgende Tabelle genau an. Orientieren Sie sich immer wieder daran, und vergessen Sie niemals, daß der Unterschied zwischen spirituell und nichtspirituell nicht in Ihrer Körperlichkeit oder den äußeren Umständen Ihres Lebens liegt, sondern allein in der unsichtbaren Dimension Ihres Selbst.

Spirituelller Mensch	Nichtspirituller Mensch
1. Denkt multidimensional.	Ist in dem, was er glaubt und denkt, auf die fünf Sinne beschränkt.
2. Glaubt an liebevolle Führung.	Glaubt, allein im Universum zu sein.
3. Konzentriert sich auf authentische, persönliche Entfaltung.	Strebt nach äußerer Macht.
4. Fühlt sich der ganzen Menschheit verbunden.	Fühlt sich als vereinzeltes Wesen.
5. Kennt eine Dimension jenseits von Ursache und Wirkung.	Glaubt allein an das Gesetz von Ursache und Wirkung.
6. Wird von ethischen Überlegungen, innerer Ruhe und Lebensqualität motiviert.	Wird von Leistung, Anerkennung und Besitz motiviert.
7. Meditiert.	Lehnt Meditation ab.
8. Hält Intuition für die Stimme Gottes.	Hält Intuition für unzuverlässige Ahnungen.
9. Hält eine gewalttätige Reaktion auf Unrecht selbst für Unrecht. Unterstützt statt dessen das, was er/sie für richtig hält.	Haßt das Böse und bekämpft es. Konzentriert sich aber auf das, was er/sie bekämpft.

10. Fühlt sich als Teil des Universums und deshalb verantwortlich. Empfindet Ehrfurcht vor seinem Dasein.	Fühlt sich dem Universum weder zugehörig noch verantwortlich.
11. Lebt ein Leben des Vergebens.	Ist nachtragend und will sich wegen angeblicher Ungerechtigkeiten rächen.
12. Glaubt daran, daß er Wunder bewirken kann.	Glaubt an Begrenzungen. Hält Wunder für unvorhersagbare, glückliche Zufälle.

So können Sie ein spiritueller Mensch werden

Jeder Handlung geht ein Gedanke voraus. Es gibt viele Möglichkeiten, sich die spirituelle Seite seines Selbst bewußtzumachen, etwa:

• Um sich selbst zu beweisen, daß Sie aus mehr als aus Ihren fünf Sinnen bestehen, schreiben Sie alles auf, was Sie in Ihrem Inneren erfahren und was nichts mit Schmecken, Sehen, Hören, Riechen und Tasten zu tun hat. Führen Sie einen Tag lang Tagebuch über Ihre Gedanken, Intuitionen und Erkenntnisse, die mit Ihrem inneren Selbst zu tun haben. Ein Tagebuch über Ihre Aktivitäten in der physischen Welt sagt etwas über Ihr physisches Selbst aus. Wenn Sie aber Buch darüber führen, welche Gedanken und Gefühle diesen Aktivitäten vorausgegangen sind, stellen Sie fest, daß Ihre Handlungen in einer immateriellen Dimension Ihres Selbst entstehen.

• Um sich selbst als multi-sinnlichen Menschen zu begreifen, stellen Sie die Macht Ihres Geistes auf die Probe, indem Sie eine Aktion visualisieren, die Sie für schwierig halten. Das kann eine Verbesserung Ihres Golfschlages sein, der Mut, einen Drink bei einer Cocktailparty abzulehnen. Sie joggen eine Meile, backen erstmals einen bestimmten Kuchen oder verbringen einen Kinonachmittag mit Ihrem Fünfjährigen. Wählen Sie irgend etwas, was Ihnen nicht ganz leicht fällt. Stellen Sie sich vor, wie Sie diese Aufgabe meistern, und notieren Sie das in allen Einzelheiten. Wiederholen Sie das ein paarmal, und versuchen Sie dann, diese Aktion in der Praxis nachzuvollziehen. Wenn Ihnen das gelingt, haben Sie die Beschränkungen durch Ihre fünf Sinne durchbrochen. Ihre Visualisierung ist mit den fünf Sinnen nicht faßbar, was bedeutet, daß die darauffolgende Aktion in dem unsichtbaren Teil Ihres Selbst entstand. Machen Sie sich mit der höheren Bewußtseinsstufe Ihres Selbst vertraut, mit dem Sie die vielen Einschränkungen abbauen können, die Ihnen Ihre fünf Sinne auferlegen.

• Um die Realität Ihrer unsichtbaren Welt kennenzulernen, stellen Sie die physischen Eindrücke in Frage, die Ihnen über Ihre fünf Sinne mitgeteilt werden. Die Erde scheint flach zu sein, aber wir wissen, daß das nicht so ist. Sie scheint still zu stehen, aber wir wissen, daß sie sich um ihre Achse dreht und sich jede Stunde Tausende von Meilen durch den Weltraum bewegt. Viele Objekte fühlen sich hart und fest an; wenn wir sie aber durch ein Elektronenmikroskop betrachten, erkennen wir, daß diese festen Körper im wesentlichen aus leerem Raum bestehen, in dem sich subatomare Teilchen schnell bewegen. Wenn Sie sich auf die Aussagen Ihrer begrenzten Sinne verlassen, machen Sie sich selbst etwas vor. Stellen Sie sie statt dessen in Frage, und lernen Sie so die Realität Ihrer unsichtbaren Welt kennen. Machen Sie sich deutlich, wie wenig Sie durch Ihre fünf Sinne von Ihrer eigenen Realität erfahren, und fragen Sie sich, warum Sie dann so auf diese Sinne bauen.

• Um göttliche oder spirituelle Eingebungen möglich zu machen, versuchen Sie einmal, wenigstens für eine begrenzte Zeit, Ihre normale Skepsis auszuschalten. Schenken Sie sich eine stille Stunde an einem ruhigen Ort. Verbannen Sie Skepsis und Zweifel. Bitten Sie um Hilfe in einem bestimmten Bereich Ihres Lebens, und bemühen Sie sich, Ihr Gehirn von sämtlichen ablenkenden Gedanken und Vorstellungen frei zu machen. Versuchen Sie sich vorzustellen, daß ein weiser Helfer Ihnen beisteht. Seien Sie in diesem Stadium der Ruhe, in dem keinerlei ablenkende Gedanken Ihren Geist belasten, sicher, daß die Antwort, nach der Sie suchen, Ihnen zugänglich gemacht wird und daß Sie nicht allein sind. Dieses Wissen ist ganz tief in Ihrem Inneren vorhanden, und Sie fühlen, wie Ihnen die notwendige Hilfe zuteil wird. Ich erwarte nicht, daß Sie Stimmen hören oder Erscheinungen haben, sondern nur, daß außerordentliche innere Ruhe in Sie einzieht. Schreiben Sie nach der Stunde auf, was Sie gefühlt haben und welche Intuitionen und Eingebungen Ihnen widerfahren sind. Wenn Sie regelmäßig meditieren, werden Sie diesen magischen Ort der tiefen inneren Ruhe aufsuchen können, und ich kann Ihnen garantieren, daß Sie die Hilfe erhalten, die Ihnen bisher fehlte. Versuchen Sie es doch einmal. Sie müssen ja niemandem davon erzählen. Sie werden auf diese Weise einen direkten Kontakt mit Ihrem höheren Selbst herstellen, mit der göttlichen Macht, die in Ihnen wie auch in allen anderen Menschen vorhanden ist, wie sehr Sie sich bisher auch dagegen gesträubt haben.

• Um eine Verbindung mit der unsichtbaren Dimension herzustellen, die wir Tod nennen, sollten Sie sich über einen bestimmten Zeitraum notieren, was Sie geträumt haben, vor allen Dingen, wenn Sie im Traum mit jemandem zusammen waren, der jetzt nicht mehr lebt. Während Sie einschlafen und das unsichtbare Reich der Gedanken betreten, in dem Sie sich alle Personen Ihres Traumes selbst erschaffen, öffnen Sie sich der Vorstellung, daß keiner sterben kann, sondern nur seine Körperlichkeit aufgehoben wird. Dann achten Sie darauf, welchen Hinweis die Traumerscheinung Ihnen geben will. Sprechen Sie im Traum mit dieser Seele. Stellen Sie Fragen, und machen Sie sich in Ihrem Traumzustand immer wieder klar, daß Sie dazu in der Lage sind. Wenn wir uns in der Tat als Seelen mit Körpern anstatt als Körper mit Seelen begreifen, dann leben alle Seelen nach dem, was wir Tod nennen, weiter, und zwar in einer immateriellen Dimension. Und während Sie sich im Traum, in dem Bereich des reinen Gedankens befinden, werden Ihnen diese Seelen sehr wirklich und lebendig vorkommen.

Wenn Sie in Ihrem Traum mit diesen Seelen Verbindung aufnehmen und feststellen, wie wirklich sie doch sind, werden Sie verstehen, daß Altern und Tod nur in der Welt der fünf Sinne eine Bedeutung haben. Und dann werden Sie auch Ihre eigene Unsterblichkeit begreifen und zu einem ganz neuen Verständnis von Tod kommen. Sie werden ganz sicher wissen, daß Menschen, die Sie lieben und die gestorben sind, nicht wirklich aus Ihrem Leben gegangen sind. Sie sind noch da und für Sie verfügbar. Öffnen Sie sich für die Möglichkeit eines solchen Kontaktes, und Sie werden ihn herstellen und fürsorgliche Zuwendung erfahren können.

• Um das Gefühl zu haben, daß Ihnen jemand hilfreich zur Seite steht, brauchen Sie weder Schlaf noch Traum. Wenn

Sie im Traum mit einer Seele Verbindung aufnehmen können, dann werden Sie auch allmählich glauben, daß dieselbe weise, liebevolle Hilfestellung aus der unsichtbaren Dimension Ihnen immer dann zur Verfügung steht, wenn Sie sie brauchen. Sie werden immer häufiger und mit immer weniger Zweifel darauf zurückgreifen. Das Gebet wird eine ganz neue Bedeutung für Sie bekommen, wird nicht länger nur ein stummer Monolog sein. Statt dessen findet eine Transformation statt, bei der Sie in ein höheres Bewußtseinsstadium eintreten und buchstäblich mit Gott Ihr Leben leben. Hören Sie still zu, und öffnen Sie sich für Eingebungen, die Ihnen auch in Form von starken Gefühlen kommen können. Seien Sie froh und dankbar für jeglichen Beistand, und vergessen Sie nie zu fragen: Wie kann ich Gott und meinen Mitmenschen durch das Lösen des Problems dienen? Wenn Sie sich in Ihren inneren Gesprächen darauf konzentrieren, anderen zu helfen und dem Sinn Ihres Lebens gemäß zu handeln, dann werden Sie wahrhaftig die Antwort erhalten, nach der Sie suchen.

• Um Vorbilder und auch Begleiter auf diesem Weg zu finden, informieren Sie sich über die persönlichen Erfahrungen von Menschen, die Sie bewundern, und achten Sie dabei besonders auf die spirituelle Dimension. Sie werden immer wieder feststellen, daß diese Menschen in schwierigen Zeiten mit ihrem Inneren Kontakt aufnahmen und dort Beistand und Hilfe fanden. Nicht selten haben berühmte Wissenschaftler berichtet, daß sie eine besondere spirituelle Verbindung zu einer hilfreichen inneren Kraft spürten, die ihnen in gewissen Zeiten ihrer Karriere weiterhalf. Aus den meisten Autobiographien von außerordentlich erfolgreichen Menschen erfahren wir, daß sie in Verbindung zu ihrem höheren Selbst standen und in entscheidenden Augenblicken ihres Lebens die Gegenwart eines göttlichen Beistandes gespürt haben. Sportler, Schriftsteller, Geistliche, Astronauten, Musiker, Künstler oder Topmanager, nahezu alle kamen an einen Punkt in ihrem Leben, an dem sie das Gefühl hatten, ohne ihr äußeres Zutun geleitet zu werden. In diesen Situationen wußten sie, daß sie nicht allein waren, fingen an, dieser inneren Stimme zu folgen, und erzielten dadurch Ergebnisse, die früher nicht möglich gewesen wären.

Mit dem Wissen, daß die meisten Menschen, die es auf ihrem Gebiet wirklich zu etwas gebracht haben, einen spirituellen Beistand dafür mitverantwortlich machen, werden Sie das auch vor sich selbst zugeben können. Und bald werden Sie wie ich sich nicht scheuen, offen darüber zu sprechen. Denjenigen, die glauben, daß eine solche Einstellung absurd ist und an geistige Umnachtung grenzt, sollten Sie nur liebevolle Gedanken senden und sich ansonsten nicht von Ihrem Ziel ablenken lassen. Diese Skeptiker befinden sich immer noch auf dem Pfad, den auch Sie und ich einmal gegangen sind. Lassen Sie sich davon nicht beeinflussen.

● Um die Beziehungen zu anderen zu verbessern, überlegen Sie einmal, wie Sie sich den Menschen gegenüber verhalten, die Sie meinen dominieren oder beherrschen zu müssen, sei es der Ehepartner, seien es Kinder, Mitarbeiter, Kollegen, Büroangestellte oder Dienstpersonal. Nehmen Sie sich die Zeit, und versuchen Sie, hinter der äußeren Hülle den Reichtum Gottes gerade auch in diesen Menschen zu erkennen. Das wird Ihr Verhalten zu ihnen verändern. Sie betrachten Ihre Beziehung nun von Ihrem spirituellen Bewußtsein her und haben kein Bedürfnis mehr zu beherrschen, zu kritisieren oder zu dominieren. Statt dessen werden Sie versuchen, gerade denjenigen mehr Kraft zu geben, die Sie bisher vielleicht als Ihnen unterlegen eingestuft haben. Erst wenn Sie der äußeren Erscheinung der Sie umgebenden Menschen keine Bedeutung mehr beimessen, nehmen Sie Verbindung auf mit derselben unsichtbaren Kraft, die Sie selbst, aber eben auch Ihre Mitmenschen durchdringt.

Ich wende diese Methode schon seit Jahren bei meinen Kindern an. Ich versuche, die Gedanken zu erkennen, die hinter ihren Handlungen stehen, und achte besonders auf ihre Seelen hinter ihren jungen Gesichtern und in ihren kleinen Körpern. Wenn ich meine Kinder nicht mehr dominieren muß, gebe ich ihnen die Kraft, ihr eigenes Leben zu bestimmen, und kann sie so sehen, wie sie wirklich sind: kleine Seelen mit Körpern, deren Dasein auf dieser Erde einen Sinn hat. Wenn ich einen Menschen nicht mehr dominieren muß, helfe ich ihm, ein sinngerechtes Leben zu führen, und kann mich auch auf meinen eigenen Daseinszweck besinnen.

● Um Ihr Leben zu leben, ohne andere dominieren zu müssen, versuchen Sie einmal, jemanden dabei zu unterstützen, selbständig etwas zu tun, obgleich Sie ihm bisher immer gesagt haben, wie er es machen soll. Sie fragen lediglich: Wie können Sie sich selbst beweisen, daß Sie es alleine schaffen? Und dann: Wie wäre es, wenn wir gemeinsam daran arbeiteten? Wenn Sie Ihre Hilfe anbieten, statt die Dinge einfach in die Hand zu nehmen oder einen Befehl zu geben, werden Sie eine innere Kraft ausstrahlen und deshalb Ihre autoritäre Haltung aufgeben können. Besonders bei Menschen, mit denen Sie Schwierigkeiten haben, kann ein solches Vorgehen Wunder wirken.

Die meisten Probleme zwischen Menschen entstehen durch das Bedürfnis, zu dominieren und den anderen ins Unrecht zu setzen. Wenn Sie es in Ihrer privaten Übungsstunde fertigbringen, dieses Bedürfnis abzulegen, werden Sie auch anderen Menschen auf eine einzigartige Weise Kraft geben können. Nur wenn Sie das Bedürfnis abbauen, andere zu beherrschen, können Sie ein spiritueller Mensch werden. Statt nach Macht in der Außenwelt zu streben, konzentrieren Sie sich auf Ihre authentische, innere Kraft, mit der Sie anderen helfen können, ihr Leben selbst in die Hand zu nehmen.

● Um sich selbst zu beweisen, daß Sie nicht allein sind, stellen Sie sich vor, daß Sie durch unsichtbare Fäden mit jedem verknüpft sind, mit dem Sie in Berührung kommen. Wenn Sie sich nach rechts bewegen, bewegen sich die Menschen, mit denen Sie verbunden sind, auch nach rechts. Wenn Sie sie anstoßen, fallen sie hin. Stellen Sie sich diese verbindenden Fäden vor, wenn Sie einen anderen Menschen treffen, und Sie werden andere behandeln, als seien sie wirklich ein Teil von Ihnen. Sie werden ihnen dann liebevoller und hilfreicher begegnen, statt Mißtrauen und Neid zu empfinden.

Eine meiner Lieblingsgeschichten handelt von einem Mann, der Himmel und Hölle besichtigt. Zuerst kam er in die Hölle und sah einen großen Kessel Suppe. Die einzigen Eßwerkzeuge waren Löffel, die lange Stiele hatten und nur am Stielende selbst anzufassen waren. Die Folge war, daß die Menschen den Löffel nicht zum Mund bringen konnten und so langsam verhungerten. Im Himmel stand auch ein großer Kessel mit Suppe. Wieder gab es nur die langstieligen Löffel, aber die Menschen waren fröhlich und sahen gut genährt und gesund aus. Als der Mann fragte, wie das möglich sei, sagte sein Führer: «Oh, hier im Himmel haben die Menschen gelernt, sich gegenseitig zu füttern.» Fazit: Der Sinn Ihres Daseins liegt immer darin, anderen zu geben. Das ist der Himmel auf Erden.

● Um zu erkennen, wie Sie das Hassen gelernt haben, überdenken Sie einmal neu, was Feind, was Haß bedeutet. Überlegen Sie, wen Sie alles als Ihren Feind bezeichnen würden. Wenn Sie erkennen, daß uns der Haß eigentlich nur aufoktroyiert wird, dann verstehen Sie auch, daß das Objekt unseres Hasses häufig nur dadurch bestimmt wird, wo wir geboren wurden.

Vor nicht langer Zeit wurde uns Westlern gesagt, daß wir die Iraner hassen sollten; dann wurden sie offiziell unsere Verbündeten. Die Iraker dagegen galten früher als unsere Freunde und wurden dann zu unseren Feinden. Und so geht es immer weiter. Nur wenige Menschen verstehen, was im Grunde dahintersteht: Der eigentliche Feind ist der Haß selbst. Befreien Sie sich von diesem Haß, werfen Sie die Liste der Menschen ins Feuer, die Sie hassen sollen, und lassen Sie statt dessen Harmonie in Ihr Leben ein. Wenn Sie Zugang zu Ihrem inneren Selbst haben, wenn Sie Liebe in sich spüren, können Sie allen Menschen mit Harmonie begegnen, auch denen, die man Sie hassen gelehrt hatte. Nie wieder werden Sie Teil der Masse sein, die sich von ihren Anführern sagen läßt, wen sie zu hassen und wen sie zu töten hat.

Versuchen Sie sich folgendes vorzustellen: Jeder Mensch auf unserer Erde weiß, daß man sich nicht auf die eine oder andere Seite schlagen kann, wenn man auf einem runden Planeten lebt. Alle Menschen weigern sich zu hassen und andere als ihre Feinde zu betrachten. Auch Sie können zu denen gehören, die für den Frieden der Welt arbeiten. Werfen Sie Ihre Haß-Liste weg und sehen Sie statt dessen in allen Streitenden letzten Endes Opfer. Das bedeutet nicht, daß Sie den bösen Taten anderer zum Opfer fallen müssen, aber Haß und der Wunsch zu töten sollten Ihnen fremd sein. Denken Sie immer daran, daß wir alle miteinander verbunden sind. Wenn Sie anderen mit Wut und Haß begegnen, verletzen Sie nicht nur Ihren «Feind», sondern auch sich selbst und die ganze Menschheit. Wenn Sie mit dieser Botschaft nicht viel anfangen können, denken Sie daran, daß eine solche Haltung

in allen Religionen gefordert wird und daß alle großen geistigen Lehrmeister der Menschheit immer wieder darauf hingewiesen haben.

● Um mit dem immateriellen Universum Kontakt aufzunehmen, sollten Sie sich mit dem Konzept des Nichts befreunden. Ihre Gedanken kommen aus dem ruhigen, leeren
Raum Ihres Geistes. Aus dem Nichts entsteht ein Gedanke.
Aus der Stille entsteht plötzlich ein Laut. Streng physikalisch
betrachtet läßt sich das als Wirkung ohne Ursache bezeichnen. Machen Sie sich langsam mit dem Phänomen des Nichts
vertraut. Machen Sie Ihren Kopf frei, und lassen Sie die Gedanken von selbst kommen. Wenn Sie wissen, daß es jenseits
der materiellen Welt eine Dimension gibt, in der die physikalischen Gesetze nicht gelten, können Sie diese immaterielle
Welt auch akzeptieren. Sie müssen sich selbst irgendwie beweisen können, daß alles aus nichts entstehen kann, und tatsächlich geschieht dies ja auch ständig. Wunder brauchen
keine physische Ursache, aber um sich mit dieser Vorstellung auch wohl zu fühlen, müssen Sie erst dieses «etwas aus
nichts»-Phänomen erfahren. Dazu sollten Sie sich klarma-
chen, daß Sie selbst als Körper eigentlich im wesentlichen aus
Leere bestehen. Betrachtete man Ihren Körper durch ein
stark vergrößerndes Mikroskop, würde deutlich werden,
daß Ihr physisches Selbst aus winzigen Teilchen in leeren
Räumen besteht. Aus einer anderen Perspektive betrachtet
ist also das, was Sie als Ihren Körper bezeichnen, zum größten Teil leerer Raum. Und auch Ihr Geist ist ein gutes Beispiel dafür, welche Bedeutung ein räumliches Nichts haben
kann.

Machen Sie sich mit dem Konzept des Nichts vertraut, und
akzeptieren Sie es. Dann werden Sie in der Lage sein, Wunder
zu tun. Achten Sie immer eine bestimmte Zeit des Tages ver-

stärkt auf Ihre Gedanken, und vergessen Sie dabei nie, daß Gedanken nichts mit dem Gesetz von Ursache und Wirkung zu tun haben. Woher kommen sie also? Wenn Sie das Nichts akzeptieren können, dann werden Sie auch Wunder erleben, die aus eben diesem Nichts kommen.

• Um mit Ihrem immateriellen Selbst Beziehung aufzunehmen, sollten Sie sich hin und wieder für eine kurze Zeit aus der physischen Welt zurückziehen. Suchen Sie sich einen Raum, in dem Sie ungestört sind, setzen Sie sich ruhig hin, und schalten Sie über Ihren Geist jede Empfindung Ihrer Sinne ab. Tastsinn, Geschmack, Hören, Sehen und Riechen sind nicht mehr vorhanden (ein Zustand, den Sie jede Nacht während des Schlafs erreichen), und nun achten Sie darauf, was mit Ihrem Körper passiert. Je mehr Sie mit Hilfe Ihres allmächtigen, allwissenden Geistes in der Lage sind, sich von Ihrem Körper zu lösen, desto weniger beurteilen Sie Ihr Leben nach Ihrem körperlichen Sein. Sie kommen so in Kontakt mit Ihrem wahren, Ihrem immateriellen Selbst, und das ist die wichtigste Erfahrung auf dem Weg, ein spiritueller Mensch zu werden.

• Um nie zu vergessen, daß es auf den Sinn einer Handlung ankommt und nicht auf das Ergebnis, konzentrieren Sie sich mit Geist, Körper und Seele ganz auf das, was Sie im Augenblick tun. Jeden Tag spielen sechs Millionen Menschen Tennis in Amerika, und nur drei Millionen können gewinnen. Bedeutet das, daß es jeden Tag drei Millionen Verlierer gibt? Bei allem, was Sie tun, sollten Sie hin und wieder innehalten und sich fragen: Warum mache ich das? Sie werden feststellen, daß das Ergebnis ebenso kurzlebig ist wie die Aktivität selbst. Konzentrieren Sie sich deshalb auf den Sinn einer Handlung und weniger auf das mögliche Einzelergebnis. Sie werden weiterhin gewinnen oder verlieren, ohne jedoch zu viele Gedanken daran zu verschwenden, und deshalb doch mit der Zeit automatisch besser werden. Je weniger Sie an das Ergebnis Ihrer Handlungen denken, desto mehr werden Sie paradoxerweise leisten können.

● Um sich von der übermäßigen Bewertung von materiellen Dingen zu befreien, überlegen Sie einmal, was Besitz Ihnen wirklich bedeutet. Stellen Sie eine Liste auf von all Ihren Besitztümern. Haben Sie etwas notiert, wofür Sie Ihr Leben geben würden? Richten Sie jetzt Ihre Gedanken auf Ihre Wertvorstellungen, Ihre Ideale, die Menschen, die Sie lieben, und stellen Sie sich die gleiche Frage. Sie wissen jetzt, wo Ihre Prioritäten liegen, nämlich nur in dem, was Sie denken und glauben, nicht aber in Ihrem materiellen Besitz. Messen Sie Ihrem Besitz weniger Bedeutung bei, und besinnen Sie sich auf den Sinn Ihres Lebens. Richten Sie Ihre Gedanken und Handlungen in Ihrem täglichen Leben danach aus, was Ihnen im eigentlichen Sinne etwas bedeutet. Sie sind aus einem bestimmten Grund auf der Welt, und der liegt nicht im Anhäufen von Besitz. Sie sind ohne materielle Besitztümer auf die Erde gekommen und werden sie auch bald genauso verlassen. Was von Ihnen übrigbleiben wird, ist die Art und Weise, wie Sie Ihren Idealen gedient und damit Ihre Umwelt beeinflußt haben. Konzentrieren Sie sich auf dieses Ziel, und Sie werden feststellen, daß Sie automatisch zu einem spirituellen Menschen werden.

● Um auch in dem eigenen Verhalten diese spirituelle Einstellung deutlich zu machen, sollten Sie sich bemühen, Ihr Leben mehr nach ethischen Überlegungen als nach Regeln zu leben, die von anderen festgesetzt wurden. Richten Sie einen «Ethik-Tag» für sich ein, an dem Sie Ihr gesamtes Verhalten im Rahmen des normalen Tagesablaufs, einschließlich Essen, Anziehen, Arbeiten und Freizeit auf ethische Überlegungen stützen statt auf Regeln von außen. Fragen Sie sich, wie Sie sich bei dem, was Sie gerade tun, moralisch, sinngerichtet, fürsorglich verhalten können, und vergessen Sie, was die festgelegten Regeln von Ihnen verlangen. Menschliches Verhalten ist in den dunkelsten Stunden der Geschichte häufig nur «dem Gesetz» gefolgt. Das Gesetz sagte zum Beispiel, daß schwarze Menschen im Bus hinten sitzen mußten, daß Frauen kein Wahlrecht hatten, daß jeder eine Maschinenpistole besitzen durfte. Menschen, die ihr Leben nach ethischen Überlegungen führen, müssen nicht mehr nach Regeln leben, die unterschwellig immer wieder Opfer fordern. Werden Sie selbst zu einem solchen Menschen, wenigstens für einen Tag. Leben Sie Ihr Leben nach ethischen Überlegungen, gleichgültig, was Regeln und Gesetze auch sagen.

● Um mit sich selbst und der Welt in größerem Frieden zu leben, nehmen Sie sich vor, eine Woche lang täglich eine gewisse Zeit nur für sich zu reservieren und zu meditieren. Das ist sehr wichtig, und dennoch werden Sie sich wahrscheinlich sträuben. Ich möchte Sie jedoch bitten, sich dieses wunderbare Geschenk zu machen, das Ihnen gleichzeitig den Zugang zu der Welt der täglichen Wunder schafft. Am besten meditieren Sie morgens nach einer belebenden Dusche und bevor der eigentliche Tagesablauf beginnt. Nehmen Sie sich dazu eine halbe Stunde Zeit. Setzen Sie sich bequem und entspannt hin, schließen Sie die Augen, konzentrieren Sie sich auf den Rhythmus Ihres Atems, und lassen Sie Ihren Kopf leer werden. Sie merken bald, daß Sie ganz ruhig werden. Auch wenn dies das einzige Ergebnis der meditativen halben Stunde ist, werden Sie merken, daß Sie so Streß und Anspannung in Ihrem Leben wirksam vermindern können. Wenn

Sie darüber hinaus während der Meditation noch einige meiner Vorschläge aus dem folgenden Kapitel beachten, dann kann ich Ihnen mit absoluter Sicherheit versprechen, daß Sie den Teil Ihres Selbst kennenlernen werden, der Ihnen in jedem Bereich Ihres Lebens die hilfreiche Zuwendung gibt, die Sie brauchen. Während der Meditation werden Sie erfahren, daß Sie nicht allein sind.

● Um Ihre Intuition zu entwickeln und ihr zu vertrauen, sollten Sie die plötzlichen Einfälle und Gedanken respektieren, die Ihnen wie von ungefähr kommen, statt sie als unzuverlässige Ahnungen abzutun. Wenn Sie wieder einmal einen «unbestimmten Verdacht» haben, unterdrücken Sie ihn nicht, sondern denken Sie darüber nach. Statt diese Eingebung also zu ignorieren, fragen Sie Ihr intuitives Selbst: Warum ist mir gerade das jetzt in den Sinn gekommen? Versuchen Sie einen Dialog mit Ihrer intuitiven Stimme zu entwickeln, und notieren Sie das, was Sie daraus gelernt haben, und auch das, was in den nächsten Tagen daraufhin geschieht. Mit Hilfe dieser mentalen Dialoge können Sie Ihrer Intuition vertrauen lernen und sie zu einem wichtigen Bestandteil Ihrer Denkprozesse machen. Überlegen Sie einmal, was uns diese alte Geschichte sagen will:

Zwei Mönche stritten sich; der eine sagte, die Fahne des Tempels habe sich bewegt, der andere meinte, der Wind habe sich bewegt. Meister Eno hörte den Streit und sagte zu ihnen: «Weder Wind noch Fahne bewegen sich, sondern nur euer Geist.» Die Mönche waren sprachlos.

Wenn Sie wieder einmal eine unbestimmte Ahnung haben, die Sie am liebsten vernachlässigen möchten, sollten Sie tun, was sie Ihnen rät, und auf das Ergebnis achten. Sie müssen lernen, Ihrer Intuition zu vertrauen. Machen Sie sich immer wieder die positiven Ergebnisse in Ihrem Leben bewußt, die auf Ihrer Intuition basieren. Wenn Sie innerlich mit sich zu Rate gehen, was Sie tun und welche Richtung Sie einschlagen sollten, dann brauchen Sie sich nur zu fragen: Was kann ich tun, um dem Sinn meines Lebens gemäß zu handeln? Es wird nicht lange dauern, und Ihre Intuition wird ein wichtiger Teil Ihres Selbst werden, den Sie schätzen und dessen Rat Sie zuversichtlich befolgen werden.

• Um sich auf das zu konzentrieren, was Sie im Leben unterstützen wollen, statt sich durch das beeinflussen zu lassen, was Sie ablehnen, sollten Sie eine Liste dessen aufstellen, was Sie verwerfen. Danach schreiben Sie diese Liste so um, daß sie jetzt das ausdrückt, wofür Sie sich einsetzen wollen. Statt also gegen das Negative anzugehen, entscheiden Sie sich für das Positive. Schimpfen Sie nicht, wenn Ihr Kind sich seine Zeit schlecht einteilt oder überhaupt keine Hausaufgaben macht, sondern unterstützen Sie es in seiner Entwicklung zu einem verantwortungsbewußten jungen Menschen. Statt also seine Energie in einem Kampf *gegen* etwas zu verbrauchen, setzen Sie sie lieber *für* etwas ein. Denken Sie immer daran, daß alles, was Sie bekämpfen, Sie schwächt, und alles, was Sie unterstützen, Sie stärkt.

• Um eine liebevolle, aufbauende Einstellung zur eigenen Person zu finden, verkehren Sie alles, was Sie an sich bemängeln, in eine positive Aussage. Statt sich also wegen Ihrer Faulheit zu beschimpfen, sollten Sie Ihre schwach ausgeprägte Energie entwickeln. Wenn Sie sich energiegeladener fühlen, überwinden Sie die Faulheit ganz automatisch. Wenn Sie sich aber wegen Ihrer Faulheit Vorwürfe machen, verharren Sie im Zorn auf sich selbst und haben Schwierigkeiten, sich zu einer Änderung aufzuraffen. Das gleiche gilt für Probleme mit dem Gewicht, mit Alkohol und Drogen, mit einer ungesunden Lebensweise ganz allgemein und anderen «schlechten Angewohnheiten». Wenn Sie diese Probleme so formulieren, daß deutlich wird, worauf Sie hinarbeiten wollen und wozu Sie fähig sind, dann werden Sie auch die Stärke haben, diese Probleme zu lösen.

● Um das Stadium der Erleuchtung zu erreichen, sollten Sie jeden Tag einmal so etwas wie Ehrfurcht empfinden. Ja, Ehrfurcht vor dem Universum und davor, daß Sie ein Teil dieses Universums sind. Seien Sie dankbar für Ihre Leber, Ihre Hände, für Ihr Gehirn und Ihren unsichtbaren, nicht faßbaren, erstaunlichen Geist. Daß es Sie überhaupt gibt, ist bereits ein phantastisches Wunder, das Sie sich immer wieder bewußtmachen sollten. Beobachten Sie mit Ehrfurcht, wie Ihr Körper funktioniert, wie Trillionen von Zellen zusammenarbeiten, um Sie möglich zu machen. Sie sollten geradezu trainieren, dieses Gefühl der Ehrfurcht täglich zu empfinden. Alles ist doch wunderbar eingerichtet: die Luft, die wir atmen, das Wasser, das wir für selbstverständlich halten, nährende Früchte und Gemüse, die sich aus winzigen Samen entwickeln, die Atmosphäre, die uns das Leben auf der Erde ermöglicht, einfach alles. Seien Sie dankbar dafür, und entwickeln Sie auch ein Gefühl der Verantwortung dem Universum gegenüber. Behandeln Sie alles Leben mit Ehrfurcht, und vergessen Sie nie, daß alles seinen Sinn hat. Wenn Sie täglich ein paar Minuten in absoluter Ehrfurcht innehalten, werden Sie das Stadium des spirituellen Menschen schneller erreichen als durch jeden Metaphysik-Kurs. Erleuchtung ist einfach ein stilles Akzeptieren und Würdigen dessen, was ist. Gerade jetzt, in diesem Moment, können Sie das Gefühl der Ehrfurcht kennenlernen, einfach, indem Sie dankbar sind, daß Sie Augen haben, die diese Zeilen lesen können, und ein

Gehirn, das die Worte verarbeiten kann. In dankbarer Ehrfurcht werden Sie erkennen, wie wunderbar alles funktioniert; auf diesem Weg werden Sie Erleuchtung erfahren, und Wunder werden automatisch in Ihr Leben Eingang finden.

● Um Wut und Bitterkeit zu überwinden, denken Sie an einen Menschen, der Ihnen Ihrer Meinung nach Unrecht getan hat, an jemanden, der eine längst fällige Schuld nicht beglichen hat. Vielleicht handelt es sich dabei um Ihren ehemaligen Ehepartner, der Sie verlassen oder auf irgendeine Weise niederträchtig behandelt hat. Oder Sie denken an ein Elternteil, das Sie mißhandelt, einen früheren Freund, der Sie sitzengelassen hat. Visualisieren Sie diesen Menschen, und versuchen Sie nun, statt wie üblich Haß und Bitterkeit zu empfinden, sich für ein paar Momente vorzustellen, daß Sie ihm Zuneigung entgegenbringen. Halten Sie sich dabei vor Augen, daß dieser Mensch in Ihr Leben trat, um Sie etwas zu lehren, daß er in Ihrem Leben eine Aufgabe hatte, auch wenn seine Lektion eine sehr schmerzhafte für Sie war. Wenn Sie an diese Person liebevoll statt haßerfüllt denken können, werden Sie sich nicht nur selbst Gutes tun, sondern Sie werden auf Ihrem Weg zu einem spirituellen Menschen auch ein ordentliches Stück vorangekommen sein.

Betrachten Sie das Unrecht, das Ihnen angetan wurde, wie einen giftigen Schlangenbiß. Wenn Sie gebissen worden sind, dann gibt es zwei verschiedene Ursachen für den Schmerz. Einmal ist es der Biß selbst, der nicht rückgängig gemacht werden kann. Es ist geschehen, es schmerzt, und Sie können zum Beweis die Bißwunde vorzeigen. Sie lernen daraus, daß Sie sich in Zukunft besser vor Schlangen in acht nehmen sollten. Die zweite Ursache für Ihren Schmerz ist das Gift, das in Ihren Körper eindringt und sich verbreitet. Das ist das eigentlich Tödliche. Niemand ist bisher an dem Biß einer Schlange gestorben, sondern immer nur an dem Gift, das im Körper zirkulierte. Genauso ist es mit Haß und Verzeihen. Es ist etwas geschehen, und das kann in der materiellen Welt nicht mehr rückgängig gemacht werden. Aber es ist der Haß und die Wut, die noch lange hinterher Ihre Gefühle und Gedanken vergiften und den eigentlichen Schaden anrichten. Nur Sie allein haben die Macht, sich von diesem Gift zu befreien; wenn es Sie noch quält, haben Sie es sich selbst zuzuschreiben. Erinnern Sie sich an die Worte Buddhas, nach denen man nicht *für* seine Wut bestraft wird, sondern *durch* die eigene Wut. Solange Sie noch durch Bitterkeit innerlich vergiftet sind, werden Wunder in Ihrem Leben nicht geschehen können.

Fangen Sie noch heute an, das zu ändern. Sagen Sie: Ich weiß, daß ich in mir die Macht habe, mein Leben glücklich und zufrieden zu gestalten. Ich selbst bin ein Wunder, und deshalb kann ich auch Wunder tun. Eine der wichtigsten Aussagen in diesem Kapitel erklärt, wie Sie aus einem menschlichen Wesen mit einer spirituellen Erfahrung zu einem spirituellen Wesen mit menschlicher Erfahrung werden können. Dieses Kapitel läßt sich aber auch mit den Worten von Will Rogers zusammenfassen, der zu Beginn dieses Jahrhunderts durch die Lande zog und volkstümliche Weisheiten von sich gab; der meinte, man solle so leben, daß man jederzeit seinen Papagei an das größte Klatschmaul der Stadt verkaufen könne. Ein wirklich guter spiritueller Rat!

3

Eine für Wunder
offene Einstellung erlangen

> Da unsere Situation neu ist,
> müssen wir auch auf eine
> neue Weise denken und handeln.
>
> *Abraham Lincoln*

Unsere letzte Aufgabe auf dem Weg in die Welt der täglichen Wunder besteht darin, daß wir unsere geistige Haltung, die Einstellung unseres immateriellen Selbst, auf ein Leben hin ausrichten, in dem Wunder geschehen können. Im vorigen Kapitel haben Sie sich mit der Idee vertraut gemacht, daß unser Universum sinnvoll eingerichtet ist und daß Sie darin als sinnvolle Wesenheit bestehen. Sie haben gelernt, sich in Gedanken und Handlungen nach dem göttlichen Willen zu richten, der Sie aus dem formlosen Stadium der Ewigkeit in diese Welt der Form gebracht hat. Sie sollten auch bereits wissen, wie Sie Ihre hilfreichen Intuitionen verwenden können. Vielleicht können Sie fühlen, was Hazrat Inayat Khan sagen wollte, der den Mystiker als einen bezeichnet, der nicht nur aus den heiligen Schriften zitiert, der nicht nur davon redet, das Königreich Gottes zu suchen, sondern als einen, dessen ganzes Leben aus dieser Suche besteht.

Diese lebenslange Suche «nach dem Königreich Gottes» verlangt jedoch nicht den Rückzug aus der Welt und auch nicht unbedingt eine Veränderung der Lebens- oder Arbeitssituation. Was Sie ganz sicher verändern werden, ist Ihre persönliche unsichtbare Wirklichkeit, Ihr immaterielles Selbst. Im folgenden soll Ihnen gezeigt werden, wie Sie Ihre geistige Einstellung dahingehend verändern können, daß Sie in eine Welt eintreten können, in der tägliche Wunder nicht nur möglich, sondern selbstverständlich sind. Sie werden dann nicht nur daran glauben, daß Sie Wunder wirken können, sondern das täglich in Ihrem Leben beweisen. Ich habe Menschen, die ich als Wundertäter bezeichnen würde, beobachtet, habe mich mit ihrem Leben und Wirken beschäftigt, und ich kann aus ihrer und meiner eigenen Erfahrung sagen, es nur als Paradigma für den Geist bezeichnen, daß eben diese offene Einstellung Wundern gegenüber entsteht.

Vierzehn Schlüsselpunkte, die Ihnen den Zugang zu einer für Wunder offenen Einstellung erleichtern

Folgende 14 Hinweise können Ihnen helfen, Ihr Denken so zu verändern, daß Wunder in Ihrem täglichen Leben möglich werden. Obgleich mit diesen Hinweisen Ihr immaterielles Selbst angesprochen wird, der unsichtbare Teil Ihres Menschseins, so bieten sie auch viele in die Praxis umsetzbare Hilfen, die Sie ausprobieren können. Nach jedem Hinweis habe ich also Vorschläge aufgelistet, wie Sie Ihre neue Geisteshaltung in der physischen, sichtbaren Welt anwenden können.

1. Halten Sie sich mit Ihrem Urteil und Ihrer Skepsis zurück.
Wie den meisten von uns hat man Ihnen wahrscheinlich auch beigebracht, allem, was Sie mit Ihren fünf Sinnen nicht erfassen können, mit Skepsis zu begegnen. Sie müssen nun versuchen, diese Zweifel wenigstens vorübergehend zu vernachlässigen, so als sähen Sie sich einen Film an oder läsen einen Roman.

Wenn Sie nämlich einen Film ansehen oder einen Roman lesen, dann überlegen Sie auch nicht dauernd, ob dieses oder jenes wahr sein könnte. Dadurch können Sie die Geschichte viel mehr genießen. Genauso ist es mit der Welt der täglichen Wunder. Verbannen Sie bewußt jegliche Zweifel, und betreten Sie für eine kurze Zeit ein Leben mit unendlichen Möglichkeiten. Wenn es Ihnen dort irgendwann nicht mehr gefällt, können Sie jederzeit in die Welt der Skepsis und des Zweifels zurückkehren. Lassen Sie mich Ihnen von einem Erlebnis erzählen, das ich vor nicht langer Zeit hatte.

Shirley MacLaine beschreibt in ihrem Buch «Die Reise nach Innen» (Mein Weg zu spirituellem Bewußtsein, München 1989) einen Brasilianer namens Mauricio Panisset, der Wunderkräfte besaß. Als ich das Buch las, hatte ich von solchen Kräften noch nie gehört und war infolgedessen sehr skeptisch. Hier ist ein Ausschnitt:

Mauricio Panisset wurde am 6. März 1930 in der brasilianischen Stadt Minas Gerais als drittes Kind eines methodistischen Pfarrers geboren, der ein besonderes Interesse für die Metaphysik hatte. Aber schon sehr bald erklärte Mauricios Mutter, sie könne mit der unkontrollierbaren Aufsässigkeit ihres Sohnes nicht fertig werden. In ihrer Verzweiflung schickten die Eltern den neunjährigen Jungen zu seiner Großmutter, die auf dem Lande lebte. (...)

Hier unternahm er lange Spaziergänge in den Wald, wo er, wie er später berichtete, von «Lichtern» verfolgt wurde. Diese Lichter erschienen ihm als leuchtende Kugeln, und wenn sie auftauchten, «sprachen» sie mit ihm. (...)

Mit Beginn der Pubertät verschwanden die Lichter.

Im Jahr 1949 – er war damals 19 Jahre alt – trat er in die Armee ein, und als er eines Abends Wache stand, tauchten die Lichter wieder auf. (...)

1969 nahm er die Lichter so intensiv wahr, daß er wieder das Gefühl hatte, sie würden zu ihm «sprechen».

Am 19. April 1969 sprach eines der Lichter so deutlich zu ihm, daß Mauricio es nicht überhören konnte. Das Licht sagte: «Du mußt dein eigenes Licht dazu benutzen, Kranke zu heilen. Du mußt ins Krankenhaus gehen.»

Die Geschichte faszinierte mich, aber ich muß zugeben, daß ich mich fragte, ob Shirley wohl einem Trick aufgesessen oder gar ein wenig «übergeschnappt» sei. Schließlich wissen wir, daß Lichter nicht sprechen und sich so verhalten können, wie sie es beschrieben hatte. Aber schon im nächsten Sommer wurde ich eines Besseren belehrt.

Zum Ende unseres jährlichen Sommeraufenthalts auf Maui hatte mich die Unity Church of Maui in Hawaii wie jedes Jahr eingeladen, einen Vortrag zu halten. Das ist mir immer eine besondere Freude, weil ich dadurch die Möglichkeit habe, diesem wunderschönen, spirituellen Paradies im Pazifik, wo ich soviel Inspiration und göttliche Eingebung erhalte, meinerseits etwas zu geben.

Nach meinem Vortrag kam eine Frau auf mich zu und lud meine Frau Marcie und mich ein, ihren Mann und sie zusammen mit ein paar Freunden in ihrem Haus in Lahaina zu besuchen. Gail Longhi und ihr Mann Bob besitzen eines der berühmtesten Restaurants auf Hawaii. Gail fügte hinzu, daß sie einen ganz besonderen Gast zu Besuch habe, einen Mann, über den Shirley MacLaine in ihrem Buch «Die Reise nach Innen» geschrieben habe. Er heiße Mauricio, und nach dem, was ich gerade in meinem Vortrag gesagt hätte, könne sie sich vorstellen, daß ich ihn sehr gern kennenlernen würde. Mir fiel sofort wieder das Buch ein, und ich erinnerte mich auch an meine skeptische Reaktion. Ich nahm die Einladung gerne an, denn Marcie und ich brannten darauf, den Wundertaten dieses Mannes beizuwohnen und, was uns ebenso wichtig war, bewußt unsere Zweifel für eine Weile zurückzustellen.

Als wir zu den Longhis kamen, sagte man uns, daß Mauricio uns in etwa 45 Minuten zur Verfügung stehen würde. Er hielt gerade eine Sitzung mit Gails Mutter ab, und zwar in einem Zimmer im ersten Stock, dessen Fenster auf die Terrasse hinausgingen. Wir saßen auf der Terrasse, und plötzlich sahen wir durch das Fenster helle Lichtblitze, die offensichtlich das ganze Zimmer erhellten. Explosionen vielfarbigen Lichts schienen sich zu entladen, es war eine regelrechte Lightshow. Kurz danach kam Gails Mutter mit einem beinahe abwesenden, friedlichen Gesichtsausdruck die Treppe herunter und verschwand in einem anderen Teil des Hauses. Ein paar Minuten später folgte Mauricio. Er trug ein ärmelloses T-Shirt, das vollkommen von Schweiß durchnäßt war. Wir trafen ihn in der Küche, wo er ein paar große Gläser Wasser hinunterstürzte. Er schien etwa Ende Fünfzig zu sein, war klein und untersetzt und hatte wunderbares weißes Haar. Er wirkte unglaublich bescheiden und gelassen. Er entschuldigte sich, daß er uns erst in 15 oder 20 Minuten sehen könne. Als wir uns bei ihm bedankten, sagte er gebrochen: «Nein, nein, nicht mir danken. Gottes Werk, nicht meins.»

Während wir warteten, versicherte uns Bob, daß eine Täuschung vollkommen ausgeschlossen sei. Die erste Sitzung habe mit ihm selbst in seinem eigenen Schlafzimmer stattgefunden, in das er gleichzeitig mit Mauricio eingetreten sei, nachdem er das Zimmer vorher gründlich durchsucht hatte. Ich wartete, vollkommen bereit, meine Skepsis für eine Weile zurückzustellen.

Dann bat uns Mauricio schließlich, ihm nach oben zu folgen. Marcie und ich wollten dieses Wunder gemeinsam erfahren, damit wir uns hinterher bestätigen könnten, was wir erlebt hatten.

Wir legten uns diagonal Kopf an Kopf auf das große Bett und hielten uns die ganze Zeit an den Händen. Mauricio schaltete einen Kassettenrecorder ein, und leise Flötenmusik erfüllte den Raum. Mauricio trat jetzt hinter uns und legte die Finger auf Marcies Stirn. Dazu sprach er laut die Worte «energia, energia, energia» und noch etwas auf portugiesisch, was wir nicht verstehen konnten. Er hob die Hand wieder hoch und schnalzte ein paarmal laut mit den Fingern, wobei er wieder «energia, energia» sagte. Plötzlich war der Raum erleuchtet, Licht fiel von seinen Händen, und es war, als wenn Blitze einschlügen. Marcie hatte die Augen geschlossen und konnte das Licht durch die Augenlider wahrnehmen. Ich hielt die Augen die ganze Zeit offen und war wie gebannt.

Jetzt berührte Mauricio meine Stirn, und seine Hand fühlte sich sehr heiß an. Wieder sagte er: «energia, energia, energia» und ein paar portugiesische Worte. Ich hatte das Gefühl, als befände ich mich vorübergehend in einer anderen Dimension. Licht und Energie wirkten elektrisierend, und mein ganzer Körper zuckte wie unter einem starken Schock zusammen. Das Zimmer war erleuchtet, und das Licht ging von den Händen dieses Mannes aus.

Unsere Sitzung mit Mauricio dauerte mehr als 20 Minuten. In dieser Zeit legte er eine Hand auf mein Knie und die andere auf den Knöchel desselben Beins, den ich in der Woche vorher bei einem bösen Fall auf schlüpfrigen Felsen verletzt hatte. Ich fühlte eine starke Hitze, und wieder ging Licht von Mauricio aus und erhellte das Zimmer. Er wiederholte diese Berührungen etwa 12- bis 15mal. Dann verließ er schweißgebadet das Zimmer und ging nach unten. Vorher aber hatte er uns gebeten, noch ein paar Minuten liegenzubleiben, um dieses Erlebnis ganz in uns aufzunehmen. Außerdem könnten wir ein wenig schwindelig sein.

Wir blieben also noch ein paar Minuten still auf dem Bett liegen und hielten uns weiter an den Händen. Wir fühlten uns einander so nahe wie noch nie. Worte waren überflüssig. Dann standen wir auf und gingen langsam die Treppe hinunter, an den anderen sieben oder acht Menschen vorbei, ohne sie recht wahrzunehmen.

Meine Frau hängt sehr an unseren Kindern und geht vollkommen in der Sorge für sie und in ihrer Mutterrolle auf. Die Intensität ihrer mütterlichen Bindung scheint mit jedem unserer sieben Kinder noch gewachsen zu sein. An diesem Abend hütete unser Teenager Stephanie die jüngste Schwester, Saje Eykis, die mit neun Monaten noch voll gestillt wurde. Ein paar Minuten, nachdem Marcie wie in Trance die Treppe hinuntergeschritten war, klingelte das Telefon. Stephanie war am Apparat und machte sich Sorgen wegen des Babys, das nicht aufhören wollte zu weinen. In jeder anderen Situation hätte Marcie sofort alles stehen- und liegengelassen und wäre nach Hause geeilt, um ihr Baby zu stillen und zu beruhigen. Aber nach dem Erlebnis mit Mauricio war Marcie wie in einer anderen Welt.

Was sie zu Stephanie sagte, schockierte mich so, daß ich aus meiner eigenen Trance gerissen wurde: «Es tut mir leid, Stephanie, du mußt sie selber beruhigen. Wir kommen bald nach Hause, aber bis dahin bist du auf dich allein gestellt.» So hatte ich Marcie noch nie erlebt, und so würde ich sie auch nie wieder erleben, das war sicher. Als wir nach Hause fuhren, wußten wir beide, daß wir etwas ganz Besonderes und Unbeschreibliches erlebt hatten.

Am nächsten Tag fiel mir auf, daß eine lästige Warze an meiner Schulter, die ich schon mehrere Jahre lang gehabt hatte, verschwunden war, und mein verletztes Bein tat auch nicht mehr weh. Der Schorf war nahezu verschwunden, und man konnte kaum noch erkennen, daß ich mich geschrammt hatte.

Schon seit mehreren Wochen hatte ich mich in meinen Meditationen mit den Plänen für dieses Buch befaßt und hatte durchaus Zuversicht empfunden, daß ich genügend Beweise für ein Buch über die Manifestation von Wundern finden würde. Immer wieder erfuhr ich während meiner meditativen Sitzungen, daß sämtliche Zweifel verschwinden und ich einfach «wissen» würde. Mauricio und das Erlebnis mit dem Licht überzeugten mich, daß die Wirklichkeit der magischen Kraft tatsächlich erfahrbar ist.

Ich glaube, daß ich dieses Wunder erleben konnte, weil ich meine Zweifel bewußt zeitweilig ausschaltete. Ich bin überzeugt, daß die Voraussetzung für eine geistige Einstellung, in der Wunder möglich werden, in dem bewußten Lossagen von Skepsis und Zweifeln besteht. Ich möchte Sie ermutigen, sich der Vorstellung zu öffnen, daß alles für Sie im Bereich des Möglichen liegt.

Wenn wir uns öffnen und unsere Zweifel ausschalten, können wir in neue Bereiche vordringen. Skepsis und Zweifel dagegen halten uns in unseren alten Denkweisen gefangen und konterkarieren neue geistige Erlebnisse. Die Welt der täglichen Wunder ist nur denen zugänglich, die nicht sofort nach dem Wie und Warum fragen. Ich bitte Sie, genau das zu tun und nicht mehr. Öffnen Sie sich, und schalten Sie Ihre Skepsis wenigstens zeitweilig ab. Dann werden Sie den magischen Bereich betreten können.

Vorschläge für die Umsetzung in die Praxis:
● Bestärken Sie sich bewußt immer wieder darin, neue Ideen zu akzeptieren. Sagen Sie sich: Ich habe keine vorgefaßten Meinungen. Ich weigere mich, irgend jemanden oder irgendeine Idee zu beurteilen. Wenn ich etwas nicht sehen oder es nicht ganz verstehen kann, heißt das nicht, daß es nicht existiert. Heute will ich nur einen Tag lang alle meine Skepsis hinter mir lassen und mich dem Gedanken öffnen,

daß mir alles möglich ist. Ich will im Sinne dieser neuen Offenheit handeln und nicht mit meiner alten, skeptischen Einstellung.

● Bleiben Sie sich immer dessen bewußt, daß es Wunder gibt. Beschäftigen Sie sich mit dem Leben derer, die Wunder erlebt haben. Seien Sie darauf vorbereitet, daß das auch Ihnen geschehen kann. Sprechen Sie mit Freunden und auch neuen Bekannten über Ereignisse, die Sie als Wunder bezeichnen würden. Lesen Sie Bücher und Berichte über Menschen, die solche Erfahrungen gemacht haben. Wenn Sie sich solche Erzählungen anhören, ohne sie gleich kritisch zu analysieren, entwickeln Sie eine Geisteshaltung, bei der diese Wunder auch für Sie möglich sind.

2. Schaffen Sie Raum in Ihrem Geist für die Manifestation der magischen Kraft.
Wenn Sie damit beginnen, Skepsis und Ungläubigkeit hinter sich zu lassen, können Sie Ihren Geist für Wunder öffnen, ein sehr persönliches Unterfangen. Reservieren Sie einen kleinen Bereich Ihres Bewußtseins, um hier Ihre Offenheit für Wunder zu testen. In dieser sehr privaten Zone habe ich Wunder für mich selbst möglich machen können.

Ich duschte gerade und meditierte dabei, als mir in den Sinn kam, ob ich nicht vielleicht ganz ohne Alkohol leben könnte. Ich hatte kein Problem mit Alkohol, aber ich trank doch jeden Tag etwas, wenn auch nur ein paar Bier nach dem Joggen, und ich fühlte intuitiv, daß das nicht eigentlich gut für mich war. Ich fragte mich: Kann ich ab Januar nächsten Jahres mit dem Trinken aufhören? Als ich darüber nachdachte, wurde mir die Antwort ganz deutlich: Trinke nur heute nichts, und stelle dir die gleiche Frage morgen wieder. Entscheide dich nur für heute. Weiter mußt du nicht gehen.

Fragen wie die nach dem Alkohol beantworte ich mir in meinem eigenen magischen Bereich. Immer, wenn ich wissen möchte, welche Richtung ich in meinem Leben einschlagen soll, finde ich hier die Antwort. Ich kann Ihnen nur empfehlen, sich selbst auch so einen privaten Raum in Ihrem Geist zu schaffen, sozusagen eine Zone der Freiheit. Und immer, wenn Sie liebevolle Unterstützung und Hilfe brauchen, können Sie sich dorthin zurückziehen, und Sie werden dort finden, was Sie suchen.

Vorschläge für die Umsetzung in die Praxis:
● Sagen Sie sich täglich immer wieder, daß Sie ein spirituelles Wesen sind mit menschlichen Erfahrungen und daß ein spirituelles Wesen keine Begrenzungen kennt. Versichern Sie sich immer wieder laut, daß der Geist des Universums, der jegliche Form durchdringt, auch in Ihnen ist und daß das Gesetz des Universums, das alle Wunder unseres Planeten zu jeder Zeit unserer Geschichte möglich machte, auch heute noch gilt. Dieses Gesetz ist auch jetzt noch in Kraft, und es kann auch für Sie Wunder wirken. Diese Zuversicht wird es Ihnen ermöglichen, sich selbst den universellen Kräften zu öffnen, statt sie durch dauernde Skepsis zu blockieren. Überzeugen Sie sich zuerst selbst, und handeln Sie dann.

3. Bestärken Sie sich selbst immer wieder darin, daß Sie ein Mensch ohne Begrenzungen sind.
Wenn Sie sich diesen individuellen magischen Bereich, Ihre Zone der Freiheit, geschaffen haben und wissen, daß Sie dort immer Hilfe finden können, beginnen Sie mit der Affirmation. Bestärken Sie sich darin, daß es für Ihre eigenen Kräfte buchstäblich keine Grenzen gibt. Dabei gilt folgende Faustregel: Wenn Sie sich etwas vorstellen können, dann können Sie das auch in der materiellen Welt verwirklichen.

Es gab mal eine Zeit, da dachte ich, daß mir beim Tennis nie die Rückhand gelingen würde, und solange ich daran glaubte, mißlang sie mir auch jedesmal. Heute aber ist das mein zuverlässigster Schlag. Ich hörte auf, an mein notwendiges Versagen zu glauben, und konnte so mein Verhalten ändern. Und Sie können mir glauben, daß ein guter Rückhandschlag mir immer noch wie ein Wunder vorkommt. Wenn Sie an eine Begrenzung Ihrer Möglichkeiten glauben, gleichgültig, auf welchem Gebiet, dann hält Sie das von der Welt der täglichen Wunder fern. Nur Sie haben nämlich die Möglichkeit, mit Ihrem Geist Wunder zu tun. Bei Ihnen allein liegt die Entscheidung. Glück spielt dabei keine Rolle, sondern nur Ihr Glauben daran, daß Sie Teil der göttlichen Kraft sind, die alle Formen des Universums durchdringt.

Als Kind waren Ihnen wahrscheinlich Ihre unsichtbaren Wunderkräfte selbstverständlich. Sie stellten sich vor, daß Sie krabbeln, daß Sie gehen und auf einen Baum klettern würden. Sie wußten, daß Sie letzten Endes das Schwimmen lernen würden, auch wenn es Ihnen am Anfang sehr schwierig vorkam. Dieser auf die Zukunft gerichteten Gewißheit folgten die notwendigen Handlungen in der Welt der Form. Sie lernten das Fahrradfahren, auch wenn Sie anfangs sehr unsicher waren und häufig vom Rad fielen. In Ihrem Geist gab es keine Beschränkungen. Alles, was Sie je leisteten, begann mit der Überzeugung, daß Sie es tun würden. Als Sie schließlich die Leiter des Schwimmbeckens losließen und die ersten Züge taten, waren Sie physisch immer noch derselbe Mensch, der vorher im Nichtschwimmer gesessen hatte. Der einzige Unterschied lag in der Zuversicht, schwimmen zu können. Genauso war es, als Sie die ersten Schritte taten. Sie blieben nicht einfach sitzen und sagten: Nein, ich werde das Stehen nie lernen, ich muß hier wohl immer sitzen bleiben. Wahrscheinlich habe ich nicht die richtigen Gene geerbt.

Diese Vorstellung wäre Ihnen nicht einmal in den Sinn gekommen. Sie wußten, daß Sie dazu fähig sein würden, und handelten entsprechend.

Aber irgendwann in Ihrer Entwicklung kamen Zweifel an der eigenen Fähigkeit auf, Wunder zu tun. Aus der Sicht eines Kleinkindes ist die Fähigkeit zu laufen ein wirkliches Wunder. Und dennoch ist es sicher, daß es das schaffen kann. Irgendwann verlieren die meisten Menschen den Glauben daran, auch andere, ebenso «unmögliche» Wunder möglich zu machen. Statt dessen beginnen sie zu glauben, was andere um sie herum sagen: Man muß seine Grenzen kennenlernen, oder: Das kannst du doch nicht, oder: Du bist genau wie dein Vater, und der konnte das auch nicht. Mit der immer länger werdenden Liste verfestigt sich gleichzeitig der Glaube an die eigenen Grenzen.

Um die Magie der Kindheit zurückzugewinnen und seine eigenen Wunder tun zu können, muß man die Denkweise ablegen, die für diesen Glauben an Begrenzungen verantwortlich ist. Da Gedanken aus Ihnen selbst entstehen, haben Sie auch die Macht, sich eine Vorstellung von Ihrem zukünftigen Leben zu schaffen, die dann in die Wirklichkeit umgesetzt werden kann. Wie wär's, wenn Sie in dieses Zukunftsbild auch die Möglichkeit einbauten, die Wirklichkeit der magischen Kraft zu erfahren?

Vorschläge für die Umsetzung in die Praxis:
• Stellen Sie eine Liste all der Begrenzungen auf, die Sie Ihrer Meinung nach haben. Dann gehen Sie die Liste langsam durch und überlegen dabei, wie andere Menschen solche Grenzen überwunden haben. Wenn Sie erst wissen, daß Sie die innere Stärke besitzen, diese negativen Definitionen des Selbst hinter sich zu lassen, werden Sie bald die täglichen Wunder in Ihrem Leben erleben.

4. *Entwickeln Sie eine neue Einstellung zur Intuition.*

Sie müssen die Vorstellung akzeptieren lernen, daß ein starker «innerer Wunsch» oder «plötzliche Ahnungen» innere Stimmen sind, die Ihnen helfen wollen. Wie ich in Kapitel 2 vorschlug, stellen Sie sich vor, durch Ihr intuitives Selbst spräche Gott, und zwar ganz allein zu Ihnen, genauso wie Sie vielleicht zu Gott sprechen und es Gebet nennen. Die Vorstellung, daß Gott auch antwortet, scheint nicht so weit hergeholt, wenn Sie davon überzeugt sind, daß Sie mit Ihrem Gebet den allgegenwärtigen Geist des Universums ansprechen. Es kommt nicht darauf an, wie Sie diese Kraft nennen. Ich sage hier Gott, aber Sie können sie auch anders bezeichnen. Allein wichtig ist das Wissen, daß diese Kraft vorhanden ist und daß sie Teil von Ihnen wie auch allem sonstigen Leben ist.

Machen Sie sich mit Ihren intuitiven Stimmen vertraut, erkennen Sie in ihnen die liebevollen Helfer der nichtphysischen, spirituellen Welt. Für mich gilt folgendes: Was ich fühlen kann, ist vorhanden, und was vorhanden ist, will ich nicht ignorieren. Als wir uns beispielsweise auf einer Ferienreise nach Panama City in Florida befanden, riß mich plötzlich etwas aus dem Schlaf. Nach sechs Stunden Fahrt hatte meine Frau mich abgelöst, und ich war auf dem Beifahrersitz eingeschlafen. Meine Tochter Tracy und ihre Cousine schliefen auf dem Rücksitz. Ich setzte mich aufrecht hin und sah, daß das Auto vor uns kurz davor war, frontal mit einem Auto zusammenzustoßen, das uns auf unserer Spur entgegenkam. Meine Frau konnte über das Auto vor uns nicht hinwegsehen und wußte nicht, was geschah, als es plötzlich auf die Kiesspur rechts ausschwenkte, um den Zusammenstoß zu vermeiden. Im selben Moment griff ich in das Steuerrad und riß auch unser Auto nach rechts herum. Der uns entgegenkommende Fahrer wurde sich plötzlich der Situation bewußt und fuhr auf seine Spur zurück. Ein fürchterlicher Unfall war vermieden worden.

Was für ein intuitives Gefühl hatte mich in dem Augenblick das Richtige tun lassen? Sie können es nennen, wie Sie wollen, ich weiß, daß Gott in dem Augenblick zu mir gesprochen hatte. Ich bin überzeugt, daß Gott mich an dem Sommertag 1970 in dem Moment geweckt hat. Warum? Weil ich auf dieser Erde noch so viel zu erledigen hatte. Meine Kinder, die noch nicht geboren waren, meine Bücher, die noch nicht geschrieben waren, und vieles andere mehr waren der Grund, warum ich weiterlebte, davon bin ich überzeugt. Wie können wir an der Vollkommenheit des Universums zweifeln? Situationen wie diese zeigen uns, daß alles seinen Sinn hat. Und wenn es dann Zeit ist, daß wir die Erde verlassen, dann kann auch das durch nichts aufgehalten werden.

Unser Freund Larry berichtete folgendes: Er fuhr mit einer Geschwindigkeit von 70 km pro Stunde auf eine grüne Ampel zu, als plötzlich eine innere Stimme ihm ganz deutlich gebot anzuhalten. Obgleich kein Grund dafür zu bestehen schien, trat Larry sofort fest auf die Bremse. In dem Augenblick sauste ein Auto bei Rot quer über die Kreuzung, nur knapp an ihm vorbei.

Ich bin ganz sicher, daß auch Sie auf Grund einer inneren Stimme schon etwas Irrationales getan haben, was Ihnen später das Leben rettete. So etwas geschieht jedem Menschen. Man kann nicht alles nur auf den Zufall oder auf blindes Glück schieben, es muß mehr dazu gehören. Die meisten von uns empfangen regelmäßig diese intuitiven Signale.

Seien Sie in Ihrem inneren Selbst fest davon überzeugt, daß Ahnungen kein Zufall sind. Reagieren Sie positiv auf diese helfenden Eingebungen. Ihre Intuition kann Sie leiten. Wenn

Sie ihr vertrauen, werden Sie davon profitieren, selbst wenn Sie im Augenblick nicht so recht wissen, warum es wichtig ist.

Tägliche Wunder sind vielen von uns in der westlichen Welt verschlossen, im wesentlichen, weil unsere Erzieher kein Vertrauen in ihre eigene Intuition haben. Man bringt uns bei, daß alles durch Logik und rationales Denken zu erfassen ist. In unseren Schulen geht es nur um das Vermitteln von Wissen, und alles, was mit der spirituellen Entwicklung des Schülers zu tun hat, wird vernachlässigt. Intuition, die in den Bereich der Gefühle gehört, wird als kindisch und unwichtig abgetan. Dabei ist die Intuition, diese helfende innere Stimme, ebenso Teil Ihres Lebens wie die Fähigkeit, quadratische Gleichungen zu lösen, ein Gedicht zu lesen oder körperliche Abfallprodukte auszuscheiden. Sie ist vorhanden, es gibt sie. Glauben Sie mir, nur wenn Sie von der Überzeugung abrücken, daß rationales Wissen der Intuition und dem Gefühl überlegen ist, werden Wunder ein Teil Ihres Lebens werden.

Vorschläge für die Umsetzung in die Praxis:
● Versuchen Sie wenigstens einmal am Tag, auf Ihre Intuition zu achten und entsprechend zu handeln. Nehmen Sie mit sich selbst einen Dialog auf, und achten Sie auf Ihre inneren Ahnungen. Versuchen Sie, wenigstens heute einer dieser Intuitionen Folge zu leisten. Dabei ist das Ergebnis weniger wichtig, als daß Sie lernen, diesen inneren Stimmen zuzuhören und die geistige Hemmschwelle abzubauen, die Sie immer wieder veranlaßt, Ihre Intuition zu ignorieren. Diese Bereitschaft, auf die inneren Stimmen zu achten, ist ein wichtiger Schritt auf dem Weg, sie zu verstehen und zu deuten. Alle Ihre Gedanken entstehen in der liebevollen Zuwendung, die immer für Sie vorhanden ist. Stellen Sie jetzt Ihre intuitive

Antenne auf diese allgegenwärtige Kraft ein, damit Sie wissen, wann Sie aufpassen müssen. Die Signale Ihrer Intuition können Sie nur empfangen, wenn Sie Ihre Antenne bewußt darauf eingestellt haben.

5. Entdecken Sie das wissende Geheimnis in sich.
Machen Sie sich mit der Vorstellung vertraut, daß das Nichts Ihnen auf dem Weg zur Welt der täglichen Wunder hilfreich sein kann. Überlegen Sie einmal, was Robert Frost wohl gemeint haben könnte, als er davon sprach, daß wir im Kreis herumtanzen und Vermutungen anstellen, das Geheimnis aber wissend in der Mitte sitzt.

Was ist das Geheimnis in der Mitte? Wenn Sie diese Frage beantworten können, werden Sie die Tür entriegeln, die Ihnen den Zutritt zu der Wirklichkeit der magischen Kraft versperrt.

Denken Sie einmal darüber nach, daß Musik durch den Abstand zwischen den Noten entsteht. Musik (formgewordener Klang) besteht nicht aus einer Note oder aus einer Reihe von Noten. Musik braucht schweigende, leere Räume zwischen den Noten. Eine Note ohne Unterbrechung ist nur ein gedehnter Ton. Musik entsteht durch die Stille, Leere zwischen den Noten. Durch die Leere? Ja, diese Leere ist unbedingt notwendig, um in der Welt der Form Musik zu schaffen. Ohne Leere keine Musik.

Es ist der leere Raum in der Vase, der die Vase zur Vase macht. Eine Vase ist nicht einfach ein Gebilde aus Kristall oder Ton, sondern ein leerer Raum, der von einem Material umgeben ist. Zerschlägt man die Vase mit einem Hammer, dann ist zwar noch das gesamte Material vorhanden, aber es ist keine Vase mehr. Der leere Raum ist absolut notwendig für die Vase. Ohne Leere keine Vase.

Ein Zimmer ist ein leerer Raum, der von greifbaren Materialien umgeben ist. Das Zimmer besteht nicht nur aus Mörtel, aus Holz und Steinen. Wenn man alle Materialien auf einen Haufen legt, ergibt das noch lange kein Zimmer. Der stille, leere, unsichtbare Raum ist das entscheidende. Ohne Leere kein Zimmer.

Dieser stille, leere, unsichtbare Raum, der sich in jeder Form befindet, wird Tao genannt. Man sagt, daß das Tao, das sich beschreiben läßt, nicht das wahre Tao ist. Tao läßt sich nicht definieren, besteht jenseits von Sprache und Symbolen. Und dennoch ist es paradoxerweise Teil von allem. Shen-hsui spricht von dem Erkennen des Nichts als dem wahren Erkennen, dem ewigen Erkennen. Die Vase, das Zimmer, die Musik, all das wird uns verständlich, wenn wir versuchen, das Nichts mit unserem rationalen Geist zu begreifen. Ohne den leeren Raum sind Vase / Zimmer / Musik nicht existent. Dasselbe gilt für jegliche Materie. Alles braucht diese stille Leere, um sich überhaupt zu manifestieren.

«Wahrlich:

Erkennst du das Da-Sein als einen Gewinn,

Erkenne: Das Nicht-Sein macht brauchbar», sagt Laotse in «Tao-Tê-King» (Das Heilige Buch vom Weg und von der Tugend, Stuttgart 1992).

Auch Sie bestehen aus Materie, aus Haut, Knochen, Blut und Knorpel, die die unsichtbare Leere umgibt, die Teil von Ihnen ist. Ohne das innere Immaterielle kann es Sie nicht geben. Ohne Leere sind Sie nichts. Jede Zelle Ihres Körpers besteht aus Teilchen, die sich in einem leeren Raum bewegen. Das macht das Leben aus. Wenn das Leben Ihren Körper verläßt, wird er nicht leichter sein. Ihr Leben, das Essentielle Ihrer Existenz, hat also kein Gewicht und ist unsichtbar.

Das wissende Geheimnis mitten in uns ist also die Leere, nicht wahrnehmbar, aber immer vorhanden. Und aus diesem Geheimnis in der Mitte Ihres Seins werden Sie für sich selbst Wunder tun können.

Diese immateriellen Konzepte sind für Dichter nichts Neues. Wordsworth sagt dazu:

> Und ich habe einen Sinn gespürt,
> Ein Etwas, mit allem sehr viel tiefer verbunden,
> Das im Licht der Sonnenuntergänge,
> im runden Ozean, der lebendigen Luft,
> im blauen Himmel und im Bewußtsein des
>   Menschen wohnt;
> Eine Bewegung und ein Geist, das alle
> Denkenden Wesen, alle Objekte des Denkens antreibt,
> Und durch alle Dinge fließt.

Vorschläge für die Umsetzung in die Praxis:
• Machen Sie sich immer wieder bewußt, daß die Welt der Form die unsichtbare Leere umgibt. Denken Sie daran, daß auch Sie Form sind, die unsichtbare Lebensenergie umschließt, und versuchen Sie, das wissende Geheimnis, das in der Mitte sitzt, zu erkennen. Da es unsichtbar ist, können Sie es nur mental erreichen. Fragen Sie sich: Warum bin ich auf der Welt? Wer bin ich? Die Antworten, die Sie bei einer ernsthaften Suche finden, werden Sie überraschen.

Machen Sie sich mit diesem inneren Raum vertraut, freunden Sie sich mit dem unsichtbaren Regisseur an, der Ihr Leben bestimmt. Vertrauen Sie ihm noch heute. Lassen Sie ihn auf die fürsorgliche Art und Weise wirken, die ihm eigen ist. Tun Sie, was er Ihnen sagt, verlassen Sie sich ganz auf ihn, und Sie werden feststellen, daß Sie dem wissenden Geheimnis vertrauen können. Nehmen Sie immer wieder mit Ihrem inneren Regisseur Verbindung auf, und schämen Sie sich dessen nicht. Je mehr Sie sich darauf verlassen, daß Ihr Leben einen Sinn hat und Sie sich nicht in die Irre führen lassen werden, desto sicherer werden Sie sich in der friedlichen, harmonischen Welt der täglichen Wunder bewegen.

6. Machen Sie die Erfahrung, daß Wissen und Vertrauen bessere Lehrmeister sind als Zweifel und Furcht.

Neues Verständnis kann auf zweierlei Weise gewonnen werden. Sie können sich entweder von Furcht und Zweifel oder von Vertrauen und Wissen leiten lassen. Wenn Sie sich für letzteres entscheiden, öffnen Sie sich wahrhaftig Ihrem magischen Potential. Bisher war der Zweifel an Ihren Fähigkeiten sicher oft Auslöser für einen Lernprozeß. Und es gab bestimmt eine Zeit, da hatten Sie Zweifel an nahezu allem, was Sie heute als wahr erkannt haben.

Auch für mich gab es eine Zeit, da hatte ich große Zweifel, ob ich wohl jemals aus dem Stegreif vor Zuhörern sprechen oder gar eine Rede von mehreren Stunden halten könnte. Aus meinen Zweifeln entstanden Hemmungen, und ich versuchte mit allerlei Tricks, diese Hemmungen zu überwinden. Dieser Lernprozeß war lang und schmerzhaft. Ob ich vor Schülern stand oder mich in einer geschäftlichen Sitzung befand, mir war jedesmal nahezu schlecht, wenn ich vor Zuhörern sprechen mußte.

Es wurde sehr viel angenehmer, als ich mit Hilfe von Wissen und Vertrauen lernte, vor einer Gruppe zu sprechen. Ich begann mich selbst als jemanden einzuschätzen, der eine Rede halten konnte, wußte innerlich, daß ich dazu fähig war, und vertraute darauf, daß alles gutgehen würde, wenn ich mich nur von meinen Zweifeln befreien könnte. Ich stellte fest, daß es meinen Zuhörern nichts ausmachte, wenn ich bei meinem Vortrag ein paar Fehler machte oder auch mal den Faden verlor, solange mir das, was ich sagte, von Herzen kam und ich meine Begeisterung für das Thema vermitteln konnte. Und als ich die höchste Auszeichnung von Toastmasters International erhielt, wußte ich, daß mir ein echtes Wunder geschehen war, weil ich von Zweifel und Furcht zu Wissen und Vertrauen gefunden hatte.

Sie können Ihre eigene Entwicklung einmal unter ähnlichen Aspekten betrachten. Man hat Ihnen die Selbstzweifel in unserer Kultur beigebracht, wo es immer nur heißt: Du machst es falsch, du bist zu klein, zu groß, zu jung, zu alt, du kannst das nicht, weil du ein Mädchen bist, weil du ein Junge bist, nicht die richtige Erziehung, Zeugnisse, Ausbildung oder Erfahrung hast. Aus diesen Zweifeln entsteht Angst vor Ablehnung, Versagen und Nähe, sogar vor Erfolg und den eigenen Fähigkeiten.

Auch durch Zweifel und Furcht machen Sie Ihre Erfahrungen, aber die negativen Folgen sind unvermeidbar. Es ist offensichtlich, daß man so nicht zu einem glücklichen, zufriedenen Menschen im vollen Besitz seiner Kräfte werden kann. Wenn Sie den Bereich der täglichen Wunder kennenlernen wollen, müssen Sie Zweifel und Furcht als Ihre primäre Lernmethode abschaffen und darauf vertrauen, daß Sie das innere Wissen besitzen.

Um von Furcht und Zweifel zu Vertrauen und Wissen zu gelangen, müssen Sie Ihre Einstellung ändern. Ihre neuen Gedankengänge könnten so aussehen:

Was ich zu lernen habe, werde ich sowieso lernen. Statt mich also auf dem Weg dahin von Furcht und Zweifeln hemmen zu lassen, werde ich mich darum bemühen, durch Vertrauen und Wissen zu lernen. Ich werde mich auf meine einzigartige Fähigkeit verlassen, in meinem Geist alles erschaffen zu können, was ich will. Das ist mein Geist und das sind meine Gedanken, und ich kann wählen, ob ich zweifeln oder vertrauen will. Ich entscheide mich für Vertrauen. Ich kann entweder daran zweifeln, daß ich Wunder tun kann, oder ich kann darauf vertrauen, es zu können. Ich werde mich entscheiden und entsprechend handeln. Ich bin davon überzeugt, daß die Aussage «wie du denkst, so wirst du sein» die menschliche Situation perfekt beschreibt.

Als meine Tochter Serena fünf Jahre alt war und Fahrradfahren lernen wollte, schlugen wir ihr vor, doch diese Art des Denkens anzuwenden. Schon seit acht Monaten fuhr sie mit Stützrädern, meinte aber immer noch, daß es ohne einfach nicht ginge. Aber jetzt war es soweit, und sie übte drei Tage lang, ihren Fähigkeiten zu trauen, und sagte sich immer wieder, daß sie es schaffen könnte. Sie machte sich selbst laut Mut: «Ich kann mich auf dem Fahrrad sehen, wie ich mühelos fahre. Ich werde das Gleichgewicht nicht verlieren. Ich weiß, daß ich alles lernen kann, auch wie man Fahrrad fährt.»

Als sie schließlich ihr Rad bestieg, war sie so von ihren eigenen Fähigkeiten überzeugt, daß es ihr gar nicht in den Sinn kam, Angst zu haben. Ich habe selten einen solchen Ausdruck von Zuversicht gesehen. Ihre neue Einstellung hatte ein Wunder bewirkt. In ein paar Minuten konnte sie sich allein auf dem Fahrrad halten. Sie schwankte ein paarmal, verlor auch mal das Gleichgewicht, aber sehr bald fuhr sie stolz auf dem Bürgersteig hin und her und sagte immer wieder: «Ich kann Fahrrad fahren, ich kann Fahrrad fahren!»

Als sie gegen eine Kante fuhr und ins Gras fiel, lag sie ein paar Sekunden da und sagte leise: «Ich kann es wohl doch noch nicht.» Aber diese kurzfristigen Zweifel wurden sofort von ihrer inneren Überzeugung überwunden, die sagte: Ich kann. Sie stand auf, bat mich, sie wieder anzuschieben, und fuhr davon.

Es war Serenas Einstellung, die dieses Wunder bewirkte. Und Sie können sich wirklich darauf verlassen, daß das für sie ein Wunder war. Als sie sich bereit fühlte, lag es nur an ihrer inneren Überzeugung, daß sie jetzt dazu fähig war und deshalb in die physische Welt hinausgehen konnte, um dieses Wunder zu ermöglichen. Das Wunder begann in ihrem Geist, wo es keine Form und keine Dimension gibt, und konnte sich wegen ihres inneren Vertrauens und Wissens in der materiellen Welt manifestieren.

Wenn Sie in Ihrem Leben Wunder möglich machen wollen, muß Ihre Einstellung von Vertrauen und Wissen bestimmt sein. Während Sie sich um dieses neue Bewußtsein bemühen, vergessen Sie nie, daß Furcht auch Machtlosigkeit bedeutet. Was Sie fürchten, dagegen kämpfen Sie an, und Kämpfen schwächt Sie. Furcht macht Sie machtlos und ist dafür verantwortlich, daß Ihnen höhere Bewußtseinsebenen verschlossen bleiben. Vertrauen dagegen bedeutet Kraft und Liebe. Weder Kritik noch Wut, weder Haß noch Furcht oder das Bedürfnis zu kämpfen, sondern nur Liebe läßt Sie höhere Bewußtseinsebenen erreichen. Es ist immer Ihre eigene Entscheidung, und die wird in der gestaltlosen inneren Welt des Geistes getroffen.

Vorschläge für die Umsetzung in die Praxis:
• Wenn Sie heute mit Fremden zusammentreffen, sollten Sie versuchen, ihnen auf der Basis des Wissens und Vertrauens zu begegnen. Schalten Sie Ihre üblichen Zweifel aus, und behandeln Sie die Verkäuferin oder den Anrufer mit Vertrauen und gutem Willen. Versuchen Sie es wenigstens. Sagen Sie sich: Ich vertraue diesem Menschen. Ich werde nicht anzweifeln, was er sagt, und ich bin sicher, daß alles gutgeht.

Lernen durch Wissen und Vertrauen kann Ihnen auf viele Weisen helfen. Vergessen Sie Zweifel und Furcht, und vertrauen Sie darauf, daß alles gut wird.

7. Lassen Sie Ihre Absichten Wirklichkeit werden.

Behalten Sie im Gedächtnis, und wiederholen Sie sich immer wieder: Was ich mir vornehme, wird Wirklichkeit. Wahrscheinlich ist Ihnen das Konzept fremd, daß man allein schon dadurch Wunder bewirken kann, daß man sich etwas fest vornimmt. Den meisten von uns hat man beigebracht, daß unsere Sehnsüchte, unsere Wünsche, Hoffnungen und Phantasien die Voraussetzung sind, daß wir persönliche Erfüllung finden. Allerdings sind Sehnsüchte stagnierend, sie bringen Energien nicht in Bewegung, sie können nichts bewirken. Die Absicht, etwas zu tun, ist die Energie Ihrer Seele, wenn sie mit Ihrer physischen Realität zusammentrifft. Nahezu alles, was Ihr materielles Selbst ausmacht, was Sie umgibt, mit wem Sie umgehen, wie Sie täglich Ihr Leben leben, wie Ihre Beziehungen aussehen, wieviel Sie verdienen, wie Sie mit anderen auskommen, Ihr Aussehen, all das ist das Resultat dessen, was Sie sich vornehmen und wie Sie Ihre Absichten in Handlungen umsetzen.

Wenn Sie sich darüber klarwerden, was Sie wollen, dann werden Sie auch Ihre spirituelle Seite kennenlernen. Ihre Absichten laufen vielleicht mit dem synchron, was Sie den Sinn Ihres Lebens nennen, vielleicht sind sie auch auf etwas anderes ausgerichtet. Wenn Sie den Sinn Ihres Lebens im Geben, Lieben und für andere dasein erkannt haben, sei es als Erzieher, als Elternteil, als Jurist oder als Taxifahrer, dann wird sich das, was Sie sich vornehmen, dem anpassen. Sehr wahrscheinlich sind Sie häufig mit anderen zusammen, deren Wertvorstellungen den Ihren ähnlich sind. Ihre Absichten zeigen sich in Ihren Wertvorstellungen und Ihrer spirituellen Einstellung. Für Sie ist die Welt zum Beispiel ein freundlicher Ort; Sie sind optimistisch, daß die Menschen allmählich friedlicher miteinander umgehen werden; Sie erkennen wahrscheinlich das Gute in anderen; Sie begegnen vielen

Menschen, die Ihnen wiederum etwas Gutes tun wollen. Sie sind dankbar dafür und lehren andere, selbstlos und liebevoll zu sein.

Das Gegenteil trifft ebenfalls zu. Wenn Sie sich vornehmen, möglichst viel für sich selbst zu raffen, dann umgeben Sie sich wahrscheinlich auch mit habgierigen, machthungrigen Menschen. Ihre Bekannten denken ähnlich wie Sie, und Sie werden in Ihrem Urteil immer wieder bestätigt, daß die Welt schlecht und oberflächlich ist. Verstehen Sie jetzt, wie Ihre eigenen unsichtbaren Absichten Ihre eigene Wirklichkeit bestimmen?

Wenn Sie Ihr Leben ändern wollen, müssen Sie Ihre Absichten ändern. Wünschen, Hoffen und Zielsetzen allein kann keine Veränderung bewirken, wenn Sie nicht Ihre Absichten ändern. Sie müssen die passive Energie des Wünschens in die aktive Energie umwandeln, die mit dem Willen, etwas zu tun, einhergeht und zum Handeln führt. Machen Sie sich klar, daß alle Ihre Leistungen, auch die, auf die Sie nicht sehr stolz sind, das Ergebnis dessen sind, was Sie sich vorgenommen hatten. Ihre Beziehungen zu anderen Menschen reflektieren Ihre Absichten im Leben. Ihre finanzielle Situation ist das Ergebnis Ihrer Absichten. Wenn Sie verstehen, daß Sie für das verantwortlich sind, was Sie sich vornehmen, daß das aus Ihnen selbst kommt, dann wird Ihnen auch klar sein, daß Sie allein für Ihre eigene Lebenswelt verantwortlich sind.

Daran sollten Sie immer denken, wenn Sie die Welt der täglichen Wunder erfahren wollen. Um Wunder in Ihrem Leben tun zu können, müssen Sie die feste Absicht haben, entsprechend zu handeln, und nicht nur dem Wunsch oder der Sehnsucht nachhängen, irgendwann an das entfernte Ziel zu kommen. Statt inaktiv zu hoffen, müssen Sie aktiv Ihre innere Haltung so verändern, daß das Potential für Wunder vorhanden ist. Erst dann können Sie diese Möglichkeit in der materiellen Welt auch Wirklichkeit werden lassen.

Vorschläge für die Umsetzung in die Praxis:
● Anstatt sich nur passiv Ziele zu setzen oder in Wünschen für das eigene Leben zu schwelgen, versuchen Sie es einmal mit der aktiven Sprache der Absicht. Wenn Sie zum Beispiel krank sind, reden Sie sich gut zu: Ich habe die Absicht, mich von dieser Krankheit zu heilen, statt zu sagen: Ich wünschte, ich wäre wieder gesund, oder: Ich möchte wieder gesund sein. Mit der Konstatierung einer Absicht stellen Sie den Wunsch, aktiv zu handeln, Ihrem inneren passiven Hoffen gegenüber. Auf diese Weise können Sie aktivieren, was nötig ist, um den Gedankengang zu Ende zu führen und ihn in die Tat umzusetzen. Unterscheiden Sie zwischen reinem Hoffen und Wünschen und Ihrer Absicht, zum aktiven Gestalter Ihres Lebens zu werden. Wenn ich die Absicht habe, aktiv etwas für meine Gesundheit zu tun, dann stehe ich im allgemeinen sofort auf und verschaffe mir Bewegung, selbst wenn ich im Augenblick nur einmal um den Block gehen kann. Die Absicht macht aus dem Gedanken ein aktives Handeln. So entstehen Wunder.

8. Erfahren Sie, was sich überantworten und Satori bedeutet.
Geben Sie sich einer Sache hin, dann akzeptieren Sie endlich auch mit dem Herzen das, was Sie schon lange unterschwellig für wahr hielten:

● Hier handelt es sich um ein intelligentes System, und ich bin ein Teil davon.
● Diese vollkommene Kraft ist unsichtbar.
● Diese vollkommene Kraft ist auch ein Teil von mir.
● Ich vertraue bewußt dieser vollkommenen Kraft.

Wenn Sie sich dieser universellen Intelligenz hingeben, bringen Sie Inspiration in Ihr Leben. Wenn Sie inspiriert sind, sind Sie im Inneren davon überzeugt, daß Ihr Leben einen Sinn hat. Wenn Sie der unsichtbaren Intelligenz des Universums vertrauen, fühlen Sie sich geleitet. Dieser Prozeß ist nicht damit vergleichbar, daß man etwa einen esoterischen Lehrplan absolviert, sondern kann sehr schnell, oft innerhalb eines Augenblicks stattfinden. In der Zen-Philosophie wird dieser Prozeß Satori genannt, was man grob mit «sofortiges Erwachen» übersetzen kann. Alan Watts definiert Satori als eine unmittelbare Erfahrung, die häufig als ein «plötzliches Umdrehen» des Geistes bezeichnet wird. Er vergleicht dies mit der Bewegung von zwei Waagschalen, die durch plötzliche Belastung der einen Schale ins Ungleichgewicht kommen. Ich nenne diesen Prozeß des Satori «das Tor durchschreiten». Vielleicht haben Sie sich schon jahrzehntelang auf dieses Tor zubewegt, das so fern zu sein schien. Immer wieder haben Sie gehofft und gewünscht, haben sich bemüht, sich Sorgen gemacht, sind zurückgefallen und haben sich wieder nach vorn bewegt. Und dann ist plötzlich der Augenblick da, und Sie schreiten durch das Tor, blicken auf all die vergangenen Jahre der Mühsal zurück und fragen sich immer wieder: Wie konnte ich all die Jahre nur so blind sein? Was Ihnen nämlich so schwierig und beinahe unmöglich erschien, ist jetzt für Sie so selbstverständlich, ist Teil Ihres Wesens geworden. Und Ihre jetzige Art des Seins ist so mühelos, daß Sie das, was man Ihnen immer gepredigt hat, als große Lüge entlarven, daß Sie nämlich nur durch dauerndes Bemühen etwas erreichen können. Dieses Satori-Gefühl, dieses Durchschreiten des Tors ist das Ergebnis einer inneren Entscheidung: Sie wollen mit sich und der Welt, die Sie umgibt, in Harmonie leben. Es ist die Entscheidung, sich der vollkommenen Kraft des Universums zu überantworten.

Ich habe Satori in verschiedenen Bereichen meines Lebens erfahren. Zum Beispiel war mir als Kind immer bewußt, wie arm wir waren. Wir konnten nur das kaufen, was im Ausverkauf oder sonstwie verbilligt angeboten wurde, und ich hatte das Gefühl, daß wir immer zuwenig von allem hatten. Also schloß ich daraus, daß auch ich später immer zuwenig Geld haben würde, daß ich immer sparen müßte und es nie weiter als bis zu einem mittleren Einkommen bringen könnte. Und die ersten dreißig Jahre meines Lebens verbrachte ich entsprechend. Ich war zwar nicht am Verhungern, aber ich war mir immer bewußt, daß ich nie genug haben würde. Diese innere Einstellung hatte Einfluß auf mein Verhalten und bestimmte mein Leben.

Und dann durchschritt ich das Tor. Satori! Es geschah während einer Meditation, als ich plötzlich vernahm: Du bist schon angelangt. Diese einfachen Worte ließen es mir wie Schuppen von den Augen fallen, und ich bekam eine ganz neue Einstellung zum Wohlstand. Zu der Zeit kämpfte ich mit mir, ob ich meine Lehrerposition mit dem gesicherten Einkommen aufgeben und freiberuflich arbeiten sollte, mit dem inneren Wissen, daß ich es schaffen würde. Als mir beim Meditieren die Worte kamen «Du bist schon angelangt», wußte ich sofort, daß ich mich nicht mehr bemühen mußte. Ich war schon das, worum ich mich bemühte. Ich mußte nicht mehr kämpfen und finanzieller Sicherheit hinterherjagen, weil ich schon das erreicht hatte, wonach ich gesucht hatte. Ich sollte mich auf meinen eigentlichen Lebenssinn konzentrieren und aufhören, mir um das Gedanken zu machen, was ich nicht hatte. Ich überantwortete mich ganz meiner neuen Überzeugung: Statt unter dem Druck zu leben, ständig gegen den Mangel ankämpfen zu müssen, wußte ich jetzt, daß für mich gesorgt werden würde, daß ich meine Lebensenergie nicht mehr darauf verschwenden müßte, mir wegen meiner finanziellen Sicherheit Sorgen zu machen. Und ich habe es auch nie mehr getan!

Und es ist in einem Maße für mich gesorgt worden, das meine kühnsten Erwartungen überstieg. Ich bin ein Mensch geworden, der genau weiß, was für ihn wichtig ist. Ich habe mehr verschenken können, als ich je erwartet habe zu besitzen. Es geschah durch den Akt der Hingabe, der in dem Augenblick des Erwachens stattfand. Das ist Satori.

Wenn Sie auf Ihr Leben zurückblicken, dann hat es für Sie wahrscheinlich auch Augenblicke des Erwachens gegeben, in denen Sie wichtige positive Veränderungen in Ihrem Leben vorgenommen haben. Eine Frau, die in fünf Monaten 150 Pfund abgenommen hatte, beschrieb es so: «Plötzlich sah ich in den Spiegel, und ein einziger Gedanke durchdrang mich: ‹Es ist Zeit. Ich werde dir helfen, du brauchst dich nicht mehr selbst zu vergiften, indem du zuviel ißt.›»

Und ein Klient berichtete mir von seinem Berufswechsel: «Ich hatte schon seit Jahren gewußt, daß mein Beruf nicht das war, was ich eigentlich machen wollte. Und eines Morgens, als ich gerade zur Arbeit fuhr, wußte ich plötzlich, daß ich mir nicht mehr länger etwas vormachen konnte. In diesem Augenblick gab ich jeden Widerstand auf. Ich wußte, daß für mich gesorgt werden würde. Ich kündigte noch am selben Tag und habe es nie bereut. Ich war Versicherungskaufmann gewesen und hatte viel verdient. Jetzt arbeite ich mit Kindern aus Randgruppen. Ich fühle mich ausgefüllt und habe mir noch nie Sorgen um mein Einkommen gemacht. Der Moment, als ich mich zu der Veränderung entschloß, war sehr intensiv, und ich kann nur sagen, daß ich zum erstenmal in meinem Leben absolut sicher war, das Richtige zu tun, daß ich diese Veränderung ohne Sorgen und Streß meistern würde. Ich hatte plötzlich dieses innere Wissen, und ich kann nur sagen, daß ich mich ihm überließ.»

Satori kann zu jeder Zeit in Ihrem Leben stattfinden. Aber Sie müssen dafür offen sein und bereit, sich ihm anzuvertrauen. Alle spirituellen Meister betonen, daß die Realität des Lebens in der Stille zu uns spricht. Ihr geschäftiges waches Bewußtsein läßt Sie vielleicht diese stillen Eingebungen überhören. Um eine mentale Haltung zu erreichen, in der Sie die Wirklichkeit der magischen Kraft erfahren können, müssen Sie loslassen, müssen Sie einfach «wissen», müssen Sie einfach vertrauen. Werden Sie still und achten Sie darauf, was Ihnen Ihr immaterielles Selbst mitteilt. Lassen Sie sich von Ihrer neuen Einstellung leiten, die den stillen Eingebungen bedingungslos glaubt. Befreien Sie sich von den dauernden inneren Kämpfen, dann sind Sie bereit für Satori.

Es ist Ihnen sicher auch schon passiert, daß Sie in einem ruhigen Moment plötzliche Einsichten hatten und mit absoluter Sicherheit wußten, daß Sie etwas tun wollten und es auch schaffen könnten. Solche Momente werden häufiger werden, wenn Sie lernen, sich vertrauensvoll zu überantworten. Geben Sie sich dem Bewußtsein hin, daß Sie Kräfte und Fähigkeiten besitzen, dem Sinn Ihres Lebens gemäß zu leben. Alles andere wird wie von allein geschehen, und Sie werden das wunderbare Satori-Gefühl erleben.

Vorschläge für die Umsetzung in die Praxis:
• Überlegen Sie, welche Ihrer Angewohnheiten Sie schon lange gestört haben. Es kann sich dabei um Süchte handeln, um Faulheit, Jähzorn, Phobien, Schwächen, die Unfähigkeit, gute Beziehungen aufrechtzuerhalten. Oder denken Sie einfach an alles, was in Ihrem Leben nicht die gewünschten Resultate bringt. Nehmen Sie sich vor, das Tor zu durchschreiten und die unerwünschten Angewohnheiten nacheinander abzustellen. Denken Sie an Satori und die Weisheit, die darin liegt. Machen Sie sich deutlich, daß alle Angewohnhei-

ten in Ihnen selbst ihren Ursprung haben. Vertrauen Sie sich dem neuen Bewußtsein an, diesem Gedanken in Ihnen, der sagt: Jetzt bin ich in der Lage, das und das zu tun. Ich werde die notwendige Hilfe erhalten, wenn ich an meiner Absicht festhalte und in mir selbst Beistand suche und finde. Dann sagen Sie sich selbst, daß Sie wenigstens in diesem Augenblick nicht mehr der Mensch mit der alten Angewohnheit sind. Jetzt gerade haben Sie ein Satori-Erlebnis, sind Sie für einen Moment erwacht. Jetzt erleben Sie den nächsten Augenblick in derselben inneren Haltung, wobei Sie nicht an morgen oder übermorgen denken. Leben Sie nur in dem Hier und Jetzt, in diesem Moment kennen Sie die Antwort auf Ihr Problem. Und so bewältigen Sie die angeblich schwierigen Veränderungen Schritt für Schritt, mit einer inneren Bereitwilligkeit, die es Ihnen erlaubt, sich einem höheren Zweck zu überantworten und den Widerstand aufzugeben.

9. Handeln Sie so, als lebten Sie schon das Leben,
das Sie sich wünschen.
Verhalten Sie sich so, als sei das, was Sie sich vorstellen, bereits Realität. Ihre Gedanken und Visionen sind weitaus mehr als nur amorphe Exkurse Ihres Geistes. In Ihnen selbst liegt der Ursprung Ihrer Gedanken, aus Gedanken werden Absichten, und die Absichten werden realisiert. Deshalb müssen Sie lernen, Ihre eigenen Zweifel an der Bedeutung Ihrer Gedanken und Intuitionen zu ignorieren, und statt dessen handeln, als wären die gewünschten Vorstellungen, die Sie von Ihrem Leben haben, bereits Wirklichkeit. Vielleicht klingt das für Sie wie Selbstbetrug, aber ich kenne keinen anderen Weg, wie Sie die Begrenzungen überwinden können, die Sie Ihrer Meinung nach haben.

Wenn Sie energiegeladen sein wollen, sich aber erschöpft verhalten, dann sabotieren Sie Ihre eigene Vision. Selbst wenn Sie aus dem Spiegel ein müdes Gesicht ansieht, müssen Sie handeln, als sei Ihre Vision von einer energiegeladenen Person schon verwirklicht. Lassen Sie diesen müden Menschen nicht von Ihrem Körper Besitz ergreifen. Sagen Sie sich einfach, daß die energiegeladene Person, die Sie sein wollen, daß diese Vision bereits Realität ist, und tun Sie das, was Sie eigentlich als aktiver Mensch tun wollten. Es geht nicht mehr um ein in der Zukunft liegendes Ziel, sondern der Mensch, der Sie sein wollen, ist schon Realität. Vielleicht gehört dazu am Anfang ein wenig Selbstbetrug, aber bereits in dem Augenblick, in dem Sie so tun, als sei dieses Wunder geschehen, haben Sie es möglich gemacht. Auch wenn Sie es für albern halten, sich Fülle vorzuspiegeln, obgleich überall Mangel spürbar ist, tun Sie es dennoch. Tun Sie so, als ob alles, was Sie brauchen, Ihnen jetzt, in diesem einen Augenblick, bereits zur Verfügung steht und dann auch im nächsten Augenblick, und über mehr können wir sowieso nicht verfügen.

Das gleiche gilt für Ihre Beziehung zu anderen und Ihrem Bemühen, ihnen auf dem Weg beizustehen, der sie in das Reich der täglichen Wunder führen wird. Behandeln Sie andere so, als wären oder hätten sie schon alles, was sie sein oder haben könnten. Wenn Sie einem Kind sagen: Du bist intelligent und begabt. Du weißt, wie du es machen mußt, und ich weiß auch, welche Fähigkeiten du hast. Unabhängig davon, was du selbst sagst, ich weiß mit absoluter Sicherheit, daß du alles erreichen kannst, was du willst, dann hat ein solches Kind vor anderen einen enormen Vorsprung. Wenn meine Kinder ihre Selbstzweifel äußern, respektiere ich zwar ihre Gefühle, aber ich behandele sie immer so, als ob sie zu allem fähig seien: Ich weiß, daß du das jetzt nicht glaubst, aber ich weiß auch, daß du es kannst. Du verdeckst nur diese Fähigkeiten mit Selbstzweifeln. Du kannst vielleicht damit anderen etwas vormachen, vielleicht eine Zeitlang auch dir selbst, aber nicht mir. Ich weiß es besser.

Wenn Sie dieses Verhalten verinnerlicht haben, werden Sie andere so behandeln, als hätten sie schon ihre eigenen Wunder erfahren. Ihre alten Eltern wollen vielleicht jammern, aber Sie behandeln sie als Menschen, die die Einschränkungen überwinden können, die sie sich selbst auferlegt haben. Dem Kranken begegnen Sie, als sei er auf dem Wege der Besserung: Du bist zu stark und zu gesund, um überhaupt an Kranksein zu denken, du bist ja schon dabei, dich selbst zu heilen. Sich selbst behandeln Sie auch wie einen gesunden Menschen und erlauben Ihren Gedanken nicht, sich mit Krankheit und Behinderungen zu beschäftigen, die Ihre körperliche Lebendigkeit beeinträchtigen können. Ein Beinbruch ist natürlich ein Beinbruch, aber er ist für Sie nur dann eine Behinderung, wenn Sie ihn selbst als solche betrachten. Wenn Sie sich dazu entschließen, sich dadurch nicht behindern zu lassen, sich nicht selbst zu bemitleiden und alles zu tun, was Ihnen möglich ist, dann wird genau das zu Ihrer Wirklichkeit.

Ich habe miterlebt, wie sich meine Frau Marcie während ihrer vielen Schwangerschaften verhalten hat. Sie hat jeden Tag so gelebt, als schränke sie ihr Zustand in keinerlei Weise ein. Sie hat sich immer als aktive, gesunde, lebhafte Frau betrachtet, die mit Ehrfurcht an das Leben dachte, das in ihr wuchs. Und sie setzte dann diese Einstellung in die Wirklichkeit um. So hat sie sieben Kinder geboren, immer in dem Bewußtsein, daß sie ein Wunder vollbrachte. Viele unserer Freundinnen jammern und klagen während ihrer Schwangerschaft, denken nur daran, wie schrecklich alles sein wird, und schaffen sich damit ihre eigene Wirklichkeit. Wenn man lernt, sich so zu verhalten, als sei das visualisierte Wunder schon geschehen, dann wird es leicht sein, den Zugang zu der Welt der täglichen Wunder zu finden.

1965 unterrichtete ich an einer Oberschule in Detroit und machte gleichzeitig abends eine Fortbildung. Einmal stand ich nach Schulschluß im Büro und hörte, wie der Rektor die Sekretärin fragte, ob es im Kollegium jemanden gäbe, der etwas von Bundessubventionen verstünde. Er suchte jemanden für ein besonderes Projekt, das durch Bundesmittel finanziert werden mußte, aber er kannte niemanden mit den richtigen Qualifikationen. Zu der Zeit verdiente ich nicht viel, und die Vorstellung, daß ich ein interessantes Projekt mit unterprivilegierten Kindern übernehmen und dabei noch mehr Geld verdienen könnte, reizte mich sehr. Also sagte ich dem Rektor, daß ich Experte in der Subventionsbeschaffung sei und daß ich einen Antrag so aufsetzen könnte, daß er auch vom Bund bewilligt werden würde. Ich konnte selbst kaum glauben, was ich da sagte. Ich bezeichnete mich als Fachmann auf einem Gebiet, von dem ich kaum Ahnung hatte!

Er gab mir grünes Licht, und an dem Abend verbrachte ich sechs Stunden in der Universitätsbibliothek, um möglichst alles über Bundesmittel für unterprivilegierte Jugendliche zu erfahren. Am nächsten Tag schrieb ich meinen Antrag und richtete mich dabei nach einer Vorlage, die ich in einer Broschüre gefunden hatte. Ich ernannte mich zum Leiter des Projekts, beschrieb in Einzelheiten, wofür welche Geldmittel nötig waren, sparte auch mein eigenes Gehalt nicht aus und schickte das Ganze nach Washington.

Innerhalb von drei Wochen kam die Zusage, und seit der Zeit galt ich als Experte für Bundessubventionen. Zwei weitere Schulen baten mich um Rat und boten mir an, Workshops über Bundesstipendien abzuhalten. Ich hatte jetzt einen gut bezahlten zweiten Job, ich half jungen Leuten bei der Finanzierung ihrer Ausbildung, und mein Rektor war dankbar für einen solchen Experten unter seinen Lehrern, gerade als er ihn so dringend gebraucht hatte.

Wenn Sie eine Vorstellung von einer Veränderung in Ihrem Leben haben und handeln, als sei diese Veränderung schon eingetreten, dann werden Sie sich nicht nur die notwendigen Fachkenntnisse aneignen, sondern damit buchstäblich Wunder für sich selbst wirken. Wenn Sie dagegen glauben, daß Sie nicht die notwendige Ausbildung, Zeugnisse oder Erfahrung besitzen, dann werden Sie sich auch entsprechend verhalten. Handeln Sie, als seien Sie bereits der Fachmann, selbst wenn Sie sich zu Anfang selbst etwas vormachen müssen. Wenn Sie fest an sich glauben, wenn Sie bereit sind, etwas Neues zu wagen, dann wird Sie auch der innere Lehrmeister an die Hand nehmen, Sie werden sich auf die notwendige Arbeit stürzen und sich das aneignen, was Sie für diese Aufgabe brauchen.

Dieser Prozeß beginnt also in Ihnen selbst. Vor Ihrem geistigen Auge können Sie über die Materie hinaus eine andere Dimension erkennen, in der alles möglich ist und die notwendigen Hilfsmittel zur Verfügung stehen. Als ich meinem Rektor Hilfe anbot, machte ich weder ihm noch mir wirklich etwas vor. Ich sah statt dessen jenseits der materiellen Welt in mein unsichtbares inneres Selbst, wo ich die Gewißheit fand, daß ich alles schaffen konnte, was ich mir vornahm. Ich visualisierte mich ganz deutlich als Experte und mußte nun nur noch mein Fachwissen aus dem gedanklichen Bereich in die materielle Welt übertragen. Ein Experte läßt sich meist als jemand definieren, der an sein eigenes Können glaubt und sich nicht scheut, entsprechend zu handeln. Ich könnte sicher auch visualisieren, zum Beispiel Gehirnchirurg zu sein, und würde mit der notwendigen Ausbildung dann dieses Ziel auch erreichen. Natürlich würde das mehr Zeit brauchen als einen Abend in der Bibliothek.

Für das meiste, was man erreichen möchte, läßt sich die nötige Sachkenntnis relativ leicht erwerben. Wichtig ist jedoch, immer mit dem Glauben an die eigenen Fähigkeiten zu beginnen und dann so zu handeln, als ob diese Vorstellungen schon Wirklichkeit wären. Ich kann mir vorstellen, viele verschiedene Berufe und Funktionen auszuüben, in den verschiedensten Bereichen der Politik, der Verwaltung, des Managements und sogar der Technik. Und ich bin überzeugt, daß dafür nur ein Minimum an wirklicher Ausbildung nötig ist. Ich weiß, daß ich das meiste in ziemlich kurzer Zeit schaffen kann, wenn ich selbst nur fest daran glaube und das Selbstvertrauen besitze, das Nötigste dafür zu lernen. Wenn Sie wissen, daß Sie etwas leisten können, und sich entsprechend verhalten, dann wird Ihnen auch der Weg dahin klar sein. Wenn Sie so tun, als hätten Sie bereits das erreicht, was Sie wollen, und wenn Sie fest davon überzeugt sind, daß Sie es schaffen können, dann verschwinden Ihre Selbstzweifel, und das Reich der täglichen Wunder steht Ihnen offen.

Vorschläge für die Umsetzung in die Praxis:
- Wenn Sie etwas schaffen wollen, was Ihnen bisher nicht gelungen ist, dann handeln Sie wenigstens heute so, als hätten Sie es schon erreicht. Wenn Sie sich zum Beispiel immer schon gewünscht haben, in bester körperlicher Verfassung zu sein, es aber noch nie geschafft haben, dann verhalten Sie sich heute so, als besäßen Sie schon diese phantastische Kondition. Was würden Sie dann tun? Handeln Sie entsprechend. Gehen Sie zu Fuß, lassen Sie das Auto stehen. Gehen Sie schwimmen, ernähren Sie sich vernünftig. Gehen Sie zur Gymnastik, lesen Sie ein Buch über richtige Ernährung. Mit anderen Worten, verhalten Sie sich so, als hätten Sie schon das erreicht, was Sie sich im Geist vorgestellt haben. Das ist die Methode, Wunder zu erzielen. Wenn Sie schüchtern sind und sich mehr Selbstbewußtsein wünschen, dann verhalten Sie sich zumindest heute wie ein selbstbewußter Mensch.

10. Richten Sie sich in Ihrem täglichen Leben anfangs danach, was Ihnen Ihr spirituelles Selbst rät, und erst dann nach Ihrem physischen Selbst.

Als Vorbereitung für das Erfahren von täglichen Wundern sollten Sie in erster Linie nach den Vorstellungen Ihres spirituellen Selbst zu leben versuchen. Das ist die Ausrichtung, von der ich ausführlich im zweiten Kapitel gesprochen habe. In dem wunderbaren Bereich Ihres höheren Bewußtseins liegt auch die Fähigkeit, Wunder für sich und die Menschen Ihrer Umgebung zu tun. Diese Wunder sind aber nur möglich, wenn Sie sich, ausgehend von Ihrem spirituellen Selbst, entscheiden. Richten Sie sich nach den in den «Spirituellen Zwölf» zusammengefaßten Grundsätzen. In die Welt der Wunder kann eintreten, wer seine Entscheidungen allein mit dem spirituellen Ich trifft.

Wenn Sie zum Beispiel einen anderen Menschen betrügen, dann steht das entschieden dem entgegen, was Ihnen Ihr spirituelles Selbst sagt. Vielleicht sind Sie aber davon überzeugt, daß dieser Betrug aus bestimmten weltlichen Gründen notwendig ist, Sie haben sich also zuerst auf Ihr physisches Selbst verlassen. Ihr unsichtbares spirituelles Ich, Ihre Seele, ist auf Liebe, Harmonie, Geben, Wahrheit, mit anderen teilen, Friede und Verzeihen ausgerichtet. Alle Entscheidungen, die diesen spirituellen Qualitäten widersprechen, versperren Ihnen den Zugang zur Welt der täglichen Wunder.

In einem solchen Fall können Sie eine neue Ausrichtung suchen, Sie können bewußt Entscheidungen treffen, die aus Ihrem zerrissenen Selbst einen ganzen Menschen machen. Sie werden ein Gefühl authentischer Kraft erleben, die Sie Wunder bewirken läßt, wenn Sie sich immer erst nach Ihrem spirituellen Ich richten.

Wenn Sie bisher andere betrogen haben, jetzt aber wissen, daß ein solches Verhalten Ihrem spirituellen Selbst und auch

Ihrem Lebenssinn widerspricht, dann nehmen Sie sich fest vor, wenigstens heute mit den Menschen ehrlich umzugehen, die Sie bisher hintergangen haben. Dazu ist keine zerknirschte Beichte nötig, sondern die Anwendung eines anderen Verhaltensmodus. Sie werden feststellen, daß Sie sich bald gar nicht mehr anders verhalten können. Und erst dann können Sie auch Wunder bewirken, die Ihnen unmöglich waren, solange Sie sich noch unehrlich verhielten. Sie können Ihrem spirituellen Ich, Ihrer Seele, nicht entkommen. Wie Ihr Schatten ist sie immer vorhanden, auch wenn Sie sie leugnen. Auch wenn Sie sich in Ihrem Verhalten im wesentlichen nach den Forderungen der materiellen Welt richten und von deren Gesetzen sogar zu profitieren scheinen, Ihr unsichtbares Selbst sitzt da und wartet geduldig. Es weiß, daß ein Mensch, der sich selbst betrügt, nie über gewisse Hindernisse hinwegkommen kann.

In allen Bereichen Ihres Lebens ist es notwendig, daß Sie sich immer erst nach Ihrem spirituellen Selbst richten. Ihre Gedanken sind viel wichtiger, als Sie glauben. Liebe kommt aus der Seele, ist Ausdruck Ihres spirituellen Ichs und läßt Sie entsprechend handeln. Wenn Ihre Entscheidungen sich nach Ihren materiellen Bedürfnissen richten, gehen Sie mit anderen wahrscheinlich auf wenig liebevolle Weise um, und es tut Ihnen später «in der Seele» leid. Aber selbst wenn es Ihnen leid tut, einen Menschen mit Worten oder Taten verletzt zu haben, haben Sie die falsche Ausrichtung, genau wie derjenige, der keine Reue kennt.

In erster Linie sind Sie Ihrem spirituellen Ich verantwortlich. Gehen Sie in sich, bevor Sie handeln. Nur so können Sie Ihrem eigenen Wesen gerecht werden. Arbeiten Sie auf eine innere Harmonie hin, bei der Ihre liebevolle Seele Ihre Handlungen leitet und nicht erst dann eingeschaltet wird, wenn der Schaden in der materiellen Welt schon angerichtet ist.

Wahre Freude und das wunderbare Gefühl, in Frieden mit sich selbst und seiner Umwelt zu leben, kann nur der empfinden, dessen Handeln auf den Eingebungen seines spirituellen Ichs gründet. Nur dann sind Wunder möglich, erfahren Sie Inspiration, manifestiert sich das Wissen, daß alles, was man begehrt und was man tut, in dem stillen immateriellen Raum entsteht, der als Seele bezeichnet werden kann. Letzten Endes findet nur eine innere Verschiebung der Prioritäten statt. Sie müssen weder weltliche Angewohnheiten ablegen noch körperliche Bedürfnisse leugnen. Sie gewöhnen sich nur daran, Ihr spirituelles Ich, Ihre Seele, zu befragen und danach zu handeln. Statt Bedürfnisse der materiellen Welt zum entscheidenden Motor in Ihrem Leben zu machen und sich ihnen vollkommen zu unterwerfen, bringen Sie die Bedürfnisse Ihres spirituellen Ichs ein. Die materiellen wie auch die spirituellen Bedürfnisse sind vorhanden; es kommt nur darauf an, wer die Richtung bestimmt. Wenn Sie diesen Gedankengang verstanden haben, werden Sie auch wissen, daß das Bewußtsein das Sein bestimmt, und Sie werden erkennen, in welchem grundlegenden Gegensatz es zu der Maxime: Das Sein bestimmt das Bewußtsein steht.

Ich empfehle Ihnen die wunderbare Beschreibung der Verschiebung von Prioritäten von Paramhansa Yogananda in «Meditation zur Selbstverwirklichung» (München 1978). Er rät, die Aufmerksamkeit nach innen zu richten, dies zu trainieren, um so die wunderschöne Landschaft der Gedanken in dem unsichtbaren, unberührbaren Reich des spirituellen Selbst genießen zu können. Er spricht vom Gleiten in dem Flugzeug der eigenen Visualisierung über das endlose Reich der Gedanken, in dem ungebrochene Bestrebungen, sich selbst und andere glücklicher zu machen, wie Bergketten erscheinen, Glück hat dabei nichts mit materiellen Dingen zu tun, sondern mit spirituellen Bestrebungen. Machen Sie sich diese Haltung zu eigen, und Sie werden nicht nur Ihr Leben und das anderer bereichern, sondern auch verstehen, worin tägliche Wunder bestehen. Ganz plötzlich werden Sie wissen, daß Ihr Geist Sie mit dem Ursprung Ihrer Seele in Kontakt gebracht hat, so wie ein Schalter Sie, klick, mit einer Stromquelle verbindet. Sie werden plötzlich deutlich erkennen, wie Sie Ihr Leben in der materiellen Welt führen sollten, und werden Ihr Fühlen und Denken nicht mehr von den Bedürfnissen dieser Welt bestimmen lassen. Ihre Seele, Ihr spirituelles Ich, steht Ihnen jederzeit als Ratgeber zur Verfügung, wird Sie in die richtige Richtung führen, Ihnen die notwendigen Hilfen an die Hand geben. Das kann aber nur geschehen, wenn Sie Ihr spirituelles Selbst Ihr materielles Leben bestimmen lassen. Sie haben die Wahl. Schauen Sie in sich hinein, und Ihre neuen Prioritäten werden von Ihrem physischen Selbst akzeptiert werden.

Vorschläge für die Umsetzung in die Praxis:

● Verändern Sie Ihre Prioritäten für nur einen Tag. Lassen Sie Ihre Visualisierungen zum wichtigsten Bestandteil Ihres Lebens werden, und verhalten Sie sich entsprechend. Stellen Sie sich vor, daß Sie einen schönen, zärtlichen Abend mit Ihrem Ehepartner oder einem anderen lieben Menschen verbringen. Visualisieren Sie die Situation, und lassen Sie den Abend vor Ihrem geistigen Auge so ablaufen, wie Sie es sich für sich selbst und Ihren Partner erträumen. Halten Sie dieses Bild fest. Auf diese Weise orientieren Sie sich zuerst an Ihrem spirituellen Selbst, die Situation ist bisher nur im Bereich Ihrer unsichtbaren Gedanken existent. Dann erst handeln Sie, und zwar der Situation entsprechend, die Sie schon so deutlich vor sich gesehen haben. Sie konzentrieren sich also erst auf die spirituelle Seite Ihres Selbst und lassen dann Ihr Verhalten in der realen Welt entsprechend ablaufen.

Auch geschäftliche Verabredungen, Urlaub oder was sonst so in Ihrem täglichen Leben wichtig ist, sollten auf diese Weise geplant werden. Verlassen Sie sich auf Ihr spirituelles Ich. Visualisieren Sie, wie etwas ablaufen sollte, und nehmen Sie sich dann fest vor, entsprechend zu handeln. Gedanken und Gefühle spiritueller Menschen entstehen nicht aus ihrem Handeln, sondern sie handeln aus ihren Gedanken und Gefühlen heraus. Wenn Sie anfangs bewußt Ihr Handeln nach Ihren spirituellen Bedürfnissen ausrichten, wird ein solches Verhalten schließlich für Ihr tägliches Leben ganz selbstverständlich werden.

11. Beschäftigen Sie sich mit dem Widerspruch:
«Sie können nie von dem genug bekommen, was Sie nicht wollen.»
Denken Sie bei Ihrem Weg in das Reich der täglichen Wunder immer an diese paradoxe Aussage. Überlegen Sie einmal, was damit gemeint ist. Der Alkoholiker verabscheut den Alkohol, der sein Leben zerstört, und kann doch nie genug davon bekommen. Genauso ist es mit dem Drogenabhängigen. Ein streitsüchtiger, jähzorniger Mensch haßt seine innere Wut und kann doch einem Streit nie widerstehen. Der Übergewichtige verachtet die Nahrungsmittel, nach denen es ihn immer wieder gelüstet, und hat doch nie genug. Viele von uns verachten das Geld, das in unserem Leben eine so große Rolle spielt, und sie verachten sich selbst, weil sie immer dem großen Geld hinterherjagen, und doch müssen sie es zwanghaft immer wieder tun.

Wir müssen an den Punkt kommen, daß wir nicht mehr nach dem verlangen, was uns vergiftet, und dazu müssen wir erst verstehen, was für uns Bedürfnis bedeutet. Eine uralte Zen-Weisheit sagt: «Wenn du es suchst, kannst du es nicht finden.» Sie haben zum Beispiel das Gefühl: Ohne es bin ich nur ein halber Mensch. Erst wenn ich es habe, bin ich vollkommen und ganz. Aber diese Unvollkommenheit ist eine Illusion. Sie sind in sich schon ein ganzer Mensch und brauchen in Wirklichkeit überhaupt nichts, um sich zu vervollkommnen. Wenn Sie diese Wahrheit verstehen und akzeptieren, werden diese Bedürfnisse verschwinden, und Sie können sehr gut ohne das auskommen, was Ihnen bisher so unentbehrlich erschien. Sie müssen jetzt nicht mehr dem hinterherjagen, ohne das Sie angeblich nicht leben können und was Sie doch nur schädigt.

Als finanzielle Erfolge für mich unwichtig wurden, hatte ich mehr Geld als je zuvor. Warum? Ich lebte jetzt dem Sinn meines Lebens gemäß und überließ es dem Universum, für meine Bedürfnisse zu sorgen. Als ich aufgab, mit Hilfe von Alkohol Euphorie oder Entspannung zu suchen, stellten sich diese Gefühle auch ohne Alkohol ein. Warum? Weil ich mich erst auf meine spirituelle Seite besann und damit Euphorie, Fröhlichkeit oder Entspannung finden konnte, wann immer ich wollte. Aus dieser inneren Einstellung heraus konnte ich anderen geben, für andere dasein und Liebe ausstrahlen und brauchte die Gifte nicht mehr, von denen ich bisher nie genug hatte. Ich haßte die feindselige gespannte Atmosphäre, die ich oft verbreitete, und schien doch nichts daran ändern zu können. Als ich nicht mehr unbedingt im Recht sein mußte, konnte ich mich auch von Zorn und Trauer frei machen, Gefühle, die mit dem Bedürfnis, recht zu haben, einhergingen. Ich glaube fest daran, daß derjenige den Bereich der täglichen Wunder nie erreichen wird, der sich nicht von schädigenden inneren Gedanken und Gefühlen lossagen kann.

Johannes sagt, daß man nur unbesorgt einen Weg gehen kann, wenn man die Augen schließt und im Dunkeln geht. Weder das Streben nach Besitz noch das nach Anerkennung bringt jemanden zum Ziel, sondern allein das Loslassen vom Streben. Ich interpretiere das so, daß man sich der Leitung des unsichtbaren Selbst anvertrauen soll und so sein Ziel erreichen wird.

Diesen scheinbaren Widerspruch muß man verinnerlichen, wenn man Wunder tun und erleben möchte. Man muß vertrauen und sich anvertrauen, man muß sich von äußeren Werten und Leistungen abwenden und sich von dem Sinn seines Lebens leiten lassen. Wenn Sie diesen friedlichen, paradiesischen Bereich in Ihrem spirituellen Selbst gefunden haben, werden Sie feststellen, daß Sie aktiver und zufriedener sind und daß die Reichtümer, nach denen Sie früher gestrebt haben, mehr als ausreichend in Ihrem Leben vorhanden sein werden. Entscheidend ist, daß Sie wissen, daß Sie bereits ein ganzer, vollkommener Mensch sind und daß nichts in der materiellen Welt Sie noch vollkommener machen kann.

Dann werden Sie sich immer weniger um das kümmern, was Sie nicht eigentlich brauchen oder wollen. Ihre Einstellung zu Ihrem Leben verändert sich, es bekommt einen Sinn. Und dann geschieht das Merkwürdige: Das, was Sie früher ersehnten, trifft jetzt von ganz allein ein, ohne daß Sie sich darum bemühen. Sie sind entspannt, euphorisch, tolerant, fühlen sich reich und können an andere von diesem Reichtum weitergeben. Wenn Sie in Ihrem Herzen wissen, daß Sie nichts von der materiellen Welt brauchen, um sich als Mensch ganz zu fühlen, werden äußere Dinge in Ihrem Leben immer unwichtiger werden.

Vorschläge für die Umsetzung in die Praxis:
● Machen Sie eine Liste von allem, was Ihr Leben bisher bestimmt hat, was Sie aber nicht wirklich wollen. Dann schreiben Sie daneben, was Sie sich statt dessen wünschen. Neben «anderen etwas vormachen» schreiben Sie jetzt zum Beispiel «Ehrlichkeit», neben «Alkohol» «täglich acht Glas Wasser». Statt «Zorn» wünschen Sie sich «Liebe und Harmonie».

Wenn Sie sich auf diese Weise bewußt werden, was Ihr Leben vergiftet, und tief in Ihrem unsichtbaren spirituellen Selbst erkennen, was Sie wirklich wollen und was Ihnen auch zusteht, dann wird Harmonie in Ihr Leben einkehren. In Ihrer äußeren Welt werden Sie jetzt genau das erleben, was Sie in Ihrer spirituellen, inneren Welt bereits für sich geschaffen haben. Besinnen Sie sich darauf, was in Ihrem Leben wichtig ist, und handeln Sie entsprechend.

12. Erwarten Sie nichts, und üben Sie sich darin,
alles vorbehaltlos zu akzeptieren.

Wenn Sie eine für Wunder offene geistige Einstellung erreichen wollen, müssen Sie sich an das Gebot halten: Erwarte nichts. In einer Atmosphäre, in der Sie an andere Forderungen stellen, können keine Wunder geschehen. Erst wenn Sie andere vollkommen und vorbehaltlos akzeptieren können, wenn Sie frei von Forderungen und Kritik sind, werden Wunder in Ihrem Leben möglich sein.

Das erscheint Ihnen vielleicht anfangs unmöglich. Bevor Sie sich aber dagegen entscheiden, denken Sie daran, daß es sich vorläufig nur um eine innere Einstellung handelt. Ihre Gedanken sind Ihre Privatsache, und Sie können dieses vorbehaltlose Akzeptieren einfach ein paar Tage lang ausprobieren, um herauszufinden, ob Sie nicht eine neue Art von Zufriedenheit dadurch kennenlernen.

Wenn Sie nichts verlangen, sind Sie wahrhaft frei. Immer wenn Wut und Enttäuschung in Ihnen aufsteigen wollen, sagen Sie sich: Man schuldet mir überhaupt nichts, und ich erwarte nichts. Ich akzeptiere es jetzt einfach so, wie es ist. Wenn Sie eine solche Einstellung zwei Tage lang praktizieren, wird sich Ihre Haltung ändern, vor allen Dingen, wenn es sich um den Menschen handelt, der Ihnen am nächsten steht.

Für mich ist dieser Mensch meine Frau. Wenn ich mich darauf besinne, daß sie mir nichts schuldet, daß sie einfach in ihrer liebevollen Art in meinem Leben präsent ist, aber mir gegenüber keine Verpflichtungen hat, dann muß ich sie vorbehaltlos akzeptieren. Das heißt nicht, daß ich in allem hundertprozentig ihrer Meinung sein muß. Ich sage mir nur immer wieder, daß ich nichts verlangen darf. Ihre Existenz ist ein Geschenk für mich. Ich darf an ihrer schönen Seele und ihrem schönen Körper teilhaben. Aber sie schuldet mir nichts, ist mir zu nichts verpflichtet. Sie gehört mir nicht, und ich gehöre weder ihr noch einem anderen Menschen. Wir sind nur unseren eigenen Seelen Rechenschaft schuldig. Wenn ich mich daran halte, ist die Beziehung zwischen meiner Frau und mir wunderbar, spirituell und fröhlich. Wenn ich es vergesse, was hin und wieder geschieht, dann ist unsere Partnerschaft gestreßt und unbequem, und tägliche Wunder finden nicht mehr statt.

Eine Haltung, in der man nichts erwartet, ist unendlich befreiend. Sie sehen andere Menschen in Ihrem täglichen Leben als ein Geschenk, an das Sie keine Ansprüche stellen. Selbst diejenigen, die dafür bezahlt werden, daß sie für Sie arbeiten, wie Kellner, Verkäufer, Dienstmädchen oder Mitarbeiter im allgemeinen, sollten auf die gleiche Weise behandelt werden. Für den Lohn, den ich zahle, habe ich natürlich gewisse Erwartungen, bin aber trotzdem dankbar für alles, was sie für mich tun, und weiß, daß ich auf keinen Fall besser bin als sie, nur weil ich bezahle und sie bezahlt werden. Diese Rollen haben wir frei gewählt, nicht mehr und nicht weniger.

Erstaunlicherweise stellt sich dann folgendes heraus: je weniger man erwartet oder fordert, desto mehr wird getan. Wenn man die Fülle Gottes auch in denen erkennt, die Dienstleistungen erbringen, und sie mit Respekt behandelt, statt ihre Dienste zu fordern, wird das Ergebnis häufig einem Wunder gleichen. Man behandelt Menschen aber nicht mit Respekt, weil das bessere Resultate bringt, sondern weil man aus seiner inneren Einstellung heraus nicht anders kann. Wenn für den spirituellen Menschen Liebe und Harmonie absolute Priorität haben, dann kann er nicht anders, als diese Gefühle auf andere zu übertragen. Die Ergebnisse sind wahrhaft erstaunlich.

Auch in unserer Beziehung zu Gott, zum Universum, dem universellen Geist oder wie Sie diese unsichtbaren Kräfte nennen, die alle Form durchdringen, sollten wir vorbehaltlos akzeptieren können. Diese Kräfte sind auch ein Teil von uns. «Das Reich des Himmels ist in dir» ist keine leere Phrase, sondern Wirklichkeit. Gott wird mit Ihnen arbeiten, aber nicht für Sie. Machen Sie sich immer wieder bewußt, daß Ihr Leben ein Geschenk ist und Ihnen das Universum nichts schuldet.

Um Wunder bewirken zu können, muß man den Unterschied erkennen zwischen etwas erzwingen und etwas einfach geschehen lassen. Es ist sinnlos, ein Wunder zu verlangen, um die Existenz Gottes zu beweisen. Wunder ereignen sich nicht, weil jemand sie fordert. Sie geschehen einfach.

Diese Erfahrung machte ich, als ich mich mit Vorarbeiten zu diesem Buch beschäftigte. Jeden Morgen meditierte ich etwa eine Stunde lang unter einem bestimmten blühenden Baum auf Maui. Jeden Morgen blickte ich in denselben Ast hinauf und dachte: Wenn an dieser ganzen Spiritualität etwas dran ist, die ich jetzt so deutlich spüre, und wenn ich wirklich mit der Kraft meiner Gedanken die Welt um mich herum verändern kann, wenn wir also wirklich Wunder tun können, dann möchte ich gern, daß die Blüte dort über mir neben meiner ausgestreckten Hand auf den Boden fällt. Wenn ich das allein mit meinem Geist erreichen kann, dann werde ich wirklich überzeugt sein. Aber die Blüte rührte sich nicht. Jeden Morgen hatte ich neue Hoffnungen, daß es heute geschehen würde, daß ich heute die Blüte mit der Kraft meines Geistes beeinflussen könnte.

Dann wurde ich gebeten, in einer der Kirchen am Ort einen Vortrag zu halten. Um halb sechs Uhr morgens an dem Tag des Vortrags meditierte ich wieder unter «meinem» Baum und fragte meine innere, liebende Eingebung, von der ich so häufig geschrieben hatte: Wie kann ich am besten dienen? Wer bin ich denn, daß ich Menschen spirituelle Botschaften übermitteln kann, Menschen, die von weit her gekommen sind, nur um mich zu hören? Habe ich das Recht, von meiner wachsenden Überzeugung zu sprechen, daß uns allen Wunder geschehen können? Werde ich über dieses Thema intensiver und überzeugender sprechen können als je zuvor?

Es war ein windstiller Morgen. Der Ast über mir bewegte sich nicht, als ich ihn ansah und überlegte, was ich den Menschen sagen würde, die sich in ein paar Stunden versammeln würden, um mich zu hören. War ich wirklich glaubwürdig genug, konnte ich wirklich aus tiefster Seele über Wunder sprechen? Ein leichter Zweifel wollte mich nicht verlassen. In dem Augenblick fiel die Blüte von dem Ast auf meine ausgestreckte Hand, gerade als ich nicht mehr an den «Beweis» meiner geistigen Kraft gedacht hatte. An dem ganzen Baum war es nur dieser Ast, der sich bewegte, als ob eine unsichtbare Kraft ihn ergriffen und leicht geschüttelt hätte.

In dem Augenblick kam eine merkwürdige Ruhe über mich. Jegliche Zweifel schwanden und haben mein Bewußtsein seit dem Tag nicht mehr belastet, meine Aufgabe stand mir kristallklar vor Augen: Du kannst Wunder nicht erzwingen, Wayne. Du mußt dich ihnen öffnen und sie durch dich geschehen lassen. Ich brach meine Meditation ab und nahm die Blüte mit in die Kirche. Ich wußte jetzt genau, worüber ich zu sprechen hatte. Bei dieser Veranstaltung lernte ich dann auch Gail Longhi und über sie Mauricio kennen.

Ich wußte, daß ich an diesem Morgen eine ganz besondere Botschaft erhalten hatte. Niemand würde mich je davon überzeugen können, daß das Fallen der Blüte an diesem windstillen Morgen, als ich nicht mehr versuchte, das Wunder zu erzwingen, einfach nur ein Zufall war. Als ich nichts forderte, wurde mir gegeben, was ich brauchte. Der Lehrmeister erschien sozusagen genau in dem Augenblick, als ich für ihn bereit war. Seit dem Morgen begegneten mir viele Wunder in meinem Leben auf neue und aufregende Weise. Als die Blüte in meine Hand fiel, wußte ich auch, daß ich die Fähigkeiten besaß, über tägliche Wunder zu sprechen und zu schreiben, und daß ich die nötigen Hilfen erhalten würde. Dieses schlichte kleine Geschehen an dem Morgen in Maui, kurz bevor ich zum ersten Mal über das Thema der täglichen Wunder sprach, veränderte mein Leben auf eine Art und Weise, die ich mir vorher nicht einmal vorstellen konnte. Und das liegt jetzt erst ein paar kurze Jahre zurück.

Das Leben ist, was es ist. Nicht mehr und nicht weniger. Verlangen Sie nichts von ihm. Es ist wie mit Emersons Rosen unter dem Fenster, die nichts mit früheren oder schöneren Rosen zu tun haben. Sie sind, was sie sind. Genauso ist es mit Ihnen und mit mir. Besinnen Sie sich auf die spirituelle Seite Ihres Seins, und fordern Sie nichts, weder von einem Menschen noch vom Leben selbst. Erkennen Sie die Göttlichkeit jedes Menschen, dem Sie begegnen. Wenn Sie das akzeptieren können, besitzen Sie die Geisteshaltung, die tägliche Wunder möglich macht.

Statt von anderen zu fordern, versuchen Sie anderen zu geben, auch wenn es nur ein liebevolles Akzeptieren des anderen ist, das Sie mit ganzer Seele spüren. Der Gebende und nicht der Nehmende kann Wunder wirken. Und gerade derjenige, dem Geben das wichtigste im Leben ist, scheint mehr zurückzubekommen als derjenige, der immer nur mehr will. Alles hängt von Ihrer geistigen Einstellung ab.

Vorschläge für die Umsetzung in die Praxis:

• Nehmen Sie sich vor, einen Tag lang von niemandem etwas zu fordern. An diesem Tag zeigen Sie in Ihrem Verhalten dem Ehepartner, den Kindern, Mitarbeitern und jedem, mit dem Sie zu tun haben, daß Sie nicht fordern, sondern geben wollen. Wenn Sie für andere da sind und dafür nichts erwarten, werden Sie eine angenehme Überraschung erleben. Je weniger Sie von anderen verlangen, desto mehr werden Sie von ihnen erhalten.

Begegnen Sie anderen mit Zuneigung, akzeptieren Sie sie bedingungslos, und achten Sie auf die Ergebnisse. Wie kann man ärgerlich oder verletzt sein, wenn man nichts erwartet hat? Eine solche Einstellung ist besonders wichtig, wenn man sich vernachlässigt und schlecht behandelt fühlt. Erwarten Sie kein Lob, und lassen Sie die Menschen so sein, wie sie sein müssen. Dann werden Sie erfahren, daß Sie auf die Anerkennung anderer überhaupt nicht angewiesen sind. Wenn Sie sich darüber aufregen, daß andere Ihnen nicht die Wertschätzung zukommen lassen, die Ihnen Ihrer Meinung nach zusteht, bedeutet das nur, daß Sie sich von anderen beherrschen lassen. Wenn Sie auf Anerkennung verzichten und anderen nur geben und helfen, weil Sie es als Sinn Ihres Lebens ansehen, dann werden Sie die Wertschätzung erhalten, nach der Sie sich früher so verzweifelt gesehnt haben. Jetzt brauchen Sie sie nicht mehr, können Sie als vorhanden akzeptieren, lassen sich aber ansonsten nicht von Ihrem Weg abbringen.

13. Entwickeln Sie eine persönliche authentische Kraft.
Während Sie weiterhin an einer geistigen Einstellung arbeiten, mit der Wunder im täglichen Leben möglich sind, überlegen Sie einmal, wie Sie zu einem Menschen mit authentischer Kraft werden können. Man spricht häufig über die Kraft einer Persönlichkeit, ohne zu überlegen, was eigentlich dazu gehört.

Mit authentischer Kraft meine ich nicht die Fähigkeit, andere zu beherrschen und über sie zu bestimmen. Wenn es das wäre, wie sähe es dann damit aus, wenn diese anderen aus Ihrem Leben verschwänden? Ihre authentische Kraft darf nicht davon abhängen, wie andere auf Sie reagieren, und auch nicht von Ihrer körperlichen Stärke oder Ihrem Aussehen. Hinge sie von Ihrer äußeren Schönheit ab, wie sähe es dann damit aus, wenn diese Schönheit vergangen sein wird? Authentische Kraft ist nicht vom Körperlichen abhängig. Veränderungen in der materiellen Welt sind unvermeidlich. Wenn Sie sich ganz nach der physischen Ausprägung Ihres Menschseins ausrichten, werden Sie wahre Kraft nie erfahren, denn alles Körperliche ist vergänglich und sein Wert abhängig von der Reaktion anderer. Und alles, dessen Authentizität von der physischen Welt abhängt, nimmt in seiner Stärke und Attraktivität ab, wenn diese Welt sich entsprechend verändert.

Um authentische Kraft zu erlangen, muß man einen anderen Weg gehen, einen Weg, der uns zu dem eigentlichen Sinn des Lebens führt. Mit jedem Schritt auf diesem Weg gewinnen Sie an authentischer Kraft. Vergessen Sie dabei aber nie, daß in unserer Kultur die materielle Ausprägung unseres Menschseins die wesentliche Rolle spielt und nur wenig Gewicht auf die spirituelle, unsichtbare Seite gelegt wird. Man wird immer wieder dazu aufgefordert, ganz in der materiellen Welt zu leben und den spirituellen Bereich zu vernachlässigen. Aber nur über Ihr unsichtbares Selbst führt der Weg zu authentischer Kraft und damit zu der Möglichkeit, Wunder geschehen zu lassen.

Wenn Sie Ihren Körper in Topkondition bringen wollen, müssen Sie wahrscheinlich an Ihren täglichen Gewohnheiten, was Ernährung und Bewegung angeht, einiges ändern. In unserer Gesellschaft, die ganz auf das Körperliche ausgerichtet ist, wird man täglich mit ungesunden Leckereien und passiver Unterhaltung in Versuchung geführt. Ihr spirituelles Ich wird Sie zu überreden versuchen, gesünder zu leben, doch Ihr physisches Ich wird Sie immer wieder dazu bringen, den Versuchungen nachzugeben. Aber nur wenn Sie sich von der physischen Ausrichtung lossagen, können Ihre persönlichen Wunder möglich werden. Sie tragen die Erleuchtung in sich, die Ihnen sagt, wie Sie gesund leben können, auch wenn dieses Licht mit Ihren fünf Sinnen nicht erfaßbar ist.

Wenn Sie sich auf Ihre Spiritualität besonnen haben, können Sie den inneren Signalen problemlos folgen, die Ihnen den richtigen Weg weisen. Sie werden fühlen und sehen, wie Sie sich verändern. Diese Veränderung findet statt, weil Sie jetzt Ihrer inneren, authentischen Kraft den Vorrang geben vor den Mächten der äußeren Welt. Die Versuchungen dieser Welt sind nach wie vor vorhanden, und hin und wieder geben Sie auch einmal nach, aber Ihr Leben wird jetzt doch durch Ihre neue spirituelle Ausrichtung bestimmt und kann durch ein kurzfristiges Abgleiten nicht von seinem authentischen Weg abgebracht werden. Ihre neue spirituelle Ausrichtung wird sich in nahezu allen Bereichen Ihres Lebens bemerkbar machen.

Ein Mensch, der nur in der materiellen Welt lebt, ist immer wieder in Versuchung, zu betrügen, zu stehlen, andere zu unterdrücken, in Zorn zu geraten und sich mit Suchtmitteln zu betäuben. Wenn Sie sich für diesen Weg entscheiden, wird

Ihre authentische Kraft abnehmen. Nach außen hin sieht es vielleicht so aus, als würden Sie mächtiger, reicher, einflußreicher, aber im Inneren wissen Sie, daß Sie im Grunde schwächer werden. Sie sind dem Weg der weltlichen Versuchung gefolgt und haben Ihre spirituellen Stimmen ignoriert.

Authentische Kraft, die Fähigkeit, etwas zu schaffen, was nach Maßgabe unserer fünf Sinne unmöglich erscheint, kann nur Schritt für Schritt erworben werden. Diese Schritte sind gedankliche Vorstellungen, die Sie dazu bringen, bewußt auf etwas zu achten, was Sie schon in sich tragen, bisher aber zugunsten der sofortigen Befriedigung Ihrer weltlichen Wünsche ignoriert haben. Wenn Sie sich täglich etwas bewußter von diesen Gedanken leiten lassen, wird Ihre spirituelle Fähigkeit wachsen, und Sie werden sich vielleicht zum ersten Mal in Ihrem Leben authentisch stark fühlen.

Dann wissen Sie, daß Sie Ihrem Lebenssinn gemäß handeln, daß Sie Gottes Werk in Frieden und Harmonie tun. Dann wissen Sie, daß Sie erhalten werden, was Sie zu dieser Aufgabe brauchen, ohne dabei andere manipulieren oder schädigen zu müssen. Diese neue Einstellung beeinflußt Ihr ganzes Leben und zeigt sich auf vielerlei manchmal scheinbar unbedeutende Art und Weise.

Von meinem Haus bis zu meinem Büro sind es beispielsweise siebzehn Meilen, eine Strecke mit zahlreichen Ampeln, starkem Verkehr und vielen Baustellen. Früher war ich immer in Eile, ärgerte mich über Verzögerungen und langsame Fahrer, versuchte immer noch, bei Gelb über die Ampel zu kommen, und verbrachte eigentlich jeden Tag 90 Minuten lang in einem angespannten und ärgerlichen Zustand. Ich ließ mich von der weltlichen Wirklichkeit, die schließlich ein Teil des Lebens war, das ich gewählt hatte, immer wieder innerlich aufregen.

Als ich aber begann, mich mehr auf die spirituelle Seite

meines Wesens auszurichten, fühlte ich, daß ich selbst in einer solchen Situation eine authentische Kraft besaß. Bevor ich also heute die Fahrt antrete, gehe ich die 17 Meilen im Geist durch, ich stelle mir vor, daß ich ruhig und gelassen bleibe, daß ich bei Gelb halte, nicht dauernd die Spuren wechsle und sogar dem Fahrer vor mir dankbar bin, der mich zwingt, langsamer zu fahren. All das visualisiere ich, bevor ich mich überhaupt ins Auto setze. Jetzt bin ich ruhig und entspannt und kann die nächsten 45 Minuten meines Lebens genießen.

Ich bin Herr meiner Gefühle. Ich bin emotionell nicht mehr davon abhängig, wie andere fahren oder wie schnell die Ampel von Rot auf Grün schaltet. Ich brauche keine besonderen äußeren Bedingungen mehr, damit ich gelassen und nachsichtig sogar diese Fahrt genießen kann. Ich habe dem spirituellen Bereich meines Selbst den Vorrang gegeben und lasse mich von der äußeren Situation weniger leicht beeinflussen.

Früher hingen meine Gedanken und Gefühle davon ab, was in der Außenwelt geschah, heute ist es umgekehrt. Jetzt bestimmen meine Gedanken und Gefühle, mein unsichtbares, spirituelles Selbst, wie ich die äußere Welt erlebe. Diese authentische Kraft ist dafür verantwortlich, daß meine Umwelt mich nicht mehr beherrscht, und sie kommt in nahezu allen Bereichen des Lebens zum Tragen. Ich muß mich nur bewußt zuerst durch das Wunder meiner spirituellen, unsichtbaren Seele in all meinen weltlichen Unternehmungen leiten lassen.

Wenn Sie eine solche Einstellung entwickeln können, werden Sie jede Lebenssituation dank Ihrer inneren authentischen Befähigung meistern. Stellen Sie sich auf Ihre Seele ein, achten Sie auf die inneren Stimmen, die Sie dazu anhalten, gelassen dem Sinn Ihres Lebens gemäß zu handeln, und Sie werden zu einem Menschen mit authentischer Kraft werden. Und mit dieser inneren Haltung werden Sie auch die Wirklichkeit der magischen Kraft im täglichen Leben erfahren können.

Vorschläge für die Umsetzung in die Praxis:
• Versuchen Sie einmal für eine kurze Zeit, andere nicht mehr durch Ihre Größe, Ihre Position, Ihre Körperkraft, Ihr Aussehen, Alter, Reichtum oder sonst irgendeine Äußerlichkeit beeinflussen zu wollen. Stellen Sie sich vor, Sie seien eine Seele, die mit anderen Seelen umgeht. Behandeln Sie andere, als was sie sind – Geschöpfe Gottes. Stellen Sie sich vor, es gäbe keine äußeren Attribute mehr. Nach einem oder zwei Tagen werden Sie feststellen, wieviel authentische Kraft Sie wirklich besitzen.

Ich übe das häufig an meinen Kindern. Ich stelle mir vor, daß ich nicht so viel größer bin als sie und auch die Macht nicht besitze, die ich als Erwachsener automatisch habe. Eine Zeitlang, manchmal während ich sie zur Schule fahre, versuche ich mich so zu verhalten, als hätten wir keine äußere Gestalt, sondern bestünden nur aus Seelen und Gedanken. Offensichtlich fühlen sie sich aus dieser Warte stärker, aber auch ich gewinne dadurch. Ich höre ihnen zu, statt ihnen zu befehlen, ich übermittle ihnen meine Liebe, statt ihnen Anweisungen zu geben. Ich werde für sie zum liebevollen Helfer und bin nicht mehr dieser große Mann, der ihnen seinen Willen aufzwingen kann.

Verzichten Sie darauf, immer alles kontrollieren zu wollen, und zeigen Sie lieber eine Art von bedingungslosem Akzeptieren der Menschen, die Ihnen seelenverwandt und in den Augen Gottes gleichwertig sind. Lassen Sie Ihre Ehe oder Ihre wichtigste Beziehung zu einem anderen Menschen zu einer spirituellen Partnerschaft werden, in der es keine

Autorität gibt, in der niemand das Sagen hat, sondern wo es sich einfach um zwei Menschen handelt, die durch eine unsichtbare Verbindung miteinander verknüpft sind. Sie werden erstaunt sein, wie Sie sich und andere stärken, wenn es Ihnen kein Anliegen mehr ist, andere zu beherrschen, sondern Sie ihnen statt dessen mit bedingungslosem Respekt und liebevollem Verständnis begegnen. Der innere Bereich, in dem diese Veränderung stattfindet, ist natürlich unsichtbar, aber er macht Sie dennoch sehr viel stärker als alles, was Sie in der sichtbaren, materiellen Welt erreichen könnten.

14. *Meditieren Sie täglich.*

Lernen Sie zu meditieren, und lassen Sie die Meditation zu einem Teil Ihres täglichen Lebens werden. Dieser letzte Schritt auf dem Weg zu der inneren Einstellung, die Wunder im täglichen Leben ermöglicht, ist für mich der wichtigste.

Vor fünf Jahren konnte ich mir nicht vorstellen, regelmäßig zu meditieren. Heute kann ich mir mein Leben nicht mehr ohne Meditation vorstellen. Nur so kann ich die innere Haltung erreichen, über die ich in diesem Kapitel geschrieben habe. Ich kann mir nicht vorstellen, einen Vortrag zu halten, ohne vorher zu meditieren. Und bevor ich mich zum Schreiben setze, meditiere ich auch. Mein ganzes Leben beruht auf Meditation, mit deren Hilfe ich ruhig in mich gehe und den unsichtbaren Geist und seine immer für mich verfügbare liebevolle Führung finde.

Durch Meditation kann man diesen höheren Teil des Selbst entdecken, kann in direkten Kontakt mit dem treten, was bisher immer ein Mysterium des Lebens war. Sie werden Gott entdecken, diese ewige, unsichtbare Macht, die immer Teil von Ihnen und Ihrem täglichen Leben ist. Richard D. Mann beschreibt seine Erfahrungen in «The Light of

Consciousness»: ein Körper, der nicht mehr am selben Ort und irgendwie geläutert zu sein scheint; mit ungewöhnlich klaren Vorstellungen davon, was das Leben und die eigenen Erfahrungen zu bedeuten haben. Die Ruhe empfindet er als ein Geschenk und eine neue Erfahrung, und alles, was während der Meditation geschieht, deutet für ihn auf eine Verschiebung der inneren Bewußtseinsstruktur hin.

Wie alles Lernen beginnt auch das Erlernen der Meditation mit einer ganz persönlichen Überzeugung, zum Beispiel einem Gedanken wie: Ich glaube, daß etwas an der Meditation dran ist, und ich bin bereit, Energie zu investieren, um herauszufinden, was es ist. Mehr ist nicht nötig! Man muß nur zugeben, daß Meditation einen Wert an sich hat, auch wenn man bisher nichts davon versteht, und man muß bereit sein, das Ganze offen anzugehen.

Um sich diese Unvoreingenommenheit zu eigen zu machen, führen Sie sich einmal die großen Denker, die Sie schon immer bewundert haben, vor Ihr geistiges Auge. Überlegen Sie, was Sie von ihrem Leben und ihren Lehren wissen, von diesen Menschen, die einflußreicher waren als die Milliarden anderer, die auf diesem Planeten lebten. Sie weisen uns alle darauf hin, zu meditieren, in uns zu gehen und Hilfe zu suchen in dem stillen, unsichtbaren, leeren Raum, der in jedem von uns vorhanden ist. Durch Meditation kann man sein unsichtbares Selbst kennenlernen, kann sich von der endlosen Hyperaktivität des Gehirns befreien und einen Ruhezustand finden. Sie beruhigt, entspannt und gibt Antworten auf Fragen, die bisher beunruhigten. Wenn man Meditation zu einem wichtigen Bestandteil seines täglichen Lebens macht, wird man bald in der Lage sein, diesen ruhigen, inneren Raum aufzusuchen, wo und wann immer man will, sei es in einer geschäftlichen Sitzung, während eines tragischen Geschehens, bei einem sportlichen Wettstreit. Durch Meditation können Sie Wunder in Ihrem eigenen Leben tun, können Sie in die Welt der täglichen Wunder eintreten.

Wieder möchte ich Sie daran erinnern, daß der brillante französische Philosoph und Wissenschaftler Blaise Pascal die Ursache des Elends des Menschen darin sah, daß er nicht still und allein in einem Zimmer sitzen könne. Ich finde das faszinierend und frage mich oft, warum wir Meditation nicht in den schulischen Lehrplan für alle Altersstufen aufnehmen. Nach meiner Erfahrung fühlt man sich nach dem Meditieren immer ruhiger und hat mehr Selbstvertrauen und Verständnis für andere. Meditation ist einfach und immer anwendbar und trägt außerordentlich zu unserem Wohlbefinden bei.

Und wie wird es gemacht? Es ist ganz einfach. Sie müssen sich nur dazu entschließen. Nicht mehr und nicht weniger.

Es gibt keine richtige oder falsche Methode beim Meditieren, keine besondere Strategie. Sie müssen sich nur gestatten, in eine andere Dimension überzuwechseln, wo es die Beschränkungen der physischen Welt nicht gibt. Im meditativen Zustand können Sie ein bestimmtes Problem im Geist durchspielen. Sie betrachten es, beleuchten es von allen Seiten und stellen sich dann vor, wie die Lösung in der realen Welt aussehen soll. Sie können auch um göttlichen Beistand bitten und im stillen Fragen stellen wie: Wie kann ich verständnisvoll handeln und dir gleichzeitig am besten dienen? oder: Womit kann ich die destruktiven Gedanken in meinem Kopf ersetzen, die mein Glück zerstören? Denken Sie immer daran: Sie sind, was Sie denken.

Durch Meditation können Sie zu dem werden, der zu sein Sie bestimmt sind. Sie betreten die unsichtbare Welt der Gedanken und lassen an sich vorbeiziehen, was sein wird, beinahe wie eine göttliche Generalprobe Ihres Lebens. Ja, Sie werden die Antworten erhalten, die Sie suchen. Sie werden Wunder möglich machen, die Ihnen bisher verschlossen blieben. Sie werden beim Meditieren Ihren materiellen Körper verlassen und das Reich der universellen Kraft betreten, das in Ihnen ist, und dann zurückkehren und wahrhaft Wunder im täglichen Leben erleben.

In «Die drei Pfeiler des Zen» (München 1965) faßt Philip Kapleau seine Erfahrungen durch regelmäßige Meditation zusammen. Dabei geht er davon aus, daß im Geist jedes normalen Menschen ein Durcheinander von Reflexionen, Meinungen und Vorurteilen vorherrscht, wodurch Konzentration nahezu unmöglich wird. Das bedeutet, daß das Zentrum seines Lebens nicht in der Wirklichkeit liegt, sondern in seinen Vorstellungen von Wirklichkeit. Die Konzentration in der Meditation auf ein Objekt oder eine Handlung läßt die unwesentlichen Gedanken wegfallen. Als Ergebnis steht dann ein erfüllendes und harmonisches Verhältnis zum eigenen Leben.

Ja, Sie werden tatsächlich nicht mehr nur Vorstellungen von Ihrem Leben haben, sondern den Sinn Ihres Lebens, Ihre eigene Mission erfahren. Taisen Deshimaru vergleicht dies mit einem Glas Flüssigkeit, das man in der Hand hält. Nun könnte man endlos über die Qualitäten des Glasinhalts diskutieren. Meditation aber bedeutet nicht Diskussion über den Inhalt des Glases, sondern ihn einfach zu trinken. Ein wunderbares Bild. Wenn man meditieren lernt, lernt man zu leben, statt nur darüber zu sprechen. Das entspricht ganz Ihrem Daseinssinn als spirituelles Wesen, das eine menschliche Erfahrung hat.

Es gibt viele ausgezeichnete Bücher über Meditation. Ich möchte beschreiben, wie ich meditiere, obgleich meine Methode nicht unbedingt für Sie die richtige sein muß. Aber ich würde mich freuen, wenn ich Sie durch meine Schilderung zum Meditieren anregen könnte. Sie müssen sie selbst erfahren, wenn Sie wissen wollen, was Meditation ist und was sie für Sie tun kann.

Für mich ist die beste Zeit zum Meditieren früh am Morgen. Vielleicht wollen auch Sie eine Stunde früher aufstehen als normalerweise, um zu meditieren. Machen Sie sich keine Sorgen, daß Sie dann zu müde sein könnten. Wenn ich mindestens eine Stunde meditiert habe, bin ich so frisch wie nach einer Nacht, in der ich gut geschlafen habe. Vor dem Meditieren dusche ich lange und heiß, setze mich dann im Schneidersitz auf den Boden und schließe die Augen.

Als erstes versetze ich mich in einen Alpha-Zustand, in dem ich mich leicht und euphorisch fühle, wie hypnotisiert. Die Gehirnwellen haben jetzt eine längere Frequenz. Meine Arme sind federleicht und lassen sich mit einem Minimum an Anstrengung heben, als würden sie durch eine unsichtbare Macht, die Teil von mir ist, gestützt. Ich bin heiter und fühle mich wie beschwipst, ein wunderbares, glückliches Gefühl ohne chemische Stimulantien oder Alkohol. Da ich seit vielen Jahren meditiere, kann ich innerhalb von Sekunden diesen Alpha-Zustand erreichen.

In Burt Goldmans Buch «How to Better Your Life With Mind Control» gibt es ein wunderbares Kapitel «Getting to Alpha», wo genau beschrieben wird, wie man diesen Zustand erreicht. Für mich funktioniert folgendes am besten: Ich atme tief durch und konzentriere mich dabei vollkommen darauf, wie tief ich ein- und wieder ausatmen kann, ohne daß ich von Gedanken unterbrochen werde. Ich kann die endlosen Gedanken, die mein Bewußtsein durchziehen wollen, dadurch ausschließen, daß ich «Ey-Kis» wie eine Art inneres Mantra im Rhythmus meines Atems langsam vor mich hinsage. Ich kann buchstäblich fühlen, wie sich die chemischen Zustände meines Gehirns dabei verändern.

Eine andere Methode, um den Alpha-Zustand zu erreichen, ist die sogenannte 24-Sekunden-Uhr-Methode. Ich stelle mir so etwas wie das Zifferblatt einer Uhr vor, allerdings mit Zahlen von 1 bis 24. Die 24 ist erleuchtet. Dann stelle ich mir vor, daß die 23 erleuchtet ist, danach die 22 und so weiter. Ich «sehe», wie eine Zahl nach der anderen erleuchtet wird, bis hinunter zur 1. Wenn in dieser Zeit irgendwelche Gedanken in mein Bewußtsein dringen und mich ablenken, fange ich wieder bei 24 an. So lernt man, sich nur auf eine Sache zu konzentrieren und seinen Kopf von allen anderen Gedanken und Empfindungen frei zu machen. Es ist anfangs eine außerordentliche Leistung, bei dieser Übung von 24 bis 1 zu kommen. Dann befindet man sich im Alpha-Zustand.

In diesem Zustand fühlt man sich vor allen Dingen ungeheuer leicht. Beschwingt und froh durchflutet mich sozusagen innerlich ein Glücksgefühl. Meine Arme sind federleicht, und auch mein Kopf scheint kein Gewicht zu haben. Jetzt kann ich mich ganz auf meine inneren Visionen konzentrieren, die sich wie auf einem Bildschirm zeigen werden. Sie können wählen, ob dieser Schirm weiß oder pastellfarben getönt sein soll. Ich fühle mich als Individuum, friedlich und glücklich, und kann jetzt die Meditation verwenden, wie ich will.

Was man beim Meditieren tun kann

Jede Sitzung bietet uns unzählige Möglichkeiten, die Zeit sinnvoll zu nutzen. Sie betreten die spirituelle Welt, wenn Sie in sich gehen und Gott entdecken. Und über diesen Weg werden in Ihrem täglichen Leben Wunder geschehen. Diese Zeit des Meditierens ist etwas ganz Besonderes, beinahe Göttliches und sollte auch so genutzt werden. Niemand sollte sich darüber lustig machen oder versuchen, darauf Einfluß zu nehmen.

Beim aktiven Meditieren kann man Probleme oder Fragen vorbringen, auf die man eine Antwort sucht. Bei einem Problem in meinem jetzigen Leben frage ich oft: Was kann ich daraus lernen? oder: Wie kann ich von dieser Situation profitieren? Zum Beispiel hatte ich Probleme mit meiner vierzehnjährigen Tochter. Es ging um einen jungen Mann, mit dem sie ausgehen wollte, und man schien mit ihr nicht sprechen zu können, ohne daß sie sich aufregte und gegen jeden Vorschlag verschloß. Während ich meditierte, beschäftigte ich mich mit diesem Problem und fragte: Was kann ich daraus lernen? Wie kann ich meiner Tochter helfen? Plötzlich erschien sie auf meinem inneren Bildschirm. Sie weinte, und ich fragte sie: Was ist denn los? Laß uns doch darüber sprechen. Sie antwortete: Ich kann mit dir nicht darüber sprechen. Du bist mein Vater und gehörst zu einer anderen Generation. Du kannst es nicht verstehen.

Ich visualisierte jetzt, was ich meinen «Ring der Wahrheit» nenne, eine besondere Meditationsmethode. Wer sich in diesem Ring befindet, kann nur die Wahrheit sagen. Ich visualisierte meine Tochter in diesem Ring, und sie sagte mir, daß sie mir, ihrem Vater, nicht sagen könne, was sie fühle. Ich trat neben sie in den Kreis, nahm ihre Hand und sagte: Ich verstehe dich. Du hast Kummer, und du kannst mir davon nichts sagen, weil ich voreingenommen bin, weil ich dich als dein Vater immer beschützen möchte. Ich mache mir solche Sorgen, daß du leiden mußt oder in eine Situation gerätst, die dir über den Kopf wächst. Ich fürchte, daß ich nicht wirklich verstehen kann, was du versuchst mir zu sagen und was du fühlst. Aber ich weiß, mit wem du sprechen kannst.

Dann imaginierte ich mich als Fünfzehnjährigen neben meiner Tochter in diesem Kreis. Immer noch hielt ich ihre

Hand, aber diesmal empfand ich mich als Gleichaltriger, sah sogar, was ich damals angehabt hatte, konnte das billige Rasierwasser von damals riechen und die Pomade in meinem Haar fühlen. Und so fragte ich sie jetzt als Teenager, was ihr Kummer mache. Und jetzt konnte sie mir als Gleichaltrigem alles das sagen, was sie an ihrem Vater störte, nicht zuletzt, daß ich nicht objektiv sein könne und ihr nicht zutraue, richtige Entscheidungen zu treffen.

Am Ende dieser Meditation weinte ich, aber ich hatte das Gefühl, als hätte ich einen echten Durchbruch erreicht. Das Ganze hatte zwar «nur» in meinem Geist stattgefunden, und doch war ein echtes Wunder geschehen.

Noch am selben Vormittag hatte ich das beste Gespräch mit meiner Tochter, das ich je gehabt hatte. Ich erzählte ihr von meiner Meditation und was ich gelernt hatte. Wir saßen uns gegenüber und hielten uns an den Händen, sprachen ehrlich von unseren Gefühlen und nahmen uns vor, ab jetzt miteinander offener darüber zu sprechen, was uns Kummer machte. Das Problem war gelöst. Wir umarmten einander und sagten beide die magischen Worte: «Ich habe dich lieb. Ich werde mich bemühen, offener für deine Sorgen zu sein.» Diese Geschichte soll nur ein Beispiel für all das sein, was man durch Meditation erreichen kann.

Durch Meditation kann man Konflikte beleuchten und lösen. Die Hilfe ist schon in Ihnen vorhanden. Sie brauchen beim Meditieren nur Fragen zu stellen, und Sie werden die Antworten erhalten. Sie können sich auch in die Vergangenheit zurückversetzen, Erlebnisse von neuem durchleben und erkennen, was Sie aus diesen Erfahrungen gelernt haben. Sie können mit denen in Verbindung treten, die einmal Teil Ihres Lebens waren und jetzt entweder fortgezogen sind oder unsere irdische Welt verlassen haben. Sie können Kontakt aufnehmen mit der göttlichen Kraft in sich und mit ihrer Hilfe einschneidende Veränderungen bewirken. Beim Meditieren können Sie bis zum Kern jedes Problems, jeder Krankheit vordringen und die Bedeutung für Ihr Leben erkennen lernen. Sie können sich auch Ihre Heilfähigkeiten verfügbar machen. Sie können feststellen, daß Sie dank der Kraft Ihres Geistes die Produktion von biochemischen Stoffen im Gehirn anregen können, die Schmerzen lindern und die Heilung beschleunigen. Sie können um die Kraft bitten, Ihren ungesunden Lebensstil zu verändern und ohne Suchtmittel zu leben, und Sie werden diese Kraft erhalten.

Schließlich werden Sie beim Meditieren an einem Punkt anlangen, der jenseits aller Gedanken und Hirnaktivität liegt. Sie werden eine Bewußtseinsebene erreichen, wo Sie kein Mantra mehr sagen und keinen Gedanken mehr haben. Es ist ein Gefühl reiner Glückseligkeit. Dieses Stadium kann nicht beschrieben, sondern nur in glücklichen Augenblicken erlebt werden.

Noch nach dem Meditieren wirkt dieses Gefühl ungeheurer Leichtigkeit nach. Ich ruhe in mir, fühle mich konzentriert und mit anderen verbunden, die die Fülle Gottes ebenfalls in sich spüren. Ich ernähre mich automatisch besser, lebe gesünder, trinke mehr Wasser, treibe mehr Sport und fühle mich im ganzen großzügiger und verständnisvoller, bin entspannter und weniger leicht erschöpft. Ich kann nicht eindringlich genug betonen, wie wichtig diese Meditationen für mich sind.

Vor nicht langer Zeit bat man mich wie auch fast dreißig andere Beiträger, darunter den Dalai Lama und Mutter Teresa, um einen Artikel für ein Buch «For the Love of God». Thema war ein persönliches Erlebnis mit Gott. Da ich beim Meditieren Gott am intensivsten spüre, schrieb ich darüber. Hier ein Ausschnitt:

Ich finde Gott, wenn ich mir täglich die Zeit nehme, durch Gebet oder Meditation oder wie man es auch nennen will, eine andere Bewußtseinsebene zu erreichen. Ich schließe die Augen und atme tief. Ich zentriere mich, leere meinen Geist von allen Gedanken und spüre allmählich die Liebe, die vorhanden ist, wenn ich nur still genug sein kann, um sie zu fühlen. Ich wachse über Zeit und Ort hinaus und befinde mich in der Gegenwart Gottes, in einem Stadium der Harmonie und der Seligkeit, das köstlicher ist als alles, was ich je gekannt habe.

Wie man diesen Zustand erreicht, ist gleichgültig. Es gibt kein eigentliches Rezept dafür, man kann nicht einfach nachmachen, was ein anderer vormacht. Wer selbst gewillt und bereit ist, diese Erfahrung zu machen, wird den Weg dahin finden. Auf dieser neuen Bewußtseinsebene fühlt man sich dem ganzen Universum in grenzenloser Liebe verbunden.

Meine Methode habe ich selbst herausgefunden. Sie ist nicht Bestandteil irgendeines formellen Meditationstrainings. Sie funktioniert bei mir und ist aus dem Wunsch entstanden, mit meinem höheren Selbst Verbindung aufzunehmen. Wenn dieser Wunsch auch bei Ihnen vorhanden ist, werden Sie entdecken, welcher Weg für Sie der richtige ist. Ihre Methode, sich in sich zu versenken, wird eine andere sein als meine oder als die eines anderen. Es gibt viele gute Bücher und Anleitungen zur Meditation. Aber zuerst müssen Sie den Wunsch und die Absicht haben, die höhere Bewußtseinsebene zu entdecken.

Eine Zusammenfassung der vierzehn Schlüsselpunkte, die Ihnen den Zugang zu einer für Wunder offenen Einstellung erleichtern

Haben Sie sich fest vorgenommen, zu einer Einstellung, die für Wunder offen ist, zu finden, dann kann Ihnen folgende Aufstellung von Nutzen sein. Diese vierzehn Punkte sind nicht nach bestimmten Kriterien geordnet und stellen auch nur einen ersten Anfang dar. Aber diese vierzehn Helfer sind bereits in Ihrem unsichtbaren Geist vorhanden. Sie können Ihnen den Weg zu einer Einstellung weisen, die Wunder im täglichen Leben möglich macht.

1. Halten Sie sich mit Ihrem Urteil und mit Ihrem Zweifel zurück.
2. Schaffen Sie Raum in Ihrem Geist für die Manifestation der magischen Kraft.
3. Bestärken Sie sich selbst immer wieder darin, daß Sie ein Mensch ohne Begrenzungen sind.
4. Entwickeln Sie eine neue Einstellung zur Intuition.
5. Entdecken Sie das wissende Geheimnis mitten in uns.
6. Machen Sie die Erfahrung, daß Wissen und Vertrauen bessere Lehrmeister sind als Zweifel und Furcht.
7. Lassen Sie Ihre Absichten Wirklichkeit werden.
8. Erfahren Sie, was sich überantworten und Satori bedeutet.
9. Handeln Sie so, als lebten Sie schon das Leben, das Sie sich wünschen.
10. Richten Sie sich in Ihrem täglichen Leben in erster Linie danach, was Ihnen Ihr spirituelles Selbst rät, und erst dann nach Ihrem physischen Selbst.
11. Beschäftigen Sie sich mit dem Widerspruch: «Sie können nie genug von dem bekommen, was Sie nicht wollen.»

12. Erwarten Sie nichts, und üben Sie sich darin, alles bedingungslos zu akzeptieren.
13. Entwickeln Sie persönliche authentische Kraft.
14. Meditieren Sie täglich.

Haben Sie erst den inneren Weg gefunden, wird Ihnen auch der äußere Weg möglich sein. In den nächsten Kapiteln möchte ich Ihnen helfen, diesen äußeren Weg zu gehen. Wenn Sie es vorhaben, Ihre für Wunder offene Einstellung auf allen Gebieten Ihres Lebens anzuwenden, denken Sie immer wieder an die Worte Laotses aus dem Tao-Tê-King:

> Wer nicht das Ewige kennt,
> Schafft sinnlos Unheil;
> Wer das Ewige kennt, ist duldsam.
> Duldsam ist aber: unbefangen;
> Unbefangen ist aber: allumfassend;
> Allumfassend ist aber: himmlisch;
> Himmlisch ist aber: der *Weg*;
> Der mit dem *Weg* aber dauert.
> Sinkt hin sein Leib, ist er ohne Gefahr.
> (Erstes Buch, Kapitel 16, Vers 40)

ZWEITER TEIL

**Das Wissen, daß Wunder
möglich sind, im täglichen Leben
anwenden**

4

Wunder in unserem täglichen Leben und unsere menschlichen Beziehungen

> Alles, was ihr erfahrt, obwohl es im Außen erscheint,
> ist es in eurem Inneren: in der Welt der Imagination,
> von der die sterbliche Welt nur ein Schatten ist.
>
> *William Blake*

Ich habe zwar ausführlich von dieser inneren Reise geschrieben und von der Freude, die man empfindet, wenn man diesen Raum ruhiger Leere entdeckt, in dem göttliche Eingebungen Teil Ihres inneren Seins sind und in den Sie sich immer wieder zurückziehen können. Aber die Erkenntnisse durch Ihr spirituelles Selbst werden in der materiellen Welt eine Rolle spielen, vor allen Dingen in Ihren Beziehungen zu anderen Menschen. Erfolg oder Mißerfolg Ihres Lebens wird im wesentlichen daran gemessen, wie Sie mit anderen auskommen. Wenn Sie aus Ihrem spirituellen Selbst heraus wissen, wie man in Frieden mit anderen lebt und Freude an seinen Mitmenschen hat, wird Ihr Leben nach seinem eigentlichen Sinn ablaufen. Wenn Ihre Beziehungen zu anderen gut sind, werden Sie täglich die Wirklichkeit der magischen Kraft erfahren können.

Wie sollten diese Beziehungen im Idealfall aussehen? Lassen Sie Ihrer Phantasie freien Lauf. Wie ist es mit Ihrer Liebesbeziehung? Wie würden Sie gern mit Ihren Kindern umgehen? Würden Sie sich gern geliebt fühlen, den Eindruck haben, für andere bedeutsam zu sein, und wissen, daß die Ihnen wichtigsten Menschen Ihnen zugetan sind? Möchten Sie gern sexuell befriedigt und glücklich sein? Wie ist es mit Ihren Freunden und Bekannten? Hätten Sie gern, daß diese Beziehungen durch gegenseitigen Respekt, durch Geben und

Empfangen, durch Zuneigung geprägt sind? Wie steht es mit Ihrem Verhältnis zu Ihren Arbeitskollegen oder Kontakten in der Geschäftswelt? Möchten Sie gern, daß Ihr Arbeitgeber Ihren Fähigkeiten absolut vertraut und daß Sie andererseits als Arbeitgeber denen Respekt und Verständnis entgegenbringen, die für Sie arbeiten? Wie ist es mit dem Fremden, an dem Sie vorbeigehen, den Verkäufern, die Sie bedienen, den Menschen, die neben Ihnen in Bus oder Flugzeug sitzen? Wie sollten all diese Beziehungen aussehen, wenn Sie die Macht hätten, das zu bestimmen?

Die Fähigkeit, gute Beziehungen zu den Menschen um sich herum aufzubauen, liegt in Ihnen. Wenn Sie Wunder für sich selbst möglich machen und ein wahrhaft erfülltes, selbstverwirklichtes Leben führen wollen, brauchen Sie nur die Verantwortung dafür zu übernehmen, wie Sie mit den anderen Menschen umgehen, die mit Ihnen diesen wunderbaren Planeten teilen. Wie auch in den anderen Bereichen, wo tägliche Wunder möglich sind, müssen Sie hier vielleicht eine ganze Menge umlernen und müssen bereit sein, auch gedanklich ganz neue Wege zu gehen. Auch Sie können liebevolle und befriedigende Beziehungen zu anderen Menschen finden.

Und jetzt kommt das, was dabei am schwierigsten zu schlucken ist: Damit diese wunderbaren Beziehungen entstehen können, muß sich kein anderer ändern außer Ihnen. Nehmen Sie diese radikale Behauptung ein paar Augenblicke lang in Ihr Bewußtsein auf, und bereiten Sie sich auf große Veränderungen in Ihren menschlichen Beziehungen vor.

Der Geist als Schlüssel
zu unseren menschlichen Beziehungen

Damit sich Wunder in *all* Ihren menschlichen Beziehungen zeigen können, müssen Sie neu definieren, wer Sie sind. Wie Sie schon wissen, erwarte ich von Ihnen, daß Sie sich als spirituelles Wesen mit menschlicher Erfahrung definieren und nicht als menschliches Wesen mit spiritueller Erfahrung. Als spirituelles Wesen wissen Sie, daß alle Ihre Erfahrungen durch den unsichtbaren Teil Ihres Menschseins, Ihren Geist, möglich werden. Wie Sie die Welt um sich herum verarbeiten, bestimmt, wie Sie diese Welt sehen, und das schließt auch Ihre Beziehungen zu anderen ein.

Sie können offensichtlich mit einem anderen Menschen nicht tatsächlich verschmelzen, nicht körperlich eins werden. Sie können nicht Teil des anderen Organismus werden. Der einzige Weg, mit einem anderen Menschen eine echte Verbindung einzugehen, führt über den unsichtbaren Teil Ihres Selbst, den wir Ihre Gedanken oder Ihren Geist nennen. Ja, nur dort können Sie Beziehungen zu anderen Menschen wirklich aufnehmen. Sie können einen anderen zwar berühren, küssen, im Arm halten und streicheln, aber die Qualität dieser Beziehung hängt nur davon ab, wie Ihre Gedanken diese körperlichen Aktivitäten verarbeiten. Für Ihre Beziehungen ist allein Ihr Geist zuständig, und selbst körperliche Berührungen werden erst über den Geist erfahren.

Nun rufen Sie sich wieder die wichtigste Maxime ins Bewußtsein: WIE DU DENKST, SO WIRST DU SEIN! Sie können andere Menschen nicht über Ihre Körperlichkeit erfahren, können sie also nur mit Ihrem Geist erfassen. Daher sind alle Menschen in Ihrem Leben nur Teil Ihrer Gedankenwelt, keine greifbaren Wesen, sondern Gedanken. Ihre Beziehungen zu anderen Menschen sind gleichzusetzen mit

Ihrem Denken darüber. Ihre Erfahrungen mit all den Menschen existieren *nur* in Ihrer Gedankenwelt. Ihre Gefühle für einen geliebten Menschen kommen aus Ihrem immateriellen Selbst. Vielleicht verhält sich dieser Mensch sogar ungehörig, aber Ihre Beziehung zu ihm ist nicht durch sein Verhalten bestimmt, sondern nur dadurch, wie Sie auf dieses Verhalten reagieren. Das Handeln eines Menschen gehört ausschließlich ihm allein, Sie können es lediglich auf Ihre Weise verarbeiten.

Ihr Lebenspartner, Ihre Kinder, Familie, Geschäftsfreunde, Fremde, alle Menschen, die auf unserem Planeten leben und in einem metaphysischen Sinn unsere Brüder und Schwestern sind, sind in unserem Denken vorhanden. Wenn auf der anderen Seite der Erde ein Flugzeug entführt wird, dann fühlen Sie für die Opfer. Dieses Gefühl verbindet Sie mit den Menschen. Sie sind mit ihnen durch unsichtbare Gedanken verknüpft.

Das Umgekehrte ist noch schwieriger zu verstehen. Sie betrachten sich selbst als physisches *und* spirituelles Wesen, sind aber nur ein Gedanke für jeden anderen, dem Sie im Leben begegnen. Genauso, wie Sie andere nur über Ihren Geist begreifen, so erfahren andere Sie nur über ihren Geist. Ihre Beziehungen spielen sich in dem unsichtbaren Teil Ihres Selbst ab, das keine Grenzen kennt, wo Sie Freude an Ihren Beziehungen zu anderen empfinden können, sofern Sie Ihr Denken entsprechend einsetzen.

Die freie Welt der Gedanken verwenden,
um Beziehungen aufzubauen

Jetzt wird es Zeit, daß Sie sich die überaus wichtige Frage stellen: Wie steht es mit den Menschen, zu denen ich eine nahe Beziehung habe? Denken Sie daran: Alles, was Ihnen in den Sinn kommt, nimmt an Bedeutung zu, und Sie allein sind für Ihre Gedanken verantwortlich. Wenn Sie nur daran denken, was Ihnen an einem anderen nicht gefällt, dann wird dieser Mangel Ihre Beziehung zu dem anderen definieren. Sie werden ihn ablehnen und ungern mit ihm zusammensein.

Wenn ein Mensch sich auf eine bestimmte Weise verhält, reagieren Sie dann eher negativ? Sie sagen sich im stillen: Ich hasse sie, wenn sie das tut! oder Ich wünschte, er würde besser auf sich aufpassen! oder Ich kann es nicht ausstehen, wenn er sich vor anderen so dumm anstellt! Eine so negative Reaktion hat aber nur mehr Ablehnung und Unannehmlichkeiten zur Folge, denn Sie können sich nur Ihren Gedanken entsprechend verhalten, und in diesem Szenario sind Ihre Gedanken negativ besetzt.

Statt aber das Verhalten eines anderen vorschnell zu verurteilen, können Sie es auch auf eine andere Weise wahrnehmen. Denken Sie immer daran, daß nicht der andere für die schlechte Beziehung verantwortlich ist, sondern es Ihre Entscheidung ist, was Sie über ihn denken und damit, welche Beziehung Sie zu ihm eingehen. Sie können zum Beispiel sagen: Sie geht ihren eigenen Weg, und jetzt kann sie eben nicht anders. Aber sie hat so viele andere wunderbare Eigenschaften, auf die ich mich konzentrieren werde. Ich möchte, daß wir eine gute Beziehung haben, und wenn ich positiv von ihr denke, dann wird in unserer Beziehung auch das Positive überwiegen. Oder Sie sagen sich: Er kann im Augenblick nur so leben. Ich weiß, daß es ihm nicht guttut, aber ich werde mich nicht mit dem aufhalten, was ich an ihm ablehne. Ich werde ihm trotz seines Verhaltens meine liebevollen Gedanken senden.

Vielleicht kommt Ihnen eine solche Haltung im Umgang mit anderen zu blauäugig vor, vielleicht empfinden Sie sie anfangs sogar als unehrlich, weil sie nicht Ihren wahren Gefühlen entspricht. Aber vergessen Sie nicht, wahre Gefühle kommen aus den Gedanken. Wenn Sie die magische Kraft in Ihrer Wirklichkeit erfahren wollen, dann werden Sie auch magische Gedanken zulassen.

Wunder ereignen sich nur dann in einer Beziehung, wenn die Partner sich offen und unvoreingenommen begegnen. Sie können andere nicht durch Ihr Urteil definieren, sondern Sie offenbaren sich nur selbst als jemand, der urteilen muß. Andere definieren sich durch ihre Gedanken und nachfolgenden Handlungen. Ihre innere Haltung zu dem anderen sollte also der Beziehung entsprechen, die Sie zu ihm haben möchten. Nicht nur Sie selbst werden zu dem, was Sie im Geiste vor sich sehen. Auch Ihre Beziehungen zu anderen werden sich so gestalten, wie Sie sie geistig schaffen.

Wenn Sie nur an die Begrenzungen in Ihrer Beziehung denken, dann wird Ihre Beziehung limitiert sein. Wenn Sie Wunder in Ihren Beziehungen zu anderen bewirken möchten, müssen Sie diese Menschen und Ihre Beziehung zu ihnen so betrachten, als wäre das Wunder schon geschehen. Es gibt keinen anderen Weg.

Denken Sie an das zentrale Thema dieses Buches: Das Universum und alles, was es umfaßt, hat einen Sinn. Ihr Leben hat eine große göttliche Aufgabe, und es ist überaus wichtig, daß Sie Ihr Leben auf diesen Sinn hin ausrichten, denn nur dann können Sie Wunder wirken. Sie müssen sich dessen bewußt sein, daß Sie diese göttliche Aufgabe erfüllen, und entsprechend handeln. Und die wichtigste Botschaft in diesem

Kapitel ist, daß auch Ihre Beziehungen zu anderen Menschen zu dieser Aufgabe gehören.

Bevor Sie darangehen, Wunder in Ihre verschiedenen menschlichen Beziehungen einzubringen, müssen Sie diese Idee von der göttlichen Aufgabe vollkommen akzeptiert haben. Sie müssen sich daran gewöhnen, Ihrer Mission gemäß zu handeln, damit Sie alte Angewohnheiten ablegen können, die Wunder unmöglich machen. Ihr Leben und Ihre Beziehungen zu allen Menschen haben einen universellen Sinn.

Beziehungen zu anderen und der Sinn des Lebens

Im allgemeinen hängt unsere Lebensqualität direkt davon ab, wie unsere Beziehungen zu anderen Menschen aussehen. Außerdem zeigen diese Beziehungen, wie wir zu uns selbst stehen. Lassen Sie mich das in einer kurzen Rückschau erklären.

Sie stehen in einem bestimmten Verhältnis zu Ihrem Geist und Ihrem Körper. Wenn Sie zum Beispiel äußern: Ich sagte mir, dann handelt es sich da um zwei Wesenheiten. Das «ich» bezieht sich auf Ihr unsichtbares Selbst (die Gedanken) und das «mir» auf Ihr physisches Selbst, das einen Namen, eine Adresse und einen Personalausweis hat. Wenn Sie mit sich selbst schimpfen, dann kritisiert Ihr unsichtbares Selbst Ihr sichtbares Selbst. Diese Beziehung mit sich selbst besteht, solange Sie leben.

Ihr Ziel ist, sich als ein spirituelles Wesen zu empfinden, das eine menschliche Erfahrung hat, und eine Einstellung zu entwickeln, durch die Wunder Wirklichkeit werden können.

177

Sie wollen versuchen, diese Zweiteilung in Ihr immaterielles Selbst und Ihr materielles Selbst aufzuheben. Solange Sie sich für dumm halten, werden Sie auch entsprechend handeln. Das kann gar nicht anders sein. Wenn Sie sich aber für einen fähigen, liebevollen, sensiblen, göttlichen Menschen halten, der auch mal Fehler machen kann, dann werden Sie sich auch so verhalten.

Wenn für Sie Geist, Seele und Körper eins sind, wenn Sie diese göttliche Ganzheit in sich spüren, dann können Sie das Gefühl auch auf andere übertragen. Wenn Sie sich selbst lieben, können Sie auch andere lieben. Unabhängig davon, wie der andere Sie behandelt, Sie selbst können nur das geben, was Sie in sich tragen. Es ist wie mit der sprichwörtlichen Orange: Wenn Sie sie drücken, kann nur Orangensaft herauskommen. Was drinnen ist, muß herauskommen, und das hat nichts damit zu tun, wer drückt oder unter welchen Umständen. In Ihnen kann nur das vorhanden sein, was Sie über Ihre Gedanken hineingelassen haben, es gibt keinen anderen Eingang. Wenn Sie Haß in sich fühlen, können Sie nur Haß weitergeben. Wenn Sie Liebe und Mitgefühl in sich tragen, werden Sie anderen Liebe und Mitgefühl entgegenbringen.

Ihre Beziehungen zu anderen machen die gleiche Entwicklung durch wie Sie selbst. Wenn Sie auf dem Weg zur Erleuchtung nur leiden und immer wieder klagen, warum Sie denn immer so ein Pech haben müssen, dann werden Ihre Beziehungen auch darunter leiden. Wenn Sie sich auf Ihrem Weg vor allen Dingen auf die Resultate konzentrieren und erkennen, daß Sie im Leben gewisse Lektionen lernen müssen, dann wird sich diese Einstellung auch in Ihrem Verhältnis zu anderen Menschen zeigen. Und wenn Sie die Erleuchtung über den Sinn Ihres Lebens suchen und auch finden, Ihr Leben diesem Sinn gemäß leben, dann wird sich das auch in Ihren menschlichen Beziehungen zeigen. Der Sinn des Lebens besteht im Geben. Sie können nichts erwerben und auf ewig behalten. Sie können nur geben im Dienste am Nächsten. Wenn man diesem Lebenssinn im täglichen Leben gerecht wird, werden auch Wunder in den Beziehungen zu anderen geschehen.

Wenn Sie das Bedürfnis, zu leiden oder andere zu dominieren, hinter sich gelassen haben, wenn für Sie in Ihren menschlichen Beziehungen nicht mehr wichtig ist, was dabei für Sie herauskommt, wenn Sie statt dessen vorbehaltlos geben und für andere da sind, dann werden auch täglich Wunder in Ihrem Leben geschehen. So wie es uns George Washington Carver rät, nämlich sanft mit den Jungen, mitfühlend mit den Alten, verständnisvoll mit den Eifrigen und tolerant gegenüber den Schwachen und den Starken zu sein, denn irgendwann in seinem Leben wird jeder all diese Stadien durchlaufen.

Das ist das Wichtigste in Ihren Beziehungen: Behandeln Sie andere so, wie Sie auch selbst behandelt werden wollen. Seien Sie für andere da, ohne gleich zu fragen: Und was habe ich davon? Begegnen Sie anderen mit Liebe statt mit Kritik. Geben Sie vorbehaltlos, und akzeptieren Sie mit Liebe, was Ihnen zurückgegeben wird, auch wenn es etwas ist, was Sie nicht erwartet haben.

Wenn Sie Haß mit Haß beantworten oder Zorn mit Zorn, dann liegt das nicht daran, wie man Ihnen begegnet ist, sondern an Ihrer inneren Einstellung. Man kann aus einer Orange keinen Tomatensaft herausholen, auch wenn man sie noch so ausquetscht. Sie können nicht mit Haß reagieren, wenn Sie nur Liebe in sich tragen, egal, welchen Druck man auf Sie ausübt.

Wenn Sie das Geben als den Sinn des Lebens verinnerlicht haben, werden Sie Ihren Mitmenschen ganz anders begegnen. Und diese neue Einstellung wird bewirken, daß auch die anderen sich Ihnen so viel näher fühlen, daß Ihr Verhältnis zu anderen Menschen einfacher und befriedigender wird, obgleich Sie sich weniger darum bemühen als früher, daß andere sich so verhalten, wie Sie es wollen. Es ist ein Paradox: Je mehr Sie weggeben, desto mehr bekommen Sie zurück. Je stärker Sie etwas erzwingen wollen, desto weniger Freude werden Sie daran haben.

Was ist das Wichtigste an einer Beziehung, die auf das Geben ausgerichtet ist? Und wie kann man zu einer solchen Beziehung kommen?

Liebe: Der wichtigste Bestandteil
einer sinn-vollen Beziehung

Die Grundlage einer solchen Beziehung ist die Liebe. Dazu gehört allerdings mehr als nur das Bekenntnis: Ich liebe dich – denn diese Worte werden auch von Menschen verwendet, die andere beschimpfen und verletzen. Liebe ist Geben und ist nicht abhängig von dem, was man bekommt. Liebe ist ein innerer Prozeß, der in eine Beziehung eingebracht wird. Gebende Liebe ist die Grundlage einer sinn-vollen Beziehung. Diese spirituelle Liebe wird von J. Krishnamurti in «Think on These Things» als das Wichtigste im Leben bezeichnet. Dabei bedeutet für ihn Liebe das Gefühl außerordentlicher Zuneigung, ohne etwas dafür zu verlangen, unabhängig von Intelligenz und äußerem Erfolg. Liebe heißt demnach also bedingungsloses Geben. Ausschließlich so verstanden läßt sie wunderbare Beziehungen zu. Selbst eine sexuelle Begegnung ist dann erst wahrhaft aufregend und befriedigend, wenn man gibt und nichts dafür erwartet. Dann ist Sex perfekt. Wenn man dagegen hauptsächlich an sich selbst denkt, etwa, was für ein guter Liebhaber man doch ist, dann will man nur haben. Eine sexuelle Beziehung ist vollkommen, wenn man gibt, sie läßt etwas Entscheidendes vermissen, wenn man etwas erwartet.

Dieses Geben hat nicht nur mit dem sexuellen Aspekt einer Beziehung zu tun, sondern ist auch in menschlichen Beziehungen überaus wichtig, in denen Sex überhaupt keine Rolle spielt. Anderen mit Liebe zu begegnen macht sensibler für andere. Man betrachtet sie nicht nur als physische Wesen, sondern erkennt die Seele im Körper. Die Fülle Gottes wird sich Ihnen bald in jedem offenbaren, dem Sie begegnen, und Sie beginnen, in Ihren Beziehungen die Wirklichkeit der magischen Kraft zu erfahren.

Sie sehen Ihre und andere Kinder nicht mehr nur in bezug auf das, was sie tun, ob sie sich gut oder schlecht benehmen, sondern Sie sehen in sie hinein, erkennen die Seele in dem jungen Körper. Wenn Sie dieser Seele in Liebe begegnen und dieses Gefühl dem ganzen Kind entgegenbringen, wird es mit Liebe reagieren. Liebevolle Beziehungen mit anderen sind möglich, weil Sie selbst Liebe einbringen, statt sie von anderen zu erwarten.

Probleme mit anderen Familienmitgliedern lassen sich schon allein dadurch lösen, daß Sie keinen Zorn mehr empfinden und Ihre negative Einstellung sich in vorbehaltlose Liebe verwandelt hat. Dazu braucht man weder lange Jahre der Therapie noch Selbsthilfegruppen, Drogen oder Wunderkräuter. Es ist dafür nur eine Verschiebung Ihrer Prioritäten nötig. Sie räumen Ihrer Spiritualität den ersten Platz ein und betrachten sich erst an zweiter Stelle als weltliches Wesen. Das kann in der Form von Satori geschehen, einem plötzlichen Erwachen zu der neuen Einstellung, in der Sie sich selbst voller Liebe fühlen, in der Sie von niemandem etwas verlangen, in der Sie großzügig geben, ohne etwas zu erwarten.

Wenn Sie sich diese Art von Einstellung zu eigen gemacht haben, wird paradoxerweise eine Bereicherung Ihres Lebens stattfinden. Vielleicht haben Sie bisher Ihre Eltern unmöglich gefunden. Jetzt aber bilden Sie sich kein Urteil mehr. Satori! Sie schenken ihnen Ihre Liebe, vergeben ihnen alles, was sie Ihnen in der Vergangenheit angetan haben, und erinnern sich dabei, daß die Eltern damals auch nur so gehandelt haben, wie sie ihren Umständen gemäß handeln mußten. Sie senden ihnen Ihre Liebe und lassen sich nicht von alten Enttäuschungen beeinflussen. Und wie durch ein Wunder verändert sich Ihr Verhältnis zu Ihren Eltern. Sie selbst haben dieses Wunder verursacht!

Auch Freundschaften und berufliche Verbindungen können durch diese neue, auf Geben ausgerichtete Einstellung beeindruckend verbessert werden. Wenn es ein Problem gibt, vernachlässigen Sie einmal Ihre negativen Gedanken, und verbreiten Sie statt dessen Verständnis und Liebe. Auf diese Weise entspannt sich die feindselige Atmosphäre, Konflikte können abgebaut und Lösungen gefunden werden. Ein bewußt auf liebendes Geben ausgerichteter Mensch, der sich weigert, negative, haßerfüllte Gedanken zu haben, kann buchstäblich seine physische Umgebung beeinflussen. Wenn Sie sich von Haß nicht einschüchtern lassen, wenn Sie statt dessen Ihre innere friedliche Überzeugung in Liebe verbreiten, lassen Sie sich auch von aggressiven Herausforderungen nicht erschüttern.

Als ich an einem College unterrichtete, hatte ich Kollegen, die sich oft stritten. Niemand wollte Kompromisse machen, alle wollten recht behalten, und sie waren noch nicht einmal bereit, sich über Meinungsunterschiede ruhig zu unterhalten. Wer nicht derselben Meinung war, der war eben «schwierig», ein Mensch, mit dem man «einfach nicht auskommen konnte».

Und doch hatte ich persönlich keine Schwierigkeiten mit diesen Kollegen. Wenn andere sich aufregten, konnte ich gelassen bleiben. Warum? Ich begegnete diesen «schwierigen» Kollegen mit Liebe und erwartete nichts von ihnen. Auch wenn ich nicht ihrer Meinung war, blieb ich freundlich und verständnisvoll und hatte keine Probleme. Diese Kollegen unterhielten sich mit mir und konnten mir gegenüber ihre Aggressionen einfach nicht anbringen. Ich gab nicht vor anderen an, wie gut ich mit diesen schwierigen Typen auskam, machte keine große Sache daraus. Ich begegnete ihnen wie allen anderen Menschen mit der Liebe, die ich in mir trug, und verließ mich auf ihre Wirkung.

Mit dieser grundlegenden Einstellung gehe ich mein ganzes Leben an. Vergessen Sie nie, daß Sie auf der Welt sind, um für andere dazusein. Sollten Sie einmal von diesem Weg abkommen, besinnen Sie sich, und überlegen Sie, wie Sie in einer bestimmten Situation einen positiven Beitrag leisten können. Hören Sie auf, sich ständig beweisen zu müssen, stellen Sie Ihr Ego zurück, und begegnen Sie anderen mit liebevoller Zuwendung.

Ich habe schon häufig in einer Schlange vor dem Schalter am Flughafen gestanden und miterlebt, wie ein wütender Kunde den Angestellten Vorhaltungen machte. Und ich habe dann immer im stillen gedacht: Wenn er dem Angestellten doch nur mit ein wenig mehr Freundlichkeit und Verständnis begegnen könnte, würde der ihm wahrscheinlich helfen. Der wütende Kunde wendet sich dann immer vollkommen frustriert ab und hat nichts gewonnen außer einem erhöhten Blutdruck. Wenn ich in einer solchen Situation bin, sage ich meistens etwas Freundliches zu dem Angestellten. Ich lächele ihn an und sage: «Mir ist alles recht, Sie tun ja, was

Sie können.» Und man behandelt mich immer besonders gut, und nicht selten, wenn der gewünschte Platz in der Economy-Klasse nicht zu haben war, hat man mich erster Klasse fliegen lassen.

Der Zusammenhang zwischen freundlichem Verhalten und gutem Resultat ist eigentlich so einleuchtend, daß ich mich immer wundere, wie wenig Menschen davon Gebrauch machen. Wie man selbst behandelt werden möchte, so sollte man andere behandeln. So einfach ist das. Begegnen Sie jedem mit Zuneigung, auch dem Fremden, den Sie auf einem Spaziergang treffen. Möchten Sie nicht auch so behandelt werden?

Vier weitere Bestandteile einer sinn-vollen Beziehung

Liebe zu geben, ohne dafür etwas zu erwarten, ist die Grundlage Ihrer Beziehungen, wenn Sie dem Sinn Ihres Lebens gemäß leben. Viel mehr brauchen Sie eigentlich nicht zu wissen. Wenn Sie dem anderen in bedingungsloser Zuneigung begegnen, werden Sie sich erfüllt statt leer fühlen und glücklich statt unglücklich sein. Hier jetzt zusätzlich noch ein paar Vorschläge, die in Ihren Beziehungen Wunder wirken können.

1. Geben Sie es auf, immer recht haben zu müssen.
Das Bedürfnis, recht zu haben und zu zeigen, daß der andere im Unrecht ist, ist die Hauptursache für Probleme in zwischenmenschlichen Beziehungen. Man will aus einer Diskussion als Sieger hervorgehen, will beweisen, daß der andere

nicht weiß, wovon er spricht, will zeigen, daß man überlegen ist. Aber in einer spirituellen Partnerschaft gibt es keine Überlegenheit, keiner hat recht oder unrecht. Man kann einen Streit nicht gewinnen. Jeder Mensch hat das Recht auf seine eigene Meinung. Wenn Sie positive Veränderungen in Ihren Beziehungen zu anderen erleben möchten, dann schalten Sie das Bedürfnis, anderen Fehler nachzuweisen, einmal für ein paar Tage ab, und Sie werden überrascht sein, was sich alles für Sie verändert.

Bevor Sie den Mund öffnen, um einem anderen zu sagen, er habe unrecht, sagen Sie sich zum Beispiel folgendes: Ich kenne meine Einstellung dazu, und ich weiß, daß sie anders empfindet, aber wenn schon. Es genügt, daß ich es weiß. Ich muß ihr doch nicht beweisen, daß sie unrecht hat. Dann schweigen Sie freundlich und haben damit schon ein Wunder bewirkt. Sie haben einen potentiellen Konflikt vermieden, weil Sie liebevoll reagierten. Niemand, Sie eingeschlossen, hat es gern, wenn man ihm beweist, daß er unrecht hat. Also verhalten Sie sich entsprechend. Sie brauchen die Anerkennung nicht, Sie müssen anderen nicht unbedingt zeigen, daß Sie ihnen überlegen sind. In einer spirituellen Partnerschaft ist niemand dem anderen überlegen oder unterlegen, beide Partner respektieren den anderen als gleichwertig. Mit einer solchen Einstellung wird auch in Ihren Beziehungen Verärgerung und Zorn durch liebevolles Verständnis ersetzt werden.

Das gleiche gilt für sämtliche Beziehungen zu anderen Menschen. Ihre Kinder brauchen Anleitung, aber sie mögen es nicht, wenn man ihnen zeigt, daß sie im Unrecht sind. Man kann sie fördern, ohne ihnen zu beweisen, daß sie dumm sind. Statt seine Überlegenheit zu demonstrieren, sollte man Kindern mit liebevollem Verständnis vermitteln, wie sie selbst ihre eigenen Standpunkte kritisch überdenken können. Sie können zum Beispiel ruhig sagen: «Ich sehe das etwas anders. Kannst du mir sagen, wie du zu diesem Schluß gekommen bist?» Man sollte immer daran denken, daß niemand es gern hat, wenn man ihm seine Fehler nachweist, vor allen Dingen nicht vor anderen.

Wenn Sie die spirituelle Gewißheit Ihres Lebenssinns in sich tragen, dann wollen Sie auch anderen zu dieser Gewißheit verhelfen. Eine solche liebevolle Einstellung kann überall zum Tragen kommen, in Geschäftsverbindungen, mit Fremden, denen man zufällig begegnet, in Meinungsverschiedenheiten mit Nachbarn, in nahezu allen zwischenmenschlichen Beziehungen. Menschen mit echtem Selbstvertrauen haben es nicht nötig, andere zu erniedrigen. Sie kennen und vertrauen ihrer eigenen Einstellung, und sie behandeln andere mit Achtung und Verständnis, statt sie in Verlegenheit zu bringen.

2. Geben Sie dem anderen Raum.
Auch in einer engen Beziehung muß der andere seinen Freiraum haben. Auch darin äußert sich die bedingungslose Liebe, die lieber gibt als nimmt. Nur wer einen Menschen so liebt, wie er ist, und nicht eine Wunschvorstellung von ihm, läßt ihm automatisch genügend persönlichen Freiraum. Wirklich lieben bedeutet, den anderen in seiner Andersartigkeit vollkommen zu akzeptieren. Wenn das zum Beispiel eine zeitweilige Trennung einschließt, dann sollte man ihn darin sogar bestärken. Wer sich eifersüchtig an einen anderen klammert, glaubt meistens, daß er das Recht hat, dem anderen vorzuschreiben, wie er zu sein hat. Für Robert Frost bedeutete Liebe: «Liebe einen anderen rein um seiner selbst willen.» Das klingt so einfach und ist doch für viele Menschen im Alltag so schwer nachzuleben.

Jeder braucht Zeit, in der er ganz für sich sein kann, in der er zum Beispiel durch Meditieren mit seinem höheren Selbst Verbindung aufnehmen kann, über sich selbst nachdenkt, in der er lesen, hören, denken, allein spazierengehen kann. Alleinsein kann zu einem wichtigen Faktor im Leben werden und kann Ihnen helfen, großzügiger in Ihren spirituellen Partnerschaften zu sein. Wenn Ihr Partner allein sein möchte, sollten Sie das nicht als Ablehnung verstehen, sondern als eine begrüßenswerte Zeit der Erneuerung. Verhelfen Sie einander zu diesem wichtigen Freiraum. Vergessen Sie nicht, daß Ihre Beziehung zu dem anderen in Ihrem eigenen spirituellen Selbst ruht und nicht von seinem Denken oder Tun abhängig ist. Ihr Bedürfnis nach persönlicher Freiheit wird den anderen nicht beunruhigen, wenn eine spirituelle Harmonie vorhanden ist. Sie und Ihr Partner werden ihre Zeit ohne den anderen genießen und dankbar dafür sein, daß der Partner Verständnis für dieses Bedürfnis hat und es sogar unterstützt.

Persönlicher Freiraum ist ein wunderbares Geschenk an den Partner. Ohne ihn wird sich eine Beziehung verschlechtern, gleichgültig, wie sehr man sich auch sonst bemüht. Je mehr Raum man sich in einer Beziehung gibt und gerne gibt, desto besser wird die Beziehung sein. Je stärker man den Freiraum des anderen einschränkt, seine Aktivitäten überwacht und darauf besteht, immer alles gemeinsam zu tun, desto schneller wird eine ehemals liebevolle Beziehung auseinanderbrechen.

3. Lösen Sie sich von der Vorstellung, Besitzansprüche an den anderen zu haben.
Haben Sie Freude an Ihrem Partner, aber versuchen Sie nicht, ihn zu Ihrem Eigentum zu machen. Sie können das Wunder einer magischen Beziehung nicht kennenlernen, wenn Sie glauben, der andere gehöre Ihnen, oder Sie hätten das Recht, ihn zu dominieren. Niemand mag das Gefühl, zum Besitz

eines anderen zu gehören, der über ihn bestimmt. Wir alle kommen mit einem spezifischen Lebenszweck auf diese Welt, und wenn ein anderer versucht, unser Denken und Handeln zu bestimmen, dann wird damit unsere Mission im Leben vereitelt. In einer guten Beziehung kann ein Mensch dazu ermutigt werden, dem Sinn seines Lebens gemäß zu leben, in einer schlechten wird von ihm verlangt, ihn zu vernachlässigen.

Sie haben kein Recht, Ihrem Partner vorzuschreiben, was er hier auf Erden tun darf. Das ist allein seine Sache, besser: die seiner Seele. Partner können einander in ihrer Beziehung einengen, ja gefangenhalten. Selbst wenn sie auf eine langjährige Ehe zurückblicken, war vielleicht eine liebevolle, gleichberechtigte Beziehung nicht möglich, weil einer der Partner sich immer als Besitz des anderen fühlte.

Ich habe diese Lektion auf schmerzhafte Weise gelernt. Es gab eine Zeit, da meinte ich, ich könnte meiner Frau vorschreiben, was sie zu denken und zu tun hatte. Ich habe teuer dafür gezahlt, habe viele Stunden in Streit, Frustration und Streß verbracht, habe schließlich eine quälende Scheidung durchgemacht, und alles nur, weil ich vollkommen unrealistische Ansprüche hatte. Aber ich habe daraus gelernt. Heute kann ich mir überhaupt nicht mehr vorstellen, daß mir meine Frau gehört. Sie hat ihre eigene Persönlichkeit, und mein Verhältnis zu ihr beruht auf dieser Tatsache. Sie erwidert das Gefühl und schafft mir den Freiraum, den ich für mein Schreiben, für meine Vorträge brauche, um meinen persönlichen Lebenszweck zu erfüllen. Sie hat meiner Meinung nach das gleiche Recht auf Zeit, über die sie frei verfügen kann, wenn es auch wegen unserer vielen Kinder für sie schwieriger zu ermöglichen ist. Ich versuche ihr jeden Tag ein wenig zeitlichen Freiraum zu verschaffen, und wir wissen beide mit absoluter Sicherheit, daß wir keinerlei Besitzansprüche aneinander haben. Durch unsere Liebe und unseren Respekt füreinander erfahren wir täglich das Wunderbare unserer Beziehung, was früher nicht möglich war. Als wir noch versuchten, den anderen zu beeinflussen, ihm Vorschriften zu machen, verschlechterte sich unsere Beziehung. Jetzt genießen wir jeden Augenblick, den wir gemeinsam erleben, fühlen uns einander ganz nah, seit wir dem anderen persönlichen Freiraum, bedingungslose Liebe und Respekt zugestehen. Es ist ein Wunder, das früher unmöglich schien. Es geschah durch selbstverständliches Geben, nicht durch Fordern, durch gegenseitigen Respekt und nicht durch Kritik.

4. Sie brauchen nicht alles zu verstehen.
Um mit Ihren Mitmenschen gut zurechtzukommen, brauchen Sie nur folgende Lektion zu beherzigen: Sie brauchen nicht zu verstehen, warum einer auf eine bestimmte Weise handelt und denkt. Sie zeigen großes Verständnis für einen anderen Menschen, wenn Sie sagen können: Ich verstehe sein Verhalten zwar nicht ganz, aber das macht nichts.

Jedes meiner sieben Kinder hat eine ganz eigene Persönlichkeit und auch Interessen, die sich von denen seiner Geschwister unterscheiden. Dazu kommt, daß das, was sie interessiert, mich oft überhaupt nicht interessiert und umgekehrt. Ich glaube heute nicht mehr, daß sie so denken oder ihr Leben so einrichten sollten wie ich, sondern ich kann Abstand nehmen und mir selbst sagen: Das ist ihr Leben, sie stammen zwar von mir ab, sind aber nicht auf der Welt, um mir zu gefallen. Ich will sie beschützen, will sie ermutigen, auf selbstzerstörerisches Verhalten zu verzichten, will sie aber darüber hinaus ihren eigenen Weg gehen lassen. Nur selten verstehe ich, warum ihnen eine bestimmte Sache besonders wichtig ist, aber ich muß es nicht mehr verstehen, und das gibt unseren Beziehungen zueinander eine geradezu magische Qualität.

Auch in Ihrer Liebesbeziehung müssen Sie nicht verstehen, warum Ihr Partner ein bestimmtes Fernsehprogramm ansieht, zu einer gewissen Zeit ins Bett geht, bestimmte Speisen gerne ißt, besondere Bücher bevorzugt, gern mit manchen Leuten zusammen ist oder auch in Filme geht, die Sie überhaupt nicht interessieren. Sie sind zusammen, nicht um einander in allem zu verstehen, sondern um dem anderen dabei zu helfen, dem Sinn seines Lebens gemäß zu leben. Gary Zukav beschreibt in «The Seat of the Soul» eine spirituelle Partnerschaft als eine, in der einer dem anderen in seiner spirituellen Entwicklung beisteht. Die spirituellen Partner gehen dabei von ihrer Gleichberechtigung aus, trennen Persönlichkeit und Seele, da sie den tieferen Grund ihres Zusammenlebens in der Entwicklung ihrer Seelen erkennen.

Aus dieser Definition geht hervor, daß man den anderen nicht verstehen können muß. Spirituelle Liebe bedeutet, das zu lieben, was ist, selbst wenn man die tiefere Bedeutung dahinter nicht begreifen kann. Wenn Sie nicht mehr versuchen müssen, den anderen ganz und gar zu verstehen, eröffnen sich Ihnen neue wunderbare Perspektiven in Ihrer Liebesbeziehung. Sie können den Partner ganz akzeptieren, können sich sagen: Ich denke zwar nicht wie sie, aber das macht nichts. Ich liebe sie, nicht weil sie so ist wie ich, sondern weil sie mir gibt, was ich nicht bin. Wenn sie so wäre wie ich und ich sie vollkommen verstünde, warum sollte ich dann mit ihr leben? Es wäre doch sinnlos, mit einem Menschen zusammen zu sein, der genauso ist wie man selbst. Ich respektiere die Aspekte von ihr, die ich nicht verstehe. Ich liebe sie nicht wegen der Charakterzüge, die ich verstehe, sondern wegen ihrer unsichtbaren Seele, die zu diesem Körper gehört und für ihr Handeln und Denken verantwortlich ist.

Wenn diese Punkte in einer Beziehung berücksichtigt werden, können die Partner ihr jeweils sinngerechtes Leben führen, und dann ist bedingungslose Liebe möglich. Wenn Sie sich daran halten, werden Sie positive Veränderungen in all Ihren Verhältnissen zu anderen Menschen und das Wunder erfahren, endlich Ihr Leben auf seinen Sinn hin ausgerichtet zu leben.

Wie magische Beziehungen ablaufen

Nach Ihrer Vorstellung sollten Sie in magischen Beziehungen wahrscheinlich immer glücklich und zufrieden sein und schmerzhafte Konflikte nicht kennen. Vielleicht wünschen Sie sich auch dieses Gefühl der Seligkeit herbei, wie damals, als Sie sich als junger Mensch zum ersten Mal so richtig verliebt hatten.

Um Wunder in Ihren Beziehungen zu anderen Menschen zu bewirken, müssen Sie geistige Entwicklungen stattfinden lassen. Sie müssen Ihre Einstellungen ändern, müssen sich vornehmen, nicht mehr durch Leiden zu lernen oder nur auf Resultate hinzuarbeiten, sondern Ihr Leben auf seinen ewigen Sinn hin ausrichten. Diese Veränderung wird sich dann auch in Ihren Beziehungen zu anderen positiv niederschlagen.

Wenn Sie sich darauf konzentrieren, spirituelle Partnerschaften mit anderen aufzubauen, werden Sie zusätzlich auch wunderbare Veränderungen in anderen Bereichen Ihres Lebens erfahren. Sie entdecken neue Fähigkeiten an sich, Sie vollbringen Erstaunliches, was Sie bisher für einen glücklichen Zufall hielten. Sie werden anderen in ihren Gedanken nahekommen, was unmöglich ist, wenn man in Zweifel und Furcht lebt. Sie werden ahnen, was der andere denkt, und werden immer wieder laut sagen: «Das habe ich auch gerade gedacht» oder «Dasselbe wollte ich dir auch gerade vorschlagen» oder «Du kannst ja wohl Gedanken lesen. Genau darauf habe ich mich gerade konzentriert». Solche Zusammentreffen sind nicht zufällig oder seltsam, sondern sie geschehen, wenn man auf einer höheren Bewußtseinsebene lebt.

Dieses höhere Bewußtseinsstadium, was sich zwischen Ihnen und anderen entwickelt, kann man auch als vollständiges Akzeptieren von Intuition beschreiben, um die es in diesem Buch bereits ging. Durch das spirituelle Verbundensein mit anderen entwickeln Sie ein intuitives Wissen und kommunizieren mit ihnen auf einer ganz anderen Ebene als bisher. Sie entdecken, daß dieselbe ewige, unsichtbare, intelligente Kraft Sie selbst wie auch alle anderen durchdringt. Über diese ewige Kraft können Sie mit Menschen, die Sie lieben, eine ganz neuartige Beziehung eingehen.

Diese neue Verbindung verlangt nicht, daß Sie dem anderen physisch nah sind. Selbst wenn Sie Meilen von dem geliebten Menschen entfernt sind, werden Sie wissen, was der andere braucht und denkt. Durch diese spirituelle Verbindung sind Sie wahrhaft eins geworden. Wenn Sie zum Beispiel die Telefonnummer Ihres spirituellen Partners wählen, weiß er, daß Sie anrufen, noch bevor Sie sich gemeldet haben. Solche und ähnliche Erlebnisse werden Sie immer häufiger haben. In Ihren Meditationen werden Sie erfahren, was ein bestimmter Mensch sich wünscht, und wenn Sie dem in der realen Welt nachkommen, wird der Empfänger erstaunt sein, daß Sie seinen Wunsch erraten haben. Aber für Sie ist das nicht mehr ungewöhnlich, sondern eher normal.

Sie stellen auf einer höheren Bewußtseinsebene eine Verbindung zu dem anderen her und betreten damit das Reich der täglichen Wunder.

Sie werden neue und erstaunliche geistige Fähigkeiten an sich entdecken und sich auch nicht durch den Zweifel anderer von Ihrer Überzeugung abbringen lassen. Ein Beispiel für dieses neue Wissen ist folgende Anekdote. Früher hätte ich sie nicht erzählt, aus Angst, was man wohl von mir halten würde. Heute ist mir das gleichgültig. Ich habe dieses Wissen, und ich teile es Ihnen mit. Wenn Sie diese Bewußtseinsebene noch nicht erreicht haben, wenn Sie ein Mensch sind, der mit Zweifeln lebt, dann werden Sie die Wahrheit der Geschichte anzweifeln. Sei's drum.

Eines Morgens konnte ich während einer tiefen Meditation meine Frau in ihrem Bett sehen, obgleich sie mehrere Meilen von mir entfernt war. Ich war früh aufgestanden, um einen langen Spaziergang zu machen, und hatte beschlossen zu meditieren, bevor ich zu unserer Ferienwohnung auf Maui zurückkehrte. Während meiner Meditation war ich bei meiner Frau, schwebte sozusagen über ihr und konnte plötzlich ihre Gedanken erfühlen. Es schien mir, als wäre ich ein Teil von ihr, der so an ihrem Traum teilnehmen konnte.

Ich hatte keinerlei Zweifel, daß ich in meinem meditativen Zustand bei ihr gewesen war, ihre Gestalt gesehen und ihre Gedanken und Traumbilder gefühlt hatte. Wir waren in dem Moment auf eine intensive Weise verbunden, wie ich sie noch nie erlebt hatte.

Als ich zu unserem Apartment zurückkam, war sie gerade beim Aufstehen, und ich erzählte ihr von dem Traum, den sie vor kurzer Zeit gehabt hatte. Sie war sprachlos, denn es war genau das, was sie gerade erlebt hatte. (Richard Bach ging in seinem Roman «Brücke über die Zeit» [Berlin 1985] von einer ähnlichen Erfahrung aus.) Dieses Erlebnis liegt jetzt zwei Jahre zurück, und ähnliches ist uns seitdem häufiger geschehen. Während ich jetzt darüber schreibe, finde ich es auch nicht mehr so erstaunlich wie damals.

Warum fällt es vielen Menschen so schwer, solche Dinge als möglich anzusehen? Wir wissen, daß es eine unsichtbare Verbindung zwischen allen Angehörigen unserer Spezies gibt. Wir wissen, daß es nur eine Energie gibt, die durch jeden von uns fließt. Es gibt nicht Millionen von Göttern, sondern nur einen, und er ist in allem Lebenden und ist Ursprung von allem. Wir nennen diese Kraft Gott, aber sie hat so viele Namen. Tao zum Beispiel ist ein Begriff für diese Kraft, die in jedem von uns wirkt. Laotse sagt:

> Könnten wir weisen den Weg,
> Es wäre kein ewiger Weg,
> Könnten wir nennen den Namen,
> Es wäre kein ewiger Name.
>
> Was ohne Namen,
> Ist Anfang von Himmel und Erde;
> Was Namen hat,
> Ist Mutter der zehntausend Wesen.
> (Erstes Buch, Kapitel 1, § 1,2)

Es ist in jedem von uns, und doch halten wir an dem Glauben fest, daß wir allein sind. Wir glauben, daß die unsichtbare Kraft, die unseren Partner durchdringt, eine andere ist als die in uns. Die Fähigkeit, den kleinen Finger auf Grund eines unsichtbaren Gedankens zu bewegen, erstaunt uns immer wieder. Irgendwie kann der Gedanke sich dem kleinen Finger mitteilen. Dieselbe unsichtbare Kraft, die mich meinen Finger bewegen läßt, macht es auch möglich, daß meine Frau ihren Finger bewegt. Warum kann ich dann ihren Finger nicht kraft meiner Gedanken bewegen? Auch Einstein war der Meinung, daß der Mensch sich selbst, seine Gedanken und Gefühle, als getrennt vom Rest der Welt erlebt und daß es die Aufgabe des Menschen ist, diese Trennung zu überwinden.

Wenn Sie nach und nach immer höhere spirituelle Bewußtseinsebenen erreichen, werden Sie feststellen, daß Sie das Wunder, das Sie bisher nur einer ganz besonderen Beziehung zuschrieben, jetzt auf alle Ihre menschlichen Beziehungen übertragen können. Sie sind da angelangt, wo es wahrhaft keine Grenzen gibt. Sie können sich aus dem Gefängnis Ihres Körpers und der Trennung befreien, von der Einstein spricht, und können das Reich der täglichen Wunder betreten.

Sie werden jetzt auf neue Art und Weise mit allen Menschen in Kontakt treten, ja, sogar mit allen Lebewesen auf unserem Planeten und in unserem Universum. Sie können sich in Freunde und Bekannte hineinversetzen und erkennen, was sie brauchen und was Sie ihnen geben können. Bei Geschäftsverbindungen vertrauen Sie jetzt stärker Ihrer Intuition. Statt an Ihre eigenen Bedürfnisse zu denken und daran, was andere für Sie tun können, stellen Sie jetzt die Bedürfnisse anderer an erste Stelle. Sie werden zum Gebenden, Sie sind der Mensch, der dem Sinn seines Lebens gemäß lebt, Sie beschäftigen sich zuerst mit dem, was andere brauchen, und wissen, daß Sie sich dem Universum überlassen können. Sie müssen nicht mehr der Bestimmende in einer Beziehung sein, sondern Sie betrachten jeden Menschen als Seele mit einem Körper, und Sie bemühen sich, Verbindung mit dieser Seele aufzunehmen.

Aus einer solchen Einstellung auch Ihrem Beruf gegenüber können Wunder geschehen. Sie leben in Frieden und Ihrem Lebenszweck gemäß und wissen, daß Sie mit anderen auf einer ganz neuen Ebene kommunizieren. Und paradoxerweise wird Ihnen mehr zurückgegeben als je zuvor. Da aber Erfolg nicht mehr wichtig für Sie ist, geben Sie noch mehr, bekommen wieder mehr zurück und so weiter. Sie haben in Ihren menschlichen Beziehungen Wunder gewirkt, indem Sie sich mit allen anderen durch Tao verbunden fühlen oder durch die göttliche Kraft, die jede Materie durchdringt. Sie fühlen sich vollkommen aufgehoben und können sich in die Gedanken und Visionen anderer hineinversetzen. Sie haben die Illusion der ewigen Isolation zerstört und einen Weg gefunden, anderen wahrhaft verbunden zu sein.

Diese neue Einstellung zu jeglicher Art von Beziehungen hat zur Folge, daß Sie mit allen Lebewesen auf eine ganz besondere Weise umgehen können. Ein Hund, der andere wild anbellt, wird still, wenn Sie weder Furcht noch Abneigung empfinden. Sie spüren die Anwesenheit einer unsichtbaren Kraft in allen Lebewesen und begegnen ihnen mit Verständnis und Zuneigung. Zu sinnloser Zerstörung sind Sie nicht mehr fähig. Auch Krishnamurti fragt, warum beispielsweise Menschen manchmal Blumen pflücken, nur um sie im nächsten Augenblick achtlos wegzuwerfen: sinnloses und respektloses Handeln.

Vor nicht langer Zeit war ich zu einem Empfang eingeladen, der nach einem meiner Vorträge stattfand. Ich bemerkte ein junges Mädchen, das das Baby seiner Schwester im Arm hielt und es vergeblich zu beruhigen versuchte. Ich hatte meine eigenen Kinder schon seit einer Woche nicht mehr gesehen und sehnte mich danach, ein Baby im Arm zu halten. Ich nahm das kleine Mädchen und hielt es während des Empfangs. Es war ruhig und friedlich, auch als wir später zum Fischteich hinuntergingen und mit den Fischen «sprachen». Ich genoß es, das kleine Wesen im Arm zu halten, und sie genoß es offensichtlich, mit mir zusammen zu sein.

Später kam die Mutter des Kindes auf mich zu und sagte

etwas, was ich schon häufig gehört habe: «Sie sind der erste Mensch, den meine Tochter außerhalb der engsten Familie toleriert hat. Sie hat eine solche Angst vor Fremden, daß sie sich nie von jemandem anfassen läßt. Ich war richtig schockiert, daß sie bei Ihnen so friedlich war.»

Ja, aber Babys spüren es, ebenso Tiere, Kinder und auch Fremde. Die unsichtbare Kraft Tao fließt durch jeden von uns.

Wenn Sie einem anderen mit Liebe im Herzen begegnen, wenn Sie nichts fordern, sondern nur diese Liebe anbieten, können Sie Wunder wirken. Wenn Sie aber jemandem mit Forderungen begegnen, wenn Sie ihm mißtrauen, Zweifel haben oder ihn ausnutzen wollen, dann sind die Möglichkeiten für magische Beziehungen außerordentlich eingeschränkt. Wunder in menschlichen Beziehungen geschehen aber nicht, indem Sie irgendwelche Methoden auswendig lernen, sondern Sie müssen Ihr unsichtbares inneres Selbst neu ausrichten, das verantwortlich ist für Ihre Beziehungen.

Die auf Wunder ausgerichtete Einstellung in Beziehungen einbringen

Sie müssen wissen und verstehen, daß die Bereitschaft, Wunder zu erleben, in Ihnen selbst liegt. Wunder in Beziehungen werden nicht geschehen, wenn Sie darauf warten, daß andere sich ändern. Die Energie und die Freude, die Sie durch menschliche Verbindungen erfahren, deren Sinn darauf ausgerichtet ist, füreinander da zu sein, beruhen also nur auf Ihrer eigenen Einstellung.

Bei den folgenden Vorschlägen sollten Sie sich nicht von

Zweifeln beirren lassen, die Ihnen vielleicht kommen, weil Sie dabei an die Menschen in Ihrem eigenen Umkreis denken. Es ist eine Angelegenheit des inneren Selbst. Die Menschen um Sie herum müssen nicht damit einverstanden sein, müssen Ihre Entwicklung noch nicht einmal verstehen. Außerdem kann es sein, daß manche, die ihren eigenen Lebensweg verfolgen, Ihnen bald nicht mehr begegnen werden. Mir geht es hier um die Beziehung zu Menschen im allgemeinen, weniger um ein Verhältnis zu einer ganz bestimmten Person. Wenn Sie über Ihren spirituellen Weg den Sinn Ihres eigenen Lebens erkannt und verinnerlicht haben, dann können Sie mit Verständnis und Liebe auch die Entscheidung treffen, daß Sie mit manchen Menschen nicht mehr zusammensein wollen. Wie die Beziehung mit dem anderen sich gestaltet, hat weniger mit ihm als mit Ihnen zu tun. Und das Ende einer Beziehung auf physischer Ebene ist genausowenig ein persönliches Versagen wie der Tod eines Bekannten, obgleich auch dadurch eine weltliche Beziehung unterbrochen ist.

Hier geht es um Sie persönlich. Sie verdienen es, daß man Sie mit Würde und Respekt behandelt, denn das tragen Sie in sich, und das reichen Sie auch an andere weiter. Wer das nicht versteht, wird sich von Ihnen entfernen, und Sie werden es auch geschehen lassen. Mir geht es nicht um die Dauer einer irdischen Beziehung. Das muß jede Seele für sich entscheiden, und es steht mir auch nicht an zu urteilen, ob eine Trennung richtig war oder nicht. Sie werden sich von vielen Menschen auf räumliche Weise im Laufe Ihres Lebens trennen. Das macht weder Sie noch den anderen zum Versager. Und irgendwann werden Sie alle weltlichen Beziehungen hinter sich zurücklassen.

Aber die Seele ist immer da, außerhalb jeglicher materieller Dimension. Es wird viele Menschen in Ihrem Leben geben, mit denen Sie engen Kontakt halten und mit denen Sie enge spirituelle Beziehungen eingehen. Menschen werden in Ihrem Leben ein- und ausgehen wie Darsteller in einem Schauspiel. Manche werden eine kleine Rolle spielen, andere werden eine Zeitlang Hauptrollen haben, und noch andere werden Ihnen bei der Regie Ihres Lebens helfen. Sie alle werden immer für die Gesamtheit des Schauspiels wichtig sein und verdienen Ihre innere Zuneigung. Und Sie werden lernen, diejenigen nicht zu kritisieren, die auf Ihrer Bühne auf- und wieder abtreten, sondern nur ihr Erscheinen respektieren, auch wenn sie ihre Rollen schlecht gespielt haben.

An einem bestimmten Punkt Ihres Lebens werden Sie auf alle die Menschen zurückblicken können, die in Ihrem Leben eine Rolle gespielt haben. Und Sie werden erkennen, daß all diese Menschen Sie weitergebracht haben, auch wenn Sie vielleicht noch nicht verstehen können, in welcher Hinsicht. Und Sie werden mit Liebe an sie denken.

Machen Sie sich also von den Zweifeln frei, die Sie manchmal wegen Ihrer Beziehungen zu bestimmten Menschen quälen. Schauen Sie nach vorne, lösen Sie sich von den Namen, den Gesichtern, und gelangen Sie zu dem Eigentlichen menschlicher Beziehungen, wo Namen, Gesichter und Bankkonten keine Rolle mehr spielen.

● *Bestärken Sie sich selbst in dem Vertrauen darauf, daß Sie zu glücklichen, befriedigenden Beziehungen fähig sind.*
Das ist überhaupt das Allerwichtigste. Seien Sie im Inneren davon überzeugt, daß Sie die gleichen Fähigkeiten wie andere besitzen, die beliebt sind und geachtet werden. Hören Sie auf zu glauben, daß die Schwierigkeiten auf diesem Gebiet bei den anderen liegen. Ihre Probleme haben nichts mit anderen zu tun, sondern nur mit Ihnen. Doch das Überwinden von Zweifeln erfordert ein gewisses Training. Sagen Sie sich laut

vor, daß es in Ihnen steckt, zu jedem Menschen in Ihrem Leben ein befriedigendes Verhältnis zu haben. Wenn sich während der Übung Zweifel einschleichen wollen, was wahrscheinlich ist, dann erinnern Sie sich daran, daß man Ihnen früher ja geradezu eingeredet hat, daß gute Beziehungen zu jedem unmöglich seien. Ersetzen Sie die Zweifel durch Vorstellungen, die zeigen, daß Sie für befriedigende Beziehungen offen sind.

● *Von Zweifeln befreit, können Sie jetzt das Reich*
der täglichen Wunder betreten.
Sie tragen in sich einen geistigen Raum, in dem Sie absolut frei sind zu denken, was Sie wollen. Nutzen Sie diesen Raum zu Visualisierungen von glücklichen und erfüllten Beziehungen zu anderen. Sehen Sie vor Ihrem geistigen Auge, wie Sie Ihre Zuneigung auch denen schenken, auf die Sie ärgerlich sind, die Sie beneiden oder ablehnen. Visualisieren Sie anfangs stündlich. Denken Sie dabei an die Menschen, die Ihnen die größten Schwierigkeiten machen, vielleicht an eine rücksichtslose alte Mutter, einen unmöglichen Mitarbeiter oder einen tyrannischen Ehepartner. Legen Sie dabei Ihren Ärger und Ihre Feindseligkeit ab. Senden Sie diesem Menschen statt dessen im Geist Ihre Zuneigung, ohne auf seine Reaktion zu achten. Denken Sie daran, Sie tun dies nicht zu Ihrem eigenen Vorteil. In einer magischen Beziehung stellt jeder seine Bedürfnisse zurück, denn Geben entspricht dem Gefühl seines Lebenssinns. Diese mentale Übung wird sich letzten Endes in die reale Welt übertragen lassen. Aber alles fängt damit an, daß man sich diszipliniert darum bemüht, sein Denken so auszurichten, daß die magische Kraft wirksam werden kann. Dann können Sie sich ganz dem Universum überlassen.

- *Machen Sie sich die unbegrenzten Möglichkeiten bewußt,*
die in Ihren Beziehungen liegen.

Ihre Gedanken und Ihre Seele kennen keine Grenzen. Ihre Verbindungen zu anderen manifestieren sich also in einer Sphäre, in der es keine Grenzen gibt. Sie sollten sich nicht länger auf all die Menschen konzentrieren, die Ihrer Meinung nach an den schlechten Beziehungen schuld sind. Statt dessen bestärken Sie sich darin, daß Sie diese Schuldzuweisungen nicht mehr nötig haben und daß es deshalb auch keine Grenzen im Hinblick auf das gibt, was Sie selbst erfahren können. Die Wärme, die Erregung, die Sie früher als Teenager in Ihren Beziehungen spürten, hatte im wesentlichen mit Ihrem Denken und Fühlen und weniger mit bestimmten Hormonen zu tun. Machen Sie sich immer wieder bewußt, daß die einzigen Begrenzungen für Ihre Beziehungen zu anderen die sind, die Sie sich selbst gesetzt haben. Sie selbst haben den anderen beigebracht, wie Sie behandelt werden wollen.

Und jetzt lernen Sie ein neues Pensum, und auf diesem Lehrplan stehen nur Liebe und Respekt. Keine Begrenzungen, nur Liebe. Es ist Ihre Mission im Leben, daß Sie die Fülle Gottes in jedem Menschen erkennen, dem Sie begegnen.

Wenn Sie jemanden kennenlernen, der seinen Lebenssinn noch nicht erkannt hat, dann senden Sie ihm Ihre Liebe und halten sich ansonsten nicht weiter mit ihm auf. Sie wissen, daß verwandte Seelen in Ihr Leben treten werden, mit denen Sie auf derselben Wellenlänge in Liebe kommunizieren können. Der Weg der täglichen Wunder ist eine sehr persönliche Sache, und es liegt an Ihnen, in der festen Gewißheit zu leben, diesen Weg jeden Tag aufs neue gehen zu können.

● *Vertrauen Sie Ihrer Intuition, dieser unsichtbaren inneren*
Stimme, die Sie in allem leitet, auch in Ihren menschlichen
Beziehungen.

Umgeben Sie sich mit Menschen, die Sie dazu ermutigen, Ihren Fähigkeiten gemäß zu leben. Sie merken sehr bald, wer das ist. Wenn Sie spüren, daß jemand Sie nicht um sich haben will, dann folgen Sie Ihrer Intuition, und gehen Sie ihm aus dem Weg. Ihre Intuition wird Sie mit sämtlichen Informationen versorgen, die Sie für den Umgang mit anderen brauchen. Hören Sie auf, eine gute Beziehung erzwingen zu wollen; es geht nicht. Vielleicht können Sie eine Art losen Kontakt aufrechterhalten, aber wenn Ihre Intuition Ihnen sagt, daß es nicht die richtige Zeit und nicht die richtige Person ist, dann senden Sie dem Menschen Ihr Wohlwollen, und gehen Sie weiter.

Sie werden viele verwandte Seelen, Männer und Frauen, finden, mit denen Sie spirituelle Partnerschaften eingehen werden. Es gibt keine Zufälle, und diese Menschen werden genau zur richtigen Zeit in Ihr Leben treten. Nach vielen einseitigen Beziehungen werden Sie erkannt haben, was Sie wirklich wollen. Begegnen Sie den Menschen weiterhin mit Zuneigung, aber umgeben Sie sich mehr und mehr mit denjenigen, denen auch an Ihrer spirituellen Entwicklung etwas liegt. Ihre Intuition wird Ihnen sagen, wann Sie einen solchen Menschen vor sich haben. Ignorieren Sie diese innere Stimme nicht, es sei denn, Sie wollen an Ihren Beziehungen immer wieder leiden und erst daraus dann die Konsequenzen ziehen. Je größeren Wert Sie auf die intuitive Dimension Ihrer Gedankenwelt legen, desto häufiger wird Sie Ihnen zu Hilfe kommen. Wenn Sie die Stimme der Intuition unterdrücken, müssen Sie bei den Lektionen über menschliche Beziehungen weiterhin schmerzhaftes Lehrgeld bezahlen.

- *Suchen Sie bei all Ihren Beziehungen Rat bei dem wissenden Geheimnis, das tief in Ihnen sitzt.*

Sie werden von innen heraus zum Geben angeregt werden. Tun Sie es von ganzem Herzen und ohne etwas dafür zu erwarten. Sie können täglich in sich gehen, um auf Ihre Eingebungen zu hören, aber Sie dürfen dabei nicht an dem Glauben festhalten, daß Ihnen bereits dadurch geholfen wird. Ihr Verhältnis zu anderen wird von Ihnen selbst bestimmt, und nur wenn Sie innerlich überzeugt sind, daß Sie die Macht haben, etwas zu verändern, werden Sie auch die nötige Hilfe finden.

Überlegen Sie noch heute, mit welchem Ihrer Freunde oder Bekannten Sie aus dem Bereich des inneren Wissens heraus Verbindung aufnehmen möchten. Lassen Sie noch heute diesem Menschen das zukommen, was er Ihrer Meinung nach braucht, wobei Sie davon ausgehen, wie Sie selbst behandelt werden möchten. Geben Sie dieser Person, ohne daran zu denken, wie sie wohl darauf reagieren wird, und achten Sie nicht auf das, was sie sagt oder tut.

Sie sind bisher wahrscheinlich immer davon ausgegangen, daß Sie Ihr Verhalten auf die Reaktionen des anderen abstimmen sollten, daß es nur auf das Ergebnis ankommt. Aber das wissende Geheimnis kümmert sich nicht um Resultate. Es ist das Göttliche in Ihnen, Ihre großzügige, liebende Seele, die gegen Ergebnisse immun ist.

Als nächstes wenden Sie Ihre neue Einstellung bei einem Kind an. Sehen Sie wieder in sich hinein, und fragen Sie sich: Wie empfand ich als Kind das Verhalten von Erwachsenen? Und wieder denken Sie nicht an das Ergebnis Ihres neuen Verhaltens, sondern hören auf Ihre Seele, auf das göttliche Geheimnis in sich. Dann werden Sie dem Kind geben, was auch Sie als Kind gebraucht haben. Es kommt nur darauf an, wie Sie sich dabei fühlen, und nicht, wie das Kind darauf reagiert.

Alle Ihre Beziehungen zu anderen gestalten sich in dem geheimen, unsichtbaren Raum Ihres inneren Selbst. Und in diesen Raum müssen Sie eintreten, wenn Sie Wunder in Ihren Beziehungen erleben wollen. Das Wunderbare in Ihrem Verhältnis zu einem anderen Menschen kommt aus Ihnen. Lassen Sie es wachsen, und lassen Sie es dann auf andere wirken, ohne darauf zu achten, was dabei herauskommt. Tun Sie es noch heute, und überlegen Sie dann am Ende des Tages, wie sich Ihr Gefühl zu diesen Menschen geändert hat.

Auf diese Weise entstehen Wunder. Das Göttliche in Ihnen kann nicht versagen und wird Ihnen immer liebende Hilfe geben.

● *Befreien Sie sich von der Furcht, daß Sie zu wunderbaren Beziehungen zu anderen nicht fähig seien.*
Sagen Sie sich immer wieder: Ich weiß, daß ich mein Verhältnis zu anderen auf wunderbare Weise verändern kann. Wenn Sie dann in eine Situation kommen, in der Sie normalerweise mit Widerspruch reagieren, unterdrücken Sie diesen Impuls, und konzentrieren Sie sich statt dessen darauf, wie Sie diese Beziehung verändern wollen, damit Widerspruch nicht notwendig ist. Statt sich also zu verteidigen oder anzugreifen, schweigen Sie, oder, noch besser, senden Sie dem anderen liebevolle Gedanken. Hier handelt es sich wieder um das schon erwähnte «Lernen durch Wissen» statt um «Lernen durch Leiden oder Zweifeln». Wenn Sie das ruhige Wissen in sich tragen, werden Sie entsprechend handeln. Auch wenn Sie Ihre Fähigkeit noch anzweifeln, senden Sie dem anderen dennoch Liebe und Zuneigung, und Ihre Zweifel werden entschärft werden.

- *Lassen Sie Ihre Ehe zu einer spirituellen Verbindung werden.*
Das ist möglich, wenn Sie sich verdeutlichen, was Ihnen in Ihrer Ehe am wichtigsten ist. Joel S. Goldsmith, der für seine Beiträge auf dem Gebiet der Metaphysik bekannt und berühmt ist und das Buch «Erleuchtung auf dem Weg zur Verwirklichung» (Schwab. Argenbühl 1989) geschrieben hat, sagte folgendes nach einer Trauung am 18. November 1959:

Der Mensch besitzt seine Individualität nicht nur während er auf dieser Erde weilt, sondern sie war schon lange vor seiner Geburt vorhanden und bleibt auch nach seinem Tod bestehen. Wir können unsere Individualität, unsere Einmaligkeit niemals verlieren... Jeder von uns ist ein Individuum mit individuellen Qualitäten, Talenten und Begabungen, und diese werden auch in einer Ehe nicht aufgegeben. In einer spirituellen Verbindung gibt es keinen Zwang sondern Freiheit, im Gegensatz zu der üblichen Ehe. In einer spirituellen Verbindung wissen beide Partner, daß sie einander die Freiheit geben, ihr eigenes individuelles Leben zu leben, und das Leben mit dem anderen teilen, ohne Forderungen zu stellen. Ich habe in dreißig Jahren Arbeit entdeckt, daß das das Geheimnis für glückliche und beide Partner zufriedenstellende Ehen ist. Weder Mann noch Frau haben in der Ehe bestimmte Rechte. Sie besitzen nur das Privileg, für den Partner da zu sein, aber sie haben nicht das Recht, etwas von dem anderen zu fordern.

Diese wunderbare Botschaft macht uns Mut, eine Ehe, in der ein Partner dem anderen verpflichtet ist, zu einer spirituellen Partnerschaft werden zu lassen. Nutzen Sie diese Vorschläge in Ihrer Ehe, und Sie werden Wunder erleben. Wenn Sie sie dagegen ignorieren, werden Sie echtes Glück und Gleichberechtigung in Ihrer Ehe nicht erfahren.

- *Machen Sie den Schritt vom bloßen Wunsch zur Absicht.*
Überlegen Sie sich, was für eine Art von Beziehung Sie aufbauen wollen und wie Sie sich verhalten werden, und verwenden Sie entsprechende Affirmationen häufig. Dabei müssen Sie sich immer wieder sagen, daß Sie von dem anderen nicht das Verhalten erwarten können, das Sie sich wünschen. Sie werden nur immer wieder enttäuscht werden.

Vielleicht wollen Sie jemandem helfen, sich zu ändern. Das ist aber nur möglich, wenn «der Schüler dazu bereit ist». Sie können diese Bereitschaft nicht erzwingen, aber Sie können die Verantwortung für Ihre eigene Bereitschaft übernehmen, sich über Ihre Absichten klarwerden. Seien Sie bereit, das Nötige zu geben, tun Sie es mit aktiver Absicht, und machen Sie sich nicht vom Resultat abhängig. Ein auf Absicht gegründetes Verhalten wird Ihnen Frieden geben, unabhängig davon, wie die Beziehungen sich in der physischen Welt entwickeln werden.

Wenn Sie die Absicht haben, eine glückliche Ehe zu führen, müssen Sie Ihr Handeln konsequent an dieser Absicht ausrichten. Das allein wird Ihre Beziehung magisch verwandeln. Selbst wenn Sie Ihre Absicht, eine glückliche Ehe zu führen, nicht unmittelbar auf den Partner übertragen können, so wird er nicht selten merken, daß Sie sich verändert haben, und deshalb selbst sein Verhalten ändern.

Ich kenne zum Beispiel viele Menschen, die eine «normale» Ehe mit einem alkohol- oder drogenabhängigen Partner führen. Solche Menschen verabscheuen das Trinken oder den Gebrauch von Drogen und verzweifeln nicht selten an der Beziehung. Mein Rat ist immer, daß sie nicht für den Partner entscheiden können, mit dem Trinken aufzuhören. Sie können sich nur fest vornehmen, wie sie ihn in Zukunft behandeln werden: Ich werde ihm Liebe senden, aber ich werde von ihm wegziehen, weil ich mir in meiner göttlichen

Bedeutung als Mensch zu wichtig bin, um mich Mißhandlungen auszusetzen. Ich werde ihr durch mein Verhalten und nicht durch meine Worte zeigen, daß ich mich ab heute nicht mehr zu ihrem Opfer machen lasse. Ich werde ihm meine Hilfe anbieten, wenn er bereit ist, sich helfen zu lassen. Ich werde ihn und sein selbstzerstörerisches Verhalten nicht kritisieren. Das Beste, was ich für ihn tun kann, ist, ihn in seinem Suchtverhalten nicht länger zu bestärken. Ich werde ihn wissen lassen, daß ich nicht sein Sklave bin, daß ich mein Leben so leben werde, wie es für mich richtig ist, und daß ich mich nicht mehr von seinem destruktiven Verhalten emotionell abhängig machen werde. Ein auf solche Einsichten gegründetes Verhalten wird dem süchtigen Partner eher helfen, als wenn man nur alles erträgt und weiterhin hofft, daß er eines Tages eine Erleuchtung haben wird und sich ändert.

Sie sind auf der Welt, um zu lieben und für andere dazusein. Das bedeutet aber noch lange nicht, daß Sie zum Sklaven werden sollen. Nach Abraham Maslow gibt es überhaupt keine zufriedenen Sklaven. Senden Sie denen, die sich selbst und auch Sie bisher durch Ihre Sucht gequält haben, liebevolle Gedanken, kritisieren Sie sie nicht mehr, aber lassen Sie sich auch selbst nicht mehr länger in diesem Netz gefangenhalten. Wenn Sie deutlich machen, daß Sie nicht mehr mitmachen, daß ein solches Verhalten nichts mit einer spirituellen Verbindung zu tun hat, dann kann dem Partner besser geholfen werden als mit Therapien und Interventionen. Häufig ist gerade ein solcher Schock, daß Sie nämlich nicht mehr das Opfer spielen werden, nötig, um den Süchtigen davon zu überzeugen, daß er wirklich von seinem selbstzerstörerischen zu einem selbstachtenden Verhalten finden will. Ein liebevolles, selbst und andere würdigendes spirituelles Verhältnis ist dann möglich. Absichten schaffen

Realität, seien Sie sich also Ihrer Absichten bewußt, und lassen Sie sie Wirklichkeit werden.

● *Erinnern Sie sich immer wieder daran, daß eine ausgeglichene, liebevolle Beziehung zuallererst von Ihrer geistigen Einstellung abhängt.*

Sie sind für Ihren Geist verantwortlich und für alles, was Ihr inneres Selbst ausmacht. Wenn Sie das wissen, können Sie einfach nachgeben und den Konflikt vernachlässigen, der in Ihrem Verhältnis zu einem anderen Menschen besteht. Konflikte gibt es nur, wenn wir an dem Konfliktpotential festhalten.

Die Entscheidung, sich nicht mehr in Konflikte hineinziehen zu lassen, kann in einem einzigen transformativen Augenblick stattfinden und verlangt nicht Jahre ewigen Bemühens. Satori gibt es für Sie schon jetzt in diesem Moment. Ein unmittelbares Erwachen ist ein wunderbares Phänomen. Sie brauchen nur durch die Pforte zu gehen und haben sofort Zugang zu glücklichen Beziehungen. Andere Menschen in Ihrem Leben halten vielleicht noch an dem alten Verfahren voller Konfrontationen und Konflikten fest, aber Sie lassen sich davon einfach nicht mehr beeinflussen. Nein, danke, sagen Sie sich, Negatives soll in meinem Leben keinen Raum mehr haben. Ab jetzt werde ich nur noch Liebe zulassen. Sie haben soeben das Wunder Satori erlebt, indem Sie nur Ihre Einstellung geändert haben.

● *Verwenden Sie Visualisierungen, um tägliche Wunder in Ihren Beziehungen geschehen zu lassen.*

Machen Sie sich klar, daß das, was in Ihnen gedanklich vorhanden ist, stärker wird. Visualisieren Sie jetzt Ihre wichtigsten Beziehungen zu anderen Menschen so, als ob sie schon so sind, wie Sie sich sie wünschen.

Als ich nach einem Vortrag in Oklahoma City mit einigen

der Zuhörer sprach, fiel mir eine Frau auf, die etwas abseits stand und Tränen in den Augen hatte. Als die anderen gegangen waren, trat sie auf mich zu und umarmte mich. «Danke», sagte sie immer wieder, «wie kann ich Ihnen danken? Das, worüber Sie gesprochen haben, funktioniert wirklich.» Sie berichtete mir, daß ihre Tochter sieben Jahre lang nicht mit ihr gesprochen und einfach jeglichen Kontakt mit ihr verweigert hatte. Vor einem Jahr begann sie sich vorzustellen, sie hätte mit ihrer Tochter ein so liebevolles Verhältnis wie früher. In diesen Sitzungen empfand sie ihr Zusammensein mit ihrer Tochter nur als harmonisch, und sie begann tatsächlich, nach einer Weile ihr Leben so zu leben, als sei diese glückliche Beziehung zu ihrer Tochter schon Wirklichkeit. Sie beschrieb, wie sie schon allein durch dieses harmonische Bild, das sie in sich trug, ein glücklicherer Mensch wurde. Sie meditierte, begann wieder zu lächeln und ohne das Gefühl des Leidens zu leben, was ihr Leben in den vergangenen Jahren so schwer belastet hatte.

Dann sandte jemand ihrer Tochter mein Buch «Erfolg wird wahr» und schrieb dazu, daß sie doch bitte das letzte Kapitel über das Verzeihen lesen sollte. Es war ein Geschenk eines Freundes, der wußte, daß auch die Tochter unter dem schlechten Verhältnis zu ihrer Mutter litt. Das war vor sechs Monaten gewesen, und jetzt hatten sich die beiden nicht nur versöhnt, sondern ihre Beziehung war enger und liebevoller denn je.

Die Mutter weinte vor Glück und meinte, daß sie sicher sei, durch die Visualisierungen, also durch die geistigen Möglichkeiten ihres inneren Selbst, die Wirklichkeit geschaffen zu haben, nach der sie sich so sehnte. Sie hatte erst in ihrem inneren Selbst Veränderungen durchgeführt, dann ihr Verhalten so geändert, als ob ihr Wunsch schon Wirklichkeit geworden wäre. Ein Wunder sei geschehen.

Gedanken sind sehr mächtig. Wer ein deutliches Bild davon in sich trägt, was er sich für die Zukunft ersehnt, ohne bereits ein bestimmtes Resultat zu fordern, dem werden Wunder im täglichen Leben geschehen. Versuchen Sie es!

● *Achten Sie erst auf das, was Ihnen Ihr unsichtbares, spirituelles Selbst mitteilt, und erst dann auf Ihr körperliches Selbst.*
Das wird nicht selten eine Wendung um 180 Grad von Ihnen verlangen. Es bedeutet nämlich zum Beispiel, daß Leiden für Sie keine Bedeutung mehr hat. Leiden findet nicht in Ihrem unsichtbaren Selbst statt, denn dort wurzelt der Teil Ihres Menschseins, der weder Dimensionen noch Grenzen noch Form hat. Um zu leiden, brauchen Sie einen Körper, in dem sich das Leiden manifestieren kann. Es zeigt sich etwa in dem «Stein im Magen», den «verweinten und verschwollenen Augen», den «Magenschmerzen», dem «trockenen Mund», dem «Seufzen, Stöhnen» und so weiter. Machen Sie diese Wendung um 180 Grad, und betrachten Sie sich als eine Seele mit einem Körper und nicht als einen Körper mit einer Seele. Visualisieren Sie genau, wie etwas für Sie ablaufen soll. Achten Sie ganz genau auf diese Bilder, denn sie zeigen Ihnen, was später in Ihrer körperlichen Realität geschehen wird, also auch, ob Sie leiden oder glücklich sein werden. Wenn Sie erst mit Ihrer Seele Verbindung aufnehmen, sich fragen, wie Sie sich der Mission Ihrer Seele gemäß verhalten können, und auf Eingebungen achten, werden Sie die positiven, liebenden, großzügigen Gedanken, die aus Ihrer Seele kommen, auch in Ihr tägliches Leben einbringen und entsprechend handeln können.

Die Entscheidung liegt immer bei Ihnen und findet in der unsichtbaren Dimension Ihrer Gedanken statt. Sie haben die Wahl, in Ihren menschlichen Beziehungen und in jedem Aspekt Ihres Lebens. Ein Glas ist entweder halb voll (positiv) oder halb leer (negativ), je nachdem, welche Einstellung zu Ihrem Leben Sie haben. Und das ist ganz allein Ihre Entscheidung.

● *Jagen Sie nicht mehr dem hinterher, was Sie nicht wollen.*
Wenn Sie Konflikte und Leiden aus Ihren Beziehungen verbannen wollen, denken Sie daran, daß Sie derjenige sind, der das Leid fühlt. Überlegen Sie, auf welche Weise Sie selbst für dieses Leiden verantwortlich sind. Bestehen Sie darauf, recht zu haben? Lassen Sie dem anderen keinen Freiraum? Stellen Sie Forderungen, die der andere nicht erfüllen kann? Streiten Sie sich oft? Dann arbeiten Sie an Ihrem eigenen Verhalten, denn nur darüber können Sie letzten Endes bestimmen. Denken Sie an den Satz, daß man nie genug von dem haben kann, was man nicht will. Sie werden so lange ein verhaßtes Leben voller Mühe und Schmerz führen, genau wie der Alkoholiker oder Drogensüchtige dem nachjagt, was er eigentlich haßt, bis Sie sich in Ihrem inneren Selbst dazu entschließen, den Teufelskreis zu durchbrechen.

Finden Sie Ihre eigene Strategie, wie Sie sich das abgewöhnen können, was Sie so verachten. Wenn Ihre Beziehungen immer wieder darunter leiden, daß Sie etwas Falsches sagen, dann halten Sie den Mund. Halten Sie sich von Menschen fern, die Ihnen möglicherweise weh tun könnten. Verharren Sie ein paar Momente in stummer Reflexion, bevor Sie reagieren. Versuchen Sie, dem anderen mit Zuneigung zu begegnen, auch wenn diese Geste für Sie ungewohnt ist und Sie sie anfangs simulieren müssen. Aber alle Ihre neuen Strategien sollten Sie erst in Ihrem unsichtbaren Selbst durchspielen. Visualisieren Sie, daß Sie sich auf diese neue Art und Weise verhalten, um endlich der neurotischen Falle zu entkommen und aufzuhören, dem nachzujagen, was Sie in Ihrem Leben nicht wollen.

- *Verlangen Sie in Ihrem persönlichen, unsichtbaren, unbegrenzten geistigen Bereich nichts von Menschen, mit denen Sie etwas verbindet.*

Auf diese Weise können Sie in Ihren Beziehungen sehr schnell Wunder tun. Sie brauchen sich nur immer wieder daran zu erinnern: Ich erwarte nichts von ihnen, denn sie können nur so sein, wie sie sind, und nicht so, wie ich es von ihnen verlange, und richten Sie Ihr Verhalten danach.

Wenn ich das in meinem Umgang mit meiner Frau beherzige, fallen alle Ursachen für Konflikte von mir ab, und unsere Beziehung gewinnt wahrhaft magische Qualitäten. Ich versuche immer daran zu denken, daß sie zur richtigen Zeit genau das tut, wozu sie auf der Welt ist. Wir sind Teil eines perfekten Universums, auch wenn ich nicht verstehe, warum sich nicht jeder Mensch so verhält, wie ich es für richtig halte. Ich lerne aus allem, was meine Frau tut, und statt ärgerlich auf sie zu sein, versuche ich sie auf ihrem spirituellen Weg voranzubringen und vergesse darüber meine Kritik an ihrem Verhalten. Nur wenn ich einsehe, daß ich nicht immer verstehen, geschweige denn damit einverstanden sein kann, was sie tut, kann ich ihr meine bedingungslose Liebe schenken.

Selbst von meinen Kindern kann ich nicht erwarten, daß sie so sind, wie ich es mir wünsche. Ich kann sie nur anleiten, ihnen helfen, ihnen moralische Grundsätze beibringen und versuchen, ihnen ein Vorbild zu sein. Um eine Beziehung zu etwas Besonderem zu machen, muß ich lernen, meine Erwartungen an andere zurückzuschrauben. Das bedeutet natürlich nicht, daß man ungeheuerliche oder gewalttätige Verhaltensweisen übersehen muß, aber ich kann die Erwartung abbauen, daß es ein solches Verhalten nicht geben kann, und kann dann den Realitäten gefaßter ins Auge blicken.

Auch Sie können sich von diesen Erwartungshaltungen

befreien, die letzten Endes ein Hindernis für eine wirklich glückliche Beziehung darstellen. Arbeiten Sie täglich daran, und versuchen Sie, sich von vorgefaßten Meinungen zu befreien. Dort, wo es früher Raum für Kritik an anderen gab, ist jetzt Raum für Liebe. Sie entwickeln so die Fähigkeit, andere bedingungslos zu lieben und in ihrer Andersartigkeit zu schätzen.

● *Meditieren Sie täglich, und visualisieren Sie dabei auch, wie Ihre Beziehungen zu anderen aussehen sollen.*
Sehen Sie sich selbst im Geist, wie Sie sich anderen gegenüber auf diese neue Weise verhalten, und bitten Sie um göttlichen Beistand, um diese gebende, liebende, verständnisvolle Person zu werden. Visualisieren Sie, wie andere Menschen auf diese wunderbar veränderte Person reagieren. Durch Meditation werden Sie Frieden und Ausgeglichenheit in sich finden, und Sie werden zu Erkenntnissen fähig sein, die Ihnen sonst verschlossen blieben.

Konzentrieren Sie sich bei Ihren Meditationen auf das Bild eines göttlich spirituellen Wesens, das Sie in seiner Vollkommenheit und Heiligkeit verehren, und bitten Sie dieses Wesen um Rat, wie Sie Ihre Beziehungen zu anderen vervollkommnen können. Die intuitiven Ratschläge werden auf der Liebe und dem basieren, was ich bisher in diesem Kapitel beschrieben habe. Es gibt keine Grenzen für das, was Sie während der Meditation mit Ihrer Vorstellungskraft erschaffen können. Sie können jeden visualisieren, können ihn befragen und sich dann auch auf das verlassen, was er Ihnen vermittelt.

Ihre Meditationen werden für Sie zu einer wichtigen Art Beistand werden. Nutzen Sie diese Möglichkeit, und veranlassen Sie Ihren Partner, das gleiche zu tun. Sie werden niemals in die Irre geführt werden. Ihr höheres Selbst, das Göttliche, was immer in Ihnen ist, weiß um den Sinn Ihres Lebens und wird Ihnen die gewünschte Richtung weisen. Aber zuerst müssen Sie Ihre Zweifel ablegen und Verbindung zu diesem Selbst aufnehmen.

Vieles von dem, was ich hier geschrieben habe, ist für Sie vielleicht nicht ganz leicht zu akzeptieren, denn wir haben alle gelernt, die Qualität einer Beziehung nach der anderen Person zu beurteilen. Wenn nur der andere sich ändern würde, so denken die meisten, dann könnte unsere Beziehung perfekt sein. Ich habe hier versucht zu betonen, wie wichtig es ist, mit Hilfe der spirituellen Seite unseres Selbst glückliche, liebevolle Beziehungen zu visualisieren und dann in die Wirklichkeit zu übertragen. Auch Thomas Crum beschreibt in «The Magic of Conflict» die Entstehung von starken Beziehungen als die Überantwortung von zwei in sich ruhenden Menschen in bedingungsloser Liebe zueinander. Sie unterstützen die Entwicklung des anderen bis zur vollen Ausschöpfung seines Potentials, freiwillig und großzügig, ohne selbstsüchtige Motive und ohne die Vorstellung, die Beziehung auf eine bestimmte Weise zu formen. Eine solche vollständige Akzeptanz des anderen kennt keine Beschränkungen. Sie werden aufgehoben, wenn man sich der Möglichkeit öffnet, die Wirklichkeit der magischen Kraft zu erfahren. Und erst dann wird man in seinen Beziehungen wirklich frei sein. Die obige Beschreibung bezieht sich besonders auf die spirituellen Verbindungen, um die es in diesem Kapitel ging. Sie haben die Wahl.

Wenn Sie ein Beispiel einer solchen bedingungslosen, gebenden Liebe in seiner natürlichsten Form sehen wollen, brauchen Sie nur eine Mutter zu betrachten, die ihr Kind stillt. Ich habe in ehrfurchtsvoller Stille dagesessen und zugesehen, wie meine Frau in selbstverständlicher Liebe jedem ihrer Babys von sich gab. Eine Frau lernt nicht, Mutter zu sein, sie weiß in ihrem Herzen, was für dieses vollkommene Verhältnis zu ihrem Kind nötig ist. Sie gibt von ihrem Körper, damit ihr Kind leben kann, und verlangt nichts dafür. Sie fühlt sich ihrem Kind in einer nicht sichtbaren Dimension vollkommen verbunden und betrachtet mit Ehrfurcht das kleine Wunder an ihrer Brust. Sie weiß intuitiv, was sie tun muß, und gibt von sich, ohne etwas dafür zu erwarten. Sie akzeptiert Unbequemlichkeiten und Probleme und gibt Liebe und Zärtlichkeit. Sie weiß, was sie zu tun hat, was der Sinn ist, und nur deshalb können wir als Menschen überleben. Ohne die bedingungslose Liebe der Mütter zu ihren Kindern würden wir alle nach ein paar Tagen zugrunde gehen.

Gott hat uns von Anfang an das perfekte Vorbild mitgegeben. Gib nichts als Liebe. Gib Liebe, selbst wenn du nur volle Windeln, Babygeschrei, Rülpsen, Spucken, schlaflose Nächte und irrationales Verhalten dafür eintauschst. Besinne dich auf den Sinn deines Lebens, und erwarte keine Belohnung für deine Liebe. Ihre Kinder sind so wichtig für Sie, daß Sie ohne Frage Ihr Leben für sie geben würden. Selbst wenn Sie nichts von ihnen erwarten, geben sie Ihnen so unendlich viel. Die Mutter-Kind-Beziehung ist Ihr Vorbild. Sie können ähnlich vollkommene Beziehungen überall sonst in Ihrer Welt möglich machen, wenn Sie nur dem intuitiven Bewußtsein vertrauen, das Ihr Wesen ganz durchdringt.

5

Wunder und Wohlstand

> Alle Dinge sind möglich dem,
> der da glaubt.
>
> *Markus 9,23*

Garantiert wird Ihnen das Folgende zum Thema Wohlstand sehr ungewöhnlich vorkommen. Wie auch sonst in diesem Buch geht es in erster Linie darum, daß Sie umlernen müssen, um zu erkennen, daß das, was man Ihnen bisher als Wahrheit vermittelt hat, nicht unbedingt stimmen muß. Lassen Sie also für den Augenblick einmal alle Grundsätze außer acht, auf die Sie bisher Ihr Leben aufbauten, und stellen Sie sich vor, wie Ihr Leben aussehen sollte. Was für eine Rolle spielt Wohlstand in Ihrem Leben? Wieviel Geld wollen Sie wirklich haben?

Jetzt wenden Sie sich wieder der Realität zu, und sehen Sie sich an, wie Sie Ihr Leben bisher finanziell ausgestattet haben. Ja, ich meine es ernst, Sie selbst sind für Ihre finanzielle Situation verantwortlich. Sie haben eine finanzielle Vorstellung von Ihrem Leben gehabt und diese in die Wirklichkeit umgesetzt. Die meisten Menschen haben Schwierigkeiten, diesen Punkt zu akzeptieren. Wir wollen am liebsten andere oder «die Umstände» dafür verantwortlich machen, wenn unsere finanzielle Situation zu wünschen übrigläßt.

Aber Sie brauchen nur in sich selbst hineinzuschauen. Sie können auch finanziell erreichen, was Sie sich vorstellen und woran Sie glauben. In Markus 9,23 wird nicht gesagt, daß manche Dinge, sondern daß *alle* Dinge möglich sind. Machen Sie sich das immer wieder bewußt, wenn Sie mit Hilfe der magischen Kraft den gewünschten Wohlstand erreichen wollen. Versuchen Sie sich vorzustellen, daß Ihnen unbegrenzte Möglichkeiten zur Verfügung stehen.

Im vorigen Jahrhundert schrieb James Allen in «As a Man Thinketh», daß nicht die Umstände einen Menschen formen, sondern ihn nur so zeigen, wie er ist. Ich habe diese Worte nicht nur als junger Mann auswendig gelernt, sondern ich habe sie mir auch auf meinen Spiegel und auf das Armaturenbrett meines Autos geklebt, damit ich mich jeden Tag daran erinnere. Prägen Sie sich diese Worte gut ein. Sie sind der Schlüssel zu der Fähigkeit, Ihr Bewußtsein auf Wohlstand auszurichten.

Wahrscheinlich werden Sie nicht sofort der Aussage zustimmen, daß an unserer jetzigen Lebenssituation abzulesen sei, wer wir sind. Es ist viel einfacher, die Umstände verantwortlich zu machen, und der Beweis dafür scheint in der Tatsache zu liegen, daß so viele Menschen in Armut leben. Wir finden es grausam zu behaupten, daß die Umstände der Armen zeigen, daß ihr Zustand selbst verschuldet ist. Diese Menschen haben sich doch ganz sicher auch ein anderes Leben erträumt.

Eine solche wenn auch gutgemeinte Denkweise bestätigt geradezu noch ein Bewußtsein, das nur auf Mangel ausgerichtet ist. Sie verteidigt den Menschen in seinem Elend und macht es ihm unmöglich, seine Lebenssituation zu verändern. Wir glauben irrigerweise, daß Mitgefühl und Hilfe für Mitmenschen in schlechteren Lebensumständen nicht mit dem Bemühen einhergehen können herauszufinden, welche Einstellungen vielleicht zu diesen Umständen geführt haben.

Aber betrachten Sie die Einstellung von Menschen, die im Elend leben, einmal genauer, und vergleichen Sie sie mit der von Menschen, die aus armen Verhältnissen stammen und dennoch zu Wohlstand gekommen sind. Wenn Sie sich genau ansehen, worin sich beide unterscheiden, werden Sie feststellen, daß Einstellungen und Überzeugungen eine wichtige Rolle gespielt haben.

Der Moderator einer Radio-Talkshow hat mich einmal einer zu unbekümmerten Einstellung beschuldigt, nachdem ich meine Sicht der Dinge in seiner Sendung beschrieben hatte. Ich hatte behauptet, daß mittellos sein eine temporäre Situation sei, in die beinahe jeder irgendwann einmal komme. Arm sein sei aber eine Einstellungssache, die nur verstärkt würde, wenn wir unsere Lebensumstände für unsere Armut verantwortlich machten. Einer, der die Sendung gehört hatte und daraufhin anrief, war ein Arzt aus Washington, der in absoluter Armut als eins von 13 Kindern in Jamaika aufgewachsen war. Er widersprach dem Moderator und meinte:

Ich komme aus ganz armen Verhältnissen, wir hatten oft wirklich nicht genug zu essen. Aber ich hatte immer diese Vorstellung, daß ich eines Tages Arzt sein würde. Meine Großmutter zog mich und meine Geschwister nahezu allein auf, und ich sprach häufig mit ihr über meinen Traum. Sie sagte mir immer wieder, daß ich ganz fest an meinem Bild festhalten, mich durch nichts von diesem Vorhaben abbringen lassen sollte, daß es wahr werden würde, wenn ich nur fest davon überzeugt wäre.

Nach der Schule bewarb ich mich bei Hunderten von Universitäten um einen Platz als Medizinstudent und wurde immer wieder abgelehnt. Aber das Bild des Arztes, das ich bereits als kleiner Junge in zerfetzten Kleidern, der in seiner Hütte in Jamaika mit den Hühnern spielte, in mir trug, verblich nicht. Schließlich bekam ich eine bedingte Zulassung von einer Universität in Europa, konnte die ersehnte Ausbildung beginnen und auch erfolgreich abschließen.

Heute habe ich eine große Praxis. Ohne diese Vision, die mich mein Leben lang begleitet hat, hätte ich dem Leben in Armut wie die meisten meiner Geschwister und Freunde dort nicht entkommen können. Sie leben immer noch in elenden Umständen und glauben fest daran, daß das Leben ungerecht ist, daß ich eben Glück hatte. Aber ich weiß, daß es nicht so ist. Ich lebe das Leben, wie ich es mir immer vorgestellt habe.

Dr. Dyer, lassen Sie sich nie davon abhalten, die Wahrheit zu sagen. Sie können Menschen in schlechten Lebensumständen auf diese Weise viel besser helfen, als wenn Sie sie weiterhin glauben ließen, ihr eigenes Schicksal nicht beeinflussen zu können.

Diese Wahrheit liegt mir sehr am Herzen, weil ich ja selbst der beste Beweis dafür bin. Ich weiß aus eigener Erfahrung, was Armut bedeutet, und ich weiß auch, daß ich mir erst durch meine Einstellungen und Überzeugungen ein Leben in Wohlstand ermöglichen konnte. Es ist wirklich wahr, die Umstände prägen den Menschen nicht, sondern sie zeigen ihn nur als den, der er ist. Ich möchte Sie bitten, von der falschen Vorstellung Abstand zu nehmen, daß das vielleicht nur auf Wayne Dyer und einen Arzt in Washington zutrifft und mit Ihnen nichts zu tun hat.

Es gilt selbstverständlich für Sie wie für jeden anderen. Es hat nichts mit einem individuellen Leben zu tun, denn diese Wahrheiten haben mit universellen Gesetzen und Prinzipien zu tun, die es schon gab, lange bevor Sie in Ihrer jetzigen Form auf die Erde kamen. Ich berichte, was für mich und viele andere wahr ist. Wenn Sie ein Leben in Wohlstand führen möchten, müssen Sie vor allen Dingen Ihre alten Denkmuster hinter sich lassen und müssen lernen, die Möglichkeiten zu visualisieren, die Ihr Leben zu dem machen können, was Sie sich ersehnen.

Fünf Grundsätze für ein Wohlstands-Bewußtsein

Schauen Sie einmal in sich hinein, und überlegen Sie, ob Sie die folgenden Behauptungen für zutreffend halten:

- Es ist nicht genug für alle da.
- Man muß zusehen, daß man sich nimmt, was man braucht, bevor es ein anderer nimmt.
- Die Möglichkeiten sind begrenzt.
- Man kann nie wissen, ob man jemals eine Gelegenheit bekommt.

Wenn Sie an diesen Überzeugungen festhalten, dann sind Sie wahrscheinlich in dem Bewußtsein aufgewachsen, daß es in dieser Welt nicht genug für alle gibt. Das Konzept des Mangels ist fest in Ihrem Glaubenssystem verankert.

Um eine innere Wohlstandsvision zu entwickeln, müssen Sie dieses Mangel-Bewußtsein ablegen. Fünf wichtige Grundsätze des Wohlstands-Bewußtseins können Ihnen dabei helfen.

1. Um zu Wohlstand zu kommen, brauchen Sie nichts weiter.
Wenn Sie das Mangel-Bewußtsein ablegen, verändern Sie die inneren Bilder, die bisher auf einen Mangel in Ihrem Leben fixiert waren. Sie besitzen schon alles, was notwendig ist, um ein Leben in Wohlstand zu führen. Sie sind wirklich schon angelangt. Wohlstand ist in erster Linie eine Einstellungssache. Sie müssen wissen, daß Sie schon jetzt alles haben, was notwendig ist, um Wohlstand für sich selbst zu erwerben. Folgende Geschichte macht das wunderbar deutlich:

Ein Mann in zerlumpter Kleidung, der offenbar nichts besaß, begegnete einem Mann, der eine Kolonne von Straßenarbeitern beaufsichtigte. «Können Sie mir helfen?» fragte er, «ich brauche Arbeit.»

Der Vorarbeiter sagte: «Kein Problem. Siehst du den großen Felsbrocken da hinten? Rolle ihn auf den Hügel hinauf und wieder hinunter. Wenn du Arbeit brauchst, dann wird das genau das richtige sein.»

Der Mann schüttelte den Kopf. «Sie verstehen nicht. Ich brauche Geld.»

Der Vorarbeiter nahm sein Portemonnaie aus der Tasche. «Wenn du nur Geld brauchst, hier sind fünfzig Dollar. Aber du kannst es nicht ausgeben.»

Wieder schüttelte der Mann verwundert den Kopf. «Sie verstehen immer noch nicht. Was ich wirklich brauche, ist Essen und Kleidung und Holz für meinen Ofen, nicht nur Geld.»

Der andere antwortete: «Wenn du ganz sicher bist, daß es das ist, was du brauchst, dann kaufe dir für das Geld Essen, Holz und Kleidung, aber du kannst das Essen nicht verzehren, das Holz nicht verbrennen und die Kleidung nicht tragen.»

Nun mußte der Mann sich endlich genau überlegen, was er wirklich brauchte, nämlich ein Gefühl von Sicherheit, Frieden und innerer Zufriedenheit, unsichtbare Bedürfnisse des spirituellen Selbst also, göttliche Nahrung.

Man läßt Sie in dem Glauben, daß materielle Dinge die Realität ausmachen und Sie mit dem versorgen, was Sie brauchen. Dabei sind sie nur überwiegend aus leerem Raum bestehende Materie. Was Sie wirklich brauchen, besitzen Sie schon. Wenn Sie das begreifen, in sich gehen und wissen, daß Sie alles Nötige in sich tragen, dann wird auch die göttliche Hilfe, die Sie in Form von materiellen Dingen oder auch Geld suchen, Ihnen in ausreichenden Mengen zuteil werden.

Sie müssen ein inneres Bewußtsein entwickeln und dem Wunder der Zuversicht vertrauen. Ihre Überzeugungen gehören Ihnen allein, sie entstehen in Ihnen, sie und nichts anderes brauchen Sie, um die Umstände Ihres täglichen Lebens zu bestimmen. Wenn Sie daran zweifeln, verschreiben Sie sich wieder dem Mangel-Bewußtsein und werden genau die Realitäten schaffen, die Sie so verabscheuen.

Vertrauen Sie der Macht Ihres inneren Selbst, dem Wissen, um das es in diesem Buch geht, der göttlichen Eingebung, die Ihnen zur Verfügung steht, und Sie haben den ersten Schritt auf dem Weg zum Wohlstand gemacht.

2. Sie können Wohlstand nicht möglich machen, wenn Sie an Mangel glauben.

Wenn Sie es schaffen, zu einem spirituellen Wesen zu werden, wie ich es im ersten Teil des Buches beschrieben habe, dann werden Sie auch allmählich verstehen, daß das, was Sie als Individuum ausmacht, in dem unsichtbaren, dimensionslosen Raum vorhanden ist, den wir Gedanken nennen. Sie haben keine Grenzen. Wenn Sie das begreifen, wissen Sie, daß Ihnen nichts fehlt, daß alles, was Sie für Ihr Leben brauchen, schon vorhanden ist und schon in Ihnen lag, als Sie geboren wurden.

Wenn Sie sich sagen: Ich habe nicht genug Geld, oder Ich habe keine ausreichende Ausbildung, mir fehlt Talent oder die Kraft, es zu Wohlstand zu bringen, dann gehen Sie in Ihrem Denken von einer Position des Mangels aus. Und die Welt der täglichen Wunder bleibt Ihnen verschlossen.

Um aus diesem Denken auszubrechen, müssen Sie sich umerziehen oder besser noch sich von der Lüge befreien, die Ihnen unsere westliche Zivilisation aufoktroyiert hat. Alles, was Sie brauchen, besitzen Sie nämlich schon. So, wie Sie sind, sind Sie perfekt, Sie sind ein ganzer Mensch, nicht ein

Mensch, aus dem erst noch etwas werden soll. Sie müssen begreifen, daß Sie vollkommen sind, und diese Einstellung als persönliche Realität empfinden.

Wenn Sie die physische Welt verlassen, können Sie auch nicht sagen: Moment mal, ich bin noch nicht bereit, ich bin erst in der Ausbildung, ich muß meine Kräfte erst aufbauen, ich muß erst noch mehr Geld anhäufen. Sie werden Ihren Körper verlassen, und er wird immer noch dasselbe wiegen wie vorher. Denn Ihr Leben besteht nicht in diesem Körper mit seinen Grenzen. Ihr Leben ist unsichtbar und schwerelos, und ihm mangelt es an nichts.

Alles, was Sie an Materiellem für Ihr physisches Selbst geschaffen haben, ist das Ergebnis Ihres vollkommenen Geistes. Und interessanterweise fangen Sie an, sich selbst ganz anders zu motivieren, wenn Sie erst wissen, daß Sie schon vollkommen sind.

Bisher hatten Sie sich an eine «Motivation durch Mangel» gewöhnt. Das heißt, Sie sehen sich an, was in Ihrem Leben fehlt oder mangelhaft ist, und machen dann einen Plan, wie Sie dieses Defizit ausgleichen können. Sie sagen sich: Ich brauche mehr Geld, mehr Kraft, mehr Macht, mehr Schönheit, mehr Besitz und so weiter, und wenn ich all das habe, dann bin ich wohlhabend. Also setzen Sie sich Ihre Ziele und machen sich auf den Weg. Aber Sie geraten da in eine große Falle. Mit einer solchen Einstellung können Sie nämlich niemals das Gefühl bekommen, genug zu haben, sondern Sie brauchen immer nur mehr.

Wenn Sie schließlich das ersehnte Geld auf der Bank haben, sind Sie dennoch nicht zufrieden. Ihre ganze Einstellung ist nur auf das Streben nach mehr ausgerichtet und nicht auf das Erreichen des gesetzten Ziels. Sie setzen sich also Ihr Ziel höher, mühen sich ab und erfahren auf diesem unendlichen Weg nach der Erfüllung oft Kummer und Leid. In unserer westlichen Zivilisation ist das ein bekanntes Thema. Das Gefühl, wohlhabend zu sein, läßt sich einfach nicht mit der Mangel-Motivation vereinen, mit der Vorstellung: Ich habe nicht genug, oder Etwas fehlt noch. Denken Sie immer an das zentrale Thema dieses Buches: WIE DU DENKST, SO WIRST DU SEIN. Wenn Sie sich auf das konzentrieren, was Ihnen fehlt, dann wird «das Fehlende» einen immer größeren Raum in Ihrem Denken einnehmen. Und über dieses Mangel-Bewußtsein werden Sie Ihre materielle Welt erfahren.

Eine andere Art von Motivation ist die Wachstums-Orientierung, die typisch für denjenigen ist, der die Wirklichkeit der magischen Kraft im Hinblick auf seine materielle Zufriedenheit erfahren hat. Bei dieser Art der Motivation können Sie Ihre innere Denkweise dahingehend verändern, daß Sie sich dazu entscheiden, ab sofort im Bewußtsein Ihrer eigenen Vollkommenheit zu leben:

Ich bin ein ganzes, vollkommenes Wesen und lebe voll in diesem Augenblick. Ich bin angelangt, ich habe alles. Ich brauche nichts mehr, um glücklich und zufrieden zu sein. Und doch weiß ich, daß ich morgen anders sein werde. Meine körperliche Realität verändert sich laufend. Alte Zellen werden durch neue ersetzt. Mein physisches Selbst ist heute ganz neu, verglichen mit meinem Körper vor zehn Jahren, aber ich bin mehr als nur eine Ansammlung von Molekülen. Ich bin eine göttliche Notwendigkeit, die mehr ist als das Körperliche. Ich werde mich entwickeln. Ich werde etwas Neues und Großartiges werden, was aber nicht besser sein kann als der Mensch, der ich jetzt bin. Auch der Himmel sieht in ein paar Stunden anders aus, dennoch ist er schon jetzt ohne Makel. Genauso bin auch ich jetzt vollkommen, und mir fehlt nichts, selbst wenn ich morgen anders bin. Ich werde mich entwickeln, aber ich bin auch jetzt nicht unzulänglich.

Wer so denkt, kann kein Mangel-Bewußtsein entwickeln. Sie werden in Ihrem eigenen Leben durch das Gefühl der Vollkommenheit, durch Ihre Träume dazu motiviert werden, Ihr Leben seiner Berufung entsprechend zu führen. Sie werden Ihre göttliche Mission erfüllen können und auf Wohlstand nicht verzichten müssen. Ihnen wird es an nichts mangeln, das Universum wird Sie genau mit dem versorgen, was Sie brauchen. Sie werden zur richtigen Zeit in Ihrem Leben genau das erhalten, was Sie brauchen, um Ihre Visionen zu erfüllen. Ohne dieses Gefühl des Mangels können Sie endlich das Leben leben, das für Sie und Ihre Bestimmung ideal ist. Und dann werden Sie das Gefühl bekommen, daß auch die Symbole des Reichtums wie Geld, Besitztum und Macht in Ihrem Leben nicht fehlen. Und Sie werden wissen, was es bedeutet: Mehr ist weniger, und weniger ist mehr.

3. Ihre Person ist nicht in Kategorien aufgeteilt. Sie sind alles gleichzeitig: der Seher, der Akt des Sehens und das Gesehene.
Wahren Wohlstand können Sie nur kennenlernen, wenn Sie sich nicht länger in verschiedene Aspekte Ihrer Persönlichkeit aufsplitten.

Sie bestehen nicht aus drei Teilen, dem Beobachter, dem Akt des Beobachtens und dem Objekt der Beobachtung, sondern all das ist in Ihnen vereint. Gedanken über Wohlstand, das, was Sie als Wohlstand empfinden, und schließlich auch die Vorstellung, wohlhabend zu sein, sind bereits in Ihnen vorhanden. Das klingt vielleicht etwas verwirrend. Aber es ist wichtig, daß Sie diese Verbindung, das Konzept des Einsseins begreifen, wenn Sie Wohlstand jemals als etwas erfahren wollen, was schon in Ihnen liegt. Auch Ken Wilbur vertritt dieses Konzept in seinem Buch «Wege zum Selbst» (Östliche und westliche Ansätze zum persönlichen Wachstum. München 1984). Seiner Ansicht nach gibt es keine Trennung zwischen demjenigen, der eine Erfahrung macht, und dem Objekt seiner Erfahrung. Der Mensch aber ist gewöhnt an Abgrenzungen. Er unterscheidet zwischen dem Hörenden, dem Hören und dem Gehörten. Er hat so drei separate Einheiten, die dennoch ein Ganzes bilden. Auch für Wilbur ist es keine Frage, daß es zwar drei Begriffe für nur eine einzige Aktivität in unserer westlich-logisch geprägten Denkweise gibt. Es ist also unsere Aufgabe, die Aktivität als eine Einheit zu sehen und zu empfinden, auch was das Thema Wohlstand angeht.

Was für Sie bisher dreierlei war, Wohlstandsdenken, Wohlstandshandeln und das, was Sie unter Wohlstand verstehen, bildet ein Ganzes. Und diese Einheit kann ein Teil von Ihnen sein, wenn Sie es wollen. Wenn Sie dieses Konzept begriffen haben, müssen Sie nicht mehr nach Wohlstand suchen, als sei der etwas, was irgendwo tief versteckt ist. Sie müssen sich nicht mehr gut zureden: Ich muß mir nur fest vornehmen, zu Wohlstand zu kommen, und es wird wahr werden. Sie müssen sich diese Ziele nicht mehr setzen, müssen sich nicht mehr auf eine ganz bestimmte Weise verhalten, um zu Wohlstand zu kommen.

Statt auf Ihr anerzogenes kategorisierendes Denken verlassen Sie sich auf die Einheit von Geist und Aktion, was besagt, daß Wohlstand bereits in Ihnen ist, wenn Sie daran glauben. Alles, was Sie für ein Leben in Wohlstand brauchen, liegt schon in Ihnen. Es gibt diese Unterscheidungen, diese Begrenzungen in Ihnen nicht, auch wenn wir für die Facetten einer Wahrnehmung verschiedene Begriffe erfunden haben.

Nehmen Sie diese neue Erkenntnis in Ihrem Bewußtsein

auf. Sie können sich um Wohlstand nicht bemühen, sondern er wird in Ihr Leben treten, wenn Sie das Konzept der Einheit begriffen haben und dieses neue Verständnis sich dann in Ihrem Verhalten ausdrückt. Das gleiche läßt sich über das Konzept des Mangels sagen. Wenn Sie denken und handeln, als litten Sie Mangel, dann wird sich das in Ihrem Leben ausdrücken. Sie sind, was Sie denken, denn aus dem Denken kommt all Ihr Handeln.

Wenn Mangel zur Zeit Ihr Leben zu definieren scheint, müssen Sie als erstes zu verstehen versuchen, daß es nicht etwas ist, was Ihnen übergestülpt wurde, sondern daß Sie sich angewöhnt haben, Ihr Leben unter dem Aspekt des Mangels zu leben. Sie trennen Ihr Denken und Handeln voneinander und fühlen Ihr Leben durch etwas bestimmt, was von außen kommt und als Mangel bezeichnet werden kann. Aber in Wirklichkeit ist Mangel ein Teil Ihres Bewußtseins geworden. Wenn Sie sich für Wohlstand entscheiden, dürfen Sie nicht mehr Denken, Handeln und das Ziel voneinander trennen, sondern müssen erkennen, daß alles drei zusammen in Ihnen existent ist.

4. Sie können Wohlstand nicht erfahren, wenn Sie glauben, ihn eigentlich nicht zu verdienen.
Ich habe schon häufig darauf hingewiesen, daß Sie ein göttliches, spirituelles Wesen sind, das eine menschliche Erfahrung hat. Ihr absolutes Sein, Ihr eigentliches Leben ist unsichtbar und ohne Grenzen. Es gibt niemanden im ganzen Universum, der besser oder wertvoller ist als Sie, weder in Vergangenheit, Gegenwart noch Zukunft. Menschen von königlicher Abstammung werden anders behandelt, weil manche Menschen sie über normale Sterbliche erheben, aber in einem universellen Sinne durch das Auge Gottes betrachtet sind alle Menschen gleich. Sie müssen auf genau diese

Weise denken lernen, wenn Sie in Fülle statt in Mangel leben wollen.

Wer glaubt, daß ihm Wohlstand eigentlich gar nicht zusteht, der wird sein Leben entsprechend einrichten. Sie werden nicht in Wohlstand leben, wenn Sie meinen, ihn nicht zu verdienen, genausowenig, wie Liebe in Ihr Leben treten wird, wenn Sie sich selbst für nicht liebenswert halten. Geben Sie die Vorstellung auf, daß Sie minderwertig sind. Sie sind anderen weder überlegen noch unterlegen. Und als der, der Sie sind, verdienen Sie, daß es Ihnen in Ihrem Leben gutgeht.

Wie kann etwas, das unsichtbar ist wie ein Gedanke, eine Idee, eine Intuition mehr oder weniger wert sein? Wenn Sie sich als spirituelles Wesen begreifen, wenn Sie sich als denkendes Wesen eine Einstellung aneignen, die für tägliche Wunder offen ist, dann können Sie auch die ewigen Vergleiche hinter sich lassen, die Sie zu der Überzeugung bringen, andere hätten Wohlstand mehr verdient als Sie. Zwischen Ihnen und allen anderen Menschen besteht eine Partnerschaft und nicht ein Wettstreit, bei dem Sie besser oder schlechter als andere abschneiden, auch wenn Ihnen schon als Schulkind dieser Kampf, diese Anstrengungen wegen lächerlicher Belohnungen eingeimpft wurden. Ständig wird betont, daß es für einen Menschen wichtig ist, besser als der andere zu sein, sich hervorzutun, und wahrscheinlich glauben auch Sie bis zu einem gewissen Grade daran. Wie könnten Sie sich als eine besondere göttliche Notwendigkeit begreifen, wenn Sie schlechter aussehen und weniger leisten als andere? Sie haben gelernt, sich immer mit anderen zu vergleichen, und glauben sogar, daß das in der Natur des Menschen läge. Sie haben nie ein Konzept von sich als wertvolles göttliches Wesen entwickelt, dem ebensoviel zusteht wie jedem anderen auch. Auch John Stuart Mill beschreibt in «Über die Freiheit» (Ditzingen 1974) das für ihn verwerflichste Denkmodell als das, in dem

Unterschiede in Verhalten und Charakter als in unseren natürlichen Veranlagungen verankert betrachtet werden, ohne soziale und moralische Einflüsse überhaupt in Betracht zu ziehen.

Damit geht er in der Tat auf ein vulgäres Modell ein, das nämlich Menschen mit der Überzeugung aufwachsen läßt, es sei völlig normal, sich mit anderen zu vergleichen, und man sei darum berechtigt, unter Anwendung aller zur Verfügung stehenden schmutzigen Tricks den anderen zu übertrumpfen. Wenn dann einer weniger besitzt und weniger gut aussieht, dann meint man, daß er es nicht besser verdient habe. In einem solchen System können Menschen ihren eigenen Wert nur im Vergleich mit anderen messen, und so gibt es viele, die einfach glauben, daß sie ein im weitesten Sinne gutes Leben nicht verdienen.

Eine Wettbewerbsgesellschaft lebt davon, daß einer den anderen niedermacht. In einer kooperativen Gesellschaft wird jeder dazu angeregt, seinen eigenen Wert zu erkennen und zu wissen, daß er ein gutes Leben verdient und ein spirituell wichtiger Mensch ist. Die Entscheidung liegt bei Ihnen. Selbst wenn jeder Mensch in Ihrer Umgebung dem Wettbewerb als Lebensmotivation anhängt, Sie können sich dagegen entscheiden. Sie können statt dessen begreifen, daß Sie genauso wie jeder andere Mensch auf unserem Planeten einen gewissen Wohlstand verdienen, und sich entsprechend verhalten.

5. *Freuen Sie sich, wenn es anderen gutgeht.*

Wenn Sie auf die Leistungen anderer oder deren Lebensstil herabsehen oder neidisch sind, geben Sie negativen Gefühlen Raum. Wenn Sie jedoch nur Liebe in sich spüren, weil Sie sich für eine solche Einstellung entschieden haben, dann können Sie auch nichts anderes an Ihre Mitmenschen weitergeben. Sie können sich testen, indem Sie in sich hineinschauen und überlegen, welche Gefühle Sie anderen gegenüber haben, die es in ihrem Leben schon weiter gebracht haben als Sie. Sie können Wohlstand nicht in Ihr Leben einlassen, wenn Groll, Kritik, Wut, Neid, Haß, Furcht und ähnlich negative Gefühle Sie beherrschen. Eine solche Einstellung überschattet Ihren eigentlichen Lebenszweck und macht Sie unzufrieden. Man kann nicht neidisch und zufrieden zugleich sein.

Wenn Sie zufrieden und glücklich sind, dann können Sie auch nur diese Gefühle auf andere übertragen. Glauben Sie fest daran, daß jeder, der materiellen Erfolg gehabt hat, ihn verdient und daß das kein Grund für Sie ist, sich benachteiligt oder unfähig zu fühlen. Selbst wenn er diesen Reichtum mit unlauteren Mitteln erreicht hat, sollten Sie sich nicht ärgern. Sie müssen wissen, daß diejenigen, die es auf Kosten anderer zu etwas bringen, letzten Endes dafür bezahlen müssen, weil das Universum harmonisch auf Geben und Dienen ausgerichtet ist. Aber den meisten, die einen gewissen Wohlstand erreicht haben, sollten Sie nur Liebe entgegenbringen.

Halten Sie sich nicht damit auf, was andere haben, und konzentrieren Sie sich statt dessen darauf, was Sie selbst mit Ihrem Leben anfangen wollen. Denken Sie immer daran, daß Sie durch Abwertung und Kritik nur sich selbst, nicht aber andere bloßstellen. Möchten Sie denn, daß Neid und Lieblosigkeit einen immer größeren Raum in Ihrem Leben einnehmen? Freuen Sie sich an dem guten Leben anderer, und gewöhnen Sie sich die Einstellung ab, daß die es nicht verdient haben. Es ist eben so, mehr brauchen Sie nicht zu wissen. Und auch Sie sind eben so, was das auch immer bei Ihren Lebensumständen heißen mag. Akzeptieren Sie, was ist, denken Sie mit Wohlwollen daran, und wenden Sie sich dann wieder der Aufgabe zu, ein volles, gutes, zufriedenes Leben für sich selbst zu schaffen.

Diese fünf Grundsätze sind außerordentlich wichtig, wenn Sie ein ausgewogenes Wohlstandsbewußtsein entwickeln möchten. Wenn Sie täglich diese Einstellung vertiefen, wird Ihr höheres Selbst Sie mit allem versorgen, was Sie sich im Leben wünschen. Ihr neues Bewußtsein bringt Sie wieder zu dem zentralen Thema dieses Buches zurück: Leben Sie Ihr Leben seinem Sinn gemäß.

Lebenssinn und Wohlstand:
Ihr Zugang zu täglichen Wundern

Ich habe in diesem Buch immer wieder darauf hingewiesen, daß nur der die Wirklichkeit der magischen Kraft erfahren wird, der sein Leben nach seinem Sinn ausrichtet. Wer nur über Leiden zum Lernen motiviert wird oder wem allein das Resultat wichtig ist, wird erst nachträglich notwendige Einsichten erfahren und muß einen entsprechend hohen Preis im täglichen Leben zahlen.

So haben Sie vielleicht in Ihrem Beruf viel Zeit und Energie mit Dingen verbracht, die Ihnen keine Freude machen, die Sie aber meinten tun zu müssen, weil Sie die Miete zahlen und Ihre Familie ernähren müssen und einfach keinen anderen Ausweg gesehen haben. Denken Sie aber einmal über folgendes nach, wobei die Zahlen nur als Metaphern zu verstehen sind: Wenn Sie zu 99 % unsichtbar sind (Gedanken und Geist) und nur zu 1 % sichtbare Form (der materielle Körper, der die Seele umgibt), Sie aber etwas tun, was Sie hassen, dann können Sie nie eine authentische Persönlichkeit entwickeln. Während Ihr körperliches Ich die notwendigen Bewegungen ausführt, denken Sie nur daran, wie unzufrieden Sie mit Ihren Lebensumständen sind. 1 % tut das Notwendige, und 99 % hassen diese Aktivitäten. Kein Wunder, daß Sie Ihr ganzes Leben als unbefriedigend und beschwerlich empfinden. Ein solches Leben bietet keine Möglichkeiten, tägliche Wunder auch im Hinblick auf Wohlstand zu erleben. Die Wirklichkeit der magischen Kraft können Sie nur erfahren, wenn Sie glücklich und in Harmonie mit sich selbst leben. Sie müssen also das Lernen durch Leiden und die resultatsbezogene Einstellung ablegen und sich auf den Sinn Ihres Lebens konzentrieren.

Für Ihren Beruf oder Ihre täglichen Aktivitäten bedeutet das, daß Sie geben, ohne an die Folgen zu denken. Wenn Sie Ihr inneres Bewußtsein dahingehend ausrichten, daß Sie für andere dasein wollen, werden Sie auf Ihrem Weg zu einem guten Leben auch Wunder erleben. Wenn Sie nur geben und mit anderen teilen, werden Sie mehr als genug zurückerhalten.

Wohlstand kann als unbegrenzte Fülle in Ihrem Leben verstanden werden. Sie werden durch Knausern und Sparen nie diesen Zustand erreichen, und auch dann nicht, wenn Sie bei jedem Geben nur denken, was Sie wohl dafür bekommen werden. In einem weiteren Sinne können Sie letzten Endes nichts wirklich besitzen, während Sie auf der Erde weilen, Sie können sich nichts wirklich anschaffen, Sie können nur Ihr Leben für andere einsetzen. Mit dieser Vorstellung müssen Sie sich näher beschäftigen, um schließlich unbegrenzte Fülle und Wohlstand in Ihrem Leben zu erfahren.

Erst wenn Sie wissen, daß Geben der Schlüssel zu Ihrem eigenen Wohlstand ist, wird Ihnen die Fülle auch zur Verfügung stehen. Es ist nicht schwer zu geben. Oder doch? Manche Menschen wünschen sich ein Leben in Wohlstand und konzentrieren sich bei allem, was sie tun, nur auf den möglichen Gewinn. Sie schuften und mühen sich, sie setzen sich immer höhere Ziele, aber sie kommen nie an, sie haben nie genug. Wenn man sich aber mit dem Werdegang wirklich erfolgreicher Menschen befaßt, wird man feststellen, daß sie sich nicht eigentlich auf die Ergebnisse konzentrieren, die ihnen finanzielle Vorteile bringen. Srikumar S. Rao berichtet in seinem Artikel «The Superachiever's Secret» in der Zeitschrift «Success» vom Juni 1991 folgendes:

Eines Tages ging Mehdi Fakharzadeh, der erfolgreichste Versicherungsagent der Metropolitan-Versicherung, zu einem herzkranken Kunden, der Anspruch auf Schadensersatz erheben wollte. Es gab keine Möglichkeit, dem Mann noch weitere Policen zu verkaufen, und jeder andere nur an neuen Abschlüssen interessierte Vertreter hätte ihm das Formular ausgehändigt und wäre wieder gegangen. Aber Mehdi hatte es sich zur Lebensaufgabe gemacht, anderen zu helfen, und füllte das Formular für seinen Kunden aus. Als er erfuhr, daß der Kunde auch noch mit anderen Versicherungen Verträge abgeschlossen hatte, setzte er sich mit ihnen in Verbindung, besorgte die notwendigen Formulare, half beim Ausfüllen und achtete dann darauf, daß die Zahlungen auch prompt durchgeführt wurden.

Der Kunde wollte ihn für seine Mühe bezahlen, aber Mehdi wehrte höflich ab. Und ein paar Tage später erhielt Mehdi einen Brief mit den Namen und Adressen von 21 Verwandten und Freunden des Mannes, dem er selbstlos geholfen hatte. An jeden hatte sein Kunde eine persönliche Empfehlung für Mehdi geschrieben, der daraufhin Versicherungspolicen im Werte von Millionen von Dollar verkaufte.

Wenn Sie sich bei Ihrer Arbeit immer von dem spirituellen, sozialen und liebevollen Zweck Ihres Lebens leiten lassen, wird sich auch Ihre finanzielle Situation verändern. Wem es das Wichtigste ist, seinen Mitmenschen zu helfen, der konzentriert sich auf die Bedürfnisse anderer. Wenn Sie den Sinn Ihres Lebens erfaßt haben, leben Sie in Frieden mit sich selbst, und diese Harmonie übertragen Sie auch auf andere.

Meine Erfahrungen und persönlichen Kontakte mit Tausenden von Menschen haben mir gezeigt, was das Wesentliche ist, das alle wahrhaft erfolgreichen Menschen, die die Wunder des Wohlstands in ihrem Leben erfahren, gemeinsam haben: Je mehr man an andere weitergibt, je mehr man sein Leben in den Dienst seiner Mitmenschen stellt, desto mehr wird einem gegeben. Und da Sie nicht daran interessiert sind, das, was Sie bekommen haben, zu horten oder zu besitzen, und es deshalb wieder weitergeben, wird sozusagen ein Kreislauf der täglichen Wunder in Gang gesetzt.

Diese Lektion, wie man zu Wohlstand kommt, läßt sich auf alle Berufssparten anwenden. Wenn eine Fluggesellschaft es sich zum Beispiel zum obersten Gebot macht, ihren Kunden zu dienen, wird die Organisation erfolgreich sein. Wird diese Maxime auf irgendeiner Ebene des Unternehmens vernachlässigt, leidet das Geschäft darunter. Als ich einmal vor den anderen Passagieren ein Flugzeug betrat, hörte ich, wie eine der Stewardessen sarkastisch sagte: «Da kommt die Hammelherde.» In dem Augenblick wußte ich, daß es nur eine Frage der Zeit war, und die Luftlinie würde aus Mangel an Passagieren pleite gehen. Inzwischen hat sie auch schon Bankrott erklärt. Die Angestellten müssen die Überzeugung haben, daß sie privilegiert sind, denjenigen dienen zu können, die mit ihrem hart erarbeiteten Geld für diesen Dienst bezahlen. Den Kunden ist es zu verdanken, daß die Angestellten eine Stellung haben, und sie sollten deshalb geachtet, geschätzt und verwöhnt werden. Die Betonung muß auf dem Dienen liegen, auch wenn es dem Dienenden nicht immer gelegen kommt. Dasselbe gilt für alles, was Sie tun. Als

Zahnarzt zum Beispiel sollte es Ihr Ziel sein, anderen zu helfen und ihnen ihr Leben zu erleichtern. Wenn Sie nur darauf aus sind, möglichst viele Patienten zu behandeln, um viel Geld zu verdienen, wird die Praxis letzten Endes kein Erfolg sein.

Aber ich schreibe dieses Buch nicht für ein Unternehmen, sondern für Sie, lieber Leser. Sie können sich verschiedene Aspekte Ihres Lebens immer wieder bewußtmachen, aber besonders wichtig ist, daß Sie bei dem, was Sie tun, weniger an Ziele und Resultate denken, sondern sich auf den eigentlichen Sinn Ihres Lebens besinnen. Denken Sie nur einen Moment lang bei allem, was Sie tun, an das Prinzip des Gebens und Dienens, und die magische Kraft wird für Sie Realität werden.

Dem Sinn des Lebens gemäß leben heißt, die eigenen inneren Werte verändern. Sie müssen weder die Stellung wechseln noch sich einen anderen Wohnort suchen, denn die Möglichkeit, Wunder zu erfahren, liegt in der inneren Haltung des Gebens. In der Bhagavadgita sagt Gott zu Ardschuna, dem mächtigen Krieger:

> Die Weisen, die entsagungsvoll
> Sich von der Sucht nach Lohn befrein,
> Die gehn, erlöst von Wiederkehr,
> Zur leidentrückten Stätte ein.
> (Zweiter Gesang, 51)

Vielleicht kommen Ihnen diese Vorstellungen etwas zu hochgesteckt vor, aber glauben Sie mir, Sie können noch heute die Vorteile einer solchen Denkweise erleben. Dazu müssen Sie keine Aufstellung erhabener Prinzipien auswendig lernen. Sie müssen nur Kontakt mit Ihrem höheren Selbst aufnehmen und ihm dann die Führung überlassen. Es ist eine wirklich einfache und dabei faszinierende Weise, sein Leben zu leben, wobei Sie nicht schuften und sich anstrengen müssen, sondern sich entspannen und den Druck von sich abfallen lassen können.

Je weniger Sie sich zu dieser neuen Einstellung zwingen müssen, desto einfacher ist es, dem höheren Selbst die Führung zu überlassen. Wenn Sie noch einmal kurz zurückblättern und sich ansehen, worin die Unterschiede zwischen einem spirituellen und einem nichtspirituellen Menschen bestehen, werden Sie bemerken, daß es sich mehr um eine geistige als eine körperliche Übung handelt. Überlassen Sie sich einfach Ihrem natürlichen Selbst, und seien Sie sich immer bewußt, daß nur Geben und nicht Nehmen die Erfüllung bringen wird. Sich einfach seinem natürlichen Selbst zu überlassen, es «fließen» zu lassen, ist ein Konzept, das Ihnen geläufig werden wird, wenn Sie Ihr Leben der gewünschten Fülle öffnen.

Es «fließen» lassen

Mihaly Csikszentmihalyi berichtet in seinem Buch «Flow: Das Geheimnis des Glücks» (Stuttgart 1992) von sehr erfolgreichen Menschen, darunter Geschäftsleuten, Sportlern und Künstlern, die es in ihrem Leben zu großem Wohlstand gebracht haben. Er beschreibt das Prinzip des Fließens als Investition in uns selbst bis an unsere Grenzen, ein Zustand, in dem wir vollkommene Freude bei unserer Arbeit erfahren, den wir dann immer wieder zu erreichen suchen.

Im ersten Teil dieses Buches sprach ich davon, wie alles vollkommen in unserem Leben zu laufen scheint, wenn wir bei unserem Tun inspiriert sind. Eine solche Inspiration scheint alle Hindernisse hinwegzuschwemmen, und die Arbeit macht uns eine solche Freude, daß sie uns einfach mühelos von der Hand geht. Dieses Gefühl des Fließens kann man in vielen Bereichen des Lebens erleben.

Ich habe zum Beispiel den Eindruck, mühelos Vollkommenes zu schaffen, wenn ich bei meinen Vorträgen so engagiert bin, daß die Zeit stillzustehen scheint und Stunden zu Minuten werden. Auch beim Schreiben bin ich manchmal so inspiriert, daß ich mühelos eine Seite nach der anderen herunterschreibe. Manchmal kommt es mir so vor, als ob ich (mein unsichtbares Selbst) jemand anderem beim Schreiben zusehe, so vollkommen fließen die Worte aus der Schreibmaschine. Sie kennen das Gefühl der absoluten Freude wahrscheinlich von einem Liebeserlebnis, bei dem die Zeit stillzustehen schien. Dieses Gefühl des inspirierten Fließens können Sie aber auch in Ihren täglichen Aktivitäten und in Ihrer Arbeit erleben, ohne daß Sie darauf warten müssen, daß diese magischen Momente, beinahe ohne Ihr Zutun, geschehen.

Um es fließen lassen zu können, müssen Sie sich so total konzentrieren, daß alles andere um Sie herum verschwindet. Wirklich erfolgreiche Menschen wissen, wie sie sich in dieses wunderbare Stadium versetzen können, durch das ihre Aktivitäten weniger aus einer Reihe von mühsamen Aufgaben bestehen, die sie erledigen müssen. Sie laufen statt dessen wie in einem meditativen Zustand ganz selbstverständlich ab, nur daß die Menschen bei dieser Meditation aktiv involviert sind und nicht still dasitzen. Dieses selbstverständliche Fließen hat viel mit dem Sinn Ihrer Aktivitäten zu tun. Wenn Sie Ihr materielles Selbst und Ihr Ego einmal beiseite und Ihr unsichtbares höheres Selbst Ihr Tun bestimmen lassen, dann folgt Ihr physisches Selbst den Anweisungen Ihres höheren Selbst. In diesem beglückenden Zustand fühlen Sie sich eins mit Körper und Seele und wissen: Deshalb bin ich auf der Welt, das ist das, was ich jetzt genau in diesem Moment tun soll. Ich erfülle meine Mission, und nichts kann mich daran hindern. Wie von außen sehen Sie Ihren Körper unglaubliche Dinge vollbringen, Sie spüren eine ekstatische Freude, und nichts kann Sie aufhalten. Sie erfüllen den Sinn Ihres Lebens und haben dabei ein Spitzenerlebnis, von dem andere nur träumen können.

Wie kann man nun dieses Stadium des Fließens erreichen? Csikszentmihalyi beschreibt diesen Prozeß ausführlich, und Professor Rao von der Universität von Long Island faßt ihn in dem «Success»-Artikel zusammen, von dem schon die Rede war. Seine Zusammenfassung bildet die Grundlage für die fünf folgenden Punkte, die Ihnen nicht nur aufzeigen, wie man in seinem Beruf erfolgreich sein kann, sondern auch ein Geheimtip sind, wie echte Wunder in das Leben einzubringen sind. Wie erreicht man also das Stadium des mühelosen Fließens?

1. Setzen Sie sich ein spirituelles Ziel, das Ihrer Arbeit Sinn gibt. Vergessen Sie also sich selbst, und verwenden Sie Ihre ganze Energie darauf, für andere dazusein. Machen Sie Ihre Arbeit zu einem meditativen Erlebnis. Statt sich selbst als jemanden zu empfinden, der eine bestimmte Aufgabe zu erledigen hat, werden Sie in Ihrer geistigen Vorstellung selbst zu dem Objekt Ihrer Bemühungen. Sie sehen sich nun buchstäblich als Ball in dem Tennismatch, als Bericht, an dem Sie arbeiten, Sie werden zu dem Buch, an dem Sie schreiben, und zu der Mahlzeit, die Sie zubereiten. Sie und Ihre Aufgabe werden eins, alles aus dem spirituellen Ziel heraus, dem Sinn Ihres Lebens zu dienen.

2. Konzentrieren Sie sich, und machen Sie sich von sämtlichen ablenkenden Gedanken frei.

Durch Meditation können Sie Ihren Geist am besten trainieren, sich vollkommen zu konzentrieren. Widmen Sie Ihrem Geist beim Konzentrationstraining die gleiche Aufmerksamkeit, die Sie Ihrem Körper zugestehen, wenn Sie eine maximale körperliche Kondition erreichen wollen. Sie müssen nicht zum Sklaven Ihrer Sinne werden und können eine Atmosphäre schaffen, in der Ihr Geist frei von ablenkenden Einflüssen ist und Sie nichts unterbrechen kann.

Ich befinde mich gerade auf Maui mit meiner Frau, meinen sieben Kindern und ihren Spielgefährten. In diesem wunderbaren Chaos habe ich mir allerdings einen Ort geschaffen, wo ich frei von jeglichen Ablenkungen bin. Ich habe ein winziges Apartment ohne Telefon gemietet, wozu es nur einen Schlüssel gibt. Ich wache jeden Morgen um 5 Uhr auf, meditiere und setze mich dann an meine Arbeit. Es gibt keine Unterbrechungen, niemand außer meiner Frau weiß, wo ich bin, und ich kann mich ganz auf meine Arbeit konzentrieren. Meine Frau benutzt dieses Versteck am Nachmittag für ihre Projekte.

Diese ruhige Atmosphäre können Sie auch in sich selbst schaffen. Sie können trainieren, die ablenkenden Gedanken, die dauernd Ihr Bewußtsein durchziehen, auszuschalten. Sie können Zuflucht in dem stillen Raum Ihres inneren Selbst finden, aus dem alle Ablenkungen verbannt sind. Dort erkennen Sie, was Fließen bedeutet, und sie beginnen, die Wirklichkeit der magischen Kraft in dem zu verspüren, was Sie tun. Eine solche Konzentration kann am Arbeitsplatz stattfinden, zu Hause oder an irgendeinem anderen Ort. Konzentration ist ein Besinnen auf das innere natürliche Wissen. Sie können dieses Wissen entweder ignorieren, oder Sie können es immer wieder konsultieren.

3. Überlassen Sie sich ganz dem Prozeß.

Sie müssen dem Impuls, aktiv nach etwas zu streben, Widerstand leisten. Bei dem System, das in «Flow» beschrieben wird, arbeitet die Welt mit Ihnen, Sie müssen sich also dem Prozeß selbst überlassen und von dem erlernten Gebot Abstand nehmen, sich immer bemühen und streben zu müssen. Übergeben Sie sich ganz Gott oder Ihrer höheren Macht, der unsichtbaren Kraft, die immer in Ihnen ist und Ihnen andere Erkenntnisse ermöglicht als Ihre fünf Sinne. Sie müssen die Kontrolle aufgeben und sich dem eigentlichen Prozeß überlassen. Denken Sie weder an Ergebnis, Belohnung, Geld noch Auszeichnungen, und konzentrieren Sie sich mit Geist und Körper ganz auf das, was im Moment geschieht. Robert Coram beschrieb schon 1791 in «Political Inquiries», wie besondere Auszeichnungen eher Streit als Ehrgeiz hervorrufen und unter den Beteiligten des Wettkampfes eine Atmosphäre von Neid, Eifersucht und Zwietracht verbreiten. Enge Freunde werden zu bösen Rivalen und nach der Verleihung des Preises zu Todfeinden. Die Besseren machen sich über die Leistungen der Schlechteren lustig, und jeder verwendet alle möglichen Tricks, um die Leistung des anderen herabzusetzen. Wenn Sie sich also nur auf das Ziel konzentrieren statt auf den Weg dahin, sind häufig Neid, Eifersucht und Streit die Folge. Wenn Sie sich aber dem Prozeß selbst überlassen, erleben Sie das Fließen, das Wohlstand ermöglicht und Ihnen bewußtmacht, daß Sie persönliche Wunder im Hinblick auf Ihre Leistung vollbringen können. Wie überläßt man sich dem Prozeß? Streben Sie nicht danach, etwas zu erreichen, sondern freuen Sie sich an der Arbeit, die Sie im Augenblick tun. Ergebnisse werden sich einstellen, ob Sie sich darum bemühen oder nicht. Wenn Sie sich nur auf das Endergebnis konzentrieren statt auf die Arbeit selbst, entsteht nicht selten eine innere Dissonanz, die sämtliche Möglichkeiten, etwas

Besonderes zu leisten, blockiert. Auch bei der Erfüllung Ihres Wunsches nach Wohlstand geht es um den Weg, den Prozeß und nicht um das Resultat. Und dieser Prozeß hat ganz ursächlich mit dem Sinn des Lebens zu tun. Und der Sinn des Lebens ist Lieben und Geben.

4. Erleben Sie das höchste Glück.
Wenn Sie die obigen Vorschläge beachten, kann dieses Gefühl des höchsten Glücks überhaupt nicht ausbleiben. Diese innere Glückseligkeit ist mit nichts zu vergleichen. Wenn Sie sich selbst in Ihrem Leben «zum Fließen» bringen, werden Sie dieses wunderbare Hochgefühl immer wieder erfahren.

Es ist dasselbe Gefühl, das ich schon in dem Abschnitt über Meditation beschrieb und das sich einstellt, wenn Sie Ihre Arbeit in einem sozusagen meditativen Zustand vollbringen. Wenn Sie also auf diese Weise etwas leisten, ohne sich gewaltsam zu bemühen, werden Sie mit einem wahren Hochgefühl belohnt. Ein warmer, belebender Schauer durchdringt und erfüllt Sie ganz, und Sie werden endlich wissen, daß Sie sich auf dem richtigen Weg befinden.

5. Erreichen Sie Spitzenleistungen ohne Anstrengung.
Im Zustand dieses Hochgefühls eröffnen sich Ihnen neue Möglichkeiten für Kreativität und Energie und damit zur Steigerung Ihrer Leistungen. Sehr erfolgreiche Menschen können diesen Zustand, der eine höhere Leistung ermöglicht, willentlich hervorrufen. Der Prozeß, während dessen man losläßt, sich auf den Sinn des Lebens konzentriert und ihm gemäß lebt, führt genau zu diesem Hochgefühl. Einmal erfahren, möchte man diesen Zustand immer wieder erleben und wird entsprechend kreativer und produktiver.

In diesem Zustand des Hochgefühls möchte ich am liebsten nicht mit dem Schreiben aufhören. Oder ich möchte auf der Bühne nach einem Vortrag stehenbleiben und weiter liebend geben, möchte nie aufhören, mit meinen Zuhörern zu sprechen. Wenn andere Vortragende längst in ihren Hotelbetten sind, unterhalte ich mich immer noch mit den Menschen, die geblieben sind. Je mehr innere Freude ich durch diese Methode des Fließenlassens erlebe, desto kreativer werde ich. Und doch denke ich in keiner Sekunde daran, daß ich produktiv bin und Erfolg habe.

Ich habe Thoreau schon in meinen letzten Büchern zitiert, und ich möchte ihn auch hier wieder erwähnen. Die magische Weisheit seines Ratschlags beeindruckt mich immer wieder: Wir sollen nur ganz zuversichtlich unseren Träumen und Vorstellungen folgen, der Erfolg wird dann alle Erwartungen übertreffen. «Träume» und «Vorstellungen» gehören in den Bereich der Gedanken, in den Bereich des unsichtbaren inneren Selbst. Ihre eigenen Gedanken sind es also, die für die Erfahrung des Hochgefühls verantwortlich sind und letzten Endes das Wunder bewirken, daß Sie ein reiches Leben führen können. Ihre Gedanken haben einen ungeheuren Einfluß auf das, was in Ihrer eigenen physischen Realität geschieht, aber auch auf die materielle Umwelt, die Sie umgibt.

Den Geist einsetzen, um zu Wohlstand zu kommen

Sie sind jetzt dabei, Ihr Mangel-Bewußtsein in ein Wohlstands-Bewußtsein umzukehren. Das ist im wesentlichen eine geistige Übung. Sie müssen sich davon überzeugen, daß Sie allein für Ihre Visionen verantwortlich sind. Und Sie müssen wissen, welchen Einfluß diese mentalen Bilder auf die Art und Weise haben, wie Sie die Welt um sich herum erleben.

Die besten Sportler visualisieren, bevor sie den Ball schlagen, plazieren oder stoßen. Der mentale, der unsichtbare Teil des Geschehens beeinflußt die körperliche Aktion. Als Rickert Fillmore, der Sohn eines der Gründer der Unity Christian Church, gefragt wurde, ob sich dieses Prinzip auch auf die Arbeit des erfolgreichen Grundstücksmaklers übertragen läßt, war er der Meinung, daß, sollte es überhaupt funktionieren, dann überall.

Es handelt sich dabei um ein universelles Prinzip. Es funktioniert nicht nur am Sonntagmorgen oder nur bei manchen Menschen. Dieses Prinzip ist ein vitaler Faktor in unserem Universum, dem wir angehören und das Teil von uns ist. Was Sie als Bild in Ihrem Geist erschaffen können, können Sie auch in der physischen Welt hervorbringen, sofern Sie an dem Bild festhalten. Je stärker Sie diese Wahrheit verinnerlichen, desto häufiger wird sich dieses Prinzip in Ihrem Leben manifestieren. Schon Aristoteles ging davon aus, daß die Seele immer mit Bild denkt. Diese uralte Weisheit trifft auch heute noch auf unser Leben zu.

Wenn ein Verkäufer glaubt, daß er einen bestimmten Abschluß nicht tätigen kann, wird er diesem inneren Bild entsprechend handeln und den Verkauf sabotieren. Das habe ich ja noch nie geschafft. Das ist sicher Zeitverschwendung. Sie werden bestimmt nicht kaufen. Mit solchen Gedanken ist das Versagen in seinem Bewußtsein schon vorprogrammiert. Wenn Sie diese Aussagen ins Positive umkehren und dabei Ihren Lebenssinn des Gebens und Dienens berücksichtigen, würden sie etwa so lauten: Wenn jemand das hier bewerkstelligen kann, dann ist es auch mir möglich. Die universelle Kraft, die in anderen liegt, liegt auch in mir. Es ist nie eine Zeitverschwendung, wenn man versucht, einem anderen zu helfen. Ihnen wird meine freundliche Absicht zugute kommen. Über den Visualisierungsprozeß können Sie sich ein Wohlstand-Bewußtsein schaffen. Und niemand kann Ihnen das nehmen.

Unsere Kinder werden zur Zeit von anerkannten Meistern in der Kunst der Meditation unterrichtet und lernen, ihren inneren Visionen zu vertrauen. Wir wollen ihnen dadurch keinen Vorteil vor anderen verschaffen, sondern sie nur wissen lassen, daß sie etwas in sich tragen, was ihnen niemand wegnehmen kann, unabhängig davon, wie ihr äußeres Leben aussieht. Sie lernen so schon in jungen Jahren, daß ihr innerer Frieden und ihre Ausgeglichenheit allein von ihnen selbst abhängen, daß sie einen Zufluchtsort, ihr eigenes persönliches Königreich, in sich tragen, wo sie immer Hilfe finden können, wenn sie gelernt haben, wie sie es sich zugänglich machen können. Sie werden lernen, was der Titel eines meiner Lieblingsgedichte bedeutet «My Mind to Me a Kingdom Is» (Mein Geist ist mir ein Königreich), und werden diese Erkenntnis in ihrem täglichen Leben anwenden.

Im 16. Jahrhundert wurde dieses Gedicht, aus dem ich fünf Strophen zitiere, von Sir Edward Dyer (vielleicht einem spirituellen Vorfahren?) verfaßt:

Mein Geist ist mir ein Königreich,
Ich finde dort so reiche Freuden,
Daß alles Glück nur fade wird,
Das diese Welt mir schenkt;
Und wollt ich auch, was viele haben,
Verbietet dies Verlangen mir mein Geist.

Kein Königspomp, kein Gut der Welt,
Nicht Macht für irgendeinen Sieg,
Auch keine Hinterlist als Balsam meiner Wunden,

Nicht Schönheit, Liebe zu entzünden,
Nichts reizt mich; denn wozu?
Hab ich doch alles schon in mir.

Ich sehe den Verdruß am Überfluß
Und hastge Klettrer in die Tiefe stürzen;
Ich seh die Überheblichkeit
Und auch den Fall, der oft ihr auf dem Fuße folgt,
Besetzt von Mühsal und verfolgt von Furcht,
Ein unerträglich Leben, nichts für mich.

Ich bin zufrieden wie ich bin;
Genügsamkeit ist mein Begehr;
Was soll mir Hoffart, Eitelkeit?
Es mangelt mir an nichts, denn sieh,
Mein Geist hat es bereits, und einem König gleich
Genieß ich den Triumph und dank ihm für die Gabe.

Die Gier nach mehr stillt selten sich von selbst;
Ich habe wenig, und ich suche nichts;
Die zu viel haben bleiben trotzdem arm,
Doch ich bin reich mit wenig Hab und Gut;
Sie arm, ich reich, sie betteln, und ich gebe;
Sie sind bedürftig, ich laß alles hinter mir,
Sie leiden, und ich lebe.

Die Form des Gedichts ist vielleicht etwas altmodisch, aber
die Botschaft ist wahrhaft provozierend. Jeder Luxus des Lebens ist mit Leiden verbunden, wenn man das Königreich der
heiteren Gelassenheit in sich selbst nicht kennt, aus dem
jeglicher Wohlstand kommen kann. Die Aussage dieses
Gedichts trifft auf jegliche menschliche Aktivität zu. Ihre
Gedanken sind dieses Königreich, das jedes Bild entstehen

lassen kann. Wenn Sie sich für das Bild des Wohlstands entschieden haben, es im Geist vor sich sehen, dann werden die entsprechenden Handlungen notwendigerweise stattfinden, und der Wohlstand wird sich einstellen.

Zwei Bäcker backen je einen Kuchen nach demselben Rezept, mit den gleichen Zutaten und im selben Ofen. Der eine Kuchen ist locker und köstlich, der andere das Gegenteil, flach und unansehnlich. Warum? In ihrer Vorstellung sehen beide den Kuchen, den sie herstellen wollen. Der eine Bäcker ist positiv eingestellt, sieht ein gelungenes Ergebnis bereits vor sich, weiß im Unterbewußtsein, daß es ein wunderbarer Kuchen werden wird. Der andere Bäcker hat eine mehr negative Einstellung, er hat Angst, zweifelt am Gelingen seines Vorhabens. Er geht das Projekt vom Standpunkt des Mangel-Bewußtseins an. Und obwohl er sich an dasselbe Rezept und alle Anweisungen hält, wird sein Kuchen so, wie er es sich in seinen schlimmsten Vorstellungen ausgemalt hat. Sie meinen, das sei unwahrscheinlich? Wenn beide genau den gleichen Anweisungen gefolgt sind, dürften die Ergebnisse sich doch nicht unterscheiden?

Ich habe diese Erfahrung immer wieder in meinem eigenen Leben gemacht. Irgendwie hielt ich schon seit Kindertagen Kochen und Malen nicht gerade für meine starken Seiten. Selbst wenn ich den Anleitungen haargenau folgte, zum Beispiel bei diesen Reproduktionen, wo man bestimmte Farben auf entsprechend numerierte Felder aufträgt, wurden meine Bilder immer häßlich, während die meines Bruders Jim gerahmt an der Wand Platz fanden. Jim wußte, daß er ein Meisterwerk produzieren würde, Wayne wußte, daß er es auf diesem Gebiet nie zu etwas bringen würde. Wir hatten die gleichen Farben, die gleichen Pinsel, die gleichen Anleitungen, aber eine unterschiedliche Einstellung und daher unterschiedliche Ergebnisse. Das gleiche geschah, als ich mich im

Backen versuchte. Ich folgte den Anweisungen ganz genau, aber ich glaubte einfach nicht, daß ich einen guten Kuchen backen könnte, und meine Vision des mißglückten Kuchens wurde Wirklichkeit. Unsere Überzeugungen sind die unsichtbaren Zutaten bei allem, was wir tun.

Es liegt ein Zauber im Glauben, der mit Logik nichts zu tun hat. Ein gutes Leben, auch finanziell gesichert, beginnt mit inneren Bildern. Ja, ich behaupte, daß wir unsere materielle Umgebung und unsere Lebensumstände mit unserem Geist beeinflussen können. Geld und Reichtum werden in Ihr Leben treten, wenn Sie die Prinzipien des Wohlstand-Bewußtseins anwenden. Das gilt für den Sportler, den Verkäufer, den Chirurgen, den Taxifahrer und auch für Sie.

Die meisten von uns glauben, daß Geldverdienen im wesentlichen von äußeren Mächten abhängt, von der allgemeinen Wirtschaftslage, von der Börse, den Zinssätzen, Regierungsbeschlüssen, Beschäftigungsstatistiken und ähnlichem. Wenn Sie aber den spirituellen Weg eingeschlagen haben und merken, welche Kraft Ihr unsichtbares Selbst wirklich hat, dann stellen Sie fest, daß Geldverdienen eigentlich nur ein Spiel ist, was Sie mit sich selbst spielen. Mit dem Geldverdienen ist es genauso wie mit dem Schaffen irgendeiner beliebigen Sache. Wichtig ist, daß Sie nicht davon abhängig sind, daß Sie dem Geld keine Macht über das eigene Leben einräumen. Die Kraft Ihrer Persönlichkeit hat nichts mit der Anhäufung von Geld zu tun, denn dann wären Sie ja ohne Geld keine Persönlichkeit. Authentische Kraft kommt aus der Seele, diesem magischen Bereich, und ist von Anbeginn in Ihnen vorhanden.

Der Erwerb von Wohlstand in Form von finanziellem Reichtum läuft nach demselben Prinzip ab wie das Erlangen jedes anderen Ziels. Er wird in Ihr Leben treten, gerade dann, wenn Sie nicht mehr vom Geld abhängig sind. Wenn Sie sich im Zustand des Fließens befinden und Ihrem Lebensprinzip gemäß nur liebend geben, wird Geld Ihnen zufallen. Genauso ist es mit Gesundheit, mit Liebe und Glücklichsein: Wenn Sie Ihr Leben sinngemäß leben, wird es geschehen. Wenn Sie sich dagegen fest vorgenommen haben, diese Ziele zu erreichen, wenn Sie verbissen danach streben, werden Sie sie nie erreichen. Sie werden nie genug haben und immer unter dem Gefühl des Mangels leiden.

Man findet überall Beispiele für Menschen, die zwar viel Geld besitzen, aber in ihrem Leben keinen echten Sinn sehen. Berühmte Schauspieler werden mit ihrer Drogensucht nicht fertig. Schauspielerinnen nehmen sich auf der Höhe ihrer Karriere das Leben. Erfolgreiche Geschäftsleute werden von Zweifeln geplagt, bekommen Magengeschwüre oder gehen bankrott und beenden ihr Leben. Die Scheidungsraten unter den sehr Reichen sind astronomisch hoch, die streitenden Ehepartner entscheiden vor Gericht, wer was bekommt. Selbst Lottogewinner verfallen dem Alkohol, verschleudern ihr Geld oder neigen zum Selbstmord, weil sie mit ihrer neuen Situation nicht fertig werden. Wenn Reichtum das Ziel all Ihrer Aktivitäten ist, wenn Ihre Lebensqualität davon abhängt, was Sie im Vergleich zu anderen angehäuft haben, dann ist wahrer Wohlstand unmöglich. Statt dessen sind Sie wieder da angelangt, wo man nur durch Leiden kurzfristig Erleuchtung erfährt.

Wenn Sie aber dem Sinn Ihres Lebens gemäß leben, wenn Sie das tun, wozu Sie auf dieser Erde sind, und dabei nicht an Geld oder Reichtum denken, dann werden Sie genug Geld für ein Leben in Wohlstand haben. Und Sie werden täglich neue Beweise der magischen Kraft finden. Ich kann das mit einer solchen Bestimmtheit sagen, weil ich es selbst immer wieder erlebt habe. Als ich hinter dem Geld her war, hatte ich nie genug. Als ich den Zweck meines Lebens erkannt hatte und von mir und dem, was ich bekam, eher noch abgab, wurde ich wohlhabend.

Wohlstand stellt sich nicht ein, wenn man bestimmte Tricks anwendet oder festen Strategien folgt. Wohlstand ist eine Einstellung, die auf Ihrer Fähigkeit beruht, Ihr Leben für Wunder zu öffnen. Ihre negativen Bilder müssen Sie in positive verwandeln, Ihr Mangel-Bewußtsein zu einem Wohlstands-Bewußtsein verkehren.

Ich habe Ihnen ein paar Vorschläge zusammengestellt, wie Sie Ihr eigenes Potential, Wunder zu tun, kennenlernen können. Mangel verschwindet aus Ihrem Leben, und dafür kehrt ein Überfluß ein, den Sie bisher immer nur bei anderen für möglich hielten, die eben Glück gehabt hatten.

So lassen sich die Wohlstandsprinzipien im täglichen Leben anwenden

Paramhansa Yogananda vergleicht materiellen Reichtum ohne inneren Frieden mit dem Verdursten in einem See. Er rät denen, die materielle Armut vermeiden wollen, spirituelle Armut zu verabscheuen. Denn seiner Ansicht nach ist der Kern allen menschlichen Leidens gerade spirituelle Armut, und eben nicht der Mangel an materiellen Gütern.

Um zu der Welt der täglichen Wunder Zugang zu finden, sollten Sie sich daran halten. Ihr wichtigstes Ziel ist das Erkennen Ihres spirituellen Bewußtseins. Dann vertrauen Sie sich mit Ihrem ganzen Wesen dem vollkommenen Universum an.

- *Verachten Sie jegliche Zweifel.*

Stellen Sie sich im Geiste vor, daß Sie ein Leben in Wohlstand leben und alle dazu notwendigen materiellen Dinge besitzen. Weigern Sie sich, negativen Gedanken Platz einzuräumen. Wenn aus alter Gewohnheit wieder Zweifel in Ihr Bewußtsein eindringen wollen, gebieten Sie ihnen Einhalt, indem Sie einfach sagen: der nächste bitte. Ja, mehr ist dazu nicht nötig, um mit den alten zweifelnden Gedanken Schluß zu machen und an deren Stelle nun positive Gedanken treten zu lassen. Mit diesen Zauberworten sagen Sie sich von den quälenden Zweifeln los und betreten den magischen Bereich des Glaubens. Schreiben Sie auf, wie Sie sich Ihr Leben wünschen. Durch wiederholtes Lesen nehmen diese Wünsche in Ihrer Vorstellung Gestalt an und können sich dann in Ihrem Leben manifestieren. Ich benutze diese Methode häufig, schreibe meine Affirmationen auf einen Zettel und hänge ihn da hin, wo ich ihn immer wieder lesen muß und daran erinnert werde, was mich gerade beschäftigt.

- *Halten Sie an Ihren Wohlstandsvisionen fest.*

Machen Sie sich immer wieder deutlich, stellen Sie sich in Einzelheiten vor, was Sie erreichen werden, und machen Sie sich immer wieder bewußt, daß niemand Ihnen diese Visionen nehmen kann. Um diese Bilder Wirklichkeit werden zu lassen, müssen Sie weder im Lotto gewinnen noch ungewöhnliches Glück haben. Halten Sie nur an diesen Visionen fest, und Sie werden sich bald entsprechend verhalten. Dann wird Wohlstand in Ihr Leben treten. Claude M. Bristol bringt in seinem Buch «Entdecke Deine mentalen Kräfte» (Wirksame Techniken, um Ziele zu erreichen, München 1989) dazu das Beispiel des Gesetzes der Suggestion, durch das alle Kräfte, die innerhalb seiner Grenzen wirken, phänomenale Ergebnisse erzeugen können. Die Kraft der eigenen

Suggestion regt das Unterbewußtsein zu seiner kreativen Arbeit an, wodurch auch Affirmationen und Wiederholungen wirkungsvoll werden. Ständige Wiederholungen erzeugen Glauben, aus dem eine tiefe Überzeugung wird, so daß Sie die gewünschten Veränderungen vollziehen können.

Ich habe die Wahrheit dieser Aussage immer wieder an meinen Kindern beobachten können. Wenn sie etwas nicht fertigbringen, machen sie sich mit einem ständig wiederholten: Ich kann es, ich kann es, Mut. Ich muß dabei besonders an meine Tochter Sommer denken, die bestimmt zwanzig-, dreißigmal vergeblich versucht hatte, auf meinen Händen zu balancieren. Ich sagte ihr, sie solle diese magischen Worte immer wieder laut wiederholen. Sie sagte laut vor sich hin: «Ich kann es, ich sehe, wie ich auf Daddys Händen stehe», und mit einem Mal brachte sie es fertig. Sie erlebte plötzlich das Wunder. Das ist die Wahrheit. Wenn so etwas überhaupt irgendwo funktionieren kann, dann kann es auch überall funktionieren. Sie müssen fest daran glauben, müssen dieses Wissen um die Realität der magischen Kraft in sich tragen, wo Zweifel keinen Zutritt haben. Sie wiederholen sich dann immer wieder die Affirmationen, die Sie zu der Überzeugung bringen, daß es möglich ist, was wiederum zu dem gewünschten Effekt führt.

● *Befassen Sie sich mit der Beschaffenheit aller Materie auf der subatomaren Ebene.*
Wenn Sie sich Materie einmal aus einer anderen Perspektive ansehen, werden Sie erkennen, daß sie im wesentlichen aus leerem Raum besteht. Wie dumm ist es doch, sich dieser materiellen Welt zu unterwerfen! Wie die Welt Ihrer Gedanken, ist auch die Welt der Materie ohne Grenzen, hat weder Anfang noch Ende. Alles ist für Sie ausreichend in der materiellen Welt vorhanden, sofern Sie wissen, worin der Sinn Ihres Lebens besteht.

Sie dürfen nicht vergessen, daß Wohlstand, wie alles andere, auch in Ihrem Geist erfahren wird. Wenn Sie sich selbst als reich empfinden und Sie nichts und niemand von dieser Überzeugung abbringen kann, dann gibt es in Ihrem Leben in der Tat dieses Wunder des Wohlstands. Wenn man sich aber als wohlhabend empfindet, unabhängig davon, wieviel man sein eigen nennt, und nach dieser Überzeugung handelt, stellen sich erstaunlicherweise auch die materiellen Güter in der Fülle ein, die man für ein gutes Leben braucht.

● *Lernen Sie Ihren intuitiven inneren Stimmen vertrauen.*
Menschen, von denen man sagt, daß sie meistens Glück haben, folgen im allgemeinen ihrer Intuition und nicht dem, was andere ihnen vorschlagen. Wenn Sie im Innersten davon überzeugt sind, daß Sie Ihre Stellung wechseln oder umziehen, daß Sie sich andere Freunde suchen oder auch eine bestimmte Investition vornehmen sollten, dann vertrauen Sie dieser inneren Stimme. Sie ist die göttliche Eingebung, die Sie ermutigt, ein Risiko einzugehen, vom vielbegangenen Pfad abzuweichen und als das Individuum zu handeln, das Sie sind. Wohlstand wird sich in Ihrem Leben einstellen, wenn Sie das Leben mit der entsprechenden Überzeugung angehen. Es kommt nur darauf an, wie es in Ihnen aussieht. In Ihrem inneren Selbst tragen Sie Ihre Intuition, Ihre unsichtbare Führung, die Ihnen immer zur Verfügung steht. Lernen Sie ihr vertrauen, und erlauben Sie dann Ihrem physischen Selbst das zu tun, was Sie aus Ihrem inneren Selbst heraus als das richtige empfinden.

Ich habe mich in meinen Investitionen immer von meiner Intuition leiten lassen. Ich kann ehrlich sagen, daß ich nur einmal einen großen finanziellen Verlust erlitten habe, und zwar, als ich gegen meine Intuition gehandelt hatte. Ich investierte in Kommunalobligationen für die Entwicklung von bestimmten Projekten, die, wie ich wußte, meinen inneren Überzeugungen zuwiderliefen. Ich überlegte lange, ob ich es tun sollte, aber der Gewinn war hoch, und die Papiere waren angeblich sicher. Und so handelte ich gegen meine Intuition. Diese Entscheidung kostete mich über 150 000 Dollar. Meine Intuition hatte mir geraten, solche Projekte nicht zu unterstützen und nur in das zu investieren, woran ich wirklich glauben konnte. Aber meine Geldgier hatte die Stimme zum Schweigen gebracht. Das war eine sehr wichtige und teure Lektion. Seitdem tue ich nur, was sich für mich richtig anfühlt, auch wenn andere die Weisheit meiner Entschlüsse anzweifeln. Ich investiere heute nur in Projekte, die ich für gerecht und anständig halte, und richte mich dabei vollkommen nach meiner Intuition. Mancher mag das für eine naive Methode halten, aber ich bin dabei bisher nicht schlecht gefahren.

● *Versuchen Sie, Ihre inneren Überzeugungen zu verändern, die aus dem Mangel-Bewußtsein kommen.*
Wenn Sie der Welt immer nur erzählen, was in Ihrem Leben fehlt und daß Sie nie vorankommen, dann zeugt das von Ihrer festen negativen Einstellung. Sie denken bei allem zuerst an Probleme, an Verluste, an Schwierigkeiten und so weiter und offenbaren diese Einstellung auch in jedem Gespräch. Sie können diese inneren Stimmen, die Ihr Leben bestimmen, aber durch neue Gedanken ersetzen, bei denen positive Werte wie Reichtum, Überfluß, Profit, Mühelosigkeit, reichliches Auskommen und ähnliches eine Rolle spielen. Wenn Sie der Welt mit einer solchen Einstellung begegnen, wird sich das positive Konzept, das Sie von sich selbst haben, auch anderen Menschen mitteilen.

Das wissende Geheimnis in der Mitte Ihres Seins ist Ihre unsichtbare Seele, die Ihnen in allem hilfreich zur Verfügung steht. Sie müssen sich selbst dabei ertappen, wenn Sie auf eine Art und Weise denken, die mit einem Wohlstands-Bewußtsein nicht konform geht. Sie müssen sich selbst beobachten und müssen jeden Gedanken isolieren, der auf ein Mangel-Bewußtsein hindeutet. Sie können Ihre Einstellung ändern, aber nur, wenn Sie versuchen, die negativen Gedanken aufzuspüren, und sie dann umkehren. Nach einer Weile werden Sie dann dieser neuen Denkweise entsprechend handeln, und Ihr Leben wird sich ändern.

- *Seien Sie von ganzem Herzen überzeugt davon,*
daß Ihnen Wohlstand zusteht.

Es ist ein guter Anfang, wenn man an Wohlstand denkt, aber Sie müssen diese Gedanken, daß Ihnen Wohlstand doch eigentlich zustünde, zu Ihrer festen Überzeugung machen, ja, Sie müssen diese geistige Überzeugung regelrecht kultivieren. Ihre Absicht macht die Veränderung möglich. Es ist der Prozeß des Lebens durch «Wissen». Sich nur etwas wünschen ist nicht genug. Nichts wird wirklich Teil Ihres Lebens werden, wenn Sie nicht fest davon überzeugt sind, daß es dorthin gehört.

Vielleicht klingt das für Sie etwas übertrieben. Aber hören Sie, was Markus (11,23–24) über dieses göttliche Prinzip sagt, und versuchen Sie, seine Worte auf Ihre eigenen Unternehmungen anzuwenden:

> Wahrlich, ich sage euch:
> Wer zu diesem Berg spräche: Hebe
> dich und wirf dich ins Meer! und
> zweifelte nicht in seinem Herzen,
> sondern glaubte, daß es geschehen
> würde, was er sagt, so wird's ihm
> geschehen. Darum sage ich euch:

> Alles, was ihr bittet in eurem Ge-
> bet, glaubet nur, daß ihr's empfangt,
> so wird's euch werden.

Hier ist von Wundern die Rede. Alles, an das Sie fest glauben können, was Sie zur Gewißheit und dann zur Absicht machen, wird Ihnen zu einem reichen Leben verhelfen.

- *Vertrauen Sie der Göttlichkeit, die in Ihnen ebenso wie in dem vollkommenen Universum vorhanden ist.*
Befassen Sie sich ernsthaft mit den obigen Prinzipien, und überprüfen Sie dann Ihren Fortschritt, indem Sie sich einen Tag lang einmal genau beobachten. Halten Sie dabei fest, wie häufig Sie noch in Ihren Entscheidungen von einem Mangel-Bewußtsein ausgehen und wann das Wohlstands-Bewußtsein die Oberhand gewinnt. Dann lassen Sie es gut sein, und überlassen Sie sich der unsichtbaren Kraft, die auch in Ihnen ist. Denken Sie immer daran, daß Sie der allmächtigen Weisheit vertrauen, die Sie geschaffen hat, wenn Sie sich auf sich selbst verlassen. Wenn Sie an Ihrer eigenen Weisheit zweifeln, dann zweifeln Sie damit an der göttlichen Weisheit, die für Ihre Existenz verantwortlich ist. Sie müssen einfach wissen, daß die universellen Gesetze von Wohlstand und Überfluß immer bestehen bleiben und daß sie ebenso wie anderen auch Ihnen zugute kommen.

Und jetzt lehnen Sie sich im Geist zurück, entspannen sich und lassen los. Sie werden wissen, was Sie zu tun haben. Satori, das plötzliche Erwachen, wird geschehen. Sie müssen sich keine Sorgen mehr machen. Wohlstand wird sich einstellen, von Ihnen selbst auf magische Weise geschaffen, so wie Sie auch einen Gedanken aus dem Nichts schaffen können. Vertrauen Sie sich selbst, weil die Kraft Sie durchdringt. Wenn das nicht der Fall wäre, würden Sie diese Worte hier nicht lesen können. Und dann leben Sie Ihrem Lebenssinn gemäß.

● *Verhalten Sie sich, als ob Sie reich seien.*

Ja, genau, handeln Sie, als ob Sie diesen wohlverdienten Wohlstand schon besäßen. Ein solcher Mensch ist großzügig, also seien Sie großzügig. Wenn Sie in schwierigen Situationen nicht geben können, werden Sie auch nicht großzügig sein, wenn es Ihnen im Grunde leichtfiele. Es ist der Sinn Ihres Lebens, anderen zu geben, auch wenn Sie nicht reich sind. Ihr Lebenssinn hängt nicht von der Höhe Ihres Bankkontos ab, sondern von Ihrem spirituellen Selbst. Tun Sie, was Ihnen Ihr spirituelles Selbst eingibt. Geben Sie mindestens 10 Prozent an die, von denen Sie spirituell unterstützt werden.

Dieses Prinzip hat sich für mich immer ausgezahlt. Ich habe schon als kleiner Junge immer von dem abgegeben, was ich hatte. Ich habe begeistert Geschenke für andere gekauft und später besonderen Menschen dabei geholfen, finanziell unabhängiger zu werden. Ich habe meinen Schützlingen viel mehr als 10 Prozent gegeben, und ich habe es immer mehr als zehnfach zurückerhalten. Das scheint Teil des unsichtbaren, göttlichen Gesetzes zu sein.

Ein großzügiger Mensch verhält sich immer so, als sei er schon wohlhabend. Wenn Sie abgeben, ohne etwas zurückzuerwarten, leben Sie Ihrem spirituellen Selbst gemäß und ordnen ihm Ihr physisches Selbst unter. Sie verhalten sich wahrhaft göttlich und können auf diese wunderbare Weise viel für Ihren eigenen Wohlstand tun.

Die folgenden inspirierenden Worte stammen von Kahlil Gibran. Aus ihnen spricht das Wohlstands-Bewußtsein, um das es mir in diesem Kapitel ging:

Und es gibt jene, die
wenig besitzen und
alles hergeben.
Das sind diejenigen,
die an das Leben
und die Freigebigkeit glauben,
deren Schatztruhen
niemals leer sind.
Es gibt jene, die
mit Freude geben,
und diese Freude
ist ihnen Belohnung.
Und es gibt jene, die
unter Schmerzen geben,
und dieser Schmerz
ist ihre Taufe.
Und es gibt jene, die
weder Schmerz in ihrem Geben kennen
noch Freude suchen,
sich auch nicht um Tugend bemühen.
Ihr Geben ist wie das der Myrte,
die ihren Duft
in das Tal dort drüben atmet,
durch Hände wie diese
spricht Gott,
und hinter ihren Augen
lächelt er auf die Erde.

Wenn Gott durch Ihre Hände spricht und durch Ihre Augen
wohlwollend auf die Erde blickt, weil Sie ein Mensch sind,
der bedingungslos gibt, seinem Sinn gemäß lebt und nichts
erwartet, dann werden Sie reich belohnt werden.

● *Wenn Sie die Kunst beherrschen, anderen zu geben, dann üben Sie sich in der ebenso wichtigen Kunst, für sich selbst zu sorgen.*
Investieren Sie einen bestimmten Prozentsatz Ihres Einkommens für sich selbst. Eröffnen Sie zum Beispiel ein Sparkonto, zu dem Sie allein Zugang haben. Nennen Sie es Ihr Wunderkapital, und achten Sie sehr genau auf Ihre regelmäßigen Einzahlungen.

Seit ich Geld verdiente, habe ich immer einen bestimmten Prozentsatz meines Einkommens auf ein separates Konto getan. So war ich schon in ziemlich jungen Jahren finanziell unabhängig.

Sie werden überrascht sein, wie schnell ein solches Konto wächst, natürlich nur, wenn Sie auch Zins und Zinseszins dort belassen. Wenn ein solches Konto von Kindheit an geführt wird, kann es Sie mit 30 finanziell unabhängig machen. Es handelt sich um eine rein weltliche Investition in Ihren eigenen Wohlstand. Wenn Sie diese Grundlagen Ihren Kindern beibringen können, haben Sie ihnen ein Basiswissen mitgegeben, wie finanzielle Unabhängigkeit zu erreichen ist.

● *Befreien Sie sich von Ihren ambivalenten Gefühlen, wenn es um Geld geht.*
Für viele Menschen ist Geld entweder ein Segen Gottes oder der Todfeind aller Spiritualität. Geld ist häufig ein Streitpunkt, wenn es um spirituelle versus weltliche Dinge geht. Sie könnten also glauben, daß Geld Sie in Konflikt mit Ihrer Spiritualität bringen könnte. Wenn aber der Sinn Ihres Lebens darin besteht, anderen und sich selbst zu helfen, wofür Geld nötig ist, und wenn Sie Ihren Lebenszweck ernst nehmen, dann werden Sie auch die notwendigen Mittel zur Verfügung haben, um Ihre Mission zu erfüllen. Wenn Sie aber glauben, daß Sie finanziellen Wohlstand nicht verdienen, wenn Geld für Sie ein Symbol für alles Nicht-Spirituelle ist,

dann blockieren Sie dadurch den Weg zu finanzieller Unabhängigkeit auch für sich selbst.

Wenn Sie sich Ihrem eigenen inneren Selbst überantwortet haben, dann wird die universelle authentische Kraft auch durch Sie wirksam werden und Ihnen möglicherweise zu Geld verhelfen. Dann werden Sie sich mit dieser Folge auseinandersetzen müssen.

Die pauschale Verurteilung von Geld ist also eine Falle. Betrachten Sie Geld lieber als eine Möglichkeit, Ihrer Verpflichtung, dem Sinn Ihres Lebens gemäß zu leben, nachzukommen. Man kann ein spiritueller Mensch sein und dennoch schöne Sachen besitzen. Sie können das Spirituelle für wichtig halten und dennoch Geld haben. Aber Sie können kein spiritueller Mensch sein, wenn Sie das Geld nur anhäufen oder wenn Sie sich und Ihrer Umwelt damit Ihre Überlegenheit beweisen wollen. Ihre authentische Kraft kommt zwar von innen, aber Sie leben auch in einem physischen Körper in einer materiellen Umgebung. Lassen Sie die materielle Welt in Harmonie mit Ihrer inneren Welt bestehen, und es wird für Sie keinen Zwiespalt mehr geben, wenn es um Geld geht.

Mir gibt mein Geld die Möglichkeit, den Sinn meines Lebens zu erfüllen. Ich sehe es als einen Segen an und verwende es entsprechend. Der Erfolg ist, daß es mir ausreichend zur Verfügung steht, damit ich meiner Aufgabe nachkommen kann: nämlich als spirituelles Wesen zu handeln, das als menschliches Wesen in Wohlstand lebt und anderen dabei helfen möchte, das gleiche für sich möglich zu machen.

- *Bedenken Sie, daß Sie nie genug von dem bekommen können, was Sie nicht wollen.*
Wenn Sie nur nach Geld streben, um Gewalt über andere zu gewinnen, dann werden Sie nie genug davon haben. Ihr Le-

bensziel wurzelt in dem unsichtbaren spirituellen Bereich, und Geld und andere Symbole des Wohlstands können Ihnen nur auf dem Weg zur Erreichung dieses Ziels helfen. Wenn Sie diesen Zusammenhang nicht sehen, dann werden Sie vielleicht sehr reich werden, werden das Geld aber ebensoleicht auch wieder verlieren. Yogananda belegt die falsche Einstellung, die Sie ablegen sollten, mit dem Beispiel der Witzzeichnung eines Hundes, der einen kleinen vollbeladenen Wagen zog. Über dem Kopf des Hundes ragte das vordere Ende einer Stange, an der eine Wurst festgebunden war. Der Hund versuchte, die Wurst zu erreichen, und merkte kaum, daß er den schweren Karren dabei hinter sich herzog. Eine schlaue Methode des Herrn, um den Hund dazu zu bringen, für ihn zu arbeiten. Yogananda vergleicht diesen Hund mit vielen Geschäftsleuten. Sie jagen hinter dem Geld her und meinen immer, damit endlich das Glück zu finden. Aber die «Wurst» bleibt unerreichbar, und sie laufen weiter und schleppen auf ihrem ganzen Lebensweg einen schweren Wagen voller Sorgen und Ängste hinter sich her.

- *Erwarten Sie nicht, durch das Bemühen anderer zu Wohlstand zu kommen.*

Sie selbst schaffen sich Ihre eigene finanzielle Unabhängigkeit, und niemand muß sich deshalb ändern. Sie müssen aufhören, Erwartungen an andere zu stellen. Selbst wenn Sie andere dazu bringen, Sie mit den Symbolen des Wohlstands zu versorgen, so werden sie nicht Bestand haben, und Sie werden letzten Endes immer nur die Wurst vor Ihrer Nase baumeln sehen und immer mehr brauchen. Dann suchen Sie sich vielleicht eine andere Gruppe von Menschen, die für Sie sorgen soll. Sie müssen selbst die Verantwortung dafür übernehmen, was Sie brauchen, und Leiden und Mühen werden Ihnen erspart bleiben.

● *Meditieren Sie über Ihren Wohlstand.*
Visualisieren Sie sich als wohlhabenden Menschen. Halten Sie an diesen Bildern fest, auch wenn Ihre äußeren Umstände zur Zeit noch ganz anders aussehen. Ihre Meditationen werden Ihnen den Weg zeigen. Sie können Ihnen zu dem verhelfen, was Sie wirklich in der materiellen Welt erreichen wollen.

Ich weiß, daß jeder Mensch zu Wohlstand kommen kann. Ich selbst stamme aus ärmlichen Verhältnissen, und wenn es mir gelungen ist, dann kann ich mir nicht vorstellen, daß es nicht jedem gelingen sollte. Aber ich trug ganz sicher von Anfang an ein Wohlstands-Bewußtsein in mir.

Ich sehe, wie sich meine Kinder entwickeln. Auch sie waren einst Kleinkinder, die nach einem Spielzeug verlangten oder nach mehr Aufmerksamkeit. Sie schrien, bis sie das Spielzeug bekommen hatten, nur um es kurz danach zu Boden zu werfen und nach etwas anderem zu verlangen.

Wir lassen zwar unseren kindlichen Körper hinter uns, aber viele von uns halten noch als Erwachsene an ihrer kindlichen Denkweise fest. Wir verlangen immer nach etwas Neuem, was uns Zufriedenheit bringen soll, aber wir wissen nicht, was uns eigentlich befriedigen könnte. Und so suchen wir immer nach neuen Symbolen des Wohlstands, die uns das wahre Gefühl des guten, befriedigenden Lebens aber nicht geben können. Das Geheimnis des wahren Reichtums ist, daß man ihn nie finden kann. Oder, um es frei nach Eykis zu sagen: Es gibt keinen Weg zum Reichtum, der Weg ist Reichtum.

6

Wunder und persönliche Identität

> Es gibt nur etwas im Universum,
> das man mit Sicherheit verbessern kann,
> und das ist das eigene Selbst
>
> *Aldous Huxley*

Sie können die Persönlichkeit sein, die Sie immer sein wollten, und zwar schon heute. Ja, es ist richtig, Sie können Ihre eigene Persönlichkeit bestimmen. Und warum auch nicht? Sie haben Ihr Leben lang Entscheidungen gefällt, die Sie zu dem Menschen gemacht haben, der Sie heute sind, mit seinen spezifischen Charakterzügen, seinen Ängsten, Angewohnheiten, seinem mehr oder weniger stark ausgebildeten Selbstbewußtsein, intellektuellen Fähigkeiten und so weiter.

Schließen Sie die Augen, visualisieren Sie den Menschen, der Sie am liebsten sein möchten. Versuchen Sie, dieses Bild ganz deutlich vor Ihrem geistigen Auge zu sehen, auch wenn Sie sich nicht vorstellen können, daß Sie dieser Mensch jemals sein könnten. Was käme Ihnen denn wie ein Wunder vor? Daß Sie weniger Angst oder den IQ eines Genies haben, daß Sie dafür eintreten, woran Sie glauben? Oder wollen Sie Ihre Schüchternheit überwinden, Ihre Phobien verlieren und ein positives, liebevolles Bild von sich selbst haben?

Vergessen Sie, was man Ihnen beigebracht hat, daß Sie nämlich nicht für Ihre Persönlichkeit verantwortlich sind, daß Sie alles von Ihren Eltern geerbt haben und daß sich Menschen nicht wirklich ändern können. Vergessen Sie die Behauptung, daß manche Menschen intelligenter seien als andere oder daß Talente vererbt werden und Sie da zu kurz gekommen seien. Verbannen Sie diese Vorstellung, und betrachten Sie sich als einen Menschen, in dessen Leben und Wirken täglich Wunder geschehen. Sie müssen in sich ein neues Wissen darüber entwickeln, daß Sie die Fähigkeit haben, durch Ihr unsichtbares, spirituelles Selbst die Veränderungen möglich zu machen, die Sie sich wünschen. Wenn Sie das tief in Ihrem inneren Selbst wissen, können Sie es möglich machen.

In diesem Kapitel möchte ich darüber sprechen, daß Sie für Ihre eigene Persönlichkeit verantwortlich sind und daß Sie deshalb auch jeden Aspekt verändern können. Sie können die Wirklichkeit der magischen Kraft in Ihrem inneren Leben erfahren und ein Mensch mit einer Persönlichkeit werden, die Sie sonst immer nur bei anderen bewundert haben. Sie tragen schon alles in sich, was Sie dazu brauchen.

Die große Lüge

Von Kindheit an macht man uns immer wieder auf die Grenzen unserer Fähigkeiten aufmerksam, so daß wir diese Unvollkommenheiten schließlich verinnerlichen und in unserem täglichen Verhalten ausdrücken. Wir sprechen aus, was wir als Wahrheit akzeptiert haben, obgleich es sich in Wahrheit um einen Irrglauben handelt. Solange Sie an der großen Lüge, der «Wahrheit» dieses Irrglaubens festhalten, können Ihnen keine Wunder widerfahren. Im folgenden sind fünf dieser irrigen Ansichten aufgeführt, die in unserer Gesellschaft als Wahrheit verbreitet werden. Vergessen Sie nicht, daß es sich bei jeder dieser Aussagen nur um eine Annahme handelt, einen Gedanken, der mit Ihrem Verhältnis zu Ihrer Umwelt zu tun hat. Je stärker Sie an diesen Ansichten festhalten und sich und andere überzeugen, es handle sich dabei um die «Wahrheit», desto sicherer können Sie sein, daß diese «Wahrheiten» tägliche Wunder in Ihrem Leben verhindern.

1. Ich kann nichts dafür, daß ich so bin. Ich war immer schon so.
Beinahe täglich höre ich diese Behauptungen von Menschen, die sich dann wundern, warum sich in ihrem Leben nichts ändert. Wenn Sie daran glauben, daß Sie Ihr Leben lang so sein müssen, wie Sie eben immer schon waren, dann haben Sie sich gegen eine Weiterentwicklung entschieden. Welche Eigenschaften Sie auch haben, ob Sie schüchtern, aggressiv, ängstlich, introvertiert oder extravertiert sind, Sie müssen als erstes die Illusion ablegen, daß Sie daran nichts ändern können. Vielleicht haben Sie sogar irgendwo gelesen, daß man keine Kontrolle über die eigene Persönlichkeit hat, daß man damit geboren ist und nichts daran verändern kann. Vielleicht hören Sie sich sogar zu anderen sagen, wie gern Sie sich ändern würden, aber «So bin ich nun mal» und «Ich war schon immer so». Eine solche Auffassung macht Wunder unmöglich. Und vielleicht suchen Sie gerade das Wunder einer Veränderung in Ihrer Persönlichkeit, einer Veränderung hin zu mehr Freimut, mehr Selbstbewußtsein, Liebenswürdigkeit oder was Sie sonst noch bei anderen bewundern. Sie müssen die Ausrede «So bin ich nun mal» aus Ihrem Leben verbannen. Vielleicht haben Sie sich bisher immer entschieden, auf eine ganz bestimmte Weise zu handeln. Jetzt müssen Sie ein inneres Wissen entwickeln, daß Sie die Fähigkeit haben, zu dem Menschen zu werden, der Sie schon immer sein wollten.

2. Das liegt in meiner Natur. Ich bin da erblich belastet,
daran läßt sich nichts ändern.

Du bist genau wie dein Vater. Er war ungeschickt, und du bist es auch. Du bist genauso unmusikalisch wie dein Großvater mütterlicherseits. Der konnte auch nicht singen. Deine Geschwister waren auch schlecht in Mathematik, das ist vererbt. Sie ist genauso schüchtern wie ihre Mutter und ihre Urgroßmutter. Mit solchen Behauptungen wird die große Lüge nur immer weiter fortgeführt. Das Wunder der Veränderung kann nicht eintreten, weil Sie glauben, daß Sie Ihre Begrenzungen ererbt haben und natürlich nichts gegen Vererbung tun können. Wissenschaftler werden daran festhalten, daß diese Eigenschaften schon in Ihrer DNA festgelegt waren und Sie das akzeptieren und das Beste daraus machen müssen.

Um aber die magische Kraft real erfahren zu können, müssen Sie von solchen Gedanken Abstand nehmen und sich auf Ihr spirituelles Selbst besinnen, dessen Gedankenwelt keine Grenzen kennt. Hier können Sie sich alles vorstellen, was Sie erreichen wollen, und niemand kann es Ihnen nehmen. Hier haben Sie die Freiheit, talentiert zu sein, von überragender Intelligenz, selbstbewußt, mutig und dazu noch gutaussehend. In diesem Bereich Ihres spirituellen Seins waren bisher die Begrenzungen angesiedelt, und deshalb müssen auch hier die Veränderungen einsetzen, damit die magische Kraft wirksam werden kann.

Vielleicht sträuben Sie sich, weil Sie an der deprimierenden Ansicht festhalten, daß alles genetisch bestimmt sei. Aber die Welt ist voll von Menschen, die überwunden haben, was ihnen angeblich ihre Gene vorgeschrieben haben. Sie müssen ganz fest die Absicht haben, das auch zu tun.

3. Meine Persönlichkeit hängt von der Biochemie meines Körpers und seinem Stoffwechsel ab.

Diese Lüge hören wir immer wieder, vor allen Dingen in sogenannten gebildeten Kreisen. Deshalb ist es auch nicht einfach, sie zu entlarven. «Wie kann ich mich ändern und so werden, wie ich sein möchte, wenn biochemische Abläufe in meinem Körper alles bestimmen?» Regelmäßig kann man in Artikeln lesen, daß Störungen im Enzymhaushalt manche Menschen zu Gefangenen ihrer Biochemie machen. Biochemische Substanzen sollen dafür verantwortlich sein, wenn ein Mensch schüchtern ist oder zu dick, zu aggressiv oder musikalisch. Man will damit erklären, warum manche Menschen bestimmte Eigenschaften haben und andere nicht.

Wissenschaftler behaupten, daß herausragende Leistungen oder ihr Gegenteil von dem Fehlen oder Vorhandensein bestimmter biochemischer Stoffe abhängig sind. Was sie dabei aber zu häufig vernachlässigen, ist die Macht, die wir über unseren Körper haben. Natürlich hängt es auch von unserer biochemischen Ausstattung ab, wie wir unser Leben leben, aber Sie müssen eines begreifen, und das ist entscheidend für unser Menschsein: *Unser Körper ist abhängig von unserem Geist.* Ja, unser Körper wird immer von unserem Denken beeinflußt. Veränderte biochemische Zustände im Körper können zum Beispiel für ein Magengeschwür verantwortlich sein, aber wodurch ist denn die biochemische Zusammensetzung verändert worden? Es ist ganz wichtig, die Überzeugung zu gewinnen, daß Sie mit Ihrem Geist auch Einfluß auf biochemische und damit körperliche Veränderungen haben.

4. Meine Familie hat mich geprägt.

Ich konnte den Klauen meiner Familie nie entkommen. Meine Mutter war ein Tyrann, und mein Vater verschwand, als ich noch ein Kind war. Alle Mädchen in unserer Familie

sind so. Wir können nichts dafür. Solche und ähnliche Ent-
schuldigungen sind auch Teil der großen Lüge. Diese Behauptungen sitzen in Ihrem inneren Selbst und blockieren
Veränderungen Ihrer Persönlichkeit. Solange Sie davon
überzeugt sind, daß Ihre Familie – wenn auch nur marginal –
für Ihre Persönlichkeit verantwortlich ist, bleiben Sie in der
großen Lüge gefangen. Sie müssen ein inneres Wissen entwickeln, daß Sie nicht nur heute eine Wahl haben, sondern es
schon immer an Ihnen lag, wie Sie auf die Einflüsse Ihrer
Familie reagierten.

Sie haben die Macht, falsche Verhaltensweisen, irrige Ansichten und Überzeugungen, die von außen an Sie herange-
tragen werden, abzulehnen. Sie können zwar nicht unge-
schehen machen, daß es solche Einflüsse in Ihrer Kindheit
gab, aber es hängt von Ihnen allein ab, ob Sie weiter davon
abhängig sein wollen. Arbeiten Sie an der inneren Überzeugung, daß Ihre Familie und die Rolle, die Sie in der Familie
gespielt haben, Sie heute nur in dem Maße prägen, wie Sie es
zulassen. Sie müssen die volle Verantwortung dafür übernehmen, inwieweit Sie sich von der Familie beeinflussen lassen wollen, nur dann können Sie Ihre Persönlichkeit auch
verändern. Wenn ein anderer Macht über Sie hat, und sei es
nur «zu Ihrem Besten», dann sind Sie ein Opfer. Sie müssen
in Ihrem eigenen Leben die Aufgabe des Produzenten, Regis-
seurs und des Schauspielers zugleich übernehmen.

5. Ich bin durch die Kultur und die Zeit, in der ich lebe, geprägt.
Diese Lüge will Sie glauben machen, daß unser Verhalten,
unser Denken und Handeln von einer mysteriösen Kultur bestimmt wird. Die Gesellschaft ist allmächtig und formt uns,
sagt diese Illusion. Die Gesellschaft setzt die Regeln fest, und
wir müssen uns danach richten. Wir leben in einer Kultur,
wo Gehorsam gefordert wird, und ich bin nur einer von vie-

len, der gehorsam der Herde folgt. Wie kann der einzelne es zu etwas bringen, wenn die Regierung und die Meinungsmacher einem dauernd vorschreiben, was man zu tun und zu lassen hat? Aus diesen Ansichten spricht eine innere Vision von erschütternder Hilflosigkeit.

Wenn Sie überzeugt sind, daß die Gesellschaft festlegt, wer Sie sind und wie Sie leben, werden Sie auch exakt dieses Leben führen. Es hat aber immer wieder Erneuerer gegeben, Revolutionäre, große Denker, die die Welt verändert haben. Solche Menschen sehen sich nicht nur in ihren kulturellen Begrenzungen und sagen: Ja, mehr kann ich auch nicht tun. Statt dessen haben sie den Sinn ihres individuellen Lebens vor Augen, lassen sich von ihrem Gewissen leiten und richten ihr Leben danach aus. Die Regeln der Gesellschaft oder der Kultur, in der sie leben, spielen bei ihren Überlegungen keine Rolle. Wenn Sie dem Sinn Ihres Lebens gemäß leben und handeln wollen, wenn Sie etwas verändern wollen, dann werden Sie bald lernen, daß es nichts nützt, das zu tun, was alle tun. Wenn Sie die Gesellschaft, in der Sie leben, und Ihren Kulturkreis als Entschuldigung verwenden, werden Sie die gewünschten Veränderungen in Ihrer Persönlichkeit nie erreichen. Sie dürfen sich von der Zustimmung der amorphen Masse nicht abhängig machen, wenn es darum geht, Ihr Selbst zu entwickeln. Sie können «die anderen» nicht dafür verantwortlich machen, wenn Sie versagen.

Wieder läuft es auf persönliche Verantwortung und den Willen hinaus, das eigene spirituelle Bewußtsein zu befragen, Ihr höheres, unsichtbares Selbst. Nichts von außen kann beeinflussen, was in Ihnen liegt, sondern es ist genau umgekehrt. Wie Sie denken, so werden Sie sein. Ihr Denken gehört allein Ihnen. Die Gesellschaft, in der Sie leben, ist nur die Bühne, auf der Sie als Autor und Regisseur das Stück Ihres eigenen Lebens aufführen.

Aus diesen fünf Irrglauben setzt sich die große Lüge zusammen, der Sie von Ihren ersten bewußten Momenten an ausgesetzt waren. Wenn Ihnen manches bekannt vorkommt und Sie sich dabei ertappen, diese Lügensätze als Entschuldigung für einen Mangel an persönlicher Entwicklung zu verwenden, dann sollten Sie lernen, wie diese Illusionen als solche entlarvt werden können. Das kann nur in dem unsichtbaren, spirituellen Teil Ihres Selbst geschehen, wo Sie neue transformierende Gedanken entwickeln können, die die alten zerstörerischen Annahmen ersetzen werden.

Die große Lüge überwinden

Ich bin ein Wunder! Wiederholen Sie sich das immer wieder, bis diese Aussage fest in Ihnen verankert ist. Haben Sie Ehrfurcht vor sich selbst. Sie können Unglaubliches für sich tun, sofern Sie innerlich davon überzeugt sind, daß Sie schon jetzt ein ganz erstaunliches Wesen sind. Wenn Sie wissen, daß Sie selbst ein Wunder sind, und es tief in sich fühlen, dann werden Sie allmählich auch wissen und fühlen, daß nichts für Sie unmöglich ist. Ihnen wird dann bewußt, daß Sie keine der aufgeführten fünf Ausreden brauchen und statt dessen ein neues Bewußtsein für Ihre eigene Persönlichkeit entwickeln können. Um die große Lüge, diese irrigen Annahmen seien die Wahrheit, zu überwinden, müssen Sie sich neue Überzeugungen schaffen, die Ihnen Mut und Kraft geben. Sie müssen letzten Endes wissen, daß Sie Ihr Leben als ein sich immer weiter entfaltendes Kunstwerk frei gestalten können. Der Schlüssel dazu liegt in Ihrer Gedankenwelt, in dem wunderbaren, unsichtbaren Raum, Ihrer spirituellen Seele.

Sie sind für eine Weile in einem Körper auf diese Erde gekommen, der viele Begrenzungen in sich trägt. Aber Sie besitzen einen Geist, der keine Grenzen kennt. Wenn Ihr freier, körperloser Geist als grenzenlos fähig respektiert wird, kann er jedes Wunder möglich machen. Der Geist kann in einer besonders begrenzten Hülle stecken, kann zu einem Menschen gehören, der in einer kaputten Familie aufwächst, der besonders schüchtern und deprimiert ist, der stottert, einen durchschnittlichen IQ oder auch den eines Genies hat, der unter einer Reihe von Phobien und Ängsten leidet und der vielleicht sich und andere davon überzeugt hat, daß sein Leben vorherbestimmt ist und er nichts daran ändern kann.

Aber ein Mensch kann die unendliche, unsichtbare Macht seines Geistes auch dazu verwenden, zu einer Persönlichkeit zu werden, die den eigenen Lebenssinn erkannt hat und danach lebt. Mit Hilfe der für Wunder aufgeschlossenen inneren Einstellung kann man das alte starre und konditionierte Selbst transformieren und sich dabei an anderen orientieren, die scheinbar unbesiegbare Hindernisse überwunden haben. Wenn ein Mensch von Schizophrenie oder manischen Depressionen genesen kann, wenn ein anderer ein erfolgreicher Arzt wird, obgleich man ihn früher für dyslexisch oder sogar geistig behindert hielt, dann können Sie sich diese Kraft, die diese Menschen und auch Sie durchdringt und die solche Wunder möglich macht, verfügbar machen und mit ihrer Hilfe zu dem Menschen werden, der Sie sein wollen. Eine auf Wunder ausgerichtete Einstellung drückt sich so aus: Ich glaube es, ich weiß es, und ich werde meine spirituellen Kräfte aktivieren, um es möglich zu machen. Das ist meine feste Absicht.

Wenn Sie aber dem Glauben an Ihre Begrenzungen anhängen, dann halten Sie das alles wahrscheinlich für unrealistischen Optimismus. Sie sehen all das Leiden auf der Welt und denken: Man braucht doch nur die Menschen anzusehen, die Opfer ihrer Umstände sind, die unter fürchterlichen Geisteskrankheiten leiden, die schreckliche Familien haben. Es gibt keine Hoffnung für sie, und es gibt auch keine Hoffnung für mich. Menschen können sich nicht ändern, wir haben keine Wahl.

Aber Sie können lernen, entweder optimistisch oder pessimistisch zu sein. Sie haben die Wahl. Meine optimistische Philosophie läßt sich kurz und bündig ausdrücken: Niemand weiß genug, um ein Pessimist zu sein! Niemand!

Wir haben gerade erst angefangen, uns die Kraft der unsichtbaren Welt, der auch wir angehören, bewußtzumachen. Die Wissenschaft erkennt erst ganz allmählich, daß wir einen Geist, Gedanken und eine Seele haben. Ein Herz beginnt sechs oder sieben Wochen nach der Empfängnis zu schlagen, der Beginn eines neuen Lebens. Und dieses Leben ist noch ein vollkommenes Geheimnis für die größten Denker unseres Planeten. Wo war dieses Leben vorher, welche mysteriöse, unsichtbare Kraft hat diese zwei Klümpchen menschlichen Protoplasmas zusammengebracht, die für jede Falte, jedes Haar, jede Zelle verantwortlich sind, bis der Körper abstirbt? Und wo war diese unsichtbare Kraft, bevor das Leben begann, und was passiert mit ihr, nachdem das körperliche Leben vorbei, die Klammer des Lebens sozusagen geschlossen ist? Niemand weiß es. Wie kann sich also jemand dazu entscheiden, ein Pessimist zu sein, wenn wir doch so wenig wissen?

Ich selbst kenne die Macht dieser Kraft, und ich bin sicher, daß die Kraft dazu verwendet werden kann, um wunderbare Veränderungen in der eigenen Persönlichkeit zu bewirken. Sie können sich für ein Leben voller Wunder entscheiden und der Mensch werden, der Sie schon immer sein wollten, oder Sie können an Ihren Zweifeln festhalten und Ihr Leben auf

Skepsis und Pessimismus aufbauen. Auch mein Freund und Kollege Martin Seligman betont in seinem Buch «Learned Optimism», daß selbst eine tief verankerte, dauerhaft erscheinende pessimistische Einstellung durch das Erlernen neuer kognitiver Fähigkeiten in eine optimistische Einstellung verwandelt werden kann. Dabei liegt die Betonung auf dem Wort kognitiv, hat also mit Denken zu tun. Und im Bereich des Denkens findet auch Ihre Veränderung zu der gewünschten Persönlichkeit statt. Sie überwinden die große Lüge, die Vorstellung, daß Sie nichts ändern können, daß Sie so sind, wie Sie sind, indem Sie die reale Kraft des magischen Denkens erfahren. Und diese Kraft wird Ihnen dazu verhelfen, genau der Mensch zu werden, der Sie sein wollen.

Die eigene magische Persönlichkeit schaffen

Ihnen ist sicher deutlich geworden, daß das ganze Programm, um die magische Kraft in seinem Leben wirksam werden zu lassen, auf einer einfachen Voraussetzung basiert. Man kann in der physischen Welt nur den Platz einnehmen, den man sich schon vorher in der unsichtbaren Welt des spirituellen Selbst geschaffen hatte. Die folgenden sechs Punkte sollten Sie beachten, wenn Sie den Sinn Ihres Lebens erfassen und danach leben wollen.

1. Ihre Persönlichkeit
Welche Charakterzüge hätten Sie gern? Visualisieren Sie, wie Sie am liebsten sein möchten. Wie würden Sie zum Beispiel gern anderen Menschen gegenübertreten? Wären Sie gern selbstbewußter? Weniger verschlossen und nachdenklich

oder lieber ernster und zurückhaltender? Freundlicher und sanfter? Sensibler oder nicht? Zärtlicher? Weniger nervös? Bauen Sie sich in Ihrer Vorstellung die Persönlichkeit zusammen, die Ihnen am besten gefällt.

Sie brauchen jetzt erst einmal nur zu wissen, daß diese Vorstellungen in physisches Verhalten übersetzt werden können, denn ob es Ihnen bewußt ist oder nicht, genau das haben Sie Ihr ganzes Leben lang schon getan. Sie waren in Ihrer Vorstellung selbstbewußt oder auch nicht, nervös oder nicht usw. So hat sich Ihre Persönlichkeit herausgebildet. Sie handeln stets nach Ihren inneren Vorstellungen. Wenn Sie im Inneren wissen und nicht daran zweifeln, daß Sie die Persönlichkeit wählen können, die Ihren Vorstellungen vom Sinn des Lebens am ehesten gerecht wird, und wenn Sie daran glauben, daß Sie das Zeug dazu haben, dieser Mensch in einem spirituellen und physischen Sinn zu sein, dann wird die magische Kraft real in Ihr jetziges Leben eingreifen. Sie werden sich dann die Charakterzüge aneignen, die Sie sich bisher nur wünschten, und Sie werden Verhaltensweisen zeigen, die Ihr neues inneres Bild von sich selbst widerspiegeln.

2. Ihre Begabung

Stellen Sie sich einmal vor, Sie hätten eine Begabung, die Sie schon immer bewundert haben. Im allgemeinen hält man Talent für eine von Gott gegebene angeborene Fähigkeit, die einen Menschen auf einem bestimmten Gebiet vor anderen auszeichnet. Mozart besaß eine solche Begabung, ein mystisches Geschenk von Gott. Michael Jordan hat Talent, Baryshnikov ebenfalls. Wir können eindeutig sagen, wer Talent hat, aber wir können es nicht definieren.

Man kann die Sache auch anders angehen. Talent ist wirklich eine Qualität, die nur über einen Vergleich mit anderen zu definieren ist. Wenn wir Mozart oder Michael Jordan nicht mit anderen Komponisten oder Sportlern vergleichen könnten, gäbe es auch das Konzept Talent nicht. Wenn diese beiden Menschen einfach auf ihren Gebieten ihren Lebenssinn erfüllten und man sie nur als Individuen sehen und nicht den Vergleich mit anderen ziehen würde, dann könnten wir auf sie auch nicht den Begriff Talent anwenden. Jeder hätte dann Talent.

Aber wir, die wir im westlichen Kulturkreis erzogen wurden, können eine solche gedankliche Herangehensweise kaum akzeptieren. Wie anders als im Vergleich kann man schließlich andere beurteilen? Und wir beurteilen nicht nur andere, sondern vor allem uns selbst dauernd. Sie beurteilen sich selbst und das Maß Ihrer Begabung, indem Sie Ihre Leistung mit der anderer vergleichen. Ihr Talent auf einem bestimmten Gebiet ist aber nur so groß, wie Sie es selbst einschätzen, vor allem im Vergleich mit der Leistung anderer. Sie haben die Lüge als Wahrheit akzeptiert, daß manche Menschen begabter sind als andere. Aber Sie können Ihr inneres Bewußtsein auf ein anderes Niveau hin ausrichten. Sie können sich zum Beispiel sagen: Ich bin so begabt, wie ich sein will. Ich bewundere zwar die Leistungen anderer und freue mich daran, aber sie haben nichts damit zu tun, was ich leisten kann.

Martin Seligman sagt in «Learned Optimism» dazu, daß, wie talentiert und ehrgeizig jemand auch sein mag, sobald er an sich zweifelt, er auch nichts leisten können wird.

Mozart glaubte schon als Vierjähriger daran, daß er komponieren konnte. Baryshnikov tritt auf die Bühne und weiß, daß er zu seinen phantastischen Sprüngen fähig ist. Michael Jordan weiß ohne Zweifel, daß er sicher werfen und hoch springen kann, und dann verhält sich sein Körper seinen Vorstellungen entsprechend. Die wunderbaren Leistungen kommen aus der Gewißheit des Könnens und der Absicht, das Können in Aktion umzusetzen. Das ist wahres Talent.

Natürlich wird der Ihnen gegebene Körper einen gewissen Einfluß auf Ihre Leistungen haben. Ihre Entscheidung, auf welchem Gebiet Sie sich hervortun wollen, hängt von Ihren persönlichen Interessen ab. Wahrscheinlich denken Sie nicht unbedingt an Basketballspielen, wenn Sie 1,56 Meter groß sind. Wenn Sie aber daran Interesse haben und im Innersten wissen, daß Sie dazu fähig sind, dann würden Sie entsprechend handeln und auch im Basketball Erfolg haben. Und wenn Sie mir nicht glauben, dann brauchen Sie sich nur einmal mit Spud Webb zu unterhalten, der trotz seiner bescheidenen Körpergröße ein berühmter Basketballspieler geworden ist.

Auch Ihr Talent ist eine Funktion der unsichtbaren Macht, die Sie durchdringt, und ist nicht per se in Ihren Händen, Ihren Genen oder einem anderen Teil Ihres Körpers vorhanden.

Das ist nicht leicht zu akzeptieren, denn man hat uns mit Nachdruck eingeschärft, daß manche Menschen eben begabt sind und andere nicht. Aber die kosmischen Würfel sind noch nicht unwiederbringlich gefallen, sondern Sie können immer noch ein Talent entwickeln, um Ihren spezifischen Lebenssinn zu erfüllen. Hören Sie auf, ständig danach zu streben, besser als jemand anderes sein zu müssen. Besinnen Sie sich statt dessen auf den Sinn Ihres Lebens, und machen Sie sich bewußt, daß Sie schon jetzt alles Notwendige für ein sinngerichtetes Leben besitzen.

Was Jane Roberts in «Die Natur der persönlichen Realität» (Ein neues Bewußtsein als Quelle der Kreativität, München 1985) beschreibt, nimmt nicht nur Bezug auf ein spezifisches Talent, sondern kann auf viele Bereiche des Lebens angewendet werden: Auch wenn man es überhaupt nicht beabsichtigt, fängt man doch irgendwann aus undefinierbaren Gründen an, eher an das Negative als das Positive zu glauben: an

Krankheit, nicht an Gesundheit, an Armut, nicht an Überfluß, an Einsamkeit, nicht an Liebe. Vielleicht sagen Sie sogar, daß Sie gerne begabter wären, aber aus persönlichen Gründen glauben Sie mehr an den Begabungsmangel als an das Talent, das Sie besitzen. Wenn Sie an Ihrem Talent nicht mehr zweifeln, dann werden Sie auch die notwendigen körperlichen Fähigkeiten haben, um Ihre Aufgabe zu erfüllen.

3. Ihre Intelligenz

Wie intelligent wären Sie gern? Wie gefiele es Ihnen, wenn man Sie als Genie bezeichnen würde? Würden Sie gern Ihren IQ erhöhen und intellektuelle Fähigkeiten haben, durch die Sie anderen überlegen wären? Würden Sie es als Wunder bezeichnen, wenn Sie Ihre Intelligenz steigern könnten? Viele Menschen haben eine falsche Vorstellung von der Bedeutung des Intelligenzquotienten. Machen Sie sich von dem Gedanken frei, daß irgendeine magische Zahl, die mit Ihrer geistigen Fähigkeit zu tun haben soll, Ihre Möglichkeiten und Leistungen als Mensch limitiert. Der IQ sagt nur aus, was ein Intelligenztest messen kann.

Aber Sie sind keine Nummer, sondern eine Seele, die von Zahlen nicht definiert werden kann, weil sie unendlich ist. Die Fähigkeiten Ihres inneren Selbst haben keine Grenzen. Menschen, die sich Tests ausdenken, und die, die an die Richtigkeit der Ergebnisse glauben, sind anderer Meinung, und deshalb verbreiten sie die irrige Ansicht: Man kann seinen IQ nicht verändern. Er ist festgelegt und ein Maßstab dafür, wozu man im Leben fähig ist. Aber denken Sie einmal einen Augenblick über diese Aussage nach.

Diese Tests, die angeblich etwas Abstraktes messen, was man als Intelligenz bezeichnet, haben sich Menschen ausgedacht, die ihre Instrumente verkaufen wollen, die Menschen in bestimmte Gruppen einteilen wollen, die versuchen, manche Menschen vom Besuch bestimmter Schulen fernzuhalten, die selbst daran verdienen wollen, daß sie diese Tests abhalten. Diese Menschen sind Instrumente der nichtspirituellen Welt, die andere daran hindern wollen, den Sinn ihres Lebens zu erfüllen. Solche Tests sind albern und absurd und stempeln Menschen mit einer bloßen Zahl ab, die angeblich den Grad des Erfolgs oder Mißerfolgs in der materiellen Welt erklären soll.

Zwei Beispiele aus meinem eigenen Leben können diese Behauptung verdeutlichen. Man bat mich, mich einem IQ-Test zu unterziehen, der mit dem Verständnis von Gelesenem zu tun hatte, und verwendete dafür mehrere Abschnitte aus meinem Buch «Der wunde Punkt». Ich sollte einen Absatz lesen und dann fünf Fragen beantworten, die mit meiner Interpretation des Gelesenen zu tun hatten. Ich las also den Absatz, den ich schließlich selbst geschrieben hatte, beantwortete die Fragen – zu 80 Prozent korrekt. Ich hatte Frage 5 falsch beantwortet, bei der es um «die Absicht des Autors» ging. Meine IQ-Zahl wurde gesenkt, weil ich die Absicht des Autors nicht durchschaut hatte, obgleich ich doch selbst der Autor war.

Das zweite Beispiel stammt aus einer Zeit, als ich noch Student war und eine Seminararbeit über moderne amerikanische Gedichte schreiben mußte. Der Prüfer gab mir die Klausur mit der Bemerkung zurück, daß ich das Gedicht falsch interpretiert habe, und bedachte mich mit einer schlechten Note. Da der Dichter an einer großen Universität unterrichtete, beschloß ich, ihm zu schreiben und ihm meine Interpretation seines Gedichtes zu schicken, die ich immer noch für gut überlegt und «richtig» hielt. Er schrieb mir einen freundlichen Brief zurück, in dem er sehr deutlich machte, daß meine Interpretation genau das traf, was er hatte sagen wollen. Ich hätte wohl selbst die Seele eines Dichters und sollte doch versuchen, selbst Gedichte zu schreiben. Ich nahm also diesen Brief und meine Arbeit zu einer Konferenz mit meinem Englischprofessor mit und war sicher, daß er mir eine bessere Note geben würde. Aber der Professor weigerte sich und sagte: «Manchmal wissen Dichter selbst nicht, wie sie ihre eigenen Gedichte interpretieren sollen. An Ihrer Note wird nichts verändert.»

Denken Sie an diese Beispiele, wenn Sie an Ihre eigenen Noten und Ihren IQ denken. Machen Sie sich immer wieder klar, daß es in unserem vollkommenen Universum keine Zufälle gibt und daß Ihre Lebensaufgabe mit wissenschaftlichen Methoden nicht zu messen ist. Ein Mensch hat vielleicht die Fähigkeit, das Versmaß eines Elisabethanischen Sonnets zu entschlüsseln, ein anderer begreift die schwierigsten Gleichungen einer Integralrechnung. Man kann nicht den einen mit dem anderen vergleichen, um herauszufinden, wer der intelligentere ist.

Ein IQ ist eine Illusion. Diese Zahl kann drastisch verändert werden, indem man den Inhalt des Tests verändert. Ist ein Mensch, der einen Motor auf das genaueste tunen kann, weniger intelligent als einer, der eine quadratische Gleichung lösen kann? Ist ein Lehrer in Anzug und Schlips, der die theoretischen Grundlagen der Umweltprobleme darlegt, intelligenter als ein junger Mensch, der sich mit den Problemen der Umwelt direkt auseinandersetzen möchte und dazu in den Wald zieht? Wer entscheidet denn, was Intelligenz ist? Warum sollten wir einander mit noch einer weiteren Nummer abstempeln, die so leicht von dem, dem sie aufgedrückt wurde, und dem, der sie ausgab, mißinterpretiert werden kann?

Sie tragen sämtliche Fähigkeiten in sich, um Ihre Lebensaufgabe zu erfüllen. Ihre Intelligenz ist unendlich. Sie müssen einfach wissen, daß es absurd ist, Menschen in Intelligenzgrade einzuteilen. Intelligenz hat allein mit dem Geist zu tun, der keine Grenzen kennt. Aber bei IQs geht es nur um Abgrenzungen. Etwas, das ohne Dimensionen ist, läßt sich jedoch nicht quantifizieren. Wenn Sie das Wunder erleben und Ihre eigene besondere Intelligenz kennenlernen wollen, brauchen Sie nur die inneren Stimmen zu beeinflussen, die Sie bisher von den Begrenzungen Ihres Intellekts überzeugt haben.

Vor beinahe zwanzig Jahren definierte ich in «Der wunde Punkt» den Begriff Intelligenz neu, und ich stehe noch heute zu dem, was ich damals geschrieben habe: Die Intelligenz eines Menschen kann man daran ablesen, daß er jeden Augenblick eines jeden Tages ein effektives, glückliches Leben lebt. Wenn Sie wissen, daß Sie mit Hilfe Ihrer intellektuellen Kapazität Ihr eigenes Glück schaffen können und wann Sie sich an wen um Rat wenden können, dann sind Sie ein Genie.

Natürlich kann man seine Fähigkeiten ausbauen, um eine intellektuelle Aufgabe zu lösen. Man kann im Lesen und Rechnen besser werden. Man kann alles lernen, wenn man wirklich will. Ihr heutiges Wissen ist eine Folge der Entscheidungen, die Sie im Laufe Ihres Lebens getroffen haben. Es hat nichts mit irgendeiner angeborenen Unfähigkeit zu tun, die sich in Zahlen messen läßt. Machen Sie sich diese Wahrheiten immer wieder klar, und bewahren Sie sie in Ihrem grenzenlosen Geist. Sie sind zuallererst ein spirituelles Wesen, das sich nicht durch Zahlen definieren läßt.

4. Angewohnheiten und gesellschaftlich bedingte Verhaltensweisen
Würden Sie gern manche Angewohnheiten verändern, die Sie einschränken? Möchten Sie gern Einstellungen ablegen, die Ihnen schaden? Möchten Sie sich von gesellschaftlich bedingten Verhaltensweisen befreien, denen Sie sich unterwerfen, obgleich Sie sie ablehnen? Hunderte von Angewohnhei-

ten bestimmen Ihr tägliches Leben, und nur Sie selbst können kraft Ihrer inneren Überzeugung etwas daran ändern.

Wenn Sie zum Beispiel meinen, daß Sie zu inaktiv sind und zuviel fernsehen, dann steht es in Ihrer Macht, daran etwas zu ändern. Sie können die täglichen, langweiligen Angewohnheiten ablegen und voll am Leben teilnehmen, unabhängig von Ihrem Einkommen oder anderen persönlichen Umständen. Beherzigen Sie immer, daß die Umstände den Menschen nicht formen, sondern ihn nur als den zeigen, der er ist.

Nur ein paar Meilen von meinem Haus entfernt gibt es eine Siedlung, die die höchste Arbeitslosenquote in ganz Florida hat. Beinahe 75 Prozent der Menschen dort haben keine Arbeit. Wer durch diese Siedlung fährt, dem fällt auf, wie heruntergekommen alles aussieht. Die Rasen sind nicht gemäht, zerbrochenes Glas und anderer Abfall liegen überall herum, die Häuser sind schmutzig, und die Farbe blättert von den Wänden. Warum? Wenn 75 Prozent der Leute nicht arbeiten, könnten sie dann in ihrer freien Zeit nicht wenigstens den Abfall und das Glas wegräumen? Aber das geschieht nicht. Statt dessen sitzen die Menschen herum und tun nichts. Ihre Lebensumstände zeigen, was für ein Leben sie gewählt haben. Es kostet nichts, seine Umgebung zu säubern und aufzuräumen, aber es geschieht nicht, denn man hat sich daran gewöhnt, nichts zu tun, und dieses Nichtstun prägt das Leben.

Ihre Angewohnheiten sagen viel über Sie aus, machen deutlich, für welches Leben Sie sich entschieden haben und wie Sie Ihren Geist einsetzen. Dieselben unsichtbaren Kräfte, die die Menschen das zerbrochene Glas aufheben, arbeiten und für ihre Familien sorgen lassen, stehen auch denen zur Verfügung, die sich für das Nichtstun entschieden haben. Jeder von uns hat diese Wahl, mancher nutzt die Kräfte des Universums, mancher ignoriert sie und macht lieber die Umstände für seine Situation verantwortlich.

Unglücklich, mutlos, faul, sich unfähig fühlen, all diese inneren Zustände sind Angewohnheiten und keine unveränderlichen Charakterzüge. Es gibt viele Menschen, mich eingeschlossen, die sehr lange mit sehr wenig ausgekommen sind, die sich aber davon nie haben entmutigen lassen. Statt dessen bemühen sie sich um eine fröhliche Haltung und kultivieren eine positive innere Einstellung, die unabhängig ist von ihren äußeren Umständen. Optimistische Menschen können sehr oft ihre ärmlichen Lebensumstände überwinden und zu Wohlstand kommen. Angewohnheiten, die Ihnen heute noch selbstverständlich sind, können Sie im Handumdrehen ablegen, wenn Sie Ihrer Spiritualität Priorität geben. Sie haben die Kraft, Charakterzüge, die nicht in Ihrem Interesse sind, zu verändern. Wenn Sie fest daran glauben, daß Sie schädliche Angewohnheiten ablegen können, werden Sie auch einen Weg finden. Lernen Sie, in neuen Bahnen zu denken, und Sie werden persönliche Eigenschaften überwinden können, die Ihnen nicht länger nützen. Sie müssen an Ihrem jetzigen Zustand nicht wie hypnotisiert festhalten, wenn dadurch der Sinn Ihres Lebens nicht erfüllt werden kann.

Vielleicht haben Sie sich daran gewöhnt, daß andere Sie beeinflussen oder unterdrücken, ja, Sie merken es nicht einmal mehr. Sie können sich aber von den Verhaltensweisen befreien, die andere dazu veranlassen, Sie zu manipulieren. Die angeblichen Eigenschaften eines Menschen sind nicht so fest in ihm verwurzelt, daß sie nicht verändert werden können. Meistens handelt es sich dabei um Angewohnheiten, die man mehr oder weniger freiwillig übernommen hat. Wer kein Opfer mehr sein will, weder das anderer Menschen noch der Umstände oder der eigenen Erwartungen, der kann diese Rolle ablegen, indem er sich dazu entschließt, als spiritueller Mensch ein sinngerichtetes, erfülltes Leben zu führen.

5. Altern

Für viele Menschen wäre das Verlangsamen oder gar das Abschalten des Alterungsprozesses das Wunder schlechthin! Auch wenn es dieses Wundermittel noch nicht gibt, können Sie auf das Altern Ihres Körpers großen Einfluß nehmen. Mein Freund, Dr. Deepak Chopra, sagt in seinem Buch «Die unendliche Kraft in uns» (Energien jenseits der persönlichen Grenzen aktivieren, München 1992) zum Thema Zeit und Altern:

...Zeit scheint objektiv real zu sein, ist jedoch im Grunde nicht mehr als ein von unserem Verstand erzeugter Begriff. (...) Wir können Zeit unterschiedlich interpretieren und sie damit verändern. (...) Der Geist kann den Körper (...) in der Zeit vorantreiben. Ich habe zwanzigjährige Frauen gesehen, die bei der Mitteilung, daß sie Krebs hatten, buchstäblich vor meinen Augen alterten und so verfallen aussahen wie jemand, der jahrelang gegen diese Krankheit angekämpft hat. (...) Die Illusion einer festen Zeit löste sich damit teilweise auf. (...) Wenn ich jegliche vorherige Konditionierung, mit der ich andere altern sehe, abschüttelte, so könnte ich womöglich auf Dauer ein Zwanzigjähriger bleiben, obgleich ich ja umhergehen und den üblichen Zeitablauf erfahren würde, wie andere Menschen das tun.

Mit dieser neuen Betrachtungsweise des Zeitbegriffs und gleichzeitig des Alterungsprozesses beschäftigt sich Chopra auch in dem Kapitel «Aging is a Mistake» in seinem Buch «Perfect Health». Er fragt, ob wir uns dem Alterungsprozeß wirklich unterwerfen müssen, und weist darauf hin, daß die DNA, die für sämtliche Zellfunktionen verantwortlich ist, sich nahezu nicht abnutzt. Sie hat ohne Altern mindestens sechshundert Millionen Jahre überstanden. Das Essentielle

Ihres Seins kennt also kein Altern. Und doch werden wir älter. Warum ist das so?

Die Weisen der vergangenen Jahrhunderte nannten den Alterungsprozeß einen Fehler des Intellekts. Altern bedeutet, vergessen zu haben, wie der gesunde Zustand einer Zelle wieder herzustellen ist. Altern ist also nicht unvermeidbar, sondern nur eine erlernte Lebensweise. Der Intellekt macht den Fehler, sich nur mit dem physischen Körper zu identifizieren und die Unabänderlichkeit des Alterns zu akzeptieren. Ihre Gedanken stellen sich auf das Älterwerden ein. Überall um Sie herum altern Menschen, Sie lesen darüber und wissen es nicht besser. Und so bereiten Sie Ihren eigenen Körper auf seine Selbstzerstörung vor.

Um dieser Falle zu entkommen, um Wunder auf diesem Gebiet möglich zu machen, müssen Sie sich wieder einmal auf Ihr inneres Selbst besinnen und sich auf die universelle Kraft Ihres Geistes verlassen. Sie können sich schlicht weigern, das Alter in Ihren Körper, die temporäre Behausung Ihrer Seele, einzulassen. Sie können Ihre innere Einstellung so verändern, daß davon buchstäblich jede Zelle Ihres Körpers betroffen wird. Ihr unsichtbares Selbst, Ihr spirituelles Bewußtsein, durchdringt jede Zelle Ihres Seins. Und wenn Sie Ihren Geist auf wirklich magische Weise aktivieren, können Sie den Alterungsprozeß der Zellen stark beeinflussen, da die DNA im Grunde unzerstörbar ist. Wenn Sie beim Lesen dieser Worte Zweifel an diesen Möglichkeiten haben, dann wird dieser Zweifel natürlich auch jede Zelle durchdringen und seine entsprechende negative Wirkung haben.

Nur in Ihrer Gedankenwelt kann die unsichtbare universelle Kraft Wunder wirken, und dort müssen Sie Ihre Einstellung zum Altern genauer betrachten. Denken Sie «alte» Gedanken? Glauben Sie, daß es unvermeidlich ist, im Alter vornübergebeugt zu gehen, langsamer zu werden, sein Erinnerungsvermögen zu verlieren und alt auszusehen? Durch Ihre innere Einstellung nämlich programmieren Sie sozusagen die Funktion Ihrer Körperzellen. Die unsichtbare Kraft in Ihnen jedoch altert nicht, sie ist vollkommen und ewig. Und genau mit dieser Kraft können Sie Ihre Einstellung zum Altern ändern. Wenn Sie Ihre mentale Kraft auf diese Art und Weise gebrauchen, wenn Sie eine neue Gewißheit in sich entwickeln, dann werden Sie vielleicht auch den Alterungsprozeß beeinflussen können, den Sie bisher für unvermeidlich hielten. Dr. Chopra in «Perfect Health» hält ihn zumindest für verlangsambar, wenn Sie Ihre mentale Kraft dazu nutzen. Wenn Sie sich selbst nicht als alt empfinden, dann sind Sie es auch nicht. Statt sich sofort gegen diese Behauptung zu sträuben, sollten Sie sie erst einmal einfach in sich aufnehmen und überlegen, ob sie nicht vielleicht doch irgendeinen Sinn gibt. Schließlich arbeiten Trillionen von Zellen harmonisch zusammen, um Ihren alterslosen Körper am Leben zu erhalten.

6. Ihre emotionale Gesundheit

Es gibt unendlich viele Varianten, sein Leben zu führen, was die Gefühlsebene betrifft. Die meisten Menschen schränken leider ihre eigenen Möglichkeiten im emotionalen Bereich stark ein. Wenn Sie zum Beispiel Furcht empfinden, dann kann Ihr Geist den Körper dazu anregen, Adrenalin zu produzieren. Ja, ein mentaler Impuls produziert eine materielle Substanz in Ihrem Körper, die sich messen läßt, ein echtes Wunder des Geistes. Unsere immateriellen Gedanken produzieren etwas Materielles, das für unsere Emotionen verantwortlich ist. Diese Art von Wunder ist im Grunde das zentrale Thema dieses Buches, es ist nur am Beispiel der Gefühle am einfachsten deutlich zu machen. Es ist wahr, Sie und Ihr unsichtbares, spirituelles Selbst können physische Realitäten schaffen. Sie können mit Ihrem Geist die materielle Welt beeinflussen. Sie können durch den magischen Gebrauch Ihres Geistes für sich selbst Wunder wirken.

Ihre Gefühlsäußerungen sind sichtbare Manifestationen Ihrer Gedanken. Sie empfinden Freude mit Ihrem Körper, und das läßt sich biochemisch identifizieren und messen. Das gleiche gilt für Gefühle wie Angst, Streß, Wut, Zorn, Eifersucht, Depression, phobische Reaktionen und ähnliches, auch sie werden durch biochemische Veränderungen in Ihrem Körper verursacht. Ihr Körper produziert Substanzen quasi auf Bestellung Ihres Geistes, so daß der unsichtbare, spirituelle Teil von Ihnen buchstäblich für die Herstellung von Tausenden von «Drogen» verantwortlich ist. Brauchen Sie ein Beruhigungsmittel oder ein Mittel gegen Depressionen? Dazu müssen Sie nicht in die nächste Apotheke laufen, das kann Ihr Körper auf Bestellung Ihres Geistes selbst liefern.

Sie lassen ständig Substanzen in Ihrem Körper entstehen, die Emotionen hervorrufen. Wenn Sie anfangen, Ihr inneres Selbst zu heilen, und in ständigem Kontakt mit Ihren inneren Stimmen sind, können Sie viel für Ihr Immunsystem tun. Dr. Dean Ornish geht es in seinem Bestseller «Revolution in der Herztherapie» (Stuttgart 1992) um eine echte Gesundung des Herzens, und nicht nur um das Unterbinden der Symptome. Ich habe Gelegenheit gehabt, gemeinsam mit Dr. Ornish in verschiedenen Medien aufzutreten, und war von ihm und seiner bahnbrechenden Arbeit außerordentlich beeindruckt. Angenehm überrascht hat mich, daß auch er dem inneren Selbst eine große Bedeutung einräumt. Menschen, so schreibt er in seinem erfolgreichen Buch, können viel für ihre eigene Gesundheit tun, wenn sie die Streßsignale des Gehirns abbauen, die das Immunsystem negativ beeinflussen. So wird der Mensch weniger anfällig zum Beispiel auch für Herzkrankheiten, wenn er lernt, die krankmachenden Einflüsse des Geistes auszuschalten.

Emotionale Reaktionen wie Zorn, Streß, Angst und dergleichen entstehen im Gehirn. Solche Reaktionen sind für Störungen des biochemischen Gleichgewichtes und für Giftstoffe im Organismus verantwortlich und damit für eine Verschlechterung des Allgemeinbefindens. Daraus resultierende Krankheitssymptome sollten nicht durch eine neue Armada künstlich hergestellter Drogen bekämpft werden, sondern durch die Ausschaltung dessen, was die Störungen im Körper ursprünglich bewirkt hat. Auf eine solche Weise kann man sich nicht nur praktisch von allen Krankheiten heilen, sondern auch die eigene emotionelle Kondition verstehen lernen.

Sie selbst verursachen Ihre Gefühle, die in Ihren Gedanken entstehen. Emotionelle Reaktionen haben eine physiologische Ursache. Sie entscheiden sich in Ihrem Geist für bestimmte Gefühle, die sich dann über Ihren Körper physiologisch ausdrücken. Dieses Verständnis des Zusammenhangs zwischen Psyche und Körper ist sehr wichtig. Erst wenn Sie im Innersten davon überzeugt sind, daß Sie selbst für Ihre Emotionen wie Angst, Streß, Phobien, aber auch Freude verantwortlich sind, können Sie auch wunderbare Veränderungen in der Welt der Emotionen geschehen lassen. Vielleicht wissen Sie nicht genau, wie sie funktioniert, diese Verbindung zwischen Gefühl und physiologischer Ausprägung. Aber schon das Akzeptieren der Verantwortlichkeit löst gewünschte physiologische Veränderungen aus.

Ein altes indisches Sprichwort drückt diese Vorstellung sehr gut aus: «Wenn du wissen willst, was du gestern gedacht hast, brauchst du dir nur heute deinen Körper anzusehen. Wenn du wissen willst, in welchem Zustand dein Körper morgen sein wird, brauchst du dir nur heute deine Gedanken anzusehen.» Gefühlsäußerungen sind physische Manifesta-

tionen der Gedanken. Denken Sie daran, wenn wir uns dem
Pfad zum Reich der täglichen Wunder nähern.

Diese sechs Kategorien machen die Persönlichkeitsvariablen
aus, die Sie kraft Ihres Geistes selbst bestimmen können. Sie
tragen Ihre Anschauungen zum Thema Persönlichkeit, Talent, IQ, Angewohnheiten, Altern und Gefühl immer und
überall mit sich herum. Sie selbst haben diese inneren Einstellungen gewählt und sind allein dafür verantwortlich.

Um Ihre Persönlichkeit nach Ihren Wünschen zu verändern, ist es außerordentlich wichtig, Ihre Ängste und Zweifel
zu überwinden. Diese Ängste und Zweifel haben Sie Ihr Leben lang begleitet und haben Sie davon abgehalten, sich ein
wunderbares Leben zu schaffen.

Bevor ich aber von bestimmten Strategien spreche, die die
magischen Veränderungen in Ihrem Leben bewirken können, halte ich es für notwendig, von der größten Furcht zu
sprechen, die in uns allen vorhanden ist.

Die Beziehung zum eigenen Tod

Das Bewußtsein, sterben zu müssen, ist etwas, was wir seit
Kindheit mit uns herumtragen: Wohin gehe ich, wenn ich
sterbe? Diese Frage beschäftigt, ja, quält uns alle. Die meisten
von uns haben eine ungelöste Beziehung zum Tod. Sie kann-
ten Menschen, die gestorben sind. Sie haben vielleicht sogar
selbst erlebt, daß andere den Tod herausforderten. Sie wissen, daß Sie eines Tages sterben müssen. Dennoch bleibt der
Tod ein ewiges Geheimnis. Um ein Leben voller Wunder
erfahren zu können, müssen Sie sich von der Unsicherheit

und Furcht befreien, die mit dem Geheimnis um Ihr körperliches Ende einhergehen.

Die Furcht vor dem Tod kann unglaublich lähmen, kann Sie ängstlich und zögerlich machen und daran hindern, Ihr Leben voll zu genießen. Um aus diesem Dilemma herauszukommen, müssen Sie Ihrer Furcht direkt ins Auge sehen. Und das bedeutet, daß Sie sich ihr in Ihrer Gedankenwelt stellen sollten.

Ihre Furcht besteht nur in Ihrer Gedankenwelt. Sie ist unsichtbar. Wenn Sie ständig in Angst vor Ihrem Tod leben, dann bestärkt Sie alles, was Sie über das Sterben erfahren, nur noch darin, daß der Tod endgültig ist. Er ist das absolute Ende, das große Nichts. Das eigene Leben ist nur ein Zufallsgeschehen, eine schleichende Krankheit mit tödlichem Ausgang. Sie waren vorher nicht da und werden auch nach dem Tod nicht mehr da sein. Und das ist wirklich eine angsteinflößende Vorstellung! Und doch sagt Ihnen irgend etwas tief in Ihrem Inneren, daß das nicht stimmen kann. Sie wissen, daß ein Teil Ihres Selbst vom Tod nicht berührt werden kann. Tod ist schließlich das Ende, und Ihre dimensionslose, unsichtbare Seele ist unabhängig von Vorstellungen wie Anfang und Ende. Sie wissen, daß Ihr eigentliches Leben unsichtbar ist und nur vorübergehend von Ihrem Körper beherbergt wird. Diese Vorstellung müssen Sie sich immer wieder bewußtmachen, wenn Sie Ihre Furcht vor dem Tod überwinden wollen.

Jeder Mensch ist unsterblich. Um das ganz zu begreifen, sollten Sie sich nicht länger nur mit Ihrem Körper identifizieren. Jeder heilige spirituelle Führer (und auch mancher, der einen Großteil seines Lebens nicht unbedingt als Heiliger verbracht hat) weist Ihnen diesen Weg. So zum Beispiel auch die Bhagavadgita (Zweiter Gesang, 13):

Denn wie die Seele jetzt im Leib
Zum Knaben, Jüngling, Greise wird,
So lebt sie auch im neuen Leib:
Das glaubt der Weise unbeirrt.

Der Gelehrte Eknath Easwaran, der sich zeit seines Lebens mit der Gita beschäftigte, vergleicht den Tod für einen erleuchteten Menschen mit dem Ablegen eines alten Mantels. Der Tod bedeutet für ihn kein Trauma, denn er hat das oberste Ziel der menschlichen Existenz, die Erleuchtung, erreicht, ihm fehlt es an nichts, es gibt nichts mehr zu wünschen, und selbst große Probleme können ihn nicht mehr erschüttern. Das Leben stellt keine Bedrohung mehr für ihn dar, sondern wird nur als Möglichkeit betrachtet, zu lieben, zu geben und anderen zu dienen.

Denken Sie einmal darüber nach, was die Gita uns mitteilt und was Easwaran uns hier sagen will. Das oberste Ziel der menschlichen Existenz ist erreicht, wenn wir in Frieden mit uns und dem Bewußtsein unserer eigenen Unsterblichkeit leben und der Tod für uns nicht Ende oder Strafe ist, sondern ein Erwachen, eine Belohnung, eine Rückkehr in die Unendlichkeit, die außerhalb unseres kurzen irdischen Lebens existiert.

Jesus Christus sagt über die Unsterblichkeit: «...und das ist das ewige Leben, auf daß sie dich, den einzigen wahren Gott, erfahren dürfen.» Jede philosophische Tradition spricht von der Erkenntnis der eigenen Unsterblichkeit durch Spiritualität und die Erfahrung des eigenen Lebenssinns. Aus allen menschlichen Zeitaltern sind ähnliche Vorstellungen von Unsterblichkeit überliefert. Man hat immer geglaubt, daß eine unsichtbare Welt in jeder einzelnen menschlichen Persönlichkeit existiert und daß der Zweck des irdischen Lebens die Gotteserfahrung ist, oder wie Sie die unsichtbare Macht nennen wollen, die alles Leben durchdringt. Aber Ihre Furcht vor dem Tod wird nicht vergehen, wenn Sie mich davon sprechen hören oder durch Ihre Religion mit diesem Gedanken konfrontiert werden. Sie müssen diesen Gedanken verinnerlichen, müssen wissen, daß er wahr ist, und das ist etwas, was Sie nur selbst bewerkstelligen können.

Bisher habe ich aus Platzmangel nur aus einigen spirituell-religiösen Aufzeichnungen zitiert. Vielleicht interessiert es Sie auch, was ein Mensch zu sagen hat, der keinerlei religiöse Bildung besitzt. Spirituelles spielt keine Rolle in seinem Leben: Gary Busey war Football-Spieler, wußte sich auch in schwierigen Situationen durchzusetzen, war jahrelang kokainsüchtig und ist Schauspieler, der vor allen Dingen durch seine Darstellung von Buddy Holly bekannt wurde, dem Rock 'n' Roll-Star, der im Alter von 22 Jahren starb.

Gary Busey hatte 1988 einen schweren Motorradunfall, der ihn beinahe das Leben kostete. Am 28. Februar 1991 erschien über ihn ein Artikel in der «Long Beach Press» von Luane Lee. Darin spricht er davon, daß für ihn nicht der Tod das Schlimmste darstellte, sondern das Absterben von etwas, während man noch am Leben ist. Für ihn begann der zweite Teil seines Lebens am 4. Dezember 1988, als er auf die «andere Seite» überwechselte: Er betrat einen Raum voller Lichter. Er fühlte sich nur als der Nervenstrang in seiner Wirbelsäule, der die Seele beherbergt. Drei Lichter kamen auf ihn zu und bedeuteten ihm, daß er sich an dem wunderschönen Ort der Liebe befände. Er empfand allumfassende Liebe. Mit dieser Energie hätte er seinen Körper verlassen und in eine andere Welt eintreten können oder in seinen Körper zurückkehren und sein irdisches Schicksal erfüllen. Er hatte die Wahl. Und dies erzählt keineswegs ein New-Age-Guru, sondern ein muskulöser Texaner, der bis zu seinem Unfall nichts ausließ, was ihm das Leben bot. Heute ist er ruhig und überlegt und versucht niemanden zu überzeugen oder zu beeindrucken. Viele können an seine Transformation nicht glauben. Doch er selbst weiß um die Wahrheit, die nichts mit Glauben zu tun hat. Es ist ihm gleichgültig, ob man ihm glaubt oder nicht. Und dieser frühere Junkie, der sonst nur Kraftausdrücke kannte, schloß das Interview mit den Worten: «Das wichtigste Wort, das es gibt, ist das Wort Liebe.»

Ich kenne buchstäblich Tausende von Geschichten wie die von Gary Busey. Meine Schwägerin, Marilyn Dyer, hatte einen schweren Autounfall vor etwa 20 Jahren und erzählte, daß sie damals auch «die andere Seite» gesehen habe. Seit der Zeit hat sie keine Angst mehr vor dem Tod. Sie weiß, was sie gesehen hat, und die Erfahrung war wunderschön. Manche glauben ihr, andere sind skeptisch. Dr. Elisabeth Kübler-Ross und Dr. Raymond Moody haben mehrere Bücher über sogenannte todesähnliche Erfahrungen geschrieben. Alle Menschen, die dem Tod sehr nahe waren, sind sich über ihre Erfahrungen nahezu einig. Alle berichten sie von Licht, dem Gefühl der Glückseligkeit und dem Fehlen jeden Leidens. Ein Willkommen der Ewigkeit. Sie können es glauben, oder Sie können daran zweifeln. Sie haben die Wahl.

Menschen haben Furcht vor dem Tod, weil sie sich ihr Leben lang vollkommen mit ihrem Körper identifizieren. Wenn Sie in Ihrem Innersten wissen, daß Sie im Grunde unsichtbares Bewußtsein sind, das von diesem Körper nur beherbergt wird, dann werden Sie auch die Unzulänglichkeiten Ihrer früheren Einstellung begreifen. Sie werden sich zwar liebevoll um Ihren Körper kümmern, aber Sie haben nicht mehr das Gefühl, daß Sie sich nur über Ihren Körper definieren können.

Wohin gehe ich nach dem Tod? Wenn Sie sich die Frage stellen und sich als Seele verstehen, dann wissen Sie, daß Sie nicht sterben werden. Der Tod wird oft mit dem Ende gleichgesetzt. Ein Ende aber setzt Begrenzungen voraus, und offensichtlich hat der dimensionslose Teil Ihres Selbst keine Grenzen. Wenn Sie sich als spirituelles Wesen empfinden, das die Erfahrung des Menschseins hat, dann werden Sie sich schnell an die Tatsache Ihrer Unsterblichkeit gewöhnen. Wenn Sie sich vollkommen mit Ihrem Körper identifizieren, dann heißt Ihre Frage eigentlich: Wohin geht mein Körper, wenn er stirbt? Sie haben es dann mit zwei verschiedenen Dingen zu tun, das «mein» deutet auf einen Besitzer und «der Körper» auf das, was besessen wird.

Der Körper, der Sie beherbergt, «stirbt» aber schon seit dem Tag Ihrer Geburt. Täglich müssen Sie etwas aufgeben, und täglich erneuert sich etwas. Zellen sterben ab oder werden repariert und erneuert. Die chemischen Stoffe, aus denen Ihr Körper besteht, sind Teil des perfekten Kreislaufs, der auch unser materielles Universum in Gang hält. Aber sie machen nicht Ihre Person aus. Ihre Seele besteht nicht aus chemischen Stoffen, sie ist ohne Form, und das bedeutet, daß der Tod ihr nichts anhaben kann.

Jeden Abend schlafen Sie ein, Ihr Körper ruht und erneuert sich. Irgendwann wird Ihr jetziger Körper abgenutzt sein (es sei denn, Sie schaffen das Altern ab) und wird in einem Zustand ewiger Ruhe sein. Was aber ist mit Ihrer Seele? Das ist das große Geheimnis. Ich liebe die Beschreibung aus Lao Russells «God Will Work With You, Not for You», in der er von der zu beobachtenden Wiedergeburt überall in der Natur spricht. Man nehme beispielsweise einen Apfel, wie er jedes Jahr erneut am Zweig hängt. In den Kernen des Apfels verborgen befinden sich die zukünftigen Früchte, eine ewige Wiederholung der Äpfel, die schon waren und vergangen sind. Die Natur unterteilt so die Ewigkeit in ständige Wiederholungen des Lebens. Wir nennen diese Unterteilungen

Leben und Tod, aber beides sind nur entgegengesetzte Ausdrücke für das Leben an sich. Für den Menschen bedeutet das, sich einerseits in der materiellen Welt seines Körpers zu befinden, während gleichzeitig seine Gedanken und Handlungen in der unsichtbaren Welt des Geistes vorhanden sind und gespeichert werden.

Wenn Sie die Entwicklung zu einem spirituellen Wesen anstreben, um die es mir in diesem Buch geht, werden Sie allmählich das Gefühl der allein körperlichen Realität überwinden. Sie werden statt dessen eine neue Erkenntnis von Realität gewinnen, die dem Körper, der Sie beherbergt, große Achtung zollt. Dieses neue Gefühl für Wirklichkeit läßt Sie mit Ihrem bewußten Geist Materielles im dem Bereich der physischen Realität hervorbringen. Sie können ständig Ihren Körper erneuern und Ihre eigene physische Welt schaffen.

Schließlich gelangen Sie in den Bereich der täglichen Wunder, wo erstaunliche Geschehen im materiellen Universum allein durch Ihren unsichtbaren Geist möglich werden. Andere werden das Wunder nennen, Sie aber wissen, daß Ihr unsichtbares Bewußtsein nur das tut, was es immer getan hat, nämlich Ihre spirituellen Erfahrungen in der formhaften Welt zu ermöglichen, nur jetzt erfahren Sie sie beglückt als Ausdruck Ihres Lebenssinns.

Je mehr Sie sich dieser neuen Realität bewußt werden, desto weniger Sorgen werden Sie sich um Ihren Körper machen. Sie werden wissen, daß es Ihr Ziel ist, Körper und Seele mit den universalen Gesetzen Gottes in Einklang zu bringen, sich als das Wunder zu begreifen, das Sie sind, und jegliche absurden Vorstellungen vom Tod abzubauen. Sie werden entdecken, daß die Gestorbenen nicht eigentlich fortgegangen sind. Sie befinden sich nur in einem Prozeß der Erneuerung, wie Sie es selbst zu einem gewissen Grad auch ständig sind.

Die magische Kraft in der eigenen Persönlichkeit wirksam werden lassen

Ihre Persönlichkeit mit allen Komponenten, die ich in diesem Kapitel angesprochen habe, ist Ihr eigenes Werk. Sie können zu der Person werden, die Sie sich in Ihrem allwissenden, allmächtigen Geist vorstellen können. Folgende Hinweise können Ihnen auf dem Weg zu Ihrer neuen Persönlichkeit hilfreich sein:

● *Zweifeln Sie nicht daran, daß Sie zu der Person werden können, die Sie sein wollen.*
Sie leben in der Welt des Geistes. Alles, was Sie von sich als formhaftem Wesen wissen, entspricht einem geistigen Bild, das Sie in sich tragen. Wenn Sie Mängel in Ihrer Persönlichkeit sehen, dann liegt das daran, daß Sie ein mentales Bild dieses Mangels haben und daran glauben. Sie zweifeln an sich.

Erinnern Sie sich immer wieder daran, daß Sie selbst das Produkt Ihrer Gedanken sind. Ihr Intellekt, Ihr Selbstbewußtsein, Ihre Talente, Ängste, Angewohnheiten manifestieren sich in der physischen Welt, weil Sie ein mentales Bild davon in sich tragen. Um diese mentalen Äquivalente zu verändern, müssen Sie ruhig, ständig und ausdauernd den Menschen visualisieren, der Sie werden wollen. Solche geistigen Vorstellungen werden dann wie Samen in der materiellen Welt aufgehen. Sie werden wahrhaftig etwas in der physischen Realität schaffen, das mit den mentalen Bildern übereinstimmt, die Sie von der gewünschten Persönlichkeit haben. Ebenso wie Sie ein Magengeschwür mit Ihren Gedanken hervorrufen können, bewirken Sie auch etwas Positives, wenn Sie sich von Zweifeln befreien und Glauben an ihre Stelle setzen.

- *Hören Sie auf, sich in einer Art und Weise zu definieren,*
die nichts mit der gewünschten Persönlichkeit zu tun hat.

Wenn Sie sich selbst als beschränkt, ungeschickt, dumm, ängstlich und schwach bezeichnen, dann blockieren Sie Ihre Möglichkeiten, sich zu ändern. Wenn Sie zu einer anderen, neuen Persönlichkeit werden wollen, müssen Sie diese alten Litaneien abstellen.

Beginnen Sie mit einer Reihe von Affirmationen, aus denen Selbstbewußtsein und Stärke sprechen und die unbegrenzte Fähigkeit, neue intellektuelle Herausforderungen zu meistern und alte Ängste zu überwinden. Betonen Sie sich selbst und anderen gegenüber, was Sie sich alles zutrauen. Sie wissen, daß das, woran Sie denken und worüber Sie sprechen, schließlich auch Wirklichkeit werden wird. Wenn Sie von Ihren Schwächen sprechen und sie verteidigen, dann denken Sie offenbar auch häufig daran. Was Sie zu anderen sagen, auch wenn es unwichtig zu sein scheint, hat ein mentales Äquivalent in Ihnen. Wenn Sie mehr Zuversicht in Ihr Leben bringen wollen, dann müssen Sie sich zuversichtlich ausdrücken und müssen Beispiele dafür bringen, wo Sie Selbstvertrauen gezeigt haben. Wenn Sie wollen, daß Ihre Ängstlichkeit zunimmt, dann brauchen Sie anderen nur dauernd von Ihren Ängsten zu erzählen, bis Sie selbst an nichts anderes mehr denken können. Das kommt Ihnen vielleicht ein bißchen vereinfacht vor, aber auf diese Weise können Sie tatsächlich eine Transformation Ihrer Persönlichkeit bewirken. Bewahren Sie sich Ihre mentale Selbstsicherheit in Ihrem Bewußtsein, und lassen Sie dort neue wunderbare Vorstellungen entstehen, die ihr materielles Äquivalent in Ihrem täglichen Leben finden werden.

• *Konzentrieren Sie sich auf das, was Sie befürworten,*
statt auf das, was Sie ablehnen.

Denken Sie zum Beispiel nicht ständig daran, daß Sie auf niemanden mehr ärgerlich sein wollen, denn dann ist das Konzept des Ärgers immer noch in Ihren Gedanken und wird sich
auch in Ihrem Verhalten zeigen. Denken Sie lieber daran, was
statt dessen Ihr Leben ausmachen soll. Denken Sie an Gesundheit und körperliche Kraft, an Harmonie und Liebe, und
Sie werden sich entsprechend verhalten. Wenn Sie glauben,
daß Ihnen eine gewisse Begabung und Intelligenz fehlt, sagen
Sie nicht: Ich will mich nicht für unbegabt und dumm halten,
denn dann bleibt das Konzept der Unfähigkeit – wenn auch
verneint – in Ihrem Denken. Statt dessen konzentrieren Sie
sich auf Vorstellungen wie: Ich besitze schon alles, was ich
brauche, um meine Träume wahr zu machen. Ich habe unbegrenzte Fähigkeiten und bin Teil des vollkommenen Universums. Daß es mich gibt, ist kein bedauerlicher Zufall,
sondern eine göttliche Notwendigkeit. Solche mentalen
Vorstellungen werden dramatische positive Veränderungen
für Sie in der physischen Welt zur Folge haben. Sie werden
sich dem neuen Selbstbild entsprechend verhalten und werden Wunder bewirken, die Sie bisher für unmöglich gehalten
haben.

• *Denken Sie täglich daran, daß Sie ein Mensch mit einer*
Lebensaufgabe sind.

Wenn Sie dem Sinn Ihres Lebens gemäß leben, wenn Sie
großzügig geben, dann wird Ihre ganze Persönlichkeit diese
Einstellung widerspiegeln. Sie werden das notwendige Talent und alle Fähigkeiten haben, um Ihre Aufgabe zu erfüllen.
Sie werden sich dabei nicht quälen müssen und brauchen
auch keine Auflistung von Zielen und Zwischenzielen. Sie
besitzen bereits alle inneren Möglichkeiten, Ihre Persönlich-

keit zu verändern, und Sie müssen dazu weder Intelligenz und Talent noch Fertigkeiten und Selbstvertrauen von außen erwerben. Das alles liegt schon in Ihnen. Sie brauchen sich geistig nur in einen Zustand zu versetzen, in welchem Sie inspiriert und selbstbewußt Ihrer Lebensaufgabe gemäß handeln wollen. Dann werden sich auch sämtliche notwendigen Charaktereigenschaften in Ihnen zeigen. Weder Ihre Familie noch Ihre Kultur hat Ihnen Ihre Persönlichkeit zudiktiert. Sie selbst sind dafür verantwortlich. Sie haben sich als die Person gezeigt, die bisher schon ihren Lebensweg gemeistert hat. Jetzt können Sie neue Kraft finden. Sie können alte Verhaltensweisen ablegen, wenn sie nichts mehr nützen. Halten Sie an Ihrer Lebensaufgabe fest, und Sie werden positiv denken und handeln.

- *Vertrauen Sie Ihrer Intuition jeden Tag aufs neue.*
Ihre innere Stimme wird Sie immer wieder wissen lassen, daß Sie sämtliche Voraussetzungen für ein glückliches Leben besitzen. Sie werden feststellen, daß in Ihnen sozusagen lautlose Dialoge stattfinden:

Ich kann tanzen, wenn ich will.
Nein, du bist immer ungeschickt gewesen.

Ich bin sehr intelligent.
Nein, du hast eine Sechs in Geometrie gehabt.

Ich bin mutig.
Nein, du hast doch vor deinem eigenen Schatten Angst.

Bei diesen Diskussionen ist das «Ich» die Intuition, und das «Du» entspricht Ihrer Erfahrung, die Sie immer daran erinnert, wie absurd Ihre Behauptung ist, Sie seien vollkommen.

Sie müssen Ihrer Intuition nicht nur vertrauen lernen, sondern müssen sich auch konsequent nach ihr richten. Es ist der göttliche Beistand, der Ihnen auf diesem Wege etwas mitteilen möchte. Wenn Sie fest davon überzeugt sind und sich weigern, irgend etwas anderes zu glauben, werden wunderbare Veränderungen in Ihnen stattfinden.

Eines Morgens, während ich auf Maui joggte, sah ich ein Paar, das seinen Schlüssel in einem Mietauto mit laufendem Motor eingeschlossen hatte. Da sie dringend zum Flughafen mußten, versuchten sie verzweifelt, das Auto aufzubrechen. Mehrere Leute standen dabei und versuchten zu helfen. Meine Intuition sagte: Du kannst ihnen wahrscheinlich helfen. Aber ich ignorierte diese innere Stimme und lief weiter.

Als ich 40 Minuten später denselben Weg zurücklief, versuchte das Paar und eine Gruppe von Menschen immer noch vergeblich, das Auto zu öffnen. Wieder lief ich an ihnen vorbei, aber meine innere Stimme war jetzt lauter: Lauf zurück, du kannst sicher helfen. Ich lief noch etwa 100 Meter weiter, kehrte dann aber zu dem Auto zurück. Ich sagte zu der schon fast panischen jungen Frau, daß ich das Auto aufbekommen könnte, weil mir so was selbst schon passiert sei. Ich hatte keine Ahnung, was ich tun sollte, aber ich war innerlich fest davon überzeugt, daß ich hier war, um ihnen zu helfen, und daß es mir gelingen würde.

Sie hatten mit einem Stück Draht versucht, durch einen Fensterspalt den Türknopf zu fassen zu kriegen, der aber absichtlich abgerundet war, damit niemand von außen ohne Schlüssel eindringen konnte. Ich sagte zu der Frau: «Der Motor läuft, das Auto hat automatische Fenster, wir müssen also den Betätigungsknopf für die Scheiben mit einem langen Stock erreichen und drücken.» Ich drehte mich suchend um, und da lag genau ein solcher Stock neben mir auf dem Boden. Mit meinem Schlüssel konnte ich den Fensterspalt weit genug aufdrücken, so daß die Frau den Stock hindurchschieben und mit ihm den Knopf für die Automatik berühren konnte. Wie durch ein Wunder schnurrte das Fenster herunter, und ein paar Sekunden später befand sich das Paar auf dem Weg zum Flugplatz.

Auf meinem Nachhauseweg war ich noch ganz beeindruckt von dem Einfluß meiner inneren Stimme, und ich schwor mir, sie nie wieder zu ignorieren. Ganz deutlich hatte sie gesagt: Deine Aufgabe ist, anderen zu helfen. Man wird dir zeigen, was du tun sollst, gehe also, und bewirke ein Wunder für diese Menschen. Das ist sowieso deine Aufgabe hier. Ich habe keine Ahnung, wer dieses Paar war, aber ich weiß, daß ich ihm spirituell verbunden bin. Meine innere Stimme, meine intuitive göttliche Eingebung, gibt mir die Möglichkeit, Fähigkeiten zu zeigen, von deren Vorhandensein ich häufig nichts wußte. Als ich diesen Leuten sagte, daß ich Experte im Öffnen von Autotüren sei, war ich über diese Behauptung wahrscheinlich mindestens so überrascht wie sie. Aber ich wußte irgendwie, daß ich helfen konnte, und es stellte sich heraus, daß alles, was ich brauchte, schon vorhanden war. Ich mußte dazu keine Schlosserlehre absolvieren, ich besaß schon das notwendige Talent, um meine Aufgabe, für andere dazusein, zu erfüllen.

● *Seine Sie fest davon überzeugt, daß es ein geheimes Wissen tief in Ihrem unsichtbaren Selbst gibt.*
Es spricht zu Ihnen: Du brauchst überhaupt nichts weiter, du bist und hast schon alles, was du brauchst. Du hast eine göttliche Persönlichkeit, laß sie wirksam werden, und kritisiere sie nicht. Du hast viele Talente. Besinne dich nur auf deine Aufgabe hier auf Erden, und die notwendigen Fähigkeiten werden sich zeigen. Du bist sehr intelligent, und die geistige Stärke, die du zur Erfüllung deines Lebenssinns brauchst,

wird sich zeigen. Sie müssen sich von der Vorstellung frei machen, daß Sie lediglich ein Zufallsprodukt sind oder daß Sie von vornherein auf irgendeine Weise benachteiligt waren.

Sie sind, was Sie jemals sein sollten. Innerlich und äußerlich sind Sie ein vollkommener Teil des Universums. Vielleicht haben Sie sich vom Gegenteil überzeugt und müssen jetzt umlernen. Ihre Vollkommenheit ist zwar vorhanden, unabhängig von Ihrem eigenen Empfinden, aber Sie glauben nicht daran, und was Sie glauben, das ist überaus wichtig. Das geheime Wissen im Zentrum Ihres Seins besagt, daß Sie schon alles sind und haben, Sie sind weder ein Versehen des Schöpfers, noch haben Sie Fehler. Sie sind ein göttliches Meisterwerk, das nur in Ihrer eigenen Einstellung nicht vollkommen ist. Akzeptieren Sie diese Wahrheit, und alles, was Sie für ein sinngerechtes Leben brauchen, wird sich einstellen. Leugnen Sie sie, werden Sorgen und Mühen Ihr Leben bestimmen.

● *Überlegen Sie, welche Eigenschaften und Verhaltensweisen Sie als Kind zeigten, die Sie heute als Erwachsener abgelegt haben.*
Sie haben am Daumen gelutscht. Heute wissen Sie es besser. Sie haben Ihre Geschwister geschlagen, wenn Sie frustriert waren. Heute wissen Sie es besser. Sie haben den Teller auf den Boden geworfen und den Finger in die Torte gesteckt. Heute wissen Sie es besser. Sie haben geschwankt und sind oft hingefallen, als Sie zu laufen versuchten. Heute wissen Sie es besser. Einfache Rechenaufgaben machten Sie nervös. Heute wissen Sie es besser. Mit dieser Aufzählung könnte man Bände füllen. Machen Sie sich dieses «Heute weiß ich es besser» immer wieder bewußt.

Sie verändern sich ständig in Ihrem Leben. Sie lernen, was Sie nicht tun sollten und welche neuen Talente, geistigen Fähigkeiten und neuen Aspekte Ihrer Persönlichkeit zu fördern sind. Die alten haben ausgedient. Sicher haben Sie gelernt, daß Sie Ihre Schwester nicht schlagen sollten, wenn sie Ihnen etwas weggenommen hat. Sie verteidigen ein bestimmtes Verhalten nicht mehr mit: Ich bin schon immer so gewesen, ich bin eben von Natur aus ein aggressiver Mensch. Heute wissen Sie es besser. Verwenden Sie dieses geschärfte Bewußtsein, um andere Aspekte Ihrer Persönlichkeit zu entwickeln. Das entscheidende Wort hier ist «wissen». Sie zweifeln nicht mehr. Sie wissen es besser. Sie haben alte automatische Verhaltensweisen durch ein neues Wissen ersetzt. Und wenn Sie sich auf dem spirituellen Pfad befinden, werden Sie Ihr Leben lang altes Verhalten durch neues, auf Wissen basierendes Verhalten ersetzen.

Heute weiß ich es besser, und ich würde nicht mehr zu mir sagen: Ich habe nicht die Begabung dafür. Genausowenig, wie ich sagen würde: Ich bin eben minderwertig, und ich werde nie laufen lernen. Ich werde wohl mein ganzes Leben auf allen vieren zubringen müssen. Heute weiß ich es besser, und ich würde nie mehr sagen: Ich kann kein Buch über Wunder im täglichen Leben schreiben, genausowenig, wie ich sagen würde: Ich weiß, ich werde nie 3 und 4 zusammenzählen können, ich kapiere es einfach nicht. Heute weiß ich es besser, und ich würde nie sagen: Ich habe Angst vor neuen Herausforderungen, genausowenig, wie ich sagen würde: Ich habe im Dunkeln Angst vor Gespenstern.

Sehen Sie, wie albern es ist, an alten Überzeugungen festzuhalten? Sie wissen es besser. Vertrauen Sie darauf, daß Sie neue Aspekte Ihrer Persönlichkeit entdecken und nutzen können, die Ihnen alles, was Sie brauchen, ermöglichen. Dann brauchen Sie nicht immer wieder auf diese uralten Überzeugungen als Erklärungen zurückzugreifen, die noch aus Ihrer Kindheit stammen.

- *Überlegen Sie, was Sie wirklich wollen.*

Das soll kein abstrakter Wunschzettel sein, sondern eine Aufstellung dessen, was Sie in sich selbst bewirken wollen. Sie haben die Kraft, der Mensch zu werden, der Sie sein wollen, und tragen die dazu notwendigen Voraussetzungen schon in sich. Das muß Ihnen erst ganz bewußt werden. Von diesem Zustand des Wissens aus nähern Sie sich dann der Umsetzung in die Tat: Ich *beabsichtige*, das nötige Talent und die intellektuellen Fähigkeiten einzusetzen, um meine Lebensaufgabe erfüllen zu können. Sie müssen Ihrer eigenen Großartigkeit vertrauen, um Wunder in Ihrem Leben bewirken zu können.

Ihr Erinnerungsvermögen wird sich steigern, wenn Sie die feste Absicht haben, daß es so sein soll. Statt sich damit zu beschäftigen, wieviel Sie vergessen, werden Sie sich auf das konzentrieren, was Sie erinnern: Dieses Mal konnte ich seinen Namen sofort erinnern. Ich mache wirklich Fortschritte mit meinem Gedächtnis. Zum ersten Mal hat mich diese Joga-Übung nicht angestrengt. Ich habe wirklich Talent dafür. Ich habe mich dieses Mal nicht von dem penetranten Verkäufer einschüchtern lassen. Ich mache wirklich Fortschritte mit meinem Selbstbewußtsein. Konzentrieren Sie sich auf das, was Sie erreichen wollen, statt auf das, was Sie nicht schaffen können. Vom reinen Wunschdenken kommen Sie so zum aktiven Handeln, und schon Ihre festen Absichten können wunderbare Veränderungen in Ihrer Persönlichkeit bewirken.

- *Handeln Sie so, als wären Sie schon der Mensch,*
der Sie so dringend sein möchten.

Selbst wenn Sie überzeugt sind, daß Sie schon Ihr Leben lang vor Menschenmassen Angst hatten oder daß Sie eben kränklich sind oder daß Sie zu dumm sind, um sich mit bestimmten

Menschen zu unterhalten, tun Sie so, als seien Sie schon dieser wunderbare Mensch, der Sie einmal werden wollen. Ja, Sie haben richtig gehört, tun Sie so als ob!

Verhalten Sie sich selbstbewußt in einer bestimmten Situation, in der Sie niemand kennt, obgleich Sie innerlich zittern. In diesem Augenblick sind Sie dann dieser selbstbewußte wunderbare neue Mensch, auch wenn Sie sonst Ihrer Meinung nach unsicher sind. Spielen Sie die Rolle, die Sie im wirklichen Leben ausfüllen wollen. Das Schauspielern bezieht sich auf die materielle Umwelt, das Wollen hat mit Ihrer inneren Stimme zu tun.

Vor Gott gibt es niemanden auf dem ganzen Planeten, der besser ist als Sie. Der Geist Gottes befindet sich auch in Ihnen und hilft Ihnen, ein einfaches Geheimnis zu entdecken: Alles, was Sie sich von Herzen wünschen, können Sie tun. Alles! Wichtig ist, daß Sie diesen Herzenswunsch haben, der in Ihrem unsichtbaren, dimensionslosen Selbst entsteht. Wenn Sie es sich von Herzen wünschen, wenn Sie es sich vorstellen können, dann wird es Ihnen auch möglich sein.

Ich habe die Wahrheit dieser Behauptung selbst erlebt, indem ich mich so verhielt, als hätte ich schon erreicht, was ich mir wünschte. Als ich mich zum Beispiel um einen Studienplatz bewarb, wußte ich, daß ich mit meinen Noten keine großen Chancen hatte. Aber während des gesamten Bewerbungsprozesses tat ich so, als sei ich schon angenommen. Bei jedem Interview konnte ich diese Sicherheit zeigen. Und obgleich meine Aussichten gering waren, wurde ich zugelassen. In meiner Vorstellung hatte ich mich schon als zugelassen gesehen und wußte, daß es so sein würde. Dann hörte ich, daß normalerweise nur ein geringer Prozentsatz der Studenten dieses Studium durchstand und mit einer Dissertation abschloß. Aber ich sah in meiner Vorstellung, daß ich meinen Abschluß schon nach drei Jahren machte. Und ich handelte entsprechend. Von Anfang an sagte ich mir, daß ich meinen Doktor vor meinem dreißigsten Geburtstag machen würde, in drei Jahren, trotz Vollzeitjob und Elternpflichten. Am 4. Mai 1970, sechs Tage vor meinem dreißigsten Geburtstag, bestand ich meine letzte mündliche Prüfung. Ich war fest davon überzeugt gewesen, daß es so sein würde, und hatte mich entsprechend verhalten. Diese Methode funktioniert auch bei Ihnen: Sehen Sie Ihr Ziel fest vor sich, als ob Sie es schon erreicht hätten, und verhalten Sie sich dann entsprechend. Auf diese Weise müssen Sie Ihr Ziel erreichen.

• *Visualisieren Sie sich selbst als den handelnden Menschen, der Sie sein wollen, bevor Sie in der Außenwelt aktiv werden.*
Wenn Sie zum Beispiel gut Malen oder Singen möchten, dann machen Sie sich Ihr Können erst in dem spirituellen unsichtbaren Teil Ihres Selbst bewußt. Stellen Sie sich vor, Sie stünden an einer Staffelei, mit der Schaffung eines Meisterwerks beschäftigt, das Ihnen sonst nur in Ihren Träumen gelingt, mühelos, fließend und ohne daß jemand daran herumkritisiert. Oder singen Sie in Ihrer Vorstellung fehlerlos, freuen Sie sich an Ihrem eigenen Gesang, ohne zu überlegen, was andere wohl dazu sagen würden. Genießen Sie den freien Ausdruck Ihres Talents.

So können Sie das Wunder eines Talentes schaffen, das Sie nie in sich vermutet hatten. Sie durchleben erst etwas spirituell, in Ihrem Geist, visualisieren Ihre Intelligenz, Ihre Verhaltensweisen, Ihre Persönlichkeit, Ihre Gesundheit und Furchtlosigkeit. Achten Sie genau darauf, was in Ihrem Inneren vor sich geht, und seien Sie sich dessen bewußt, daß alles, was in der Außenwelt von Ihnen sichtbar wird, ein geistiges Äquivalent hat. In dieser spirituellen Dimension sollten Sie Ihre eigene einmalige Großartigkeit vollkommen akzeptieren. Hier bewegen Sie sich mühelos in einer unbegrenzten Vielzahl innerer Möglichkeiten, ohne daß Sie sich kritisieren oder zweifeln. Sie müssen niemandem von Ihren Visualisierungen erzählen, sie gehören nur Ihnen allein. Wenn Sie bedingungslos daran festhalten, werden Sie Wunder in Ihrem Leben bewirken können.

● *Wenn Sie bei sich einen Persönlichkeitsdefekt festgestellt haben und sich darauf konzentrieren, dann wird dieser Defekt weiter Ihr Leben bestimmen.*

Sie können schließlich nie genug von dem bekommen, was Sie nicht wollen. Ihr niedriges Selbstwertgefühl wird bestehen bleiben. Sie werden geringere intellektuelle Fähigkeiten zeigen, wenn Sie sich selbst und andere von Ihren Schwächen überzeugt haben. Alles, was Sie an sich selbst als Mangel empfinden, wird als Mangel bestehen bleiben, bis Sie sich das Wissen angeeignet haben, daß Sie anders sind. Und Sie selbst können wählen, was Sie von sich halten. Wenn Sie diese Wahl haben, warum haben Sie dann nicht lieber eine gute Meinung von sich? Ihre Selbsteinschätzung heute hängt nämlich von Entscheidungen ab, die Sie in Ihrem Leben treffen. Diese Einsicht wird Ihnen dabei helfen, Wunder für sich selbst möglich zu machen.

● *Fragen Sie nicht danach, was andere von Ihnen halten.*

Lassen Sie sich nicht von anderen – auch nicht von einem IQ-Test – beurteilen. Verlassen Sie sich statt dessen auf Ihr eigenes Bewußtsein Ihrer unbegrenzten Fähigkeiten. Ignorieren Sie, was andere von Ihrem Talent, Ihrer Eignung für eine bestimmte Aufgabe sagen, und fragen Sie nur Ihre innere Stimme, Ihre Intuition um Rat. Andere wollen Ihnen vielleicht sogar mit «realistischen» Beurteilungen Ihrer Fähigkeiten helfen, aber Sie sind daran nicht interessiert. Es genügt, daß Sie wissen, daß Sie auf dem richtigen Weg sind.

Wenn sich Ihnen Hindernisse in den Weg stellen, dann betrachten Sie sie als Lektionen, die Gott Ihnen zugedacht hat, und lernen Sie daraus. Lassen Sie sich von Entmutigungen durch andere nur in Ihrem Entschluß bestärken, den Traum Ihres Lebens zu leben. Verlangen Sie nichts. Hören Sie höflich die Beurteilungen an, danken Sie für das Interesse, und richten Sie sich dann wieder nach Ihrer inneren Überzeugung.

Ich mußte selbst lernen, mit den Giftpfeilen und Fallen umzugehen, die bei meinem Leben in der Öffentlichkeit unvermeidbar sind. Millionen von Menschen lesen meine Bücher und hören meine Tonbänder. Manche mögen sie, andere lehnen sie ab. Mir genügt es, aus dem Bewußtsein meines Lebenssinns heraus sprechen und schreiben zu können und zu wissen, daß ich mich auf dem richtigen Weg befinde. Ich habe gelernt, die Rezensionen zu ignorieren und mich nur auf meine Aufgabe zu konzentrieren. Ich versuche nicht, anderen zu gefallen. Ich tue nur das, was ich als das richtige erkannt habe, wobei es mir immer darum geht, anderen in ihrem Leben zu helfen und Gottes Werk zu tun. Wenn meine Arbeit Ihnen und anderen nützen kann, dann bin ich froh. Und falls nicht, dann bin ich dennoch froh, diese Arbeit tun zu können. Mir geht es nicht unbedingt um das Ergebnis meiner Bemühungen. Resultate motivieren mich nicht. Das innere Wissen, daß ich eine Mission in diesem Leben habe und sie erfülle, gleichgültig, was daraus wird, motiviert mich. Seit ich weiß, worin meine Lebensaufgabe besteht, wird das Schreiben und Sprechen für mich viel müheloser. Ich kann Ihnen nur empfehlen, Ihrer Lebensmission gemäß zu leben. Verlangen Sie nichts, und Sie werden viel erhalten. Wenn es Ihnen aber nur um das geht, was Sie bekommen, werden Sie Ihr Leben lang an einem Defizit leiden.

• *Entwickeln Sie ein eigenes Programm für Ihre körperliche und geistige Fitneß. Visualisieren Sie Veränderungen in Ihrem täglichen Ablauf, und setzen Sie sie dann in die Wirklichkeit um.*
Visualisieren Sie, wie Sie körperliche Übungen machen, wie Sie mehr Obst und Gemüse essen, mehr Wasser und weniger Cola und Alkohol trinken, wie Sie Joga machen, inspirierende Bücher lesen, sich Tonbänder anhören, die von spiritueller Entwicklung handeln, und auch ruhig meditierend dasitzen. Stellen Sie sich vor, wie Sie diese Veränderungen in Ihr Leben einbringen, und visualisieren Sie die gewünschten Ergebnisse. Vor Ihrem geistigen Auge sind Sie schon schlanker, kommen nicht so schnell ins Schnaufen, haben einen niedrigeren Blutdruck und einen niedrigeren Cholesterinspiegel. Sie fühlen sich rundherum beschwingter, alterslos statt alternd, attraktiv und mit sich selbst zufrieden. Wenn Sie regelmäßig dieses neue Selbst vor sich sehen, werden Sie auch Veränderungen in Ihrem täglichen Leben vornehmen, um es möglich zu machen. Sie werden Zeit und Energie finden, um gesund und glücklich zu sein. Und Ihr körperlicher Zustand wird den Bildern Ihrer Vorstellungen immer mehr entsprechen.

• *Meditieren Sie regelmäßig, um inneren Frieden und Harmonie zu erlangen. So werden Sie zu einem Menschen, der seiner göttlichen Aufgabe hier auf Erden gerecht werden kann.*
Erleben Sie während der Meditation Ihren Tod. Sehen Sie, wie Sie sich auf das Licht zubewegen, wie Sie das Gewand abstreifen, das Sie bisher Ihren Körper genannt haben. Aus dieser Perspektive blicken Sie dann auf alles zurück, was Sie bisher für unentbehrlich gehalten haben, und erkennen Sie während dieser Meditation, wie absurd ein solches Klammern an Materielles wirklich ist. Von Ihrem meditativen Standpunkt aus wird Ihnen klar, daß Sie eigentlich nichts be-

sitzen *können*, daß es genauso unsinnig ist, an Dingen der materiellen Welt zu hängen wie an den Gegenständen eines Traumes, nachdem Sie erwacht sind. Wenn Sie dann Ihre Meditation abschließen, nehmen Sie die Gewißheit mit in Ihr normales Leben, daß Ihr ewiges, immaterielles Sein keine Bindungen und keine Sorgen kennt. Sterben, während Sie leben, ist eine ungeheure Offenbarung. Ihre Ängste verschwinden, und Sie lernen sich als den Menschen kennen, der Sie wirklich sind. Wenn Sie die innere Macht kennen, die auch Sie durchdringt, können Sie Ihrer weltlichen Umgebung, in der Sie als Seele in einer Körperhülle leben, mit Achtung, aber ohne eine besondere Bindung entgegentreten. Auf diese Weise können Sie dann ganz Ihrer Mission leben und müssen Ergebnissen und Belohnungen nicht mehr hinterherjagen.

● *Befreien Sie sich durch Meditation von Ihrem einengenden Selbstbild, und lösen Sie sich von der großen Lüge, Sie könnten manches an Ihrer Person nicht verändern.*
Fühlen Sie die ruhige Gewißheit, daß Sie vollkommen sind und daß Sie schon alles besitzen, um Ihr Leben seinem Sinn entsprechend zu leben. Aktivieren Sie durch Meditation das Wissen, daß Sie alle Voraussetzungen haben, um wunderbare Veränderungen an Ihrer Persönlichkeit vorzunehmen. Geben Sie sich ganz dem Gefühl hin, daß Sie schon alles sind, ein Wunder an sich.

Wenn Sie noch einmal an sich vorüberziehen lassen, was Sie in den vergangenen sechs Kapiteln über die Möglichkeiten erfahren haben, die Wirklichkeit der magischen Kraft im Täglichen zu erleben, sollten Sie versuchen, sich Ihrer eigenen persönlichen Wirklichkeit zuzuwenden, denn für Ihre Wunder sind nur Sie allein verantwortlich. Versenken Sie sich in Ihr inneres Selbst, und schaffen Sie dort die Wunder, nach denen Sie in Ihrem Leben suchen. Das ist in der Tat Ihre eigentliche Wirklichkeit.

7

Wunder und Gesundheit

> Unser Körper ist unser Garten
> Und unser Wille ist unser Gärtner
>
> *William Shakespeare*

Dieses Buch handelt von der einzigartigen Fähigkeit des Menschen, in seinem Leben Wunder zu tun. Die zentrale Prämisse heißt: Sie werden zu dem, was Sie den Tag über gedanklich beschäftigt, und aus solchen Tagen setzt sich Ihr Leben zusammen.

Ich bin überzeugt, daß man Ihnen klargemacht hat, wo Ihre körperlichen Grenzen liegen. Man hat Ihnen eine Meinung darüber aufoktroyiert, wozu Sie körperlich fähig sind, wie gut Sie etwas machen, wie häufig Sie krank werden oder sich verletzen, wie schwierig es ist, gesund zu bleiben, wann Sie ungefähr sterben werden und welche Krankheiten und Süchte lebensgefährlich sind und welche nicht; man hat Sie sozusagen indoktriniert. Dieses Kapitel soll Ihnen helfen zu vergessen, was man Ihnen beigebracht hat. Wer den Zaubergarten der Wunder betreten möchte, muß sich bewußtmachen, welche unbegrenzten Möglichkeiten er hat, statt zu betonen, was er nicht kann. Um die magische Kraft auch für Ihr physisches Sein nutzbar zu machen, müssen Sie einigen neuen Strategien folgen.

Ich will hier nicht davon sprechen, wie Sie sich ernähren, welche körperlichen Übungen Sie machen sollen, welche ernährungswissenschaftlichen Richtlinien Sie einhalten, wie häufig Sie ruhen oder welche Vitamine und Mineralien Sie Ihrem Körper zuführen sollen. Das bedeutet nicht, daß all das unwichtig ist, im Gegenteil, ich achte sehr darauf, und Sie sollten es auch tun. Natürlich wissen Sie, daß Gemüse gesünder ist als Gummibärchen. Man muß Ihnen auch nicht sagen, daß es besser für Sie ist, sich körperlich zu bewegen, als nur auf der Couch herumzusitzen. Sie wissen schon, daß zu einer gesunden Ernährung viel Obst gehört, man Fett und Zucker einschränken und viel Wasser trinken sollte.

Es gibt viele gute Bücher über gesunde Ernährung, körperliche Fitneß und vernünftige Reduktionsprogramme. Mir gefallen besonders die schon erwähnten Bücher von Dr. Deepak Chopra und «Fit fürs Leben» (Fit for Life, Ritterhude b. Bremen 1986) von Harvey und Marilyn Diamond.

Obgleich uns allen viele Informationen zur Verfügung stehen, gibt es noch zu viele Menschen, die Schwierigkeiten mit Ihrer körperlichen Verfassung haben, und nur wenige können wirklich von sich behaupten, in Topform zu sein.

Ich weiß, daß Sie schon ein physisches Wunder sind, das sich nur entfalten muß. Ich bin vollkommen davon überzeugt, daß Ihrem körperlichen Selbst alles möglich ist und daß die Grenzen, an die Sie in Ihrem täglichen Leben mit Ihren körperlichen Fähigkeiten immer wieder stoßen, nicht notwendig sind. Ich bin außerdem absolut sicher, daß Sie schon wissen, was Sie daran ändern können. Ganz sicher brauchen Sie keine neue Schlankheitsdiät und auch kein neues Gymnastik-Video.

Sie müssen die Fähigkeit entwickeln, das, was Ihr geistiges Selbst schon weiß, in die Realität des täglichen Lebens zu übertragen. Dazu sollten Sie Ihr Leben nach den Prinzipien ausrichten, von denen im ersten Teil dieses Buches die Rede war. Jetzt geht es speziell um Ihr körperliches Selbst, darum, Wunder im Hinblick auf Ihre Gesundheit und Ihre körperliche Leistung zu tun.

Was möchten Sie erreichen?

Wenn es darum geht, sich selbst als Person von körperlicher Perfektion zu begreifen und entsprechend zu entwickeln, dürfen Sie die Beschaffenheit der äußeren Hülle nicht vergessen, in der Sie auf diese Welt gekommen sind. Wenn Sie als erwachsener Mensch 1,70 m groß sind, hat es keinen Sinn, sich eine Größe von 1,95 m zu wünschen. Sie wollen eigentlich gar nicht so groß sein und wissen das auch. Vielleicht nächstes Mal.

Wenn Sie darüber nachdenken, wann Sie Ihre eigene Leistung als wunderbar bezeichnen würden, müssen Sie sich die Fragen stellen, die wirklich für Sie selbst wichtig sind. Wie sollte Ihr Körper aussehen? Welche realistischen Erwartungen können Sie an Ihre Leistungen stellen? Von welchen Giften möchten Sie sich befreien? Welche Veränderungen könnten Wunder in Ihrem physischen Leben möglich machen?

Wenn Sie diese Fragen beantwortet haben, machen Sie bitte folgende Übung:

Stellen Sie sich vor einen großen Spiegel, und schließen Sie die Augen. Visualisieren Sie genau, was Sie sich von Ihrem Körper erhoffen, wie Sie aussehen wollen, wie gesund und frei von Süchten Sie sein wollen. Prägen Sie sich dieses visualisierte Bild fest ein. Dann öffnen Sie die Augen und betrachten sorgfältig den Körper, für den Sie verantwortlich sind, ja, Sie allein. Glauben Sie, daß Sie Ihrer inneren Vision Form geben können, oder zweifeln Sie daran?

Vielleicht glauben auch Sie wie die Mehrzahl der Menschen nicht, daß Sie Wunder tun können. Wenn ich mit Menschen über ihre körperliche Gestalt und zukünftige Veränderungen spreche, dann meinen die meisten, daß die Erfüllung dieses

Traums vielleicht irgendwie im Bereich des Möglichen liegt, sie im Moment aber sehr skeptisch sind, was seine Verwirklichung betrifft.

Überlegen Sie, welche Veränderung oder Leistung Ihres Körpers Sie als Wunder bezeichnen würden, und vergessen Sie dabei nie, daß alles, was jemals von einem Menschen vollbracht worden ist, auch für jeden anderen möglich ist. Das Gesetz des Universums, daß Menschen zu jeder Zeit Wunder erfahren konnten, also auch heute noch können, ist nicht aufgehoben worden. Scheuen Sie sich nicht, sich vorzustellen, etwas Außerordentliches zu leisten, das vor Ihnen schon einmal vollbracht wurde, auch wenn Sie es in Ihrer jetzigen körperlichen Kondition wahrscheinlich nicht leisten können. (Sie müssen vielleicht Ihren Körper verändern, um es zu ermöglichen!) Für den Augenblick machen Sie sich nur deutlich, was für Sie und Ihren Körper ein echtes Wunder bedeuten würde, und halten Sie an diesem Bild fest.

Herauszufinden, was Sie sich tatsächlich wünschen, ist der erste Schritt auf dem Weg zur Verwirklichung. Vielleicht visualisieren Sie Ihren Körper, jung und stark, wie er einst war, vielleicht gesund nach einer langen Krankheit, vielleicht frei von einer Sucht, die Sie schon lange gequält hat. Vielleicht würden Sie gern einen Dreikampf absolvieren, eine Meile laufen oder über den See schwimmen. Sie können alles visualisieren, was Sie bisher für unerreichbar gehalten haben.

Ich erwarte nicht von Ihnen, daß Sie in Ihrer Vorstellung auf dem Wasser gehen, über Bäume fliegen oder die Form Ihrer Nase verändern können. Sie sollten nur deutlich visualisieren, was für Sie ein persönliches Wunder wäre. Mit dieser Vision vor Augen lassen Sie Zweifel und Skepsis hinter sich und öffnen sich den Möglichkeiten der täglichen Wunder.

Ihr Körper ist nur die sichtbare Hülle für Ihr immaterielles, höheres Selbst, Ihre Seele. Der Körper mit seinen Funktionen, seinem relativen Gesundheitszustand und seinen Fähigkeiten ist letzten Endes abhängig von diesem immateriellen Selbst. Wie der Mensch denkt, so wird er sein. Was muß also in diesem Geist geschehen, damit Sie körperliche Veränderungen erleben, die Ihnen heute noch wie ein Wunder erscheinen?

Zu einem willigen Schüler werden

Erinnern Sie sich an das alte Zen-Sprichwort, das ich am Anfang dieses Buches zitierte? «Wenn der Schüler bereit ist, wird der Lehrer erscheinen.» Wenn Sie eine wahrhaft wunderbare Veränderung in Ihrem körperlichen Selbst erleben wollen, einen Grad von Gesundheit und körperlicher Leistung, den Sie früher für unerreichbar hielten, müssen Sie Ihre innere Einstellung anders ausrichten, müssen Sie von dem bloßen Wunsch zu der absichtsvollen Bereitschaft gelangen, für das Erreichen dieses Ziels sämtliche Möglichkeiten im Leben zu nutzen.

Lernen Sie Ihren Körper gründlich kennen. Verfestigen Sie in sich die geistige Einstellung, daß Ihr Körper an sich schon ein Wunder darstellt, auch wenn zur Zeit Ihre Gesundheit und physische Leistung noch nicht ganz dem entsprechen, was Sie sich wünschen. Ihr Körper ist von der lebendigen Kraft des Universums durchdrungen. Ist es nicht bereits ein Wunder, daß Sie über all das nachdenken können? Sie könnten auch ein Stein sein oder ein Zementblock oder eine Tomatenpflanze. Statt dessen sind Sie ein atmendes Wesen, das berühren, schmecken und sehen kann, das sich seines Zustands als lebender Mensch im Universum bewußt ist.

Wer sein physisches Selbst mit Bewunderung und Ehrfurcht betrachtet und fest davon überzeugt ist, daß das unsichtbare innere Selbst sich nur in einem möglichst gesunden Körper wohl fühlt, der ist als Schüler bereit. Wer sich aber etwas vormacht oder sich nichts zutraut, etwa nach der Devise: Ich würde ja gern etwas für meinen Körper tun und diese Wunder erleben, aber ich weiß, daß es mir nicht möglich ist, weil ich es noch nie durchgehalten habe. Ich bin einfach zu schwach und gebe der ersten Versuchung gleich nach, der ist noch nicht bereit und muß noch an seiner inneren Einstellung arbeiten.

Nehmen wir an, der nagende Zweifel ist noch vorhanden. Sie wissen zwar, daß Sie für Ihren Körper unbedingt etwas tun müssen, haben aber Zweifel, daß es Ihnen möglich ist. Was wird geschehen?

Die Antwort ist wieder in dem Zen-Sprichwort zu finden: «Wenn der Schüler bereit ist, wird der Lehrer erscheinen.» Wenn Sie den Zweifel nicht überwinden können, wird Ihnen keine Hilfe und Unterstützung zuteil werden, kann der Lehrer nicht erscheinen. Ihre zweifelnden Gedanken, Teil des mentalen Bereichs, der die Funktion des Körpers lenkt, schließen die magische Kraft aus, die durch Sie Wunder tun kann. Es ist überhaupt keine Frage: Wenn Sie an Ihren Fähigkeiten zweifeln, Veränderungen vorzunehmen, wird nichts passieren. Sie selbst haben die Realität Ihres körperlichen Seins mit Ihren Überzeugungen geschaffen, die zum Teil durch Ihre Erziehung geprägt wurden und teilweise frei von Ihnen gewählt wurden, in dem Bemühen, das Leben zu verstehen und Ihre Position zu finden. Ich vermute allerdings, daß Sie Zweifel und Skepsis noch nicht ganz überwunden haben, da Sie sich körperlich noch nicht wohl fühlen. Nur Sie allein können Ihre Einstellungen so verändern, daß Sie für Ihren Körper Wunder tun können.

Dr. Elisabeth Kübler-Ross beschreibt in «Healers on Healing» eine Situation, die sie dazu veranlaßte, so manches, was man ihr im Verlauf ihrer Karriere beigebracht hatte, zu revidieren. Während eines ihrer Workshops geriet ein ausgesprochen großer, schwergewichtiger Mann ganz plötzlich in den Zustand höchster Wut. Kübler-Ross erkannte die Gefahr für eine Frau, die in unmittelbarer Nähe des Mannes stand, schubste sie beiseite. Der Wütende seinerseits ergriff einen Gummischlauch und preßte ihn ihr mit aller Kraft auf ihre bloßen Zehen. Der Schmerz war unbeschreiblich, es gelang ihr jedoch, ihre Energie auf den Mann zu konzentrieren, damit der ganz tief in seine Wut gehen und sie so durchleben konnte. Plötzlich war der Spuk vorbei, und sie kam wieder zu sich, auf dem Boden kauernd und sich die Füße haltend. Sie erwartete gequetschte, gebrochene Zehen, doch nichts! Die Verletzungen waren sofort geheilt, ohne daß eine Schramme zurückgeblieben war, etwas, was all ihrem ärztlichen Wissen widersprach. In der Folge hatte sie noch einige andere Erlebnisse von sofortiger Heilung, und zwar immer bei Notfällen, bei denen es keine Zeit zum Überlegen gab. Sie erklärt es so, daß in solchen Situationen, die eine sofortige Reaktion verlangen, die inneren Selbstheilungskräfte freigesetzt werden, die jeder ihrer Meinung nach besitzt und die weit öfter wirken würden, wenn wir ihnen mehr trauen und vertrauen würden.

Dr. Kübler-Ross' Schlußfolgerung läßt sich nicht nur auf körperliche Heilung, sondern auch auf alle Aspekte des körperlichen Wohlbefindens anwenden.

Wenn Sie ein Schüler sind, der sich auf das Erscheinen des Lehrers vorbereiten will, müssen Sie Verantwortung für das übernehmen, was Sie geschaffen haben. Auch der gesundheitliche Zustand Ihres Körpers, Ihr Aussehen, Ihre Süchte oder schlechte Angewohnheiten, die Ihre Gesundheit untergraben, sind das Ergebnis Ihrer bisherigen Entscheidungen. Das müssen Sie als erstes akzeptieren. Dann versuchen Sie zu erkennen, welche Einstellungen und Gedanken für den Zustand Ihres Körpers verantwortlich sind.

Um hartnäckige Zweifel loszuwerden und alte Denkweisen zu überwinden, müssen Sie sich des Einflusses Ihres Geistes auf Ihren Körper bewußt werden und sich wenigstens für eine Zeit eine bestimmte Verhaltensveränderung vornehmen. Wenn diese Veränderung fest in Ihrem Leben verankert ist, werden Sie auch die Hilfe und Unterstützung der Lehrer annehmen können, die Ihnen immer schon zur Verfügung standen.

Sieben Schritte, um Wunderbares für Körper und Gesundheit zu tun

Auch Sie können lernen, mehr Vertrauen in die Fähigkeiten des Körpers zu entwickeln, sich selbst zu heilen und gesund zu bleiben. Gehen Sie dafür zu den sieben Überzeugungen in Kapitel 1 zurück, und überlegen Sie, was das für Ihren körperlichen Zustand bedeuten kann.

1. Sie tragen eine unsichtbare Lebenskraft in sich, die Sie sich bewußtmachen können.
Obgleich Sie sie mit Ihren fünf Sinnen nicht erfassen können, glauben Sie fest an diese Kraft und machen Sie sich verfügbar. Nur so können Sie verstehen, wie Ihr Körper funktioniert. Wenn Sie einen positiven, akzeptierenden Kontakt hergestellt haben, werden Sie automatisch so handeln, wie es Ihnen Ihre innere Lebenskraft vorschreibt. Wenn Sie zum

Beispiel davon überzeugt sind, daß Sie niemals körperlich fit sein werden, daß Sie zu schwach sind, um längere Strecken zu schwimmen oder zu laufen, oder daß Sie ganz sicher die Krankheit auch noch bekommen werden, die in der Familie liegt, dann wird Ihr Körper auch schlaff, schwach und kränklich sein. Wahrscheinlich haben Sie diese Überzeugungen von anderen übernommen, und Sie wissen es nicht besser. Sie sehen täglich Ihren kraftlosen Körper im Spiegel und beklagen, daß Sie leider einen so groben Knochenbau (oder eine Tendenz, dick zu werden, oder eine Anfälligkeit für bestimmte Krankheiten) geerbt haben.

Um sich als Schüler bereit zu machen, müssen Sie diese inneren Stimmen zur Rede stellen. Dr. Kübler-Ross machte die erstaunliche Erfahrung, daß der Körper ungeheure spontane Selbstheilungskräfte hat, und auch Sie müssen fest daran glauben, daß Ihr Körper kräftiger und gesünder werden, ja, sich selbst heilen kann.

2. Ihre Gedanken haben ihren Ursprung in Ihnen.

Befreien Sie sich von der Einstellung, daß Sie keine Macht über Ihren Körper haben. Shakespeare spricht in dem Zitat am Anfang dieses Kapitels von unserem «Willen». Ja, Ihr Wille ist der Gärtner, der für den Garten Ihres Körpers verantwortlich ist. Ihr Wille ist unsichtbar und läßt sich so einsetzen, daß Dinge in der materiellen Welt möglich werden, die unmöglich zu sein schienen. Machen Sie sich immer wieder klar, daß Ihre Gedanken Ihnen allein gehören und Ihre sämtlichen körperlichen Erfahrungen beeinflussen. Sie haben vielleicht nicht die Macht, sich den Körper eines olympischen Zehnkämpfers zu schaffen, aber es liegt an Ihnen, Ihren Körper wunderbar gesund und leistungsfähig zu machen.

Erstaunliche Verbesserungen werden möglich sein, wenn Sie fest daran glauben, den Zustand Ihres Körpers verändern und ihn heilen zu können. Das Wissen von und Vertrauen in die eigene innere Kraft liegt in Ihrem unsichtbaren Selbst. Sie können sich dort ständig Rat holen; Zweifel haben hier keinen Zugang.

3. Es gibt keine Grenzen.

Bestärken Sie sich immer wieder in der Überzeugung, daß Ihrer Fähigkeit, in Ihrem Leben Wunder zu wirken, keine Grenzen gesetzt sind. Nichts kann Sie davon abhalten, gesund zu werden, absolut gar nichts. Wenn Sie beim Lesen dieser Zeilen jetzt sagen: Er hat unrecht. Er weiß ja nichts von meinem Zustand, dann werden Sie mit dieser negativen Grundhaltung Ihren körperlichen Zustand beeinflussen. Sie werden darauf beharren, daß Ihre Fähigkeiten begrenzt sind, Sie werden diese Grenzen verteidigen und Ihren Körper entsprechend behandeln. Ihre geistige Einstellung wird die Selbstheilungskräfte Ihres Körpers schwächen, anstatt sie zu unterstützen und zu aktivieren. Denn auch wenn ein Team von Medizinern Sie von der Unheilbarkeit Ihres Zustandes überzeugt hat, auch wenn Sie glauben, daß Sie Ihre Abhängigkeit von Nikotin, Koffein oder Alkohol nicht überwinden können, auch wenn Sie meinen, gegen Ihre Magersucht oder Eßsucht nicht anzukommen, lassen sich alle diese körperlichen Zustände auf eine wunderbare Weise revidieren. Das kann allerdings nur geschehen, wenn Sie wissen und verstehen, daß Ihr schlechter körperlicher Zustand eine Folge Ihrer geistigen Einstellung ist, die sich mit Beschränkungen und Grenzen abgefunden hat. Als erstes müssen Sie deshalb versuchen, Ihre mentalen Vorstellungen wenigstens der Idee gegenüber zu öffnen, daß Ihr körperlicher Zustand mit all seinen Begrenzungen vielleicht ja eine Folge limitierender Einstellungen sein könnte.

Wenn Sie Ihre begrenzende Denkweise ablegen können,

werden auch die Lehrer wieder in Ihrem Leben erscheinen und Ihnen beistehen. Wenn Sie aber glauben, daß es in Ihrem Leben eben Einschränkungen gibt, dann haben Sie damit eine Barrikade errichtet, die dem Lehrer den Zugang versperrt.

4. Ihr Leben hat einen Sinn.

Wahrscheinlich kennt Ihr Körper ebensowenig den Sinn des Daseins wie Ihr immaterielles Selbst. Alles in unserem Universum hat aber seinen Sinn. Auch Sie als menschliches Wesen sind Teil dieses vollkommenen Universums, und Ihr Körper muß auf diesen Lebenssinn ausgerichtet werden.

Was kann ich daraus lernen? ist die Frage, die Sie jetzt auch auf Ihren Körper anwenden müssen. Wenn Sie für bestimmte Aufgaben zu schwach sind, Drogenabhängigkeiten nicht überwinden können und ein körperlicher Zusammenbruch unabwendbar zu sein scheint, müssen Sie sich fragen, welche Erkenntnis Sie daraus ziehen können. Schon wenn Sie aufhören, still darunter zu leiden, und statt dessen versuchen, Ihre Krankheit, Ihren Unfall oder Ihre Drogensucht zu hinterfragen, sind Sie einen Schritt weiter. Diese Methode habe ich schon in Kapitel 1 als «Erleuchtung durch Resultate» beschrieben. Zur Erinnerung: Ich beschrieb die Erkenntnismethoden: «Erleuchtung durch Leiden», «Erleuchtung durch Resultate» und «Erleuchtung durch Lebenssinn».

Im Bewußtsein Ihres Lebenssinns aber wissen Sie bereits, daß es in Ihrem ganzen Leben nur darum geht, zu geben, sich für andere einzusetzen und ihnen zu helfen. Wenn Sie sich Ihrer großartigen Mission bewußt sind, empfinden Sie sich schon als spirituelles Wesen mit einer vorübergehenden menschlichen Erfahrung. Um also Ihre Aufgabe erfüllen zu können und auf den Sinn des Lebens ausgerichtet zu bleiben, werden Sie Ihren Körper automatisch gesund ernähren und richtig behandeln.

Ohne sich zwingen zu müssen, werden Sie sich körperlich ertüchtigen wollen, und Sie werden Freude an der Vollkommenheit Ihres Körpers erleben. Sie werden Ihr körperliches Selbst als Behausung Ihrer Seele schätzen lernen, werden immer wieder ehrfürchtig seine Vollkommenheit und Schönheit bewundern und nie abwertend über es sprechen. Es ist Ihre Aufgabe hier auf Erden, zu lieben und zu dienen, Harmonie und Zuneigung zu verbreiten und alles und jeden mit Liebe zu bedenken, was auch Ihren eigenen Körper einschließt. Ihr körperliches Selbst wird wie Ihr spirituelles Selbst ganz auf Ihren Lebenssinn hin ausgerichtet sein.

Mit Freude werden Sie Ihren Körper richtig ernähren, ihn entgiften, seine Gesundheit mit natürlichen Mitteln unterstützen und seine Perfektion immer wieder bewundern. Ihr Leben hat einen Sinn! Diese wichtigen Worte dürfen Sie niemals vergessen. Wenn diese Überzeugung fest in Ihrem Bewußtsein verankert ist, werden auch Ihre Lehrer zuverlässig erscheinen und Ihnen den Weg weisen, wie Sie die Wirkung der magischen Kraft erfahren können.

5. Sie überwinden Schwächen, indem Sie sie einfach hinter sich lassen.
Statt schädliche Angewohnheiten durch mühsam ausgetüftelte Manöver und gedankliche Strategien zu überwinden, lassen Sie sie einfach hinter sich. Es ist erstaunlich, wie leicht man negative Angewohnheiten einfach links liegenlassen kann, wenn man sich auf sein spirituelles Sein hin ausrichtet. Es ist, als durchschritte man eine Pforte und gelangte in einen Garten des Glücks und der Gesundheit. Was so schwierig schien, als man noch negative Bilder von menschlichen Begrenzungen in sich trug, ist jetzt wunderbar einfach. Mit Ihren alten Denkschablonen lassen Sie auch automatisch Ihre alten Lebensgewohnheiten zurück.

Ich war regelrecht schockiert, wie leicht es mir fiel, ohne Nikotin und Koffein auszukommen. Sobald ich keine Zweifel mehr hatte, daß ich diese Gifte nicht länger in meinem Körper dulden wollte, sobald ich wußte, daß der Verzicht nicht schwierig sein würde, brauchte ich sie nicht mehr. Die Sucht beruhte auf meiner Einstellung zu Süchten. Sobald ich an mich selbst glaubte, wußte, daß meine Seele und mein Körper kostbar und von Gott gegeben waren, war ich ein Wesen geworden, das Wunder bewirken, sich also auch von seinen Abhängigkeiten befreien konnte. Und dieser Wandel von einem starken Raucher, der täglich literweise Cola trank, war ein echtes Wunder.

Und trotz vieler Gelegenheiten bin ich nie wieder in Versuchung geraten. Ich habe diesen Teil meines Lebens hinter mir gelassen, und es fällt mir direkt schwer, mich daran zu erinnern, daß ich einmal von diesen Giften abhängig war.

Man kann ein solches Verhalten einfach zurücklassen und wird es dann später genausowenig wieder aufnehmen, wie ein Mensch, der das Laufen gelernt hat, nun plötzlich wieder zu einem Krabbelkind wird. Solche Behinderungen Ihres sinngerichteten Lebensweges lassen Sie automatisch hinter sich zurück, wenn Sie sich nach den Schritten richten, die ich hier vorgeschlagen habe.

6. Wenn Sie wissen, was Sie für unmöglich halten, können Sie Ihre Einstellung dazu ändern.
Wenn Ihnen erst bewußt ist, daß Sie Krebs für unheilbar halten, können Sie diese Einstellung auch ablegen. Wenn Sie glauben, zu einem Leben mit schädlichen Abhängigkeiten, Krankheit oder Schmerzen verdammt zu sein, können Sie diese Einstellung in Frage stellen und durch eine neue positive, auf Wunder ausgerichtete Denkweise ersetzen.

Die Worte «Es ist unmöglich» sind nur Symbole für Gedanken, keine Realität. Unserem dimensionslosen und immateriellen inneren Selbst ist aber nichts unmöglich. Obgleich Ihr Körper aus solider Masse zu bestehen scheint, zeigt er sich bei näherer Betrachtung als nahezu leerer Raum, als reines Bewußtsein. Wir haben in der Tat gesehen, daß Materie an sich im wesentlichen aus leerem Raum besteht. Und vielleicht erinnern Sie sich an das, was Robert Frost so poetisch mit dem in der Mitte sitzenden, wissenden Geheimnis ausgedrückt hat.

Denken Sie auf Ihrem Lebensweg immer daran, daß alles in unserem Universum, und das schließt auch Ihren Körper ein, von einer unsichtbaren Kraft durchdrungen ist. Jeder hat vielleicht ein anderes Wort dafür, aber Sie müssen nur wissen, daß diese Kraft existiert und daß mit ihrer Hilfe nichts unmöglich ist, auch nicht, Ihren körperlichen Zustand zu ändern. Wunder können aber nur geschehen, wenn Sie sich von dem Konzept des Unmöglichen befreien und sich den Zauber des Glaubens gestatten.

7. *Sie können über die reine Logik hinausgehen.*
Verlassen Sie sich nicht ausschließlich auf Ihr rationales Denken. Ihre Logik kann Sie zum Narren halten und irreführen. Sie können die Existenz Ihres unsichtbaren Selbst, Ihrer Seele, nicht logisch erklären, wissen nicht, wo sie sich befindet, wo sie war, bevor Sie geboren wurden, oder sein wird, wenn Sie die irdische Welt wieder verlassen.

Es gibt eine lange Liste von Phänomenen, die man nicht logisch erklären kann. Was ist ein Gedanke? Wie sind Gedanken miteinander verbunden? Woher weiß eine Mutter, was ihr Baby denkt? Warum können Gänse in Formation fliegen, obgleich sie es nie gelernt haben? Wie findet ein Lachs seinen Laichplatz wieder? Wenn wir nicht einmal erklären können, was das Leben ist und wie das Denken funktioniert, warum sollten wir uns dann so sehr auf die rationale Seite unseres Menschseins verlassen, wenn es um unsere Fähigkeiten geht?

Jede Zelle Ihres Körpers trägt die Energie des Universums in sich. Statt sich als kleiner Mensch in der Unendlichkeit des Universums zu begreifen, versuchen Sie einmal, sich das Umgekehrte vorzustellen, daß nämlich die ganze unendliche Welt in Ihnen liegt und Ihnen auch zugänglich ist. Wenn Sie versuchen, Wunder mit Logik und rationaler Analyse zu erklären, werden Sie bald wieder an dem Standpunkt angelangt sein, daß Wunder vollkommen unmöglich sind. Sie werden bald wieder hilflos und ohne Hoffnung in Ihren alten Denkweisen gefangen sein.

Gestatten Sie sich den Luxus, und glauben Sie an die Göttlichkeit Ihrer Seele. Gestatten Sie sich das Wissen, daß jeder Ihrer Gedanken ein Wunder ist, das durch logische, wissenschaftliche Überlegungen nicht zu erklären ist. Freuen Sie sich an dem Wissen, daß Sie mit Körper und Seele ein Wunder darstellen und daß alles möglich ist, was Sie sich vorstellen können. Die Entstehung des Lebens selbst hat ihren Ursprung in der unsichtbaren Dimension der Gedanken.

Diese sieben Stufen auf dem Weg in das Reich der täglichen Wunder habe ich hier noch einmal aufgeführt, damit Sie sie auch bei der Veränderung Ihres körperlichen Selbst berücksichtigen können. Auch die Schaffung eines neuen physischen Selbst beginnt und endet in Ihrem unsichtbaren Selbst, diesem Ort ohne Grenzen, wo alle Aktionen ihren Anfang nehmen, in Ihrem magischen Geist.

Gesundheit und Heilung

José Silva, der Erfinder der «Silva Mind Control»-Methode, ist ein Mann, den ich schon lange bewundere. Viele Jahre lang habe ich seine Visualisierungsmethode angewendet und damit Krankheiten und die Folgen von Unfällen überwinden, ja, sogar Operationen vermeiden können. Ich konnte mich zum Beispiel von einem Bruch heilen, der angeblich nur operativ behoben werden konnte. Ich selbst habe großes Vertrauen in die Kraft des Geistes, zu heilen und die Gesundheit zu stabilisieren.

Folgendes Zitat stammt aus dem Vorwort des Buches von José Silva und Robert B. Stone «Der Heiler in Dir» (Techniken und Übungen, sich selbst und andere zu heilen, München 1990). Ich kann dieser Aussage nur voll zustimmen. Silva hat Millionen von Menschen geholfen, über die Kraft ihres Geistes wieder gesund zu werden. Ich möchte Ihnen raten, seine Bücher zu lesen, seine Tonbänder anzuhören und, wenn möglich, an seinen Workshops teilzunehmen.

«Ihr Leben braucht nicht von Krankheit überschattet zu sein. Sie brauchen auch nicht an einer Krankheit zu sterben. Gesund zu sein ist der natürliche Zustand des Menschen. Es ist sogar Ihr Vorrecht, bis zu dem Tage, an dem Sie eines natürlichen Todes sterben, ein Leben in vollkommener Gesundheit zu führen.»

Das sind eindrucksvolle Worte! Was sonst könnte man sich für sein körperliches Selbst noch wünschen? Wie wunderbar ist es, ein gesundes, glückliches Leben zu führen. Aber viele von uns sind davon weit entfernt.

Vor ein paar Jahren verbrachten meine Frau und ich eine Zeit auf der Insel Bali im südlichen Pazifik und waren fasziniert davon, wie die Menschen dort miteinander umgingen. Sie hatten nur wenig materiellen Besitz, das durchschnittliche Monatseinkommen einer Familie betrug weniger als $50, aber das schien weiter keine Rolle zu spielen. Diese Menschen strahlten eine wunderbare Ruhe und Gelassenheit aus, die selbst in Großfamilien spürbar war, wo die Kinder auf dem Erdboden unter Strohdächern schliefen. Die Menschen sahen einander in die Augen statt in die Brieftaschen. Aber erst auf unserem Rückflug fiel uns auf, wie ungesund wir Westler im Vergleich zu den Balinesen aussehen.

Wir waren in San Francisco in ein Flugzeug umgestiegen, das uns an die Ostküste bringen würde, und Marcie und ich sahen einander gleichzeitig an, als wir uns hinsetzten. Uns war zur selben Zeit das so andere Aussehen der Passagiere aufgefallen. Den meisten Menschen um uns herum konnte man die Nervosität und Anspannung am Gesicht ablesen, und sie hatten alle Übergewicht. Das war in Bali ganz anders gewesen, wo die Leute zwar arm waren, aber auf Grund der günstigen klimatischen Bedingungen ausreichend gesunde Nahrung zur Verfügung hatten. Wir hatten nicht einen dikken Menschen gesehen und auch niemanden, der körperlich nicht fit zu sein schien.

Uns fiel auf, daß die anderen Passagiere einander kaum in die Augen sehen konnten, sondern sich wie viele Menschen aus dem westlichen Kulturkreis von der Seite her musterten und versuchten, den anderen in Hinblick auf Geld und Prestige einzuschätzen. Diese Einstellung und dazu der offensichtliche körperliche Abbau bildeten einen scharfen Kontrast zu den Menschen, mit denen wir auf Bali zu tun gehabt hatten. Es schien offensichtlich, daß Balinesen und Westler mit ihrem unterschiedlichen Äußeren auch unterschiedliche Wertvorstellungen deutlich machten.

Und doch wäre es keinem der Passagiere in den Sinn gekommen, daß ihre äußere Erscheinung irgend etwas mit ihrem eigenen Denken zu tun haben könnte. Wenn man sie fragen würde, warum sie sich so schlecht fühlten, warum sie so erschöpft wären, warum sie so häufig Grippe und Erkältungen hätten, warum sie soviel Geld für Schmerzmittel und Antibiotika ausgäben, würden sie wahrscheinlich den Streß der heutigen Zeit dafür verantwortlich machen. Das muß aber nicht so sein. Jeder Mensch hat es in der Hand, gesund oder krank zu sein.

Silva berichtet von zahllosen Fällen, in denen dem Kranken gesagt worden war, er habe keinerlei Einfluß auf seinen Zustand. Zum Beispiel erzählt er von einem Mann, der seit 18 Jahren auf der einen Körperseite vollkommen und auf der anderen zu 8 Prozent gelähmt war. Man hatte bei ihm Multiple Sklerose diagnostiziert, eine unheilbare, fortschreitende Krankheit. Dieser Mann hatte es gelernt, beim Meditieren den Alpha-Zustand zu erreichen, wovon im 3. Kapitel die Rede war.

An seinem ersten Trainingstag stellte er ein schwaches Gefühl im kleinen Finger fest. Ab da setzte er sich immer weitergehende Ziele im Hinblick auf seine körperliche Beweglichkeit. Er visualisierte sie im Alpha-Zustand und manifestierte sie dann in seiner materiellen Welt. Er meditierte täglich und konnte innerhalb von 8 Monaten Auto fahren, obgleich er sich sonst nur im Rollstuhl fortbewegen konnte. Sein nächstes Ziel war, gehen zu lernen und Treppen hinauflaufen zu können. In 14 Monaten intensivem Meditationstraining konnte er eine Treppe hinaufgehen.

Was hat dieser Fall mit Ihnen zu tun? Auch Sie können den Zustand vollkommener Gesundheit visualisieren. Und mit Hilfe dieser Bilder, dieser mentalen Filmabläufe, können Wunder in der Welt der Form geschehen.

Es gibt viele Geschichten von Menschen, die dank ihrer

mentalen Kräfte gesund wurden. Eines der wichtigsten Bücher auf diesem Gebiet ist «The Cancer Conquerer» von Greg Anderson. Er erzählt unter anderem eine Parabel, die auf Andersons eigenen Erfahrungen mit Krebs beruht. Man entließ ihn als unheilbar aus dem Krankenhaus mit der Prognose, daß er nur noch einen Monat zu leben hätte. Er aktivierte die Macht seines menschlichen Geistes und bekämpfte seine Krankheit mit Erfolg.

Das Buch ist als Parabel erzählt, aber Andersons Geschichte ist wahr und bestätigt außerordentlich eindrucksvoll, was ich über die Möglichkeit, Wunder in seinem eigenen Leben zu tun, geschrieben habe. Hier geht es nicht um die Einstellung, ‹Warten wir ab und hoffen wir das Beste›, sondern um den Entschluß, wie Anderson selbst sagt, ein neuer Mensch zu werden.

Anderson stellte fest, wie stark das Immunsystem durch Gefühle wie Angst, Wut und Kummer beeinflußt wird. Auf der anderen Seite konnten bedingungslose Liebe, innerer Frieden, sich anderen zuwenden und das gleichzeitige Abbauen von Erwartungshaltungen, zusammen mit Meditation und Visualisierung, die Gründlagen dafür legen, daß das Krebswachstum, das seinen Körper zerstörte, zum Stillstand gebracht und der Krebs überwunden werden konnte. Anderson wurde von einem nichtspirituellen zu einem spirituellen Menschen und konnte dadurch seine eigenen Heilkräfte wieder aktivieren. Sein Buch ist wahrhaft inspirierend. Lesen Sie es selbst, und geben Sie es an einen Menschen weiter, bei dem Krebs festgestellt wurde.

Der Schlüssel zum Wunderwirken liegt aber nicht im Lesen eines Buches oder dem Anhören eines Vortrages. Wenn man bei Ihnen eine Krankheit festgestellt hat, müssen Sie statt dessen tief im Inneren das Wissen haben, daß Sie selbst die Wahl haben zwischen Leiden und Heilen. Damit möchte ich auf keinen Fall etwas gegen Mediziner sagen. Im Gegenteil, sie haben beim Bekämpfen der verschiedensten Krankheiten große Fortschritte gemacht. In letzter Zeit haben sie sich sogar mit den mentalen Einflüssen auf Krankheiten beschäftigt und Kranken gezeigt, wie sie ihr unsichtbares Selbst zu Hilfe rufen können.

Deepak Chopra ist nicht nur ein guter Freund und Seelenverwandter, sondern auch ein sehr guter Mediziner. Er hat faszinierende Bücher geschrieben, wie – neben den schon erwähnten – «Die heilende Kraft.» (Ayurveda, das altindische Wissen vom Leben, und die modernen Naturwissenschaften, Berg. Gladb. 1990) oder «Die Rückkehr des Rishi.» (Ein Arzt auf der Suche nach dem, was letztlich heilt, Paderborn 1990), «Ayurveda. Gesundsein aus eigener Kraft.» (Zu einem neuen Denken über Krankheit und Gesundheit, München 1991) oder «Die Körperseele». (Grundlagen und praktische Übungen der Ayurveda-Medizin, Berg. Gladb. 1992). In «Perfect Health» beschäftigt er sich mit unseren Möglichkeiten, Heiler oder, wie ich es nenne, Wundertäter zu werden. Er geht davon aus, daß jede Krankheitsursache in einer Unterbrechung des Intelligenzflusses liegt, wobei er Intelligenz als physisch zwar nicht nachweisbar, jedoch den ganzen Körper durchziehend versteht, als Teil des universalen Geistes also, dem Entstehungsort aller kranken und gesunden Zustände.

Das ist wahrhaftig eine erstaunliche Vorstellung für diejenigen, die sich noch nicht an das Vorhandensein von Wundern gewöhnt haben. Ihre Gesundheit ist das Ergebnis einer Intelligenz, die in jeder Körperzelle vorhanden und weder sichtbar noch definierbar ist. Diese Kraft hat keinen festen Platz in der Natur, befindet sich nicht nur in Ihren Gehirnzellen, sondern durchdringt jede Zelle, jedes Neuron, jedes Hormon, jeden Antikörper, jeden Teil von Ihnen. Wenn Sie vollkommen gesund werden wollen, müssen Sie davon überzeugt sein, daß in Ihrem unsichtbaren inneren Selbst entschieden wird, wie Ihre körperliche Realität aussehen soll.

Sie sollten allerdings wegen Ihrer Krankheiten keine Schuldgefühle haben, denn solche negativen Gefühle lähmen das Immunsystem und behindern Sie in Ihren Fähigkeiten, sich selbst zu heilen. Fragen Sie sich lieber, was Sie aus der Tatsache, daß Sie krank sind, lernen können. Jetzt wenden Sie Ihr neues Wissen von Ihrer mentalen Macht an und beginnen, Ihren hilflosen, kranken Zustand zu verändern, den Sie bisher als unabänderlich hingenommen haben.

Dr. Abraham Maslow beschäftigte sich in einem Großteil seiner wissenschaftlichen Forschung mit Menschen, die ihre Kraft dafür einsetzten, sich selbst zu verwirklichen, und die er «Selbst-Aktualisierer» nannte. In «Sie sollten nach den Sternen greifen» berichtete ich ausführlich über die besonderen Eigenschaften solcher Menschen. Eins war all diesen Menschen gemeinsam: Wenn sie sich in ihrem Leben vor nahezu unüberwindbaren Schwierigkeiten sahen, suchten sie immer bei sich nach der Lösung des Problems. Wer gesund und zufrieden sein Leben lebte, fand die Lösung für auftauchende Probleme in seinem mentalen Selbst. Sie versuchten weder jemandem die Schuld zuzuschieben, noch suchten sie nach dem magischen Trank, der alles heilen konnte.

Deepak Chopra vertritt in «Creating Health» die Auffassung, daß jedem die Möglichkeit zur Verbesserung seines Zustandes gegeben sei. Dazu seien weder eine besondere Kraft noch besondere Mühen und Opfer nötig, nur eine Änderung hinsichtlich der Auffassung dessen, was normal sei.

Ich habe absichtlich nicht viele Fälle aufgeführt, wo Menschen sich von unheilbaren Krankheiten heilen konnten. Wenn Sie nämlich nicht glauben, daß Sie auf dem Gebiet Ihrer körperlichen Befindlichkeit Wunder tun können, dann werden auch eine Million von aufgezählten Fällen Sie nicht überzeugen. Und wenn Sie an Ihre Fähigkeiten in diesem Bereich glauben, dann brauchen Sie diese Berichte nicht. Ich richte mich in diesem Buch an Ihre unsichtbare Intelligenz, die Ihren Körper durchdringt.

Für den Augenblick genügt es, wenn Sie deutlich vor Augen sehen, was Sie sich in bezug auf Ihre Gesundheit und Ihre körperliche Fitneß wünschen, und dann überlegen, wie Sie es erreichen können. Am Ende dieses Kapitels werde ich noch einmal aufführen, wie Sie sich eine für Wunder offene Einstellung erwerben können.

Ihre unbegrenzten körperlichen Fähigkeiten

Was haben Sie schon immer einmal fertigbringen wollen, waren aber überzeugt, daß dazu mindestens ein Wunder geschehen müsse? Stellen Sie Ihr inneres Bewußtsein auf unendliche Möglichkeiten ein, und ich kann Ihnen versprechen, daß ein Wunder geschehen wird.

Als ich 28 Jahre alt war, konnte ich mir nicht vorstellen, die Marathonstrecke von 26 Meilen zu laufen. In der Zeit wäre es ein Wunder gewesen, wenn ich fast vier Stunden hätte ununterbrochen laufen können. Seit der Zeit aber bin ich schon siebenmal einen Marathon gelaufen und laufe seit 15 Jahren täglich mindestens 8 Meilen. Das Wunder von gestern ist die Wirklichkeit von heute. Und das Wunder von heute wird die Wirklichkeit von morgen sein.

Wie habe ich das Wunder vollbracht, 26 Meilen ununterbrochen zu laufen? Indem ich fest davon überzeugt war, daß ich es schaffen konnte, indem ich mich weigerte, daran zu zweifeln oder Angst zu haben. Der Rest war einfach. Ich mußte mir nicht erst Ratschläge holen, wie ich das Ganze angehen sollte, oder es mir von jemand anderem zeigen lassen. Sobald ich mir dieses Ziel fest vorgenommen hatte, brauchte ich mich nur nach der entsprechenden Visualisierung auszurichten. Der Körper wird tun, was ihm vom Willen aufgetragen wird, von dem immer wachsamen Gärtner, von dem schon Shakespeare sprach.

Sie sind für die Fähigkeiten verantwortlich, die Ihr Körper genau in diesem Moment besitzt, während Sie hier sitzen und diese Worte lesen. Alles, was Sie leisten oder nicht leisten, rührt von Entscheidungen her, die in dem unsichtbaren Bereich Ihres Geistes getroffen wurden, wo Ihre Gedanken entstehen und wo letzten Endes auch über Ihre körperliche Kondition entschieden wird.

Folgender Artikel erschien in der «Maui News», am Sonntag, den 23. Juni 1991, im Sportteil, geschrieben von Hal Bock:

«Ich glaube nicht, daß ich heute noch am Leben wäre, wenn es nicht die Senioren-Spiele gäbe.» Jim Law macht diese erstaunliche Aussage ohne besondere Betonung, beinahe nebenbei. Und dabei geht es um Leben und Tod. Law ist Psychologieprofessor an der Johnson C. Smith Universität in Charlotte, North Carolina. Vor fünf Jahren, im Alter von sechzig, begann er an den Ausscheidungswettkämpfen für Senioren teilzunehmen, nur als Tischtennisspieler, was nicht besonders anstrengte, und er ging zum Arzt zu einer Routineuntersuchung. Da erfuhr er zu seiner Überraschung, daß er einen Cholesterinspiegel von 322 hatte.

Dreihundertzweiundzwanzig!

Normalwerte liegen unter 200; bis 239 ist der Cholesterinspiegel noch tolerabel, ab 240 stellt er ein hohes Risiko dar.

Jim Laws Werte lagen bei 322, und er wußte auch, warum.

«Ich esse gern Sahneeis, auch Pommes frites, Rindfleisch, und ich rauche. Dazu bewege ich mich nicht genug.» Klingt ziemlich typisch amerikanisch, oder?

Aber jetzt war Law doch beunruhigt und begann mit körperlichen Übungen und auch einem vernünftigen Ernährungsprogramm. Er fing an zu joggen und aß statt Fett und Fleisch mehr Obst und Gemüse. Er nahm schnell 20 Pfund ab, und sein Cholesterinspiegel war bald auf 188 gesunken. Aber das war ihm noch nicht gut genug. «Nach vier Monaten war ich bei 127», sagte er. «Ich fühlte mich auch besser, nachdem ich abgenommen hatte. Mir fehlte etwas, wenn ich einmal meine Übungen nicht machen konnte. Ich nahm mir die Zeit dazu, denn es war ja für einen guten Zweck, mich selbst!»

Laws Frau Aurelia ist 63 Jahre alt und begleitet ihn beim Laufen. «Früher hat sie ziemlich geschnauft», berichtet Law. «Einmal nahm sie ein alter Herr, ich glaube, er war 73, beim Arm und meinte: ‹Haben Sie keine Angst. Solange wir bei Sonnenuntergang am Ziel sind, ist es o.k.›»

Law selbst hat Goldmedaillen in den Senioren-Spielen von 1989 im 100-, 200- und 400-Meter-Lauf gewonnen. In den ersten beiden Kategorien war er der beste Amerikaner seiner Altersgruppe, in der dritten sogar Weltmeister. Und auch nachdem er die 65 überschritten hatte, hörte er nicht mit dem Lauftraining auf.

Das muß man sich einmal vorstellen, ein Mann in den Sechzigern stellt sein ganzes Leben um! Er hatte Übergewicht, sein Cholesterinspiegel war gefährlich hoch, und er begann ein Leben zu visualisieren, das ihm bisher unmöglich erschienen war. Aus seiner damaligen Einstellung heraus hatte er nichts anderes getan, als vor dem Fernseher zu sitzen und Eis zu essen. Jetzt begann er seine Einstellung zu verändern, visualisierte, daß auch etwas anderes möglich war, und konnte sein Leben und sein körperliches Befinden auf wunderbare Art und Weise verändern.

Sie haben die innere Fähigkeit, sich alles vorzustellen, was Sie sich nur wünschen, wirklich alles! Wenn Sie Ihr Ziel deutlich vor Augen sehen, dann werden Sie auch mit Hilfe der Hinweise, die ich in diesem Buch gegeben habe, den Weg dahin finden und Ihr Wunder Wirklichkeit werden lassen. Sie werden jede göttliche Hilfe bekommen, die dazu nötig ist. Das gilt für nahezu alles, was Sie sich vorstellen können und was Sie bisher immer für unerreichbar gehalten haben. Tägliche Wunder werden in jedem Bereich Ihres Lebens geschehen, aber nur, wenn Sie sich von Zweifel und Angst frei machen und der Spiritualität absolute Priorität in Ihrem Leben einräumen.

Ich möchte Ihnen erzählen, wie ich die Fähigkeiten erlangte, die mir bisher verschlossen gewesen waren, und Leistungen vollbrachte, die ich bei mir selbst für unmöglich gehalten hatte.

Ich spielte mit einem sehr guten Spieler Tennis, und wir hatten uns schon drei Stunden in der heißen Sonne angestrengt. Ich hatte den ersten Satz gewonnen, Tom den zweiten, und dann geschah etwas sehr Merkwürdiges. Ich hatte das Gefühl, daß da neben mir auf dem Tennisplatz noch jemand war, der mir etwas mitteilen wollte. Zu der Zeit hatte ich schon ein paar Jahre lang regelmäßig meditiert, und ich war absolut überzeugt davon, daß man Zugang haben kann zu der göttlichen Eingebung, das heißt zu dem, was manche auch Intuition oder inneres Wissen nennen.

Das Merkwürdige, was geschah, war: Ich gewann keinen einzigen Punkt, obgleich ich sehr gut spielte. Tom schien sich in einem Zustand zu befinden, den erfahrene Tennisspieler eine bestimmte «Zone» nennen, andere sprechen von einem «Fließen» (Kapitel 5), und noch andere sprechen von einem «sich seiner Handlungen nicht bewußt sein». Er verfehlte keinen einzigen Ball, und selbst wenn ich einen Ball sehr schnell direkt auf ihn zuschlug und er ein paar Schritte zurückwich, um sich vor dem Aufprall zu schützen, traf der Ball noch irgendwie auf seinen Schläger und landete wieder auf meiner Seite. Es war, als ob mein innerer Helfer mich auslachte, und bald mußte ich selbst laut lachen.

Einmal schlug Tom einen hohen Lob über meinen Kopf, und ich war absolut sicher, daß der Ball mindestens zwei Meter im Aus landen würde. Ich folgte ihm mit den Augen, und gerade als der Ball sich über mir befand, erhob sich plötzlich ein Wind, trieb den Ball buchstäblich zurück, so daß er genau auf der Linie landete. Ich war vollkommen verblüfft. Ein Spiel nach dem anderen verlor ich auf ähnliche Weise, bis schließlich eine innere Stimme sagte: Kopf hoch, Wayne, nimm's nicht so ernst. Gewinnen ist nicht so wichtig. Entspanne dich, und genieße das Spiel. Dann wird schon alles so kommen, wie es kommen soll.

Ich hatte jetzt das Gefühl, daß ich nicht mehr allein war und daß ich eine wichtige Lektion lernen sollte. Ich hatte schon 5 Spiele im dritten Satz verloren, aber irgendwie wußte ich plötzlich, daß alles gut sein würde, wenn ich Gelassenheit bewahren und mich innerlich nicht mehr ärgern würde, sondern statt dessen Zuneigung und Bewunderung für Tom empfinden könnte.

Während wir die Seiten wechselten, hörte ich eine innere Stimme: Absolviere den Rest des Matches wie eine Meditation. Ich befolgte den Rat, und eine erstaunliche Veränderung geschah.

Ich vergaß alles um mich her, die Umgebung, die Sonne, die Zuschauer, den Platz, sogar meinen Tennisschläger. Ich zog mich in mein inneres Selbst zurück und sagte mir mein

Mantra vor. Ich gelangte sofort in den Alpha-Zustand und fühlte mich leicht und unbesiegbar. Ich sah nicht einmal meinen Gegner, sondern ich wurde eins mit dem Ball. Alles änderte sich, und jeder Schlag gelang mir. Ich hatte das Gefühl, als ob ich fliegen könnte, obgleich wir schon mehrere Stunden in der heißen Sonne gespielt hatten. Meine Beine waren überhaupt nicht mehr müde, und ich wußte, daß ich jeden Ball erreichen könnte.

Bei jedem Seitenwechsel wiederholte ich nur immer wieder im stillen mein Mantra und fühlte mich euphorisch und stark. Ich gewann sieben Spiele hintereinander und verlor nur wenige Punkte.

Nach dem Match sagte Tom: «Was war denn da mit dir auf dem Platz los? Du sahst auch ganz anders aus. Ich habe dich noch nie so konzentriert spielen sehen. Du schienst so selbstbewußt und gleichzeitig so ruhig zu sein. Es macht mir nicht besonders viel aus, daß ich verloren habe, obgleich ich im dritten Satz 5 zu 0 führte. Ich weiß, daß ich gut gespielt habe, aber du hast dich irgendwie selbst übertroffen, und das sieben Spiele hintereinander.»

Das geschah vor ein paar Jahren. Ich hatte gewußt, daß ich nicht allein war, und auch, daß etwas Wunderbares mit mir geschah. Es war dieselbe Botschaft, die ich lernen mußte, als ich unter dem Baum in Maui saß und erzwingen wollte, daß die Blüte vom Baum fiel. Die Botschaft war: Verlange gar nichts, entspanne dich, und lasse das Wunder geschehen, ohne es erzwingen zu wollen. Dann wird alles, was du brauchst, dir zukommen. Die Blume landete in meiner Hand und gab mir die Antwort, als ich nichts mehr erzwingen wollte.

Ich glaube, daß das für alles gilt, was man im Leben erreichen möchte. Strahlen Sie Liebe und Harmonie aus, versetzen Sie sich mit Leib und Seele in einen meditativ gelassenen Zustand, und lassen Sie dann das Universum sein vollkommenes Werk tun. Während dieser sieben Spiele befanden sich mein Körper und mein Geist in vollkommener Harmonie. Ich ersetzte Zweifel und Angst durch Wissen und Vertrauen und konnte so auf einer höheren Ebene spielen, als es mir jemals vorher möglich gewesen war. Das Tennisspiel war für mich eine Meditation und kein Wettkampf mehr.

Solche magischen Augenblicke, die fast unbewußt erlebt werden (Zoning), Augenblicke, in denen eine totale Konzentration parallel mit totaler Entspannung stattfindet, können Sie in jedem Bereich Ihres Lebens hervorrufen. Sie sind Teil einer zeitlosen Philosophie, und schon Laotse schrieb vor mehr als 2000 Jahren:

> Was du willst zwängen,
> Mußt vorher du längen.
> Was du willst schwächen,
> Mußt vorher du stark machen.
> Wen du willst aufgeben,
> Den mußt du hinaufheben.
> Von wem du willst haben,
> Den mußt du begaben.
> (Erstes Buch, Kapitel 36, § 82)

Körperliche Leistungen, die Sie in der Zukunft gern erbringen würden, kommen Ihnen heute wahrscheinlich noch wie ein Wunder vor. Ziehen Sie sich in die friedliche Einsamkeit Ihres Geistes zurück. Sprechen Sie Ihr höheres Selbst an, und seien Sie davon überzeugt, daß Sie nicht allein sind. Legen Sie Ihre Wettkampfmentalität ab, und lassen Sie Ihr körperliches Selbst einfach sein Bestes leisten. Halten Sie sich an die Richtlinien, wie man eine auf Wunder ausgerichtete Einstellung erlangt. Diese Richtlinien fasse ich am Ende dieses Kapitels noch einmal zusammen.

Sucht und Wunder

Wer süchtig ist, würde es sicher als Wunder betrachten, von der Sucht befreit zu sein. Wer Opfer einer Eßstörung ist oder weiß, daß sein körperlicher Zustand auf Grund einer schädlichen Angewohnheit einiges zu wünschen übrigläßt, der würde es sicher auch für ein Wunder halten, wenn er diese Angewohnheit ablegen könnte. Das gilt auch für Abhängigkeiten von Nikotin, Koffein, Marihuana, Kokain, Alkohol oder noch härteren Drogen.

Die meisten Menschen haben ein richtiges Verteidigungssystem rund um ihre Süchte aufgebaut; sie entschuldigen und erklären ihr schädliches Verhalten. Sie versuchen nicht selten, andere davon zu überzeugen, daß ihre Sucht nichts weiter als eine Angewohnheit sei, die sie jederzeit abstellen können, wenn sie es wollen. Warum lebt man denn, wenn man sich gar nichts mehr gönnen kann? meinen sie und wollen andere glauben machen, daß sie eigentlich gar kein Problem haben.

Aber in ihrem innersten Selbst, wo es keine Flucht vor der Wahrheit gibt, wissen die Süchtigen, daß das nicht so ist und daß sie lieber heute als morgen ihre schädlichen Angewohnheiten aufgeben würden. Aber sie glauben, daß ihnen der nötige Mut oder die Kraft oder der ernste Wille zur Veränderung fehlt.

Sie können sich zwar alle nur mögliche Hilfe beschaffen, können die richtigen Therapien machen und die beste medizinische Versorgung erhalten. Wenn es aber darum geht, eine alte schädliche Angewohnheit abzulegen und das Wunder einer überwundenen Sucht zu erleben, dann kommt es nur auf Sie allein an. Sie müssen diese Entscheidung in Ihrem mentalen Bereich treffen und sie dann in der materiellen Welt ausführen. Niemand kann das für Sie tun. Und Sie können es auch nicht schaffen, wenn Sie sich in erster Linie als körperliches Wesen begreifen. Die Entscheidung zur Veränderung muß aus Ihrem unsichtbaren Selbst kommen.

Wieder möchte ich Sie daran erinnern, daß das Gesetz des Universums, das es anderen Menschen ermöglichte, schlimme Süchte zu überwinden, auch für Sie gilt. Es ist gleichgültig, wie weit es mit Ihnen schon gekommen ist. Sie haben die Fähigkeit, ein Wunder aus Ihrem Leben zu machen und sich von Ihrer Sucht zu befreien.

Es folgt hier ein Brief von einer Frau, die sich zu einer radikalen Änderung in Ihrem Leben entschloß – und ein Wunder erlebte. Wenn der Schüler bereit ist, wirklich bereit, dann wird auch der Lehrer erscheinen. Dieses ist eine wahre Geschichte. Ich habe Kathy kennengelernt und bin mit ihr gemeinsam im Fernsehen aufgetreten, wo sie den Mut hatte, Millionen von Zuschauern von ihrem Leben zu berichten.

Lieber Wayne,
nachdem ich Ihre Bücher gelesen und Ihre Tonbänder angehört habe (alle mindestens tausendmal!), nachdem ich endlich im letzten Mai die Gelegenheit hatte, hier in Seattle mit Ihnen zu sprechen, habe ich auch endlich den Mut, an Sie zu schreiben. Nachdem ich das erste Mal ein Tonband von Ihnen gehört hatte, versuchte ich alles, was Sie je gesagt oder geschrieben hatten, zu bekommen, denn ich war regelrecht in Sie verknallt. Aus der Verliebtheit wurde Bewunderung und beinahe Ehrfurcht, und es wurde mir klar, daß Sie ein Mentor für mich geworden waren. Ich möchte Sie hier nicht mit einer ausführlichen Geschichte langweilen, wie Sie mir buchstäblich das Leben gerettet haben, denn Sie bekommen sicher Hunderte solcher Briefe. Aber ich möchte Ihnen sagen, wie mein Leben früher ausgesehen hat, wie es mir jetzt

geht und was für einen Einfluß Sie auf mein Leben gehabt haben.

1982 hatte ich wohl einen absoluten Tiefpunkt in meinem Leben erreicht. Ich hatte mit 17 geheiratet, war fünf Jahre später geschieden, hatte vier Abtreibungen hinter mir, hatte zweimal einen Selbstmordversuch unternommen, war Prostituierte, abhängig von Wodka und Kokain. Zu der Zeit traf ich auch meinen jetzigen Mann, der sich zu Prostituierten hingezogen fühlte und selbst kokainsüchtig war. Gemeinsam versanken wir immer weiter in ein Leben voller Alkohol und Drogen. Ich erinnere mich, daß ich eines Morgens aufwachte und dachte: ‹Ich werde meinen dreißigsten Geburtstag nicht erleben, ich werde vorher sterben.›

Als ich einmal ein Buch für meine Schwester zum Geburtstag kaufte, sah ich einen Ständer mit Kassetten. Darauf stand «Wie man sein Leben verändert», und Sie lächelten mir auf einem Bild entgegen. Ich weiß, daß es sehr merkwürdig klingt, aber von dem Augenblick an veränderte sich mein Leben total. Ich kaufte jedes Tonband und jedes Buch von Ihnen, das in dem Buchladen zu haben war. Ich bat meinen Mann, die Bänder mit mir zusammen anzuhören, und wir ließen sie Tag und Nacht laufen. Ich hörte dann noch von der Nightingale / Conant-Serie und bestellte sie komplett. Und langsam begann unser Leben sich zu ändern. Wir gingen weder zu einer Reha-Klinik noch zu den Anonymen Alkoholikern und machten auch keine Gruppentherapie, und doch leben wir seit über fünf Jahren ohne Drogen und ohne Alkohol.

Unser Leben ist jetzt so wunderbar, wie wir es nie zu träumen gewagt hatten. Wir haben ein schönes Haus, haben ein eigenes Unternehmen und wollen jetzt eine Familie gründen. Wir haben unser Leben fest in die Hand genommen, und uns ist alles möglich. Ich habe mich immer danach gesehnt, Sie endlich einmal persönlich kennenzulernen, und das war nun im letzten Mai möglich. Ich kann unmöglich erklären, warum ein Mensch, den ich noch nie in meinem Leben gesehen hatte, einen solchen Einfluß auf mein Leben hatte, aber das ist jetzt ja auch gleichgültig. Unser Leben hat sich vollkommen verändert, und ich habe daraus gelernt, daß es nichts Flexibleres gibt als den menschlichen Geist und daß wir vielleicht niemals wissen werden, warum sich unser Leben auf eine bestimmte Weise entwickelt, gut oder schlecht. Ich möchte Ihnen von ganzem Herzen für das danken, was Sie tun. Ihre Informationen werden dringender gebraucht, als Sie es sich vorstellen können. Sie haben Einfluß auf viele Leben, Wayne, auf viele Tausende. Vielen Dank, daß Sie Ihrem höheren Selbst zuhören und das Erlernte mit uns teilen.

Von ganzem Herzen, Kathy

Für Kathy ist ihr jetziges Leben ein Wunder. Sie ist heute eine stolze, glückliche Mutter, eine erfolgreiche Geschäftsfrau und führt eine auf Spiritualität aufgebaute, liebevolle Ehe. Wer hätte so etwas 1982 für möglich gehalten?

Wunder in Ihrer materiellen Welt, ob es sich nun darum handelt, gesund und fit zu werden, eine Sucht zu überwinden oder eine lang ersehnte Leistung zu vollbringen, hängen immer davon ab, wie Sie sich als immaterielles, spirituelles Wesen entscheiden, wie Sie die universelle Kraft nutzen, die in Ihnen ist, und die Hilfe annehmen, die Ihnen dadurch zugänglich wird.

Im folgenden möchte ich noch einmal die Punkte zusammenfassen, die beachtet werden sollten, wenn man eine für Wunder offene Einstellung erlangen möchte, ohne die Sie die Wirklichkeit der magischen Kraft nicht werden erfahren können.

Wunder für Ihr physisches Selbst

Um Wunder in sein Leben einzulassen, sollte man sich aktiv so programmieren, daß möglich wird, was man bisher für unmöglich gehalten hat, und die folgenden Richtlinien aus Kapitel 3 befolgen.

● *Halten Sie sich mit Ihrem Urteil und Ihrem Zweifel zurück, und verwenden Sie statt dessen Affirmationen.*
Verwenden Sie täglich folgende Affirmationen, die Ihnen bei der Überwindung von Zweifel und Skepsis im Hinblick auf Fortschritte in Ihrem materiellen Leben helfen werden:

Ich bin dabei, das Wunder zu bewirken, das ich verdiene.
Ich bin bereit, das loszulassen, was mich bisher blockiert hat.
Ich vertraue darauf, daß ich nicht allein bin und daß ich einen
    Lehrmeister finde, wenn ich bereit bin.
Ich bin bereit.
Ich weiß, daß ich die Fähigkeit habe, alles zu erreichen, was
    ich mir im Geist vorstellen kann.
Ich bin bereit, alles zu tun, um meinen Traum wahr zu
    machen.

Denken Sie sich noch andere Affirmationen aus, und schreiben Sie sie auf. Sagen Sie sich die Affirmationen immer wieder laut vor. Auf diese Weise können Sie den Zweifel überwinden.

● *Schaffen Sie Raum in Ihrem Geist für die Manifestation der magischen Kraft, und achten Sie aufmerksam darauf, was Ihr Körper Ihnen mitteilen möchte.*
Das ist allein Ihre Privatsache, die Sie mit niemandem teilen müssen. Wenn Sie sich aufgeschwemmt fühlen, wenn Sie kränklich, müde, nervös und lethargisch sind, wenn Ihnen

alles weh tut oder Sie sonst irgendwelche körperlichen Symptome spüren, fragen Sie sich: Was will mein Körper mir mitteilen? Was soll ich daraus lernen? Hören Sie in sich hinein, und bald werden Sie verstehen, was Ihr Körper Ihnen sagt:

Bewege mich. Ich mag nicht nur herumsitzen und schlaff werden.
Iß bewußter, und höre auf, soviel in mich hineinzustopfen.
Ich mag Zucker nicht, davon bekomme ich immer Kopfschmerzen.
Ich brauche viel sauber gefiltertes Wasser, um die Gifte aus dem Körper zu spülen.
Ich mag die Cremes und Öle auf meiner Haut, sie bleibt geschmeidig und frisch davon.
Hör bitte mit den Drogen und dem Alkohol auf. Davon bekomme ich nur einen Kater oder Schnupfen, werde lethargisch, kann nicht mehr klar denken und sprechen, werde nervös, mein Blutdruck steigt an, mein Puls beschleunigt sich, ich kann nicht mehr tief durchatmen und muß husten.

Hören Sie auf Ihren Körper. Er wird Ihnen alles sagen, was Sie wissen müssen. In jeder Zelle ist die unendliche Intelligenz des Universums vorhanden. Achten Sie auf Ihren Körper, und behandeln Sie ihn mit Ehrfurcht. Wunderbare Veränderungen werden Ihre Belohnung sein.

● *Beweisen Sie sich, daß Ihnen keine Grenzen gesetzt sind, indem Sie etwas Neues versuchen und meistern.*
Überlegen Sie sich, was Sie Ihrer Meinung nach nicht schaffen können. Für den einen ist es zum Beispiel, eine Meile zu laufen oder ein ganzes Jahr lang keine Erkältung zu haben. Ein anderer findet es unmöglich, daß er drei Wochen keinen

Alkohol trinken oder eine Woche lang nur 50 Prozent Fett von seinem üblichen Quantum zu sich nehmen soll.

Entscheiden Sie sich für etwas ganz Spezielles, was Sie bisher für unmöglich gehalten haben, und stellen Sie sich vor, wie Sie diesem Ziel Tag für Tag näher kommen. Die Ergebnisse, die lediglich auf einem Gedanken basieren, werden Sie überraschen. Sie werden zu der Überzeugung kommen, daß Sie alles schaffen können, sofern Sie es sich nur fest vornehmen und an Ihre Fähigkeiten glauben. Eine solche Einstellung und entsprechendes Handeln machen Wunder möglich.

- *Vertrauen Sie den inneren Eingebungen, die Ihren Körper betreffen.*

Wozu haben Sie wirklich Lust? Richten Sie sich danach. Ihre innere Stimme wird Ihnen schon sagen, was Sie vermeiden sollten, was Sie lesen, wem vertrauen, was essen, wann sich sportlich betätigen und wann Sie sich ausruhen sollten. Natürlich möchten Sie sich bei Experten Rat holen, aber seien Sie bei denen vorsichtig, die Ihnen sagen wollen, wo Ihre Schwächen liegen. Lernen Sie aus der negativen Haltung solcher Menschen, und zeigen Sie ihnen, daß Sie die Ihnen zugeschriebenen Grenzen überwinden können. Machen Sie sich immer wieder bewußt, daß Sie nicht allein sind, und haben Sie Vertrauen in die richtige Führung. Erlauben Sie sich das Gefühl von Ehrfurcht und Wunder in dem Bewußtsein, wie perfekt Körper und Geist zusammenarbeiten. Sie werden dann die Wunder erleben, von denen ich hier spreche.

- *Vertrauen Sie allmählich dem wissenden Geheimnis der Mitte.*

Auch wenn Sie in Ihren Meditationen noch nicht bis zu Ihrem höchsten Selbst vorgedrungen sind, so müssen Sie wissen, daß es ein Teil von Ihnen ist. Vertrauen Sie der stillen, unsichtbaren Intelligenz, die auch Ihren Körper durchströmt.

Wenden Sie sich beim Meditieren an diese Kraft, und fragen Sie: Wie kann ich für andere dasein? Wie kann ich helfen? Wie kann ich ein guter Mensch sein und dem Sinn meines Lebens gemäß handeln?

Sie werden feststellen, daß Sie möglichst gesund, positiv und sich auch Ihrer eigenen Göttlichkeit bewußt sein sollten, um Ihr Leben in den Dienst am Nächsten stellen zu können. Nur so werden Sie auch in Ihrem irdischen Leben Wunder wirken können.

Nach jeder Meditation habe ich das Gefühl, daß ich alles leisten könnte, und empfinde Liebe und Ehrfurcht für jeden Aspekt des physischen Universums. Mir fallen Form, Färbung und Schönheit von Bäumen besonders auf, und ich fühle auch eine gewisse Ehrfurcht, was meinen eigenen Körper angeht. Ich lebe, und ich möchte meinen Körper gut behandeln. Ich habe ein höheres Selbst angerührt, das Liebe und Harmonie ist, und kann deshalb mehr erreichen, als ich je für möglich gehalten habe. Seit ich durch Meditieren dieses wissende Geheimnis der Mitte erfahren konnte, habe ich abgenommen und wiege jetzt wieder so viel wie als Schulabgänger im Jahre 1958. Ich bin gesund, bin von keinerlei chemischen Substanzen abhängig und leiste mehr als je zuvor. Meine Vorträge, Artikel und Bücher haben an Qualität gewonnen, und ich habe mich noch nie so gut gefühlt wie jetzt.

Und all das kommt nur daher, daß ich weiß, ich bin mehr als ein Körper mit einer Seele. Als Seele mit einem Körper will ich gesünder leben, damit meine Seele eine optimale Behausung für ihre großartige Aufgabe hat. Ich glaube, daß Ihnen das gleiche möglich ist. Ich weiß, daß Sie Wunder im Bereich Ihres physischen Selbst bewirken können. Aber Sie müssen in sich hineingehen und mit Ihrem höheren Selbst Verbindung aufnehmen. Dann geschieht alles andere von allein.

• *Ersetzen Sie Zweifel und Angst durch Wissen und Vertrauen.*
In allem, was Sie in Ihrem äußeren Leben beobachten und
was Sie gerne erreichen möchten, versuchen Sie wenigstens
einmal für kurze Zeit, sämtliche Zweifel und Ängste durch
Wissen und Vertrauen zu ersetzen. Zweifel sind Hindernisse
auf dem Weg in das Land der täglichen Wunder. Wissen und
vertrauen Sie! Und lassen Sie sich von den Zweifeln anderer
nur noch in Ihrem Wissen bestärken.

Schauen Sie sich die Zweifler einmal etwas genauer an,
und fragen Sie sich, ob sie wirklich Vorbild für das Leben sein
könnten, das Sie erreichen wollen. Dann sehen Sie sich die
Menschen an, die in Wissen und Vertrauen leben. Sie machen
etwas aus ihrem Leben, sie sind aktiv und gesund und ver-
blüffen die Welt mit ihren Leistungen. Die Zweifler dagegen
sitzen nur herum und kritisieren.

• *Affirmieren Sie, daß Ihre Absicht, ein gesundes Leben zu
führen, Wirklichkeit werden wird.*
Wenn Sie Ihr neues physisches Selbst visualisiert haben und
wissen, was Sie schaffen werden, wenn Sie an Ihre Fähigkeit,
diese Veränderungen möglich zu machen, glauben können,
dann gehen Sie einen Schritt weiter. Drücken Sie Ihre feste
Absicht aus, ein gesundes Leben zu führen: Ich kann gesund
sein und leisten, was ich mir vorgenommen habe. Ich werde
mich heilen. Ich rauche heute nicht.

Meine Frau Marcie ist auf diesem Gebiet besonders erfolgreich. Man stellte einmal einen Knoten an ihrer Schilddrüse
fest, und drei Ärzte meinten, das müsse operiert werden.
Marcies Antwort drückte eine feste Absicht aus, und nicht
nur einen Wunsch: «Ich werde diesen Knoten schrumpfen
lassen und dann ganz aus meinem Körper entfernen.» Niemand konnte sie davon abbringen. Sie rang nicht die Hände,
und sie machte sich keine Sorgen. Sie hatte eine Absicht und

setzte diese Absicht in die Tat um. Sie verbrachte eine Woche in Dr. Chopras «Ayurvedic Gesundheitszentrum» in Lancaster, Massachusetts, und lernte dort, wie eine bestimmte Ernährung die Schilddrüse beeinflußt.

Der Knoten ist kaum noch zu sehen, und die Ärzte können dieses Wunder heute noch nicht fassen. Marcies innere Stimme sagte ihr, wie sie sich selber heilen sollte.

● *Machen Sie die Satori-Erfahrung.*
Sie können sofort etwas verändern. Sie müssen nicht erst lange leiden, bevor Sie Wunder in Ihrem Körper bewirken können. Wenn Sie im Inneren fest davon überzeugt sind, daß Sie sich auf dem richtigen Weg befinden, dann werden Sie auch den Willen und die Kraft in sich finden, die Sie brauchen. Machen Sie sich klar, daß das ganz schnell geschehen kann. Vielleicht haben Sie die plötzliche Erleuchtung: Ich kann es wirklich fertigbringen. Jetzt sind Sie bereits dieser neue Mensch, der sich daran erinnert, was er sich einst immer gesagt hat. Der alte Mensch mit seinen Abhängigkeiten ist nicht nur nicht mehr körperlich vorhanden, sondern er ist auch nicht mehr Teil Ihres unsichtbaren gedanklichen Selbst. Der Mensch, der dauernd unter Erkältungen und Grippe litt, ist verschwunden, wurde in einem Augenblick der Erleuchtung ersetzt. Jetzt, heute, in diesem Augenblick können Sie durch das Tor gehen. Seien Sie auf diese Möglichkeit vorbereitet. Achten Sie darauf, und sträuben Sie sich nicht, wenn dieser Augenblick kommt.

Es kommt mir so vor, als habe ich viele schädliche Verhaltensweisen abgelegt, ohne mir besondere Mühe zu geben. Ich beschloß, mich von einem Augenblick zum andern zu ändern, und sah mir selbst bei diesem entscheidenden Moment wie von außen zu. Satori, das sofortige Erwachen! Es ist auch Ihnen zugänglich und wird in Ihrem Leben geschehen, zuerst in Ihrem immateriellen Selbst, und danach können Sie die gewünschte körperliche Veränderung ohne Schwierigkeiten auf die materielle Wirklichkeit übertragen. Wunder können ganz plötzlich geschehen. Seien Sie bereit und offen dafür.

● *Verhalten Sie sich, als sei Ihr Körper bereits so gesund und leistungsfähig, wie Sie ihn gerne hätten.*
Sie haben richtig gelesen! Tun Sie so als ob! Wenn Sie vor Ihrem geistigen Auge Ihren Körper als stark und gesund sehen, dann handeln Sie auch so, als ob es in Wirklichkeit so wäre. Wenn Sie verstanden haben, daß Sie das sind, was Sie gedanklich in sich tragen, dann leuchtet es Ihnen sicherlich ein, daß Sie von sich selbst ein besonders positives Bild haben sollten. Je überzeugter Sie von diesem guten Image sind, desto schneller wird Ihr Körper diesem Bild entsprechen.

Wenn Sie hingegen von der kaum zu ertragenden Mühsal körperlicher Änderungen überzeugt sind, dann werden Sie auch diesem Gedanken gemäß handeln, das heißt, wahrscheinlich gar nichts tun. Und ich möchte wetten, daß Ihnen diese Situation wohlvertraut ist. Sie sollten sehr genau visualisieren, wie Sie aussehen und was Sie leisten wollen, und sich dann so verhalten, als ob dieser Wunsch schon Wirklichkeit wäre. Wenn Sie zum Beispiel ein genaues Bild von sich als attraktivem, gesundem Menschen haben, dann werden Sie zum Beispiel auf der Speisekarte auch das aussuchen, was sich ein solcher Mensch wählen würde. Auf solche Weise werden Wunder wahr.

● *Geben Sie Ihrem spirituellen Selbst absolute Priorität.*
Was in Ihrem immateriellen Selbst entschieden wird, das wird auch in die Wirklichkeit umgesetzt. Behandeln Sie Ihr

inneres und Ihr äußeres Selbst, Geist und Körper, mit spiritueller Ehrfurcht. Jedes Organ Ihres Körpers, Lunge, Augen und Leber, trägt die unendliche Intelligenz des Universums in sich. Empfinden Sie sich in erster Linie als spirituelles Wesen.

Stellen Sie sich vor, was Sie für Ihren Körper tun können. Und dann überlassen Sie es Ihrem göttlich inspirierten Körper, sich entsprechend zu verhalten.

● *Denken Sie jeden Tag daran, daß Sie nie genug von dem haben können, was Sie nicht wollen.*
Schauen Sie sich genau an, von was Sie abhängig sind. Machen Sie sich klar, daß Sie nie genug von dem bekommen können, wonach Sie süchtig sind. Ihr Körper möchte diese Drogen oder dieses übermäßige Essen gar nicht. Aber Sie wollen immer mehr. Warum? Sie stellen Ihr körperliches Selbst an erste Stelle. Auf diese Weise sabotieren Sie aber Ihre Möglichkeiten, echte Wunder in Ihrem Leben zu erfahren. Je mehr Sie sich vergiften, desto überzeugter sind Sie, daß Sie diese Abhängigkeit nicht ablegen können. Sie zweifeln an sich, haben Angst, und natürlich sind Sie dann nicht in der Lage, Ihre Sucht zu überwinden.

Wenn es stimmt, daß Sie nie von dem genug haben können, was Sie nicht wollen, dann sollten Sie aufhören, dem hinterherzujagen, was Sie nicht wollen, und sich statt dessen mit dem beschäftigen, was Sie wirklich wollen. Wenn Sie sich um das bemühen, was Sie wollen, dann müssen Sie nicht aus dem Gefühl des Mangels heraus einem Phantom nachjagen, müssen nicht mehr in der Außenwelt nach Erfüllung suchen. Alles, was Sie für Ihre Gesundheit und Ausgewogenheit im Leben brauchen, ist bereits in Ihnen. Sie brauchen keinen neuen Körper, sondern Sie müssen der Kraft des Universums vertrauen lernen, die in Ihnen ist.

- *Erwarten Sie nichts von anderen.*

Erwarten Sie keine Unterstützung aus Ihrer Umgebung. Wenn jemand Ihnen helfen möchte, dann nehmen Sie die Hilfe dankbar an, aber seien Sie sich immer darüber im klaren, daß nur Sie selbst Ihr Leben so in seiner äußeren Form erfahren, nur Sie es sich in Ihrem inneren Selbst bewußtmachen können. Es hängt also von Ihnen ab, senden Sie anderen Ihre Zuneigung, strahlen Sie Menschlichkeit und Verständnis aus, aber seien Sie sich auch immer wieder bewußt, daß kein anderer das für Sie tun kann. Und da Ihre persönlichen Wunder in Ihnen selbst beginnen, ist es nur logisch, daß niemand Ihnen dabei helfen kann.

- *Entwickeln Sie eine authentische Kraft, die nichts mit körperlicher Stärke zu tun hat.*

Ihr persönlicher Einfluß und Ihre authentische Kraft werden daran gemessen, was Sie geben können. Sie sollten etwas für Ihren Körper tun, um besser Ihrem Lebenssinn gerecht zu werden, und nicht, um andere zu beherrschen. Wenn Ihr Einfluß sich allein auf Ihre körperliche Kraft gründet, dann verlieren Sie an Einfluß, wenn Ihre Kräfte nachlassen.

Andauernde Wunder im Hinblick auf Ihr physisches Selbst werden Sie nur erfahren, wenn Sie mit der neuen Energie noch mehr Liebe und Harmonie verbreiten wollen. Mit einer solchen Motivation werden Sie authentische Kraft erreichen, und Ihr Körper wird Ihnen weniger wichtig werden als früher. Sie müssen jetzt nicht mehr irgendeinem Schönheitsideal entsprechen, solange Sie sich gesund und aktiv fühlen, und es kommt Ihnen weniger darauf an, körperlich attraktiv auf andere zu wirken. Sie müssen sich anderen zuliebe nicht mehr schön machen. Sie werden wissen, daß Sie schließlich nicht nur aus Ihrem Körper bestehen und daß Ihr Selbstwertgefühl und Ihre Bedeutung als Mensch von Ihrem inneren

Selbst, von Ihrer Seele abhängen. Dadurch können Sie eine ungeheuer kraftvolle Ausstrahlung erlangen, ähnlich wie ein Guru, der nur durch seine Präsenz einen ganzen Raum voller Menschen beeinflussen kann. Entscheiden Sie sich für die authentische Kraft, und Ihr Körper wird Ihnen keine Schwierigkeiten machen.

● *Meditieren Sie täglich.*
Sie sollten, sooft es Ihnen möglich ist, meditieren. Richten Sie sich nach den Vorschlägen in diesem Buch oder auch nach anderen. Blicken Sie beim Meditieren tief in sich hinein, und stellen Sie sich vor, wie Ihr körperliches Selbst Dinge vollbringt, die für Sie Wunder sind. Diese wunderbaren Veränderungen können dann nach und nach in die Wirklichkeit transformiert werden. Denn jedes Verhalten und jede Verhaltensänderung in der materiellen Welt haben ihren Ursprung in unserem spirituellen Selbst.

Ja, das ist sie, die Welt der echten Wunder für Sie in Ihrem Körper. Ihr vollkommener Körper scheint fest und solide zu sein, zeigt sich aber als stille und unsichtbare Leere, wenn Sie ihn aus einer neuen Perspektive betrachten. Der Bereich des Unsichtbaren aber ist die Quelle Ihrer Wunder oder, wie Hermann Hesse in seinem wunderbaren Roman «Siddhartha» sagt: «(. . .) in dir ist eine Stille und Zuflucht, in welche du zu jeder Stunde eingehen und bei dir daheim sein kannst, so wie auch ich es kann. Wenige Menschen haben das, und doch könnten alle es haben.» Sie selbst sind ein Wunder. Nehmen Sie das ganz in sich auf.

DRITTER TEIL

Das Wissen um Wunder
in die Welt tragen

8

Die spirituelle Revolution

> Zweifele nie daran, daß eine kleine
> Gruppe ernsthafter Menschen, die sich
> einer Sache verpflichtet haben, die
> Welt ändern kann; im Gegenteil,
> das ist das einzige, was jemals
> Veränderung bewirkt.
>
> *Margaret Mead*

So wie der Zustand Ihres Lebens eine Reflexion Ihres Geistes ist, genauso ist der Zustand der Welt eine Reflexion unserer kollektiven geistigen Haltung. Alles, was Sie in der materiellen Welt sehen, hat ein geistiges Äquivalent in jedem von uns. Wir handeln zum einen nach unserer persönlichen Einstellung und werden zum anderen beeinflußt von unserem menschlichen Umfeld. Daraus ergibt sich zwangsläufig, daß wir nicht nur in unserem persönlichen Leben, sondern auch in der Welt um uns Wunder wirken können.

Das Universum, das wir bewohnen, richtet sich nach denselben Regeln wie das Universum, das wir in uns tragen. Es handelt sich dabei um eine vollkommene Verbundenheit unendlicher Systeme, die durch harmonisches Zusammenwirken ein Ganzes schaffen. Der Mensch besteht aus Trillionen von subatomaren Teilchen, die Atome bilden, aus denen Moleküle bestehen, die Zellen bilden, die die Bausteine für Knochen und Blutgefäße sind, und so weiter. Alles, was Sie als sichtbare Person ausmacht, die diese Worte liest, hat sein geistiges Äquivalent, das durch eine unsichtbare Kraft geschaffen wurde und geleitet wird, die auch Sie durchdringt. Die Moleküle Ihres materiellen Körpers haben eine unsichtbare Komponente, die in der physischen Welt wirksam wird, in der Sie jetzt sitzen und diese Zeilen lesen. Die Worte stehen auf dem Papier, aber die Gedanken, die die Worte verarbeiten, sind Teil eines anderen körperlosen Bereichs. Sie können Ihr materielles und Ihr immaterielles Selbst nicht trennen, genausowenig, wie Sie sich selbst von Ihrer physischen Welt trennen können. Die kosmische Ordnung beruht auf gegenseitiger Abhängigkeit von Geist und Körper. Dazu gehört auch Ihre Beziehung zu der materiellen Welt, in der Sie sich befinden.

Sie können Wunder in diese Welt bringen. Sie besitzen schon alles, was dazu nötig ist. Sie dürfen nicht vergessen, daß die Welt, die Sie über Ihre Sinne erleben, nur existiert, weil Sie materielle Eindrücke mit Ihrem geistigen Selbst verarbeiten. Wenn Sie zum Beispiel schlafen, verlassen Sie die materielle Welt des Wachseins und schaffen sich eine andere Welt. Diese Traumwelt wird während Ihres Schlafzustands zu Ihrer Lebenswelt, und es gibt in der Zeit keine andere Wirklichkeit für Sie. Sie selbst schaffen die Menschen, die in Ihren Träumen eine Rolle spielen. Sie schaffen eine Realität in Ihrem Traum, in der Sie manchmal sogar fliegen, unter Wasser atmen können oder auch nicht älter werden. Im Traum leben Sie in einer Welt der formlosen Dimension reiner Gedanken, und diese Welt scheint Ihnen dann genauso wirklich zu sein wie die Welt des Wachseins.

Um die Wirklichkeit der magischen Kraft in die Welt zu bringen, müssen Sie im Innersten wissen, daß gerade das Ihre Aufgabe ist. Diese Verantwortung können Sie nicht delegieren. Sie dürfen auch nicht frustriert aufgeben, wenn andere sich weigern, die Wahrheit zu erkennen. Sie müssen wissen, daß Sie all das weitergeben können, was Sie aus diesem Buch gelernt haben, und daß Sie die Welt der täglichen Wunder möglich machen können, die Sie sich vorstellen.

Wenn sich manche Menschen nicht Ihrer Vision gemäß

verhalten, senden Sie ihnen Ihre freundliche Zuneigung. Was könnten Sie tun, um diese Menschen von der Vollkommenheit des Universums zu überzeugen? Kritisieren und Beschuldigen haben keinen Platz in Ihrem Bewußtsein, wenn auch eine solche Reaktion sehr verführerisch ist. Die Überzeugung, daß man selbst recht, die anderen aber unrecht haben, läßt sich nur schwer unterdrücken. Wenn man aber Dinge verurteilt, die man für falsch oder zumindest unvollkommen hält, dann gehört man selbst zu den Kritikern, Skeptikern, Unvollkommenen. Auch die angeblichen Ungerechtigkeiten in der Welt sind Teil des perfekten Universums, ebenso wie Ihr Wunsch, diese Ungerechtigkeiten abzuschaffen. Die Menschen, die einen anderen Sinn in ihrem Leben sehen als Sie, sind nicht im Unrecht. Sie haben ihre eigene Mission, und der Weg zu ihrem Ziel schließt vielleicht viele Umwege und scheinbar destruktive Handlungen ein.

Yogananda bezeichnet in «So spricht Yogananda» (Worte des großen Yogi über den Weg und das Wesen der Selbstverwirklichung, Bern, München, Wien 1992) den fundamentalen Lebensinstinkt als den Wunsch, bewußt in einem Dauerzustand des Genießens zu existieren, entsprechend der göttlichen Natur aller Wesen. Häufig jedoch würde die Seelenfreude zugunsten der flüchtigen Genüsse der Sinne vernachlässigt. Letztlich aber müßte alles wieder auf diesen göttlichen Zustand der Glückseligkeit zustreben.

Wenn Sie Ihr Leben entsprechend ausrichten, wird Ihnen klarwerden, daß letzten Endes jeder Mensch diese ewige Glückseligkeit sucht. Probleme im persönlichen Leben oder in der Welt haben ihre Ursache immer darin, daß Menschen flüchtigen sinnlichen Genüssen hinterherjagen. Wir «wissen» aber, daß die Welt diesen Zustand der Glückseligkeit erreichen kann. Und wenn Sie die Welt aus der Distanz Ihres unsichtbaren Geistes betrachten, dann wird Ihnen tatsächlich auffallen, daß gerade jetzt eine Revolution von spirituellen Dimensionen stattfindet.

Wir leben im Zeitalter der spirituellen Revolution

1974 war ich Gastdozent in der damals noch geteilten Stadt Berlin. Ich stand an dem Grenzübergang Checkpoint Charlie und sah, wie die Teilung der Stadt durch Stacheldraht und Wachsoldaten mit scharfen Hunden aufrechterhalten wurde. Die Mauer sollte tausend Jahre halten, war aber nur noch ein Überrest einer alten, nichtspirituellen Vergangenheit. Dieses Merkmal der Tyrannei ist, wie auch viele andere in der Welt heute, schneller zusammengebrochen, als wir unsere Geschichtsbücher neu schreiben können.

Die Menschheit ist von einem neuen kollektiven Bewußtsein und einer neuen Spiritualität erfüllt. Nichts kann diese Bewegung aufhalten, denn nichts ist mächtiger als eine Idee, deren Zeit gekommen ist. Die Idee eines Individuums oder einer Gruppe wird materielle Veränderungen bewirken, wenn sie genügend Menschen beeinflußt hat. Wenn ein kollektives Bewußtsein von Krieg, Haß, Zwietracht und Furcht vorhanden ist, dann wird unser Leben sich auch danach ausrichten.

Zur Zeit erleben wir eine neue Realität, die von einer neuen Denkweise, einem neuen spirituellen Bewußtsein herrührt. Diese Denkweise führt zu einer neuen Lebensweise für die Menschheit. Vielleicht geschieht diese Veränderung für Ihr Empfinden nicht schnell genug, aber alles entwickelt sich genau in der richtigen Geschwindigkeit. Auf Grund dieses neuen Bewußtseins treten verantwortungsbewußte Menschen an die Spitze der spirituellen Revolution. Auch Sie können zu diesen Menschen gehören und aktiv teilhaben an den Veränderungen, deren Zeuge Sie sind.

Überlegen Sie nur einmal, welche einschneidenden Veränderungen stattgefunden haben und noch stattfinden. Der Eiserne Vorhang ist zerrissen. Nahezu alle Länder in Osteuropa, deren frühere Regierungen die Rechte des einzelnen unterdrückten, sind transformiert worden. Diktatoren sind geflohen oder entmachtet worden. Und diese gewaltige Umwälzung begann mit einer Idee, die sich schnell über die gesamte Region ausbreitete.

Der Kommunismus, der seinen Anhängern strikten Atheismus vorschreibt, hat sich als internationaler Fehlschlag erwiesen. Niemand kann mehr verlangen, daß Menschen ihre spirituellen Neigungen zugunsten einer weltlichen Doktrin unterdrücken müssen. Herrscher können zwar Gotteshäuser niederreißen, aber sie haben keine Macht über den inneren Bereich, diesen unsichtbaren Ort der Freiheit, den jeder von uns in sich trägt. Unsere inneren Stimmen, die Stimmen spiritueller Wesen, die eine menschliche Erfahrung machen, sind auf unsichtbare Weise miteinander in Kontakt.

Wir konnten in den letzten Jahren überall Wunder miterleben. Ein tschechischer Schriftsteller, der wegen seiner radikalen Interpretation von Menschenwürde im Gefängnis saß, wird ein paar Jahre später Präsident seines Landes. Ein Mann, der wegen seiner Vorstellung von Freiheit und Mitbestimmung eingesperrt wurde, wird Präsident von Polen. In Rumänien wird der Diktator hingerichtet. Die Bewohner des Balkans sagen sich von Tyrannenherrschaft los und bemühen sich, Gewalttätigkeit durch rationale Diskussionen zu ersetzen. Der oberste Politiker in der Sowjetunion bezeichnet vor der ganzen Welt den Kommunismus als einen Fehlschlag, und die UdSSR gehört jetzt der Vergangenheit an. Und es scheint nicht allzulange her zu sein, daß einer dieser kommunistischen Führer mit einem Schuh auf den Konferenztisch schlug und erklärte: «Wir werden euch niedermachen!»

Jede dieser Entwicklungen ist ein Wunder. Sie beweisen, daß Gedanken und Ideen sich wie ein Lauffeuer durch die Welt verbreiten und sie tatsächlich grundlegend verändern können.

In China, wo mehr als eine Milliarde Menschen leben, stellten sich Tausende den Panzern entgegen, um ihren Wunsch nach Freiheit auszudrücken. Eine Revolution kann zwar brutal niedergeschlagen, die Idee selbst aber nicht unterdrückt werden. In Südafrika wurde die Apartheid offiziell für illegal erklärt. Wie durch ein Wunder wird ein Mann, der seit mehr als 25 Jahren von der Öffentlichkeit ferngehalten wurde, ohne besondere Auflagen plötzlich entlassen. Schwarze Menschen spielen an einem Strand, wo noch ein Schild fordert: Nur für Weiße. In Mittelamerika wird bei einer freien Wahl ein Diktator von einer Hausfrau abgelöst. Und in Südamerika läßt sich ein Dichter als Präsidentschaftskandidat aufstellen.

Veränderungen wie diese fußten immer auf Ideen von einigen wenigen Menschen, die sich dann ausbreiteten und ein kollektives Bewußtsein bildeten. Wenn ausreichend Menschen einer Idee anhängen, dann wird daraus Wirklichkeit. Die Anzahl, die dafür nötig ist, nennt man eine kritische Masse.

Wenn genügend Elektronen in einem Atom eine bestimmte Position einnehmen, dann schließen sich, laut physikalischer Gesetze, die restlichen automatisch dieser Position an. Dieser Vorgang wird Phasenübergang genannt und läßt sich leicht in einem entsprechenden Laborversuch beobachten. Welche unsichtbare Kraft im Atom bringt die restlichen Elektronen in diese neue Phase? Auf der subatomaren Ebene läßt sich diese Kraft nicht definieren, genausowenig wie auf Ihrer Bewußtseinsebene. Die Kraft ist unsichtbar, und da Sie selbst auch aus subatomaren Teilchen bestehen, kann man vielleicht sagen, daß ein Mensch auch auf ähnliche Weise reagiert.

Unsere Welt befindet sich in einem Phasenübergang. Die unsichtbare Kraft, die die Elektronen in einem Atom auf eine bestimmte Weise ausrichtet, diese spirituelle Intelligenz, die jegliche Form durchdringt, nähert sich der kritischen Masse in der entsprechenden Anzahl von Menschen, und die Folgen zeigen sich überall auf der Welt. Diese Kraft kann nicht aufgehalten werden. Manche werden es versuchen, aber sie werden von der Macht einer Idee, deren Zeit gekommen ist, überwältigt werden. Diese Entwicklung findet in uns selbst statt und findet ihre Entsprechung in dem Kollektiv der Menschen.

Wir werden zu dem, was uns gedanklich beschäftigt. Als ein genügend großer Prozentsatz von uns glaubte, daß wir immer größere Waffen brauchten, bildete sich ein entsprechendes kollektives Bewußtsein aus, das uns dazu zwang, dieser Einstellung gemäß zu handeln. Wir bauten immer gefährlichere Atomwaffen, und der Irrsinn des atomaren Wettrüstens bestimmte den Zustand unserer Welt. Als genügend Menschen sich gegen die Gefahr der atomaren Vernichtung aussprachen, begann man über die Abrüstung zu diskutieren. Das Wunder geschah, daß Kooperation an die Stelle von Wettstreit trat, und die Entwicklung zu einer positiveren, sichereren und menschlicheren Welt konnte beginnen. Wenn sich genügend Menschen für eine Kooperation entscheiden, sich auf eine spirituelle Weise miteinander verbinden, dann wird auch die materielle Welt dadurch verändert. Es kann nicht anders sein, denn das ist sozusagen schon in unseren Atomen und Molekülen so angelegt.

Veränderungen in der Welt sind nicht auf neue politische Konstellationen und eine neue Rüstungspolitik beschränkt. Ein neues spirituelles Bewußtsein, auch für unsere Umwelt, hat bereits Auswirkungen gezeigt. Earth Day war zwei Jahrzehnte lang mehr oder weniger ignoriert worden. Jetzt wird an dem Tag diese neue spirituelle Verbindung zu unserem Planeten gefeiert. Ein Wunder! Die Idee, daß wir unsere Erde mit Ehrfurcht und Respekt behandeln müssen, hat sich in Aktionen niedergeschlagen.

Umweltverschmutzung wird jetzt gesetzlich geahndet. Autos mit sehr wenig Abgasschadstoffen werden serienmäßig hergestellt. Im Flugzeug herrscht weitestgehend Rauchverbot. Schon seit Jahrzehnten wissen wir, daß es Unrecht ist, andere Passagiere dazu zu zwingen, die verräucherte Luft in einem abgeschlossenen Raum wie einer Flugzeugkabine einzuatmen, wenn sie selbst sich gegen das Rauchen entschlossen haben. Warum sind die entsprechenden Gesetze gerade jetzt verabschiedet worden? Es ist eine Idee, deren Zeit gekommen ist. Ein Wunder? Die Gesetzgeber lassen sich von Menschen mit einer neuen Denkweise beeinflussen. Gedanken sind unsichtbar, aber ihre Auswirkungen zeigen sich in unserer materiellen Welt.

Man kann die Ergebnisse dieses neuen Bewußtseins überall beobachten. Es gibt jetzt Nichtrauchersektionen in Restaurants, was vor ein paar Jahren noch undenkbar gewesen wäre. Flüsse und Seen, in denen man wegen ihrer Verschmutzung nicht mehr schwimmen durfte, werden gesäubert und gesunden. Es gibt neue Gesetze gegen den Fluglärm und sogar gegen Krach an öffentlichen Stränden. Tiere werden mit mehr Respekt behandelt. Und auf den verpackten

Nahrungsmitteln muß jetzt genau stehen, wieviel Fett und wie viele Zusatzstoffe darin enthalten sind. Kommt Ihnen das alles nicht auch wie ein Wunder vor?

Diese neuen Gesetze und ihre Anwendungen haben alle ihren Ursprung in den Gedanken von Menschen. Unsere neue Welt, die durch dieses neue Bewußtsein geschaffen wurde, ist mehr spiritueller Natur. Die neue Denkweise zeigt sich heute in dem Recht des einzelnen, in Frieden und Harmonie und seinem Daseinszweck gemäß zu leben.

Alle Veränderungen, die um uns herum geschehen, zeigen ein wachsendes Interesse an dem einzelnen, an seinem Recht auf ein friedliches, sicheres Leben in einer harmonischen Umgebung, so wie es die amerikanische Unabhängigkeitserklärung mit ihrem Recht auf Leben, Freiheit und dem Streben nach Glück ausdrückt. Und diese Veränderungen sind Teil einer wunderbaren Revolution, die in erster Linie in unserem Bewußtsein stattfindet. Sie sind Teil des gedanklichen Prozesses, und Ihre Gedanken können und werden sich den Menschen um Sie herum mitteilen. Sie beeinflussen die physische Welt mit Ihren Gedanken. Zu dieser Überzeugung sollten Sie nach dem Lesen dieses Buches gekommen sein.

Ihre Gedanken verursachen entweder Überfluß oder Mangel in Ihrem Leben. Aus Ihren Gedanken entstehen entweder glückliche oder schlechte Beziehungen zu anderen Menschen. Ihre Gedanken bestimmen Ihre Persönlichkeit und die materiellen Umstände, in denen Sie leben. Ihre Gedanken beeinflussen die Menschen Ihrer Umgebung. Allein die Gedanken nur eines einzigen spirituellen Menschen beeinflussen den Zustand der Umwelt, da sie buchstäblich das Bewußtsein der Menschen um ihn herum verändern. Sie und Millionen anderer haben mit Ihrem spirituellen Bewußtsein einen Phasenübergang geschaffen, der die neue wunderbare spirituelle Revolution möglich macht.

Wenn diese Revolution durch Menschen mit einer neuen Denkweise Erfolg haben und sämtliche nichtspirituellen Handlungsweisen stoppen soll, die unsere Welt infizieren, dann muß das neue Denken in allen Bereichen unseres Daseins die kritische Masse erreichen. Wenn ausreichend Menschen sich in ihrem täglichen Leben auf diese neue Einstellung besinnen und sie unterstützen, dann wird der Phasenübergang sich verfestigen.

1988 bot ein großes Unternehmen mir an, im Rahmen einer Werbekampagne einen Essay für das Time Magazine zu schreiben. Ich faßte ihn in Form eines Briefes an Erdbürger des Jahres 2088 ab. Weder das Unternehmen noch die Zeitschrift hatten mir irgendwelche Vorschriften gemacht. Schon dieser Artikel, der am 17. Oktober 1988 veröffentlicht wurde, enthält die Botschaft, die ich mit diesem Buch vermitteln möchte.

Ein Brief an die nächste Generation
Während ich über das nachdenke, was ich Euch Menschen des Jahres 2088 sagen möchte, kreisen meine Gedanken nicht um die futuristischen oder wissenschaftlichen Errungenschaften, die vielleicht Teil Eures Lebens geworden sind. Ich interessiere mich weniger dafür, ob Ihr in den Weltraum reisen könnt, als dafür, ob Ihr als menschliche Wesen eine höhere Bewußtseinsstufe erreicht habt als wir im Jahre 1988.

Meine Botschaft an Euch beruht auf der Hoffnung, daß Ihr im besten Sinne humaner seid als wir. Ich bin gespannt, ob Ihr die wichtigen Lektionen gelernt habt, wie einige von uns heute hoffen. Ich frage mich, ob die Menschheit des Jahres 2088 wohl Mißtrauen, Angst und Feindseligkeiten abgeschafft hat. Meine Botschaft der Hoffnung habe ich in vier Fragen gekleidet. Eure Antworten werden deutlich machen, wo Ihr Euch auf dem Weg zu einem höheren Menschenwesen befindet, dessen Anfang manchmal schon heute im Jahre 1988 zu erkennen ist.

1. Habt Ihr erfaßt, daß Euer wahres Menschsein sich erst jenseit der Begrenzungen durch den Körper definiert?
Wißt Ihr, daß ein Mensch mehr ist als Knochen, Blut, Sehnen und Haut, und lebt Ihr entsprechend? Habt Ihr erkannt, daß alle Materie von einer unsichtbaren Intelligenz durchdrungen ist? Weiß man bei Euch, daß Menschen weitaus mehr sind, als ihr Äußeres ausdrückt? Ist es bei Euch gesellschaftlich akzeptabel, das innere Selbst zu entwickeln, so wie wir heute alle unsere Aufmerksamkeit unserem Körper, also unserem äußeren Selbst widmen?

Könnt Ihr Euch als spirituelle Wesen begreifen, die eine menschliche Erfahrung machen, statt als menschliche Wesen, die vielleicht eine spirituelle Erfahrung machen?

Ein einfaches Beispiel: Meine dreijährige Tochter brachte mir eine imaginäre Mahlzeit auf ihrem Puppenteller. Oberflächlich gesehen war diese Handlung vielleicht nicht besonders wichtig. Aber auf einer anderen Ebene drückte diese Geste ihre unsichtbaren Gedanken aus, ihre Einstellung zu mir, die besagte: Daddy braucht etwas Warmes zum Essen, und ich möchte ihm etwas ganz besonders Gutes bringen. Ich liebe meinen Daddy, und ich möchte für ihn sorgen. Da ich diesen unsichtbaren Teil ihres Selbst kannte, da ich wußte, daß ihre Handlung aus reiner Liebe zu mir entstanden war, wurden auch die Plastikteller und das unsichtbare Essen transformiert und zum Beweis ihrer Liebe.

2. Habt Ihr verstanden und akzeptiert, daß wir alle miteinander verbunden und abhängig sind?
Hier bei uns, im Jahre 1988, scheinen wir zwar mit dem Verstand zu wissen, daß wir in demselben Haus leben und daß

man es sich nicht leisten kann, sich für eine Seite zu entscheiden, wenn man auf einem runden Planeten lebt. Und doch tun wir es. Lebt Ihr in dem Bewußtsein, ein jeder Mensch sei ein «Ich, das ein Wir ist»? Wissen die meisten von Euch, daß eine Zelle in einem Organismus, die keine Beziehung zum Ganzen hat, die angrenzenden Zellen zerstören und letzten Endes den ganzen Organismus vernichten wird, einschließlich sich selbst? Bringt Ihr Euren jungen Leuten bei, Ruhe und Ausgeglichenheit in sich selbst zu entwickeln, damit sie mit den Menschen ihrer Umgebung kooperieren können? Sind Eure Nationen friedlich, oder müssen sie ihre aggressiven Instinkte noch an ihren Nachbarn auslassen? Seid Ihr 2088 in dem Glauben und lebt ihn auch, daß jeder Mensch auf unserem Planeten mit jedem anderen so verbunden ist wie mit seinem unmittelbaren Nachbarn und daß die menschliche Gemeinschaft im Ganzen nicht harmonisch funktionieren kann, wenn die einzelnen Mitglieder sich im Konflikt befinden?

3. Sind die meisten von Euch der Ansicht, daß das, was man in seinen Gedanken bewegt, an Bedeutung zunimmt?
Heute, zu meiner Zeit, versuchen einige von uns folgende Ideen wie Saat zum Keimen zu bringen:

- Die Macht der Gedanken ist außerordentlich.
- Wir können Gedanken entstehen lassen.
- Unsere Gedanken bestimmen die Richtung unseres Lebens.
- Wir handeln nach unseren Gedanken.
- Wir werden, was wir in unseren Gedanken tragen.
- In unserem dimensionslosen Bewußtsein existiert alles, was wir denken können.
- Mit der Kraft unseres Geistes können wir jedem Gedanken Form geben.

- Denken ist Energie, die unsere essentielle Menschlichkeit ausmacht.
- Unser Leben wird von unserem Denken geschaffen.

Wir fangen gerade erst an zu erkennen, wie wichtig das Denken als die mächtigste Kraft des Universums ist. Man wird sich langsam dieser Idee bewußt und versucht, sie anzuwenden. Anstatt *gegen* Terrorismus und Krieg zu sein, setzen wir uns *für* Frieden und Zusammenarbeit ein. Wir beginnen zu erkennen, daß ein Krieg *gegen* Drogen, Armut, Hunger und Verbrechen weniger wirkungsvoll ist als der Einsatz *für* eine gut ausgebildete und gut erzogene Jugend, *für* einen allgemein höheren Lebensstandard und *für* die Wahrung von Recht und Besitz jedes einzelnen. Versteht Ihr, daß alles Gedankliche letzten Endes eine Handlung nach sich zieht? Wenn man sich also in Gedanken damit beschäftigt, *wofür* man sich einsetzen will, wird das auch zu einer gesunderen, glücklicheren und friedlicheren Gesellschaft führen. Habt Ihr erkannt, wie es schwächt, *gegen* etwas, jedoch stärkt, *für* etwas zu sein?

4. Habt Ihr die Kehrseite von «Ich glaube erst daran, wenn ich es sehe» entdeckt?

Wir hier im Jahre 1988 begannen, uns mit der Idee zu befassen, daß zu der Entwicklung des höheren menschlichen Wesens das Verständnis gehört: *«Du siehst, was du glaubst»*, und nicht: *«Du glaubst, was du siehst»*. Hat eine solche Einstellung bei Euch zu der Entwicklung eines höheren menschlichen Bewußtseins geführt? 1983 schrieb ich eine Parabel, in der ein höheres menschliches Wesen namens Eykis unsere Welt besucht und uns Geschenke bringt, in Form von Ideen, die uns bei unserer eigenen Transformation und der unseres Planeten helfen sollen. Ihre Botschaft heißt: Du siehst es, wenn du es glaubst. Habt Ihr diese Ideen angenommen, und haben sie Euch vielleicht zu folgenden Werten im Jahre 2088 verholfen?

- Qualität statt äußerer Erscheinung
- Ethik statt Regeln
- Wissen statt Leistung
- Integrität statt Dominierung
- Seelenfriede statt materieller Besitz

Wenn Ihr diese Frage bejahen könnt, dann befindet sich in der Tat ein höheres menschliches Wesen in der Entwicklung, und die Tendenz von heute, das Humane zu zerstören, ist umgekehrt worden. Meine Verbindung zu Euch besteht nur als reiner, formloser, dimensionsloser Gedanke, wie auch Eure Verbindung zu mir in die Vergangenheit des Jahres 1988 und in die Zukunft bis in die Ewigkeit.

Ihre Aufgabe in der spirituellen Revolution

Durch das ganze Buch hindurch habe ich Sie immer wieder an das zentrale Thema erinnert: Ihre Gedanken schaffen Ihre physische Realität. Ihre Beziehungen zu anderen Menschen haben ihren Ursprung in Ihren Gedanken. Wenn Sie anderen Zuneigung entgegenbringen, dann wird man Ihnen auch mit Zuneigung begegnen. Dieses Prinzip läßt sich auch auf Ihre Sicht der Welt anwenden. Die materielle Welt, die Sie umgibt, manifestiert sich in Ihren Gedanken. Wenn Sie Ihr Bewußtsein abschalten, etwa wenn Sie schlafen oder ohnmächtig werden, dann ist das materielle Universum für Sie nicht existent. Wenn Sie erwachen, Ihr Bewußtsein wiedererlangen, dann existiert auch das Universum wieder für Sie. Es ist wirklich ganz einfach so: ohne Bewußtsein keine physische Welt. Oder wie es Walt Whitman so treffend sagte, daß alle Theorie des Universums zweifellos von einem einzigen Individuum abhinge, nämlich von jedem einzelnen. Wenn Ihr Gehirn das Universum nicht erfaßt, dann verschwindet es ins Nichts.

Wenn Sie Ihren Platz in dieser spirituellen Revolution suchen, sollten Sie sich vor allen Dingen folgende Frage stellen: Wie sehe ich die Welt, in der ich lebe? Denken Sie daran, daß Sie der Schöpfer Ihrer eigenen Gedanken sind und Ihr Geist alle Ihre Erfahrungen festhält, und überlegen Sie dann, wie Sie Ihren Geist einsetzen wollen.

Natürlich können Sie die spirituelle Revolution auch leugnen, von der hier die Rede ist, und können statt dessen an eine Welt glauben, die immer tiefer in einem nichtspirituellen Morast versinkt. Sie können Statistiken von Verbrechen, Hunger, Naturkatastrophen, machthungrigen Politikern, gedankenlosen jungen Leuten, zunehmender Drogenabhängigkeit und so weiter zitieren und überzeugend von einer Welt sprechen, in der für Spiritualität kein Raum ist. Wenn Sie Ihr Denken so einsetzen wollen, dann werden Sie die Welt auch als nichtspirituell erfahren. Mit anderen Worten: Sie werden sehen, was Sie glauben. Positive Veränderungen werden Sie als Ausnahmen, die die Regel bestätigen, abtun. Für Sie ist die Regel das, was der größte Teil der Menschheit tut und denkt und was Sie deshalb auch als das richtige für sich selbst akzeptiert haben.

Sie werden nicht nur zu dem, was Sie gedanklich beschäftigt, sondern die Welt wird auch so, wie Sie sie sehen. Wer glaubt, daß die Welt ein dunkler Ort ist, schließt die Augen vor dem Licht, das sein Leben erfüllen könnte. Für die, die das Licht in der Welt sehen, bieten dunkle Bereiche nur Möglichkeiten der Erleuchtung.

Wo ist Ihr Platz, was ist Ihre Aufgabe im Rahmen der spirituellen Revolution? Im kollektiven Herzen der Menschheit finden fundamentale Veränderungen statt. Wenn Sie diese Veränderungen für negativ und destruktiv halten, dann wird dort Ihr Platz sein. Die negative Einstellung wird von Ihnen Besitz ergreifen, und Sie werden immer nur wieder Negatives in der Welt um sich herum erleben. Auf der anderen Seite haben Sie die Wahl zu glauben, daß für jedes häßliche Geschehen in der Welt Millionen von wunderbaren Dingen stattfinden, daß es ein ganzes Netz von guten Menschen gibt, die anders sind, und daß spirituelle Veränderungen zwar langsam, aber zuverlässig vorankommen und schon zu erkennen sind. Ihre positive Einstellung zeigt Ihnen dann Ihren Platz im Rahmen der spirituellen Revolution.

Veränderungen finden erst im kollektiven Bewußtsein der Menschen statt, bevor sie sich in der Welt selbst manifestieren. Sie sind auf der Welt, um das Wissen um die Notwendigkeit dieser Veränderungen in das Bewußtsein Ihrer Mitmenschen zu bringen und dort zu verankern. Vertrauen in sich selbst heißt der Weisheit vertrauen, die Sie geschaffen hat. Die eigene Lebensaufgabe kennen heißt wissen, daß auch das Universum sinn-voll ist. Sie vertrauen der göttlichen Intelligenz, die Sie durchdringt.

Ich selbst versuche mich immer von den schlechten Nachrichten zu distanzieren, die von tausend verschiedenen Seiten auf mich einstürzen. Ich möchte Teil der Lösung sein und nicht Teil des Problems. Ich weiß natürlich, daß es noch Kriege gibt, daß Verbrechen begangen werden und daß Armut und Leid noch in der Welt bestehen. Aber ich beurteile diese Probleme nicht, ich bin weder wütend, daß es sie gibt, noch wünsche ich, daß sie einfach verschwinden. Meine Gedanken, die Handeln nach sich ziehen, beschäftigen sich damit, wie ich Menschen in Machtpositionen dazu bringen kann, sich für Problemlösungen einzusetzen. Ich schreibe Artikel und Bücher, halte Vorträge und sende Bücher und Tonbänder kostenlos an karitative Unternehmen. Wenn ich mich auf das konzentriere, was ich unterstütze, statt auf das, was ich ablehne, fühle ich, daß ich Einfluß habe. Das gilt für mein persönliches Leben, und das gilt auch für meine Aufgabe hier auf unserer Erde.

Ihr Platz in dieser Revolution wird sich festigen, wenn Ihr ganzes Wesen von Liebe und Verständnis durchdrungen sein wird. Anspannung, Nervosität, Furcht und Zweifel dagegen machen Sie schwach und hilflos. Um ein wirkungsvolles Mitglied der spirituellen Revolution zu werden, müssen Sie in der Lage sein, nach außen Ihr neues spirituelles Bewußtsein auszustrahlen. Und Sie haben die Fähigkeit dazu, wenn Sie sich eindeutig dazu bekennen.

Sie können Ihr neues Bewußtsein auf andere übertragen

Was können Sie an andere weitergeben? Diese Frage ist ausschlaggebend, da es bei Ihrer Aufgabe darum geht, zu geben, zu lieben und für andere dazusein, unabhängig davon, welchen Beruf Sie gewählt haben. Man muß nicht besonders intelligent sein, um die einfache Wahrheit zu erkennen: Man kann nicht weitergeben, was man nicht besitzt. Wenn Sie kein Geld haben, dann können Sie offensichtlich niemanden finanziell unterstützen. Das gleiche gilt, wenn es um das geht, was Sie zu der spirituellen Revolution beitragen können.

Wenn Sie Liebe, Harmonie und Seelenfrieden nicht in sich tragen, dann können Sie auch nichts weitergeben. Sie müssen dann wie viele andere auch abseits stehen und sich fragen, warum Sie nicht an der Revolution teilnehmen können, oder Sie schließen sich denen an, die die Revolution zu unterdrükken trachten. Wenn Sie Streß, Nervosität, Furcht und Wut in sich tragen, dann können Sie nur das weitergeben. Da Sie diese Gefühle ausstrahlen, ist es kein Wunder, daß Sie nur ähnliche Gefühle um sich herum wahrnehmen. Wie immer liegt die Entscheidung bei Ihnen. Es kommt allein darauf an, wie Sie Ihre Welt um sich herum sehen und interpretieren.

Nervosität, Streß, Angst und Zorn haben kein Eigenleben unabhängig von Menschen. Sie können nicht mit einem Eimer in die Welt hinausgehen und diese Gefühle irgendwo finden und heimbringen. Es sind nur Begriffe, die man nicht berühren kann, selbst wenn wir sie manchmal in unseren Unterhaltungen personifizieren. Aber es gibt Menschen, die diese Gefühle in sich tragen und entsprechend handeln. Sie handeln zum Beispiel aus einer Angst heraus. Wenn Sie also negative Gefühle in sich tragen, dann verarbeiten Sie Geschehen und Eindrücke auf eine negative Weise.

Wer mit Waffen gegen andere vorgeht, handelt aus Angst. Er glaubt, daß die Welt ein verdächtiger, gefährlicher Ort ist. Wenn Sie ein solches Verhalten bei sich feststellen und es verändern wollen, müssen Sie Ihrer inneren Stimme einen anderen Inhalt geben. Schon Albert Einstein sagt, daß wir unsere wichtigsten Probleme nicht auf derselben Denkebene lösen können, auf der wir sie geschaffen haben. Wir Menschen haben also mit unserer Denkweise unsere größten Probleme geschaffen. Und auch Albert Einstein, einer der größten Denker unseres Jahrhunderts, erinnert uns daran, daß wir zu deren Lösung eine neue Denkweise brauchen.

Wir können uns in unserem Denken nicht immer weiter

von anderen distanzieren, wenn uns die Einigkeit der Menschheit am Herzen liegt. Wir können nicht kriegerische Gedanken haben, wenn wir uns Frieden auf Erden ersehnen. Und wir können nicht haßerfüllte Gedanken in uns tragen, wenn wir Liebe in die Welt bringen wollen.

Als Vorläufer einer liebevollen, hilfreichen Geste oder Handlung ist jeder Gedanke ein positiver Beitrag. Dabei kommt es nicht darauf an, was andere sagen oder tun, sie müssen ihr eigenes Schicksal erfüllen. Wenn Sie spüren, daß jemand Sie kritisiert oder sogar haßt, können Sie nur mit dem antworten, was Sie in sich tragen. Wenn Harmonie und Seelenfriede Sie erfüllen, weil Sie sich bewußt zu einer solchen Denkweise entschieden haben, dann können Sie mit keinem negativen Gefühl reagieren, sondern nur mit Liebe und Verständnis. Das ist ein revolutionärer Moment! Sie haben ein Wunder bewirkt und strahlen die erstaunliche Kraft aus, von der ich in diesem Buch geschrieben habe.

Sie beginnen damit in Ihrem persönlichen Leben und Ihrem engsten Kreis von Verwandten und Freunden, aber bald werden Sie feststellen, daß Sie mit dieser Botschaft mehr und mehr Menschen erreichen. Auf diese Art und Weise sind alle spirituellen Veränderungen der letzten Jahre entstanden. Die Umweltbewegung hatte ihren Ursprung in den Gedanken einzelner Menschen und ist jetzt ein weltweites Phänomen. Die Idee, dem Dalai Lama den Friedensnobelpreis zu verleihen, dem spirituellen Führer Tibets im Exil, dessen ganzes Leben seine spirituelle Einstellung und seinen Respekt vor jedem Lebewesen ausdrückt, entstand als Gedanke in einem Menschen und wurde Realität. Das Ende der Apartheid entstand wie sein Anfang als Gedanke in den Köpfen einzelner Menschen. Und Ihre Gedanken können ebenso einflußreich sein.

Michael Jacksons Worte: «Wir sind die Welt, wir sind die

Kinder, wir sind die, die eine bessere Welt schaffen. Laßt uns also von uns geben» beinhalten eine wirklich spirituelle Botschaft. Diese Botschaft hatte Aktionen zur Folge, die einen nicht unerheblichen Anteil an der Bekämpfung von Hunger und Elend in der Welt hatten.

Sie sind wirklich die Welt, und Ihre Gedanken und Ideen sind überaus wichtig. Fühlen Sie Ehrfurcht für Ihren Geist. Behandeln Sie Ihre unsichtbare, innere Realität mit höchster Wertschätzung. Sie müssen wissen, daß Sie echte Wunder in diese Welt bringen können und daß jeder harmonische, liebevolle Gedanke den Phasenübergang beschleunigt, der bereits angelaufen ist, während Sie diese Worte lesen.

Sie können Wunder
in unserer heutigen Welt tun

Es kommt im wesentlichen darauf an, daß Sie sich bemühen, mit Ihrem höheren Selbst in Verbindung zu treten. Wahrscheinlich kommt Ihnen die Vorstellung, daß Sie in dieser Welt Wunder tun können, verrückt vor. Aber es ist genau so, wie William James einst schrieb, daß nämlich jede neue Idee immer zuerst für verrückt erklärt wird, dann als trivial abgetan und schließlich von jedem ganz selbstverständlich akzeptiert wird. Viele werden die Idee, Wunder zu tun, für verrückt oder unmöglich halten und werden ihr Leben lang weiterhin in diesem negativen Glauben leben.

Aber es gibt auch immer mehr Menschen, die sich als göttliche Wesen verstehen und an die göttliche Weisheit glauben, die sie erschaffen hat. Sie sind aktiv an der spirituellen Revolution beteiligt, die gerade stattfindet. Immer mehr Menschen visualisieren in ihrer unsichtbaren Gedankenwelt eine bessere, saubere Welt, in der Sicherheit, Verantwortung und Liebe eine Rolle spielen. Und diese Menschen nehmen Einfluß auf die politischen, ökologischen und spirituellen Bereiche unseres Planeten. Sie verstehen die Weisheit, die aus den Worten des Häuptlings Seattle in «Wir sind ein Teil der Erde» (Die Rede des Häuptlings Seattle an den Präsidenten der Vereinigten Staaten von Amerika im Jahre 1855, Olten und Freiburg i. Brsg. 1982) spricht, mit denen er auf ein Angebot der Regierung reagierte, die ihm Land abkaufen wollte. Lesen Sie seine Antwort aufmerksam, und überlegen Sie sich dabei, wie wir unsere Umwelt behandelt haben, die wir von unseren Vorvätern übernommen haben. Seine Worte haben heute wahrscheinlich mehr Bedeutung denn je.

> Der große Häuptling in Washington sendet Nachricht, daß er unser Land zu kaufen wünscht.
>
> (...) Wie kann man den Himmel kaufen oder verkaufen – oder die Wärme der Erde? Diese Vorstellung ist uns fremd. Wenn wir die Frische der Luft und das Glitzern des Wassers nicht besitzen – wie könnt Ihr sie von uns kaufen? (...)
>
> (...)
>
> (...) Jeder Teil dieser Erde ist meinem Volk heilig, jede glitzernde Tannennadel, jeder sandige Strand, jeder Nebel in den dunklen Wäldern, jede

Lichtung, jedes summende
Insekt ist heilig, in den
Gedanken und Erfahrungen
meines Volkes. Der Saft, der in
den Bäumen steigt, trägt die
Erinnerung des roten Mannes.

(...) Wir sind Teil der Erde, und
sie ist ein Teil von uns.
Die duftenden Blumen sind
unsere Schwestern, die Rehe,
das Pferd, der große Adler –
sind unsere Brüder.
Die felsigen Höhen, die
saftigen Wiesen, die
Körperwärme des Ponys – und
des Menschen – sie alle
gehören zur gleichen Familie.

(...)

Glänzendes Wasser, das sich in
Bächen und Flüssen bewegt, ist
nicht nur Wasser – sondern das
Blut unserer Vorfahren. Wenn
wir Euch das Land verkaufen,
müßt Ihr wissen, daß es heilig
ist, und Eure Kinder lehren,
daß es heilig ist und daß jede
flüchtige Spiegelung im klaren
Wasser der Seen von
Ereignissen und
Überlieferungen aus dem
Leben meines Volkes erzählt.
Das Murmeln des Wassers ist

die Stimme meiner Vorväter.
Die Flüsse sind unsere Brüder
– sie stillen unseren Durst. Die
Flüsse tragen unsere Kanus
und nähren unsere Kinder.

(...) Ihr müßt von nun an den
Flüssen Eure Güte geben, so
wie jedem anderen Bruder
auch. (...)

(...)

(...) Aber wenn
wir Euch unser Land
verkaufen, dürft Ihr nicht
vergessen, daß die Luft uns
kostbar ist – daß die Luft ihren
Geist teilt mit all dem Leben,
das sie erhält. Der Wind gab
unseren Vätern den ersten
Atem und empfängt ihren
letzten. Und der Wind muß
auch unseren Kindern den
Lebensgeist geben. Und wenn
wir Euch unser Land
verkaufen, so müßt Ihr es als
ein besonderes und geweihtes
schätzen, als einen Ort, wo
auch der weiße Mann spürt,
daß der Wind süß duftet von
den Wiesenblumen.

(...)

(...) Lehrt Eure Kinder, was wir
unsere Kinder lehrten: Die
Erde ist unsere Mutter. Was
die Erde befällt, befällt auch
die Söhne der Erde. (...)
Denn das wissen wir, die
Erde gehört nicht den
Menschen, der Mensch gehört
zur Erde – das wissen wir.
Alles ist miteinander
verbunden, wie das Blut, das
eine Familie vereint. Alles ist
verbunden. (...) Der Mensch schuf
nicht das Gewebe des Lebens,
er ist darin nur eine Faser. Was
immer Ihr dem Gewebe antut,
das tut Ihr Euch selber an.
(...)

(...)

Eines wissen wir, was der
weiße Mann vielleicht eines
Tages erst entdeckt – unser
Gott ist derselbe Gott.
(...) Dieses Land ist
ihm wertvoll – und die Erde
verletzen heißt ihren Schöpfer
verachten.

Auch die Weißen werden
vergehen, eher vielleicht als
alle anderen Stämme.
(...) Diese Bestimmung
ist uns ein Rätsel. Wenn die

Büffel alle geschlachtet sind –
die wilden Pferde gezähmt –
die heimlichen Winkel des
Waldes, schwer vom Geruch
vieler Menschen – und der
Anblick reifer Hügel
geschändet von redenden
Drähten – wo ist das Dickicht
– fort, wo der Adler – fort,
und was bedeutet es, Lebewohl
zu sagen dem schnellen Pony
und der Jagd:

Das Ende des Lebens – und
den Beginn des Überlebens.
(...)

(...)

Wenn der letzte rote Mann
von dieser Erde gewichen ist
und sein Gedächtnis nur noch
der Schatten einer Wolke über
der Prärie, wird immer noch
der Geist meiner Väter in
diesen Ufern und diesen
Wäldern lebendig sein. Denn
sie liebten diese Erde, wie das
Neugeborene den Herzschlag
seiner Mutter.
Wenn wir Euch unser Land
verkaufen, liebt es, so wie wir
es liebten, kümmert Euch, so
wie wir uns kümmerten,
behaltet die Erinnerung an das

Land, so wie es ist, wenn Ihr es
nehmt. Und mit all Eurer
Stärke, Eurem Geist, Eurem
Herzen, erhaltet es für Eure
Kinder und liebt es – so wie
Gott uns alle liebt.
Denn eines wissen wir – unser
Gott ist derselbe Gott. Diese
Erde ist ihm heilig. Selbst der
weiße Mann kann der
gemeinsamen Bestimmung
nicht entgehen. Vielleicht sind
wir doch – Brüder. Wir werden
sehen.

Dieses Bewußtsein, das Häuptling Seattle so liebevoll beschreibt, können auch Sie erlangen. Sie können eine solche
Einstellung zum festen Bestandteil Ihres spirituellen Selbst
machen, können sie an andere weitergeben und so das neue
Bewußtsein verbreiten. Als Mensch mit einer Vision sind Sie
wie ein Kiesel, den man in einen See geworfen hat. Die kreis-
förmigen Wellenbewegungen setzen sich bis ins Unendliche
fort und berühren alles, was in ihrem Weg liegt. Sie können
an der Ausbreitung der spirituellen Einstellung Anteil nehmen, die heute fundamental wichtig ist.

Auf Sie kommt es an, und Ihre Existenz hier ist eine gött-
liche Notwendigkeit. Sie sind vollkommen und besitzen eine
Aufgabe in Ihrem Leben. Ihr stilles, unsichtbares, inneres
Selbst ist der Regisseur Ihres Lebens und der Welt um Sie
herum. Folgende Sätze des Johannes, die Aldous Huxley in
«Die ewige Philosophie – Texte aus drei Jahrtausenden»
(München 1987) zitiert, sollten Ihnen das nötige Vertrauen in
Ihre Fähigkeiten geben, Wunder möglich zu machen:

Gott behält eine so hohe Berufung (jene zur mystischen Schau) nicht einzelnen Seelen vor. Im Gegenteil, ER ist einverstanden, daß alle sie annehmen. ER findet aber nur wenige, die IHM erlauben, für sie solch erhabene Dinge zu wirken. Viele weichen vor der Mühsal zurück, wenn ER ihnen Prüfungen auferlegt, und weigern sich, Erschöpfung und Kasteiung auf sich zu nehmen, statt sich, wie sie müßten, mit vollkommener Geduld zu fügen.

Wenn Sie Verantwortung für wunderbare Veränderungen in der Welt übernehmen, statt sich dagegen zu wehren, wird Ihnen eine Welt voller Wunder offenstehen. Ihr Wissen von der Welt befindet sich in Ihnen, und Sie selbst sind verantwortlich für die Gedanken, die diese Welt formen. Sie können täglich vieles tun, um das Paradies hervorzubringen, das Ihnen zusteht. Sie müssen aber fest wissen, daß alle Ihre Handlungen in der physischen Welt von der göttlichen, unsichtbaren Seele ausgehen, die sich nur vorübergehend in Ihrem Körper aufhält.

Wenn Sie sich nach Ihrer spirituellen Seite ausrichten und davon Ihr äußeres Leben bestimmen lassen, werden Sie inneren Frieden ausstrahlen. Mitmenschen, die noch an die Notwendigkeit von Krieg und Zerstörung glauben, wird es nicht gelingen, Sie von Ihrer neuen Denkweise abzubringen. Sie werden Ihr Leben Ihrer Mission widmen, auch wenn andere sich Ihnen nicht anschließen. Sie werden sich immer auf das konzentrieren, was Sie unterstützen, und sich nicht von dem ablenken lassen, was Sie ablehnen.

Schlechte Nachrichten, böser Klatsch, Tragödien und Pessimismus in den Berichten der Medien werden Sie nicht beeinflussen. Sie erkennen darin zwar Bereiche, wo Verbesserungen nötig sind, aber Ihr inneres, spirituelles Selbst wird auch erkennen, wieviel häufiger liebevolle, hilfreiche und heilende Handlungen in der Welt geschehen als solche, die Leid hervorrufen.

Sie schaffen eine Welt, in der Wunder möglich sind, wenn Sie sich selbst entschieden haben, die göttliche, magische Intelligenz anzuwenden, die auch in Ihnen ist. Wir alle können weise sein. Und wenn Sie die Welt als Welt voller Wunder sehen, dann haben Sie sie so geschaffen. Das ist kein illusionäres Denken, für Sie, für Ihr inneres Selbst, es ist die Wahrheit, und Sie leben nur durch Ihr inneres Selbst. Jehova spricht durch seinen Propheten: «Wenn ich hier bin, ist jeder hier. Wenn ich nicht hier bin, ist niemand hier.» Genauso ist es mit Ihnen. Sie sind der Anfang und das Ende aller wahren Wunder in dieser Welt.

Am Ende dieses Buches angekommen, bin ich von der Vorstellung stark angerührt, daß dieses Werk über wahre Wunder aus meinem spirituellen Selbst entstanden ist. In jeder Phase seiner Entstehung bin ich geleitet worden, und es war eine magische Reise für mich. Ich lebe, um dieses Wunderbare, das ich in mir fühle, nach außen weiterzugeben, und ich weiß, daß ich mit dieser inneren Überzeugung authentische Wunder bewirken kann. Was mir aber mehr gilt als die Wunder, die ich in meinem persönlichen Leben mit meiner wunderbaren Familie erfahren habe, ist die Überzeugung, daß ein solches Bewußtsein Ihr Leben und die ganze Welt, in der wir leben, beeinflussen kann. Ich möchte mit dem Schriftsteller Philon von Alexandria aus dem 1. Jahrhundert v. Chr. schließen, der meinte, daß ein Leben in Wohlstand und Zufriedenheit schon durch einen einzigen Menschen entstünde, der sich dem Guten und Schönen widmet. Ein solcher Mensch befreie nicht nur sich selbst, sondern alle anderen, die mit ihm in Berührung kommen.

Sie sind dieses Individuum. Sie werden ein spirituelles Wesen und widmen sich dem Guten und Schönen. Sie werden sich und andere um sich herum in der Tat befreien und sich und anderen die Möglichkeit geben, wahre Wunder zu bewirken.

Disney

Tim Burton's
THE
NIGHTMARE
BEFORE
CHRISTMAS

MIRROR MOON

GRAPHIC NOVEL

WRITTEN BY
MALLORY REAVES

COVER BY
GABRIELLA CHIANELLO

STORYBOARDS, PENCILS, AND INKS BY
GABRIELLA CHIANELLO

COLORS BY
NATALIYA TORRETTA

TOKYOPOP®

CONTENTS

◇◇◇◇◇◇◇◇◇◇◇◇◇◇◇◇◇◇◇◇◇◇◇◇◇◇

Disney

TIM BURTON'S
THE
NIGHTMARE
BEFORE
CHRISTMAS

MIRROR MOON

HALLOWEEN TOWN

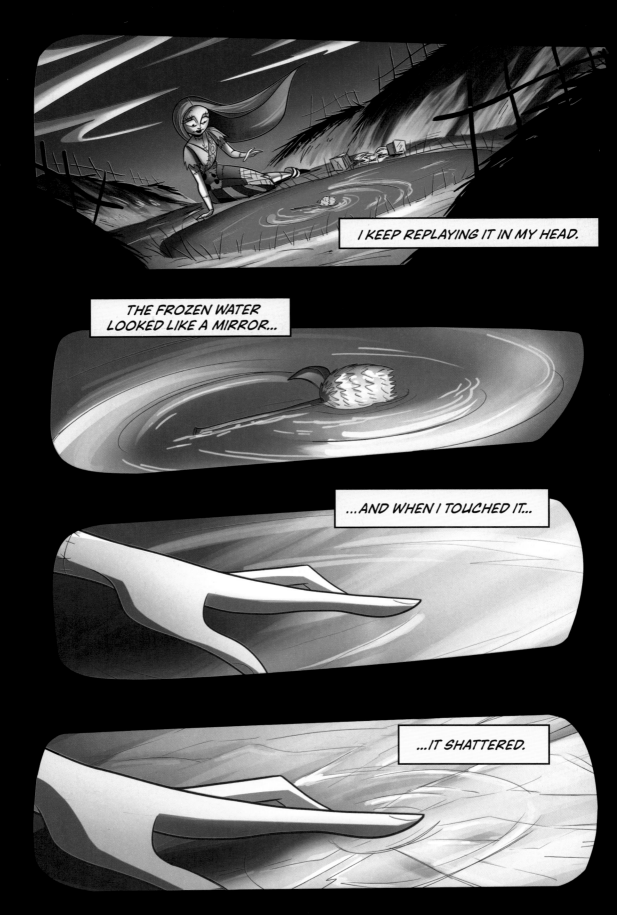

VERY WELL, THEN. WE'LL, AH... "COUNT" ON YOU, SALLY!

IT'S GETTING LATE, AND I HAVE SO MUCH TO DO...

...AND IF I'M WORRIED ABOUT BREAKING JACK'S MIRROR...

...MAYBE I SHOULDN'T GO NEAR IT FOR NOW.

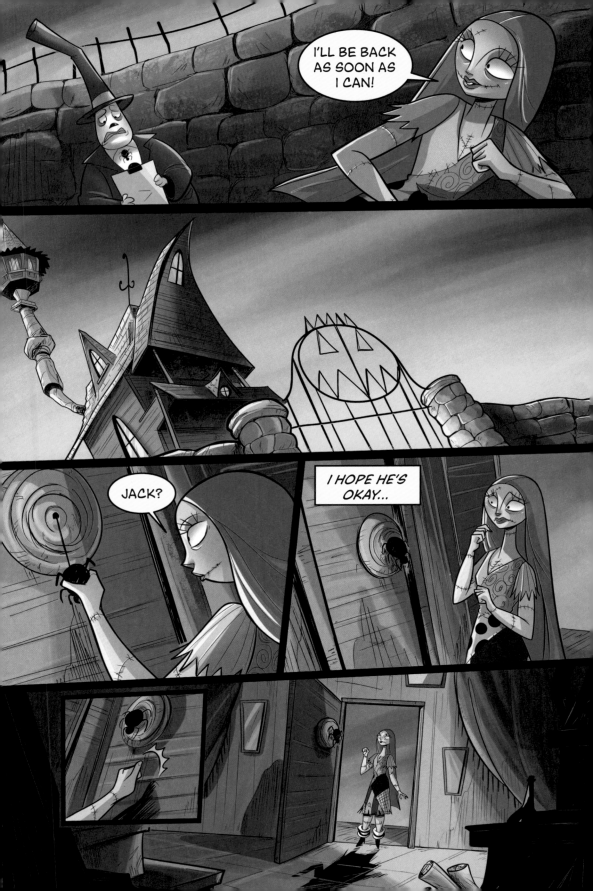

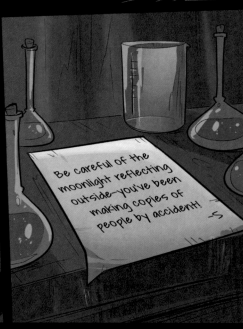

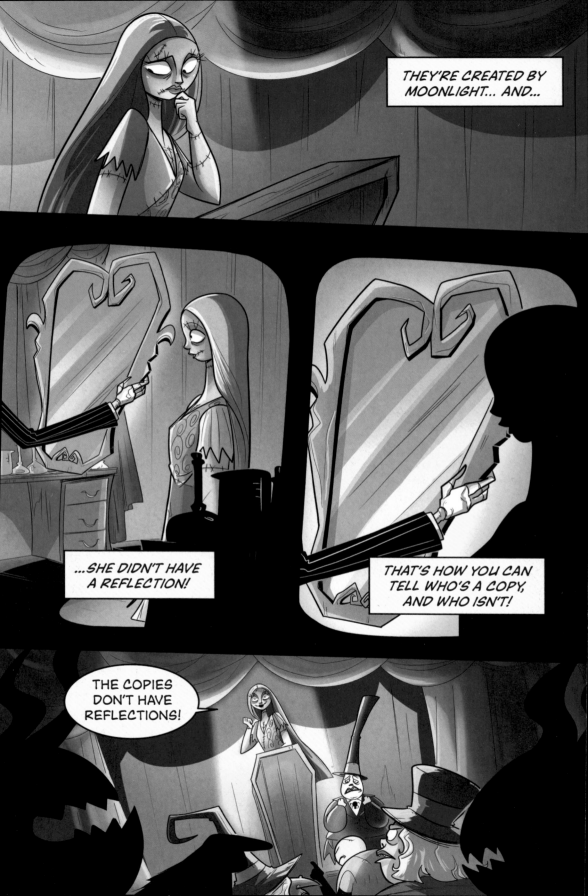

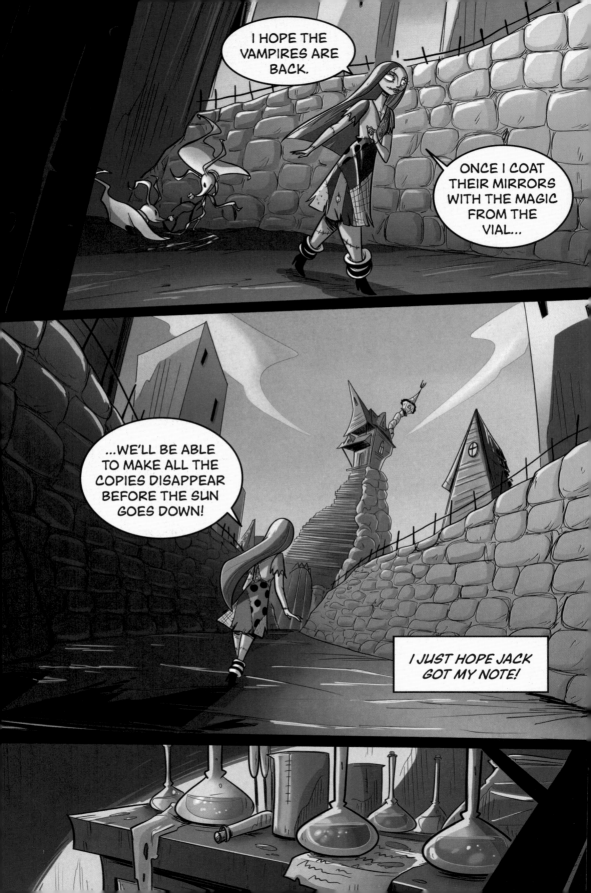

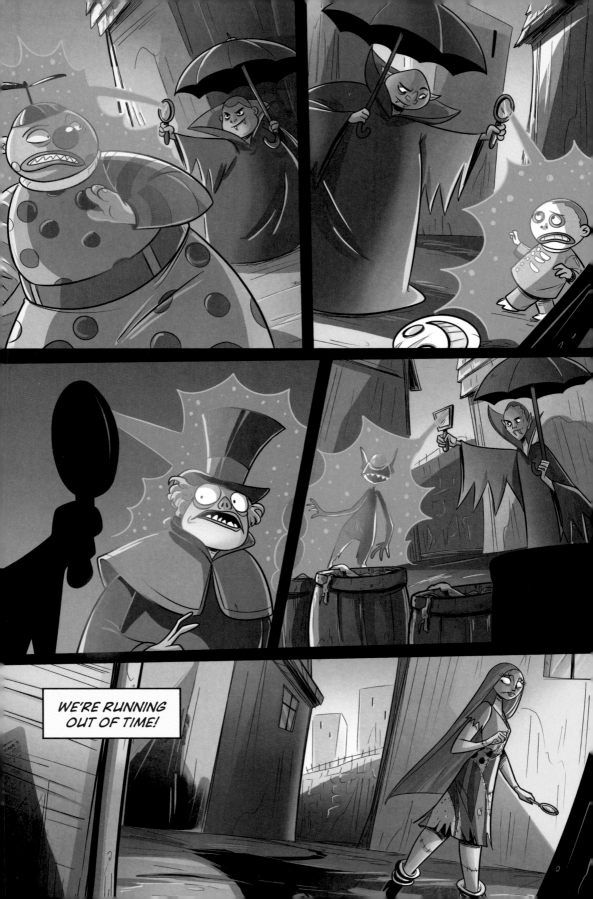

HEHEHEHEH...

SALLY! THE COPIES ARE FIGHTING BACK!

AND THE SUN IS GOING DOWN!

THE END

Disney
Tim Burton's THE NIGHTMARE BEFORE CHRISTMAS

MIRROR MOON

COVER GALLERY

ISSUE #1 ART

ART BY GABRIELLA CHIANELLO

ISSUE #2 ART

ART BY GABRIELLA CHIANELLO

ISSUE #4 ART

ART BY GABRIELLA CHIANELLO

GRAPHIC NOVEL ART

ART BY GABRIELLA CHIANELLO

COVER CREATION - BEHIND THE SCENES

GRAPHIC NOVEL LAYOUT OPTION A

GRAPHIC NOVEL LAYOUT OPTION B

GRAPHIC NOVEL LAYOUT OPTION C

COVER CREATION - BEHIND THE SCENES

CONCEPT ART BY: GABRIELLA CHIANELLO

ISSUE #1 LAYOUT OPTION A

ISSUE #1 LAYOUT OPTION B

ISSUE #2 LAYOUT

ISSUE #2 INKS

COVER CREATION - BEHIND THE SCENES

CONCEPT ART BY: GABRIELLA CHIANELLO

ISSUE #3 LAYOUT

ISSUE #3 INKS

ISSUE #4 LAYOUT OPTION A

ISSUE #4 LAYOUT OPTION B

COVER CREATION - BEHIND THE SCENES

CONCEPT ART BY: GABRIELLA CHIANELLO

ISSUE #4 INKS

ISSUE #5 LAYOUT OPTION A

ISSUE #5 LAYOUT OPTION B

MIRROR MOON

CONCEPT GALLERY

SALLY
CONCEPTS BY GABRIELLA CHIANELLO

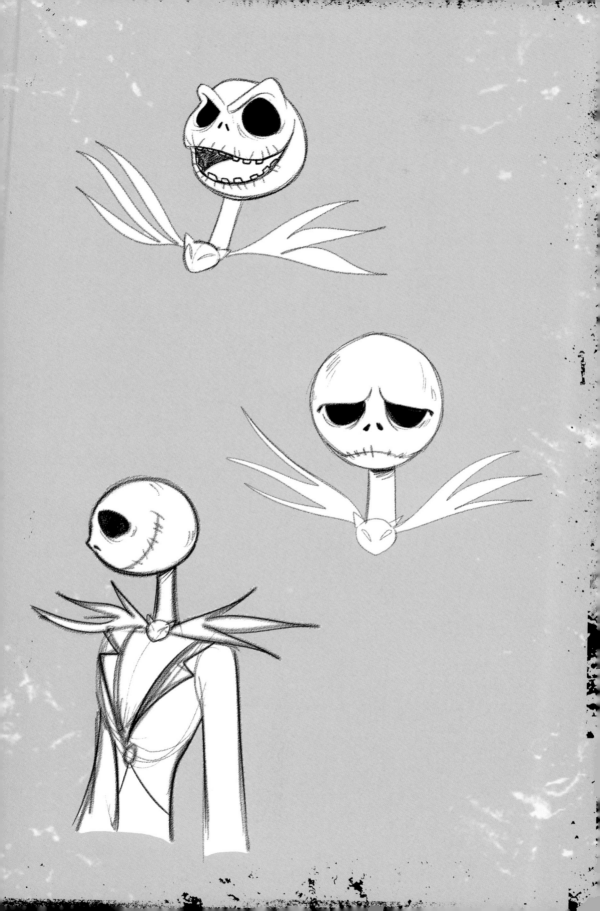

MAYOR & VAMPIRES

ZERO IS LOST...
CAN HE FIND HIS
WAY HOME?

Disney

TIM BURTON'S
THE
NIGHTMARE
BEFORE
CHRISTMAS

Disney
Stitch
STITCH & THE SAMURAI

THE UNIVERSE'S CUTEST, FLUFFIEST, AND MOST DANGEROUS ALIEN WEAPON

+

A BATTLE-HARDENED SAMURAI WARLORD

=

A sengoku comedy manga like no other!

SUMMARY

While fleeing the Galactic Federation, Stitch's spaceship malfunctions and he makes an emergency landing... not in Hawaii, but in sengoku-era Japan! Discovered by the brutal warlord Lord Yamato and his clan, Stitch's incomparable cuteness is no match for the battle-weary samurai, who decides to bring the "blue tanuki" home with him. Will Stitch's love of chaos turn into a formidable advantage for the samurai's influence? Or will his cute and fluffy form disarm the noble lord's stern façade?

TEEN AGE 13+

TOKYOPOP®

Disney MANGA 漫画

©Disney